徳 島 県

〈収録内容〉

便利な DL コンテンツは右 … から

解答用紙　過去年度　リスニング ⇒

※データのダウンロードは 2025 年 3 月末日まで。
※データへのアクセスには、右記のパスワードの入力が必要となります。 ⇒ 762601

〈各教科の平均点〉

	数 学	英 語	理 科	社 会	国 語	5教科総合
2024年度	44.8	58.5	49.9	64.1	62.6	56.0
2023年度	46.0	61.0	60.1	58.4	64.6	58.1
2022年度	42.9	53.0	55.2	60.2	58.9	54.0
2021年度	46.9	52.3	58.0	57.6	60.8	55.1
2020年度	46.0	55.8	60.6	61.2	57.5	56.3
2019年度	46.1	57.4	54.5	54.8	62.6	55.1

※各100点満点。5教科総合の平均点は100点満点に換算したもの。

本書の特長

POINT 1　解答は全問を掲載、解説は全問に対応！

POINT 2　英語の長文は全訳を掲載！

POINT 3　リスニング音声の台本、英文の和訳を完全掲載！

POINT 4　出題傾向が一目でわかる「年度別出題分類表」は、約 10 年分を掲載！

実戦力がつく入試過去問題集

- ▶ 問題 …………… 実際の入試問題を見やすく再編集。
- ▶ 解答用紙 …… 実戦対応仕様で収録。
- ▶ 解答解説 …… 重要事項が太字で示された、詳しくわかりやすい解説。
※採点に便利な配点も掲載。

合格への対策、実力錬成のための内容が充実

- ▶ 各科目の出題傾向の分析、最新年度の出題状況の確認で、入試対策を強化！
- ▶ その他、志願状況、公立高校難易度一覧など、学習意欲を高める要素が満載！

解答用紙ダウンロード	解答用紙はプリントアウトしてご利用いただけます。弊社ＨＰの商品詳細ページよりダウンロードしてください。トビラのＱＲコードからアクセス可。
リスニング音声ダウンロード	英語のリスニング問題については、弊社オリジナル作成により音声を再現。弊社ＨＰの商品詳細ページで全収録年度分を配信対応しております。トビラのＱＲコードからアクセス可。
famima PRINT	原本とほぼ同じサイズの解答用紙は、全国のファミリーマートに設置しているマルチコピー機のファミマプリントで購入いただけます。※一部の店舗で取り扱いがない場合がございます。詳細はファミマプリント（http://fp.famima.com/）をご確認ください。
UD FONT	見やすく読みまちがえにくいユニバーサルデザインフォントを採用しています。

～2025年度徳島県公立高校入試の日程（予定）～

☆一般選抜

願書受付	2／18～2／19
↓	
志願変更	2／25～2／27
↓	
学力検査	3／4
↓	
面接等	3／5
↓	
結果通知	3／14

※募集および選抜に関する最新の情報は徳島県教育委員会のホームページなどで必ずご確認ください。

2024年度/徳島県公立高校一般選抜出願状況(全日制)

学校名・学科・類		募集人員	出願者数	倍率
城東	普通	248	249	1.00
城南	普通	209	219	1.05
	応用数理	29	22	0.76
城北	普通	215	222	1.03
	理数科学	29	26	0.90
徳島北	普通	225	228	1.01
	国際英語	37	38	1.03
徳島市立	普通	246	250	1.02
	理数	40	40	1.00
城西	生産技術	20	24	1.20
	植物活用	19	22	1.16
	食品科学	23	29	1.26
	アグリビジネス	24	27	1.13
	総合	69	73	1.06
城西・神山	地域創生類	26	25	0.96
徳島科学技術	総合科学類	54	57	1.06
	機械技術類	54	55	1.02
	電気技術類	57	58	1.02
	建設技術類	61	65	1.07
	海洋科学類	10	13	1.30
	海洋技術類	15	17	1.13
徳島商業	ビジネス探究	56	57	1.02
	ビジネス創造	147	150	1.02
小松島	普通	160	159	0.99
小松島西	商業	43	48	1.12
	食物	67	67	1.00
	生活文化	18	20	1.11
	福祉	27	28	1.04
小松島西・勝浦	応用生産	11	11	1.00
	園芸福祉	12	11	0.92
富岡東	普通	62	62	1.00
	商業	19	20	1.05
富岡東・羽ノ浦	看護	34	25	0.74
富岡西	普通	141	148	1.05
	理数	30	23	0.77
阿南光	機械ロボットシステム	19	19	1.00
	電気情報システム	22	23	1.05
	都市環境システム	22	23	1.05
	産業創造	70	74	1.06

学校名・学科・類		募集人員	出願者数	倍率
那賀	普通	33	23	0.70
	森林クリエイト	12	12	1.00
海部	普通	50	48	0.96
	情報ビジネス	16	16	1.00
	数理科学	27	18	0.67
鳴門	普通	256	267	1.04
鳴門渦潮	スポーツ科学	0	—	—
	総合	118	132	1.12
板野	普通	127	138	1.09
名西	普通	49	51	1.04
	芸術（音楽）	0	—	—
	芸術（美術）	0	—	—
	芸術（書道）	0	—	—
吉野川	農業科学	12	10	0.83
	生物活用	14	13	0.93
	会計ビジネス	17	12	0.71
	情報ビジネス	20	17	0.85
	食ビジネス	27	23	0.85
川島	普通	84	84	1.00
阿波	普通	143	143	1.00
阿波西	普通	15	15	1.00
穴吹	普通	42	38	0.90
脇町	普通	149	149	1.00
つるぎ	電気	36	31	0.86
	機械	33	28	0.85
	建設	13	14	1.08
	商業	25	21	0.84
	地域ビジネス	19	16	0.84
池田	普通	104	103	0.99
	探究	34	35	1.03
池田・辻	総合	34	18	0.53
池田・三好	食農科学	20	19	0.95
	環境資源	12	11	0.92

※「募集人員」と「出願者数」は一般選抜における人数。

徳島県公立高校難易度一覧

目安となる偏差値	公立高校名
75 ～ 73	
72 ～ 70	
	徳島市立(理数)
69 ～ 67	
	徳島北(国際英語)
66 ～ 64	
	城南(応用数理)
63 ～ 61	
	池田(探究)，城東，富岡西(理数)，富岡東
60 ～ 58	脇町
	城南
57 ～ 55	徳島北
54 ～ 51	阿波，徳島市立
	城北(理数科学)
	城北，富岡西，富岡東[羽ノ浦校](看護)
	海部(数理科学)，徳島科学技術(総合科学／機械技術／電気技術／建設技術)
50 ～ 47	池田，鳴門
	つるぎ(電気／機械)，徳島商業(ビジネス探究)
46 ～ 43	川島，つるぎ(建設)，徳島商業(ビジネス創造)
	富岡東(商業)，名西
	海部，小松島
	池田[辻校](総合)，海部(情報ビジネス)
42 ～ 38	阿波西
	板野，つるぎ(地域ビジネス)，徳島科学技術(海洋科学／海洋技術)，鳴門渦潮(スポーツ科学／総合)
	穴吹，阿南光(機械ロボットシステム／電気情報システム／都市環境システム／産業創造)，小松島西(商業／食物／生活文化／福祉)，つるぎ(商業)，名西(音楽／美術／書道)
	城西(生産技術／植物応用／食品科学／アグリビジネス／総合)，吉野川(会計ビジネス／情報ビジネス／食ビジネス)
	那賀(普／森林クリエイト)
37 ～	
	池田[三好校](食農科学／環境資源)，小松島西[勝浦校](応用生産)，城西[神山校](地域創生類)，吉野川(生物活用)
	小松島西[勝浦校](園芸福祉)，吉野川(農業科学)

＊(　)内は学科・コースを示します。特に示していないものは普通科(普通・一般コース)，または全学科(全コース)を表します。

＊データが不足している高校，または学科・コースなどにつきましては掲載していない場合があります。

＊公立高校の入学者は，「学力検査の得点」のほかに，「調査書点」や「面接点」などが大きく加味されて選抜されます。上記の内容は想定した目安ですので，ご注意ください。

＊公立高校入学者の選抜方法や制度は変更される場合があります。また，統廃合による閉校や学校名の変更，学科の変更などが行われる場合もあります。教育委員会などの関係機関が発表する最新の情報を確認してください。

数学 出題傾向の分析と合格への対策

出題傾向とその内容

〈最新年度の出題状況〉

今年度の出題数は，大問が5題，小問数にして27問であった。全体的に，基礎的･基本的な問題を中心にして構成されている。

出題内容は，大問1が数・式の計算，平方根，正四面体，因数分解，一次関数，関数$y=ax^2$，資料の散らばり・代表値，三平方の定理，関数・グラフと確率などの基本的な数学的能力を問う小問群，大問2は道のり・速さ・時間の問題を題材とした関数とグラフの問題，大問3は規則性の問題，大問4は図形と関数・グラフ，方程式の応用，大問5は円の性質を利用した合同と相似の記述式証明と，角度，面積，線分の長さを計量させる平面図形の総合問題となっている。

平易なものから応用力を必要とするものまで幅広く出題されている。規則性の問題も，出題される年と出題されない年がある。いつ出題されてもいいように，いろいろなパターンの問題に慣れて，解き方のコツや着眼点をつかんでおくとよい。

〈出題傾向〉

問題の出題数は，ここ数年，大問数で5題，小問数で28問前後が定着している。

出題傾向は，大問1で，数・式，平方根，二次方程式に関する3～4問の基本的計算問題と，関数，平面図形，空間図形，計量，資料の活用からの基本的な数学能力を問う小問群で，合計10問前後が出題されている。これらの問題は，授業や学校の教材を中心に基礎力をしっかり身につければ，必ず得点できる問題なので，日頃の授業に対する予習・復習をしっかり行い，確実に得点できるようにしよう。大問2では，ここ数年，方程式の応用問題に関する出題が定着している。一次方程式，連立方程式，二次方程式の利用に関する問題への準備も十分しておこう。大問3以降では，図形と関数・グラフの融合問題，平面図形・空間図形の総合問題，規則性等の数学的思考法で解く問題の中から3つのテーマに関して，総合的能力を問う問題が3題出題されている。

来年度の予想と対策

来年度も，問題の質・量ともに大きな変化はないだろう。出題範囲が広く，分野も一定していないので，空間図形などの比較的出題率の低い分野も含めて，偏りのない幅広い学習を心がけよう。昨年度だけではなく，過去数年分の出題内容を参考にして対策を立てておくとよい。

平面図形，関数とグラフ(とりわけ計量を含む問題)は特に力を入れて練習を重ねておこう。その際，問題を解くプロセスを重視しよう。解き方を説明させる問題などが出されることもあるので，日ごろから途中経過を整理して書き表す習慣をつけておくとよい。ややひねった平面図形の問題では，答えにいたるまでにたくさんの数値を求めなければいけないものもあるので，途中でミスをしないよう，一つひとつのステップを確実にこなす姿勢を身につけよう。

⇨学習のポイント

・どの単元からも出題されていいように，教科書レベルの問題はまんべんなくこなしておこう。
・線分の長さ，面積，体積等，計量を含む融合問題に十分取り組んでおこう。

年度別出題内容の分析表　数学

※　　は出題範囲縮小の影響がみられた内容

出題内容			27年	28年	29年	30年	2019年	2020年	2021年	2022年	2023年	2024年
数と式		数の性質				○		○	○	○	○	
		数・式の計算	○	○	○	○	○	○	○	○	○	○
		因数分解	○			○				○		○
		平方根	○	○	○		○	○	○	○	○	○
方程式・不等式		一次方程式	○	○	○	○	○	○	○	○	○	○
		二次方程式	○	○	○	○	○	○	○	○	○	
		不等式								○		
		方程式の応用	○	○	○	○	○	○	○	○	○	○
関数		一次関数	○	○	○	○	○	○	○	○	○	○
		関数 $y=ax^2$	○	○	○	○	○	○	○	○	○	○
		比例関数	○	○	○	○	○	○		○	○	
		関数とグラフ	○	○	○	○	○	○	○	○	○	○
		グラフの作成										
図形	平面図形	角度	○	○	○		○	○	○	○	○	○
		合同・相似	○	○	○	○	○	○	○	○	○	○
		三平方の定理	○	○	○	○	○	○	○	○	○	○
		円の性質	○	○			○	○				○
	空間図形	合同・相似				○	○					
		三平方の定理										
		切断					○					
	計量	長さ	○	○	○	○	○	○	○	○	○	○
		面積	○	○	○	○	○	○	○	○	○	○
		体積	○	○	○	○	○	○	○		○	○
	証明		○	○	○	○	○	○	○	○	○	○
	作図						○	○		○		
	動点					○						
データの活用		場合の数	○			○	○		○	○		
		確率	○	○	○	○	○	○	○	○	○	○
		資料の散らばり・代表値（箱ひげ図を含む）			○	○	○	○	○	○	○	○
		標本調査										
融合問題		図形と関数・グラフ	○	○	○	○	○	○	○	○	○	○
		図形と確率										
		関数・グラフと確率										○
		その他										
その他			○	○				○				○

英語　出題傾向の分析と合格への対策

出題傾向とその内容

〈最新年度の出題状況〉

本年度の大問構成はリスニング問題3題，短文・会話文問題，会話文読解問題，短文読解問題，長文読解問題であった。

リスニング問題は英語の質問に対する答えを選択するものと聞いた内容について質問に対して英文で答えるものが出題された。短い対話文を聞いて答えるもの，やや長い英文を聞いて答えるもの，絵・図を用いた問題等があった。

大問4は語句の問題・会話文の穴埋めと並べ換えの問題から構成されていた。並べ換え問題と語句の問題は，本県においては数少ない文法問題である。

会話文読解・短文読解問題・長文読解問題は，内容を正確に把握できているかを問う設問が中心である。さまざまな形式の小問が出題されたが，記述式が比較的多い点が特徴である。英問英答，1文や15語以上30語以内の条件英作文等も含まれているので，英文を書けるようにしておくことが必要となる。

全体として，さまざまな出題形式により総合的な英語力を問う出題であった。

〈出題傾向〉

リスニング問題は，全体の分量はほぼ標準的なものである。ただし，一部英文のやや長いものが含まれ，英文全体の内容を問う質問もあり，難度は少々高いと言える。聞きとった内容に対して英文で答える条件英作文のような問題には注意が必要である。

大問4は，英語の基本的な語句知識や構造の理解を問うものである。

会話文読解・短文読解問題・長文読解問題においては，文法問題は少なく，内容理解に関するものがほとんどである。質問に英文で答える問題が多く，表現力も求められる。

問題形式が多岐にわたり，スピーディに問題に取り組んでいくことが必要である。

来年度の予想と対策

来年度も同様の傾向が続くと考えられる。

リスニング問題はあらかじめ問題用紙に目を通しておくとよい。たずねられそうな箇所をすばやくメモしておく訓練も有効である。読解問題は全体の傾向として，内容把握と空所補充の設問が多いので，まとまった英語の文章を読んでその内容や話の流れをつかむ訓練をするのがよい。また，会話文は毎年出題されているので，会話表現に慣れておくことも必要である。英作文は条件英作文などが出題され，やや難しいと言える。短い文を書き慣れておくことが必要である。

⇨学習のポイント

・読解問題が中心となるので，英文を読むことに慣れ，理解力とスピードを鍛えよう。
・その一方で，英語を書かせる問題も多いため，語句や文法の知識も正確に身につけよう。

年度別出題内容の分析表　英語

※　　　は出題範囲縮小の影響がみられた内容

		出題内容	27年	28年	29年	30年	2019年	2020年	2021年	2022年	2023年	2024年
設問形式	リスニング	絵・図・表・グラフなどを用いた問題	○	○	○	○	○	○	○	○	○	○
		適文の挿入						○	○			
		英語の質問に答える問題	○	○	○	○	○	○	○	○	○	○
		英語によるメモ・要約文の完成						○				
		日本語で答える問題										
		書き取り										
	語い	単語の発音										
		文の区切り・強勢										
		語句の問題				○	○	○	○	○	○	○
	読解	語句補充・選択（読解）	○	○	○	○	○	○	○	○	○	○
		文の挿入・文の並べ換え	○	○	○	○	○	○	○	○	○	○
		語句の解釈・指示語	○	○	○	○						
		英問英答（選択・記述）	○	○	○	○	○	○	○	○	○	○
		日本語で答える問題	○	○	○	○						
		内容真偽	○	○	○	○	○	○	○	○	○	○
		絵・図・表・グラフなどを用いた問題			○	○						
		広告・メール・メモ・手紙・要約文などを用いた問題	○	○	○	○	○	○	○	○	○	○
	文法	語句補充・選択（文法）										
		語形変化										
		語句の並べ換え	○	○	○	○	○	○	○	○	○	○
		言い換え・書き換え										
		英文和訳										
		和文英訳	○								○	
		自由・条件英作文	○	○	○	○	○	○	○	○	○	
文法事項		現在・過去・未来と進行形		○	○	○	○		○	○	○	○
		助動詞	○	○	○	○	○	○	○	○	○	○
		名詞・冠詞・代名詞				○						
		形容詞・副詞			○	○	○					
		不定詞	○	○	○	○	○	○	○	○	○	○
		動名詞	○	○	○		○	○	○	○	○	○
		文の構造（目的語と補語）			○	○	○		○	○	○	○
		比較	○		○	○	○	○	○	○	○	○
		受け身		○		○	○	○	○	○	○	○
		現在完了			○	○	○	○	○	○	○	○
		付加疑問文										
		間接疑問文		○		○	○		○		○	○
		前置詞				○	○		○	○	○	○
		接続詞			○		○	○		○	○	○
		分詞の形容詞的用法	○	○	○	○	○	○			○	○
		関係代名詞	○	○	○	○	○	○	○	○	○	
		感嘆文										
		仮定法									○	○

（2021年の「単語の発音」「文の区切り・強勢」「語句の問題」の欄は網掛け）

理科 ●●●●● 出題傾向の分析と合格への対策 ●●●●●

出題傾向とその内容

〈最新年度の出題状況〉

大問5題，小問数にして30問ほどの出題で，これは例年と同様である。試験時間は50分で，解答を選択肢から選ぶもの，用語記入，計算による数値記入，作図と，バランスよく出題されている。

〈出題傾向〉

本年度の出題内容は，1は第1分野・第2分野からの小問集合で，教科書にも具体的に示されているような基本的な知識問題になっており，得点に結びつきやすい内容である。2はヒトの心臓と血液，3は太陽系，4は化学変化と電池，5は電流回路についての問題であった。基本的な内容ではあるが出題数が多く，また，実験結果から考察させるなどの記述式のものもあるので，時間配分を考えながら解き進めなければならない。

物理的領域　実験の設定は複雑なものではなく，問いも基本的な内容である。計算問題もごく単純なものであるが，単位の扱いなどに注意が必要なので，ミスのないように解答したい。

化学的領域　必要な知識は教科書の中にある。基本的な内容を利用して解答できるので，あせらず，授業での実験を含めて，学習の積み重ねを上手に活用して答えを見つけよう。実験操作の理由を，文章で説明できるようにしておくこと。

生物的領域　教科書にある内容を，模式図で示しながら問題として認定している。あわてずに対応できるように，ふだんから心がけて練習問題にあたっておきたい。会話文による出題は，読むことに時間をとられる。短時間でポイントをつかみながら長い問題文を読むことができるように努力しよう。

地学的領域　天体についての問題では，観察の記録や模式図が与えられ，それらを読み解きながら解答を求める問題などが多く見られる。演習を積んで，思考力を磨いておこう。また，計算して答える問いでは，与えられた資料などに注意が必要である。

来年度の予想と対策

来年度も出題形式や難易度は，ほぼ同じ傾向が続くと思われる。日ごろの授業や実験を大切にし，教科書の内容をしっかり理解しておくことが何よりも重要である。出題内容としては，毎年のように出題されている学習内容がある一方で，過去何年間も出題されていない分野からも出題されることがあるので，まんべんなくそれぞれの単元を学習しておく必要がある。問題数は適量といえるが，記述や用語記入が比較的多いので，日ごろの学習では，時間を計って問題を解く練習をすること。その際，1つの事柄を文章でまとめたり表や図でまとめて，ノートに記述する訓練を重ねることが重要になる。実際に書いて学習すると，記憶に鮮明に残るものである。過去の入試問題や基本的な問題集などをくり返し演習して，どの分野でも確実に得点できるように心がけるとよい。

⇨学習のポイント

- 教科書に載っているような暗記事項や基礎事項は確実に覚え，文章で説明できるようにしておこう。
- 実験の手順や結果などをきちんと把握し，操作の目的まで説明できるよう心がけよう。

年度別出題内容の分析表　理科

※★印は大問の中心となった単元／　　は出題範囲縮小の影響がみられた内容

分野	学年	出題内容	27年	28年	29年	30年	2019年	2020年	2021年	2022年	2023年	2024年
第一分野	第1学年	身のまわりの物質とその性質					○	○				
		気体の発生とその性質		○	★	○	○	○	○		○	○
		水溶液				○				○		
		状態変化	○				★			○	★	
		力のはたらき(2力のつり合いを含む)										○
		光と音	○	○		★		★		★		
	第2学年	物質の成り立ち					○					
		化学変化，酸化と還元，発熱・吸熱反応	○	○	○			○	★		○	
		化学変化と物質の質量	★	★	○			○				
		電流(電力，熱量，静電気，放電，放射線を含む)			○	○	★	○				★
		電流と磁界	○		★				○			
	第3学年	水溶液とイオン，原子の成り立ちとイオン				○			○	★		
		酸・アルカリとイオン，中和と塩			○	★						
		化学変化と電池，金属イオン	○									★
		力のつり合いと合成・分解(水圧，浮力を含む)	○	○	○		○		○		★	
		力と物体の運動(慣性の法則を含む)	○	★					★			
		力学的エネルギー，仕事とエネルギー	○									
		エネルギーとその変換，エネルギー資源								○	○	
第二分野	第1学年	生物の観察と分類のしかた										
		植物の特徴と分類			○		○				○	
		動物の特徴と分類						○	○			
		身近な地形や地層，岩石の観察	○						○			
		火山活動と火成岩		○		★			○			
		地震と地球内部のはたらき						○				○
		地層の重なりと過去の様子		★			○			★		
	第2学年	生物と細胞(顕微鏡観察のしかたを含む)		○								
		植物の体のつくりとはたらき	★						★			
		動物の体のつくりとはたらき	○		★	★	★			★		★
		気象要素の観測，大気圧と圧力	★					★				
		天気の変化			○					○		
		日本の気象	○								○	
	第3学年	生物の成長と生殖				○						○
		遺伝の規則性と遺伝子		★							★	
		生物の種類の多様性と進化							○			
		天体の動きと地球の自転・公転	○		★				○		★	
		太陽系と恒星，月や金星の運動と見え方		○		○	★		★			★
		自然界のつり合い	○					★		○		
自然の環境調査と環境保全，自然災害								○				
科学技術の発展，様々な物質とその利用												
探究の過程を重視した出題			○	○	○	○	○	○	○	○	○	○

社会　出題傾向の分析と合格への対策

出題傾向とその内容

〈最新年度の出題状況〉

本年度の出題数は，例年同様，大問6題，小問35題である。解答形式は語句記入が12問，記号選択が17問とバランスよく出題されている。短文の記述問題が6題出題されている。大問数は，日本地理1題，世界地理1題，歴史2題，公民1題，三分野から構成される大問1題となっており，歴史がやや多めで，公民がやや少なめの出題となっている。

出題内容は基本的なものがほとんどであるが，知識だけではなく，分析力・思考力・表現力なども必要とされている。

地理的分野では，日本地図・世界地図・表・グラフを読み取らせる問題が出題され，各国・各地域の特色が問われた。

歴史的分野では，生徒の調べ学習や略年表を題材とし，写真やグラフ・表・略地図について考察しながら各時代の特色を問う出題であった。

公民的分野では，表・模式図等にもとづいて政治・経済一般・基本的人権・国際社会との関わり等について，基本的な知識を問う出題であった。

〈出題傾向〉

地理的分野では，日本地理・世界地理ともに，諸地域の特色や人口・気候・地形などに関する基本的知識が問われている。地図やグラフ・表などの各種資料の読み取り問題も出題されている。

歴史的分野では，略年表やグラフ・写真などについての基本的な内容を問う出題となっている。世界史の出来事を問う問題は1題だけ出題された。

公民的分野では，政治・経済一般・基本的人権・国際社会・財政などについての基本的な知識を問う出題となっている。

来年度の予想と対策

来年度も例年通りの出題が予想される。出題数には大きな変動はないと思われ，出題内容も基本的なものが中心となるであろう。三分野とも，記号選択式だけではなく，語句や短文で答えさせる問題も必ず出題されるので，基本的重要事項を漢字で書けるようにしておき，それらについて正確かつ簡潔に説明できるようにしておく必要がある。難易度の低い問題が大部分なので，問題練習をくり返しておけば，高得点も可能である。

地理的分野では，各種資料や地図帳や資料集などを活用しながら，基本的重要事項をマスターしよう。

歴史的分野では，教科書を整理しながら，年表や図版をもとに時代の流れを確実に把握しておこう。

公民的分野では，教科書の基本的重要事項とその定義を確実に覚えておこう。

また，三分野の中で，今日的課題や時事問題と関連する事項の出題も予想される。したがって，日頃から，テレビや新聞やインターネットの報道に関心をもつようにしたい。

⇨学習のポイント

- 地理では，地図の読み取りと，各種資料から諸国・諸地域の特色を読みとることに慣れよう！
- 歴史では，テーマ別略年表に慣れ，古代から現代までの流れの基礎を整理しよう！
- 公民では，政治・経済一般・国際社会・財政等の基礎的な事項を整理しよう！

年度別出題内容の分析表　社会

※　　は出題範囲縮小の影響がみられた内容

分野	区分	出題内容	27年	28年	29年	30年	2019年	2020年	2021年	2022年	2023年	2024年
地理的分野	日本	地形図の見方		○		○		○				
		日本の国土・地形・気候	○	○	○	○	○	○	○	○	○	○
		人口・都市	○		○		○		○			
		農林水産業	○	○	○		○	○	○		○	○
		工業	○	○	○	○	○	○	○	○	○	○
		交通・通信		○	○	○				○		
		資源・エネルギー				○			○	○		
		貿易						○	○			○
	世界	人々のくらし	○			○		○	○	○		○
		地形・気候		○	○	○	○	○	○	○	○	○
		人口・都市	○			○		○		○	○	○
		産業	○	○	○		○	○			○	○
		交通・貿易		○	○							
		資源・エネルギー	○				○	○	○		○	
	地理総合											
歴史的分野	日本史—時代別	旧石器時代から弥生時代	○			○	○	○			○	○
		古墳時代から平安時代	○	○	○	○	○	○	○	○	○	○
		鎌倉・室町時代	○	○	○	○	○	○	○	○	○	○
		安土桃山・江戸時代	○	○	○	○	○	○	○	○	○	○
		明治時代から現代	○	○	○	○	○	○	○	○	○	○
	日本史—テーマ別	政治・法律	○	○	○	○	○	○	○	○	○	○
		経済・社会・技術	○	○	○	○	○	○	○	○	○	○
		文化・宗教・教育	○	○	○	○	○	○		○	○	○
		外交	○	○	○	○	○	○	○	○	○	○
	世界史	政治・社会・経済史	○		○	○	○	○	○		○	○
		文化史							○			
		世界史総合										
	歴史総合											
公民的分野		憲法・基本的人権			○			○	○		○	○
		国の政治の仕組み・裁判	○	○	○	○	○	○	○	○	○	○
		民主主義										
		地方自治	○	○						○	○	
		国民生活・社会保障	○			○	○		○			
		経済一般	○	○	○	○		○	○	○	○	○
		財政・消費生活	○	○	○	○		○	○	○	○	○
		公害・環境問題						○		○	○	
		国際社会との関わり		○	○		○	○	○	○	○	○
時事問題												
その他			○			○	○					

国語 出題傾向の分析と合格への対策

出題傾向とその内容

〈最新年度の出題状況〉

本年度は大問が5題という構成であった。

〔一〕は知識問題。漢字の読み書きや書写，文節の関係を問うものだった。

〔二〕は小説の読解。心情理解が中心だった。

〔三〕は論説文の読解。本の一部と，補助資料と，話し合いの様子を照らし合わせて答えるものだった。筆者の考えを読み取る問題を中心に，15～20字以内の記述問題，内容整理の空欄補充の問題だった。

〔四〕は古文の読解問題。口語訳を手がかりにした内容読解，空欄補充，仮名遣いについて出題された。

〔五〕は資料が提示され「生活に生かしていきたい言葉」というテーマで200～260字の課題作文だった。

〈出題傾向〉

現代文の読解は，小説文と論説文が1題ずつ出題される。小説文では，登場人物の心情や表現に関する問いが中心になる。部分的な心情理解ではなく，心情がどのように変化していったかなど，文章全体で描かれていることや主題を読み取る力が求められている。論説文では，段落関係についての問いも出題されることがある。それ以外は，内容理解中心で，文章全体の要旨なども問われている。

古文は，歴史的仮名遣い，主語の把握といった基礎的なことから，文章全体の大意が問われる。また，漢文が扱われることもあり，返り点など，漢文の基礎知識も必要だ。

課題作文は，資料についての説明や会話を読み，それに関連した課題が与えられる。また，表現に関する問いとして，発表の工夫や，説明の仕方の特徴などに関する問いが見られる。

知識問題は，漢字の読みと書き取り，文法が必出。指定された漢字を行書で書く問いもあり，書写の知識も必要だ。文法は，文節・単語の区切り，用言の活用，品詞・用法の識別など，幅広く出題されている。

来年度の予想と対策

来年度も読解問題中心の出題になるものと思われる。

小説文では，登場人物の心情とその理由をおさえ，物語の主題を読み取るとよい。比喩や，描写の特徴など，表現についても気を配って読めるようにしたい。論説文では，段落ごとの役割を押さえて筆者の主張を読み取ること。

古文・漢文は，どちらとも出題される可能性がある。歴史的仮名遣い，返り点など，基本事項をしっかりおさえることが第一。古文・漢文の表現になれ，的確に意味を把握できるようにしよう。

漢字，語句，文法なども教科書を中心に復習しておこう。書写や韻文についても，学習を怠らないように。

課題作文については，限られた時間内でまとまった文章を書く訓練をするとともに，原稿用紙を正しく使えるようにもしておきたい。新聞やニュースで出会った，気になる記事について，自分の意見を書く練習が効果的だろう。

⇨学習のポイント

- 文章全体を把握できるように，読解問題の練習をしよう。
- 資料や短い文章が伴われた課題作文に取り組もう。
- 教科書を使って，漢字や文法の知識を身につけよう。

年度別出題内容の分析表　国語

※　　　は出題範囲縮小の影響がみられた内容

		出題内容	27年	28年	29年	30年	2019年	2020年	2021年	2022年	2023年	2024年
内容の分類	読解	主題・表題			○							
		大意・要旨	○	○	○	○	○	○	○	○	○	○
		情景・心情	○		○	○	○	○	○	○	○	○
		内容吟味	○	○	○	○	○	○	○	○	○	○
		文脈把握	○	○		○	○	○	○	○	○	○
		段落・文章構成	○	○			○					
		指示語の問題			○						○	○
		接続語の問題										
		脱文・脱語補充	○				○	○	○	○	○	○
	漢字・語句	漢字の読み書き	○	○	○	○	○	○	○	○	○	○
		筆順・画数・部首				○	○	○	○	○		
		語句の意味				○						○
		同義語・対義語										
		熟語										
		ことわざ・慣用句・四字熟語										
		仮名遣い	○	○	○	○	○	○	○	○	○	○
	表現	短文作成										
		作文(自由・課題)	○	○	○	○	○	○	○	○	○	○
		その他										
	文法	文と文節										○
		品詞・用法	○	○	○	○	○	○	○	○	○	
		敬語・その他	○	○								
	古文の口語訳											
	表現技法・形式						○		○	○	○	○
	文学史		○	○	○		○					○
	書写		○	○	○	○	○	○	○	○	○	○
問題文の種類	散文	論説文・説明文	○	○	○	○	○	○	○	○	○	○
		記録文・実用文										
		小説・物語・伝記	○	○	○	○	○	○	○	○	○	○
		随筆・紀行・日記										
	韻文	詩										
		和歌(短歌)						○				
		俳句・川柳										
	古文		○	○	○	○	○	○	○		○	○
	漢文・漢詩									○		
	会話・議論・発表		○	○	○	○	○	○	○	○	○	○
	聞き取り											

—徳島県公立高校—

MEMO

大切なことはメモしておこうネ！

徳島県公立高等学校

2024年度

★★★★★★★★★★★★★★★★★★★★★★★★

入 試 問 題

2024年度

●くわしい解説……39ページ

＜数学＞　時間　50分　満点　100点

【注意】 1　答えは，特に指示するもののほかは，できるだけ簡単な形で表し，それぞれ解答用紙に書きなさい。ただし，※の欄には記入しないこと。

2　答えに無理数が含まれるときは，無理数のままで示しなさい。

1　次の⑴～⑽に答えなさい。

⑴　$(-5)+(-2)$ を計算しなさい。

⑵　$3(a+b)-2(a-b)$ を計算しなさい。

⑶　$4\sqrt{2}\times 2\sqrt{3}$ を計算しなさい。

⑷　正四面体の辺の数を答えなさい。

⑸　$4x^2-9y^2$ を因数分解しなさい。

⑹　y 軸を対称の軸として，直線 $y=-3x+1$ と線対称となる直線の式を求めなさい。

⑺　関数 $y=5x^2$ について，x の変域が $-1 \leqq x \leqq 3$ のときの y の変域を求めなさい。

⑻　右の表は，ある中学校の女子20人のハンドボール投げの記録を度数分布表に整理したものである。この表から求めた最頻値が12.5mであるとき，a，b にあてはまる数の組み合わせは全部で何通りあるか，求めなさい。

ハンドボール投げの記録

階級（m）	度数（人）
0.0以上～5.0未満	1
5.0～10.0	5
10.0～15.0	a
15.0～20.0	b
20.0～25.0	3
計	20

⑼　△ABCにおいて，AB＝8㎝，BC＝6㎝，CA＝x㎝である。△ABCが直角三角形になるときの x の値を**すべて**求めなさい。

⑽　次のページの図のように，点A（3，6）をとる。また，1から6までの目が出るさいころを2回投げて，最初に出た目の数を a，2回目に出た目の数を b とし，2点B（2，a），C（1，b）をとる。このとき，3点A，B，Cが1つの直線上に並ぶ確率を求めなさい。ただし，さいころはどの目が出ることも同様に確からしいものとする。

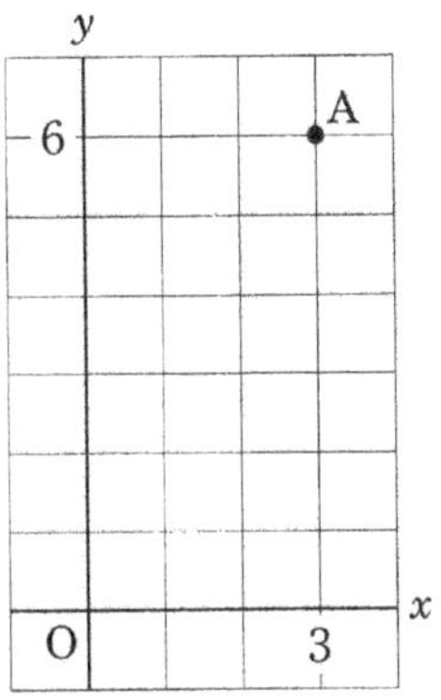

2　一直線にのびた線路と，その横に，線路に平行な道路がある。電車が駅に停車していると，あさひさんが乗った自転車が電車の後方から，電車の進行方向と同じ方向に走ってきた。図1のように，停車している電車の先端を地点Pとする。このとき，電車が地点Pを出発したのと同時に，自転車も地点Pを通過した。

電車が地点Pを出発してから x 秒間に電車と自転車が進む距離を y mとする。$0 \leqq x \leqq 30$ のとき，電車は $y=\frac{3}{10}x^2$ の関係になり，自転車は $y=6x$ の関係になることがわかっている。

図2は，電車と自転車について，x と y の関係をグラフに表したものである。(1)～(4)に答えなさい。

図1

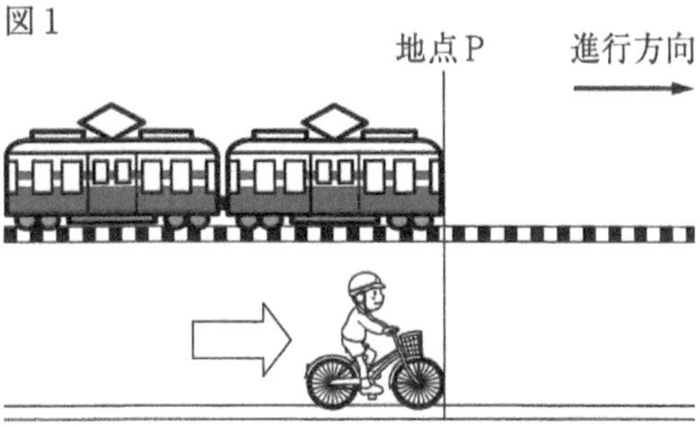

図2

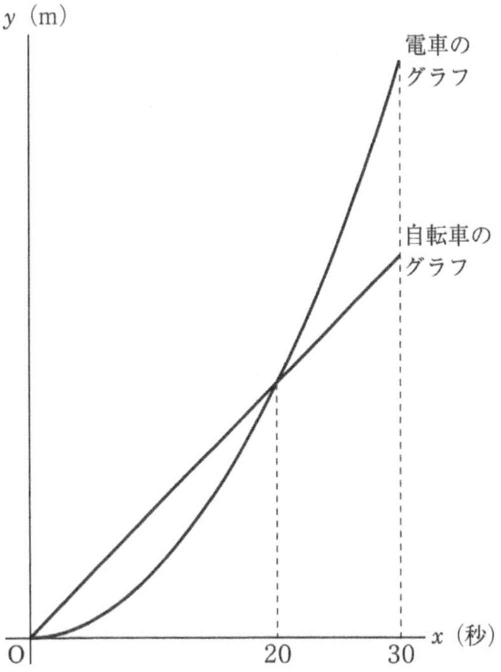

(1)　電車が自転車に追いつくのは，地点Pから何m離れた地点か，求めなさい。

(2)　電車が地点Pを出発して10秒後から20秒後までの電車の平均の速さは秒速何mか，求めなさい。

(3)　$0 \leqq x \leqq 20$ のとき，自転車と電車が30m離れるのは，電車が地点Pを出発してから何秒後か，求めなさい。

(4)　地点Pから150m離れた地点において，電車が到達してから自転車が到達するまでにおよそ何秒かかるか，求め方を説明しなさい。ただし，実際に何秒かかるかを求める必要はない。

3　まことさんは，トランプを使って図１のようなタワーをつくろうと考えた。できるだけ大きなタワーをつくるために，必要なトランプの枚数を調べることにした。⑴・⑵に答えなさい。

図１

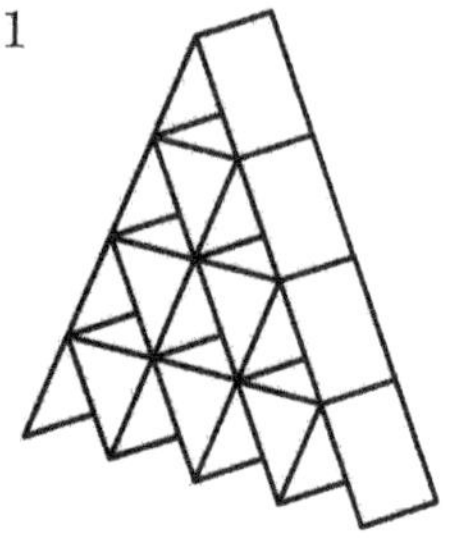

⑴　まことさんは，図２のように，トランプの代わりに同じ長さの棒を並べたモデルをつくり，棒の本数を数えることでトランプの枚数を調べることにした。(a)・(b)に答えなさい。

(a)　まことさんは，図３のように，上から１段目，２段目，３段目，４段目，…，n 段目と分けて，各段の棒の本数を，横向きの棒と斜め向きの棒に着目して，下のような表にまとめようとしている。表の（ア）にあてはまる数を，［イ］にはあてはまるｎを用いた式を，それぞれ書きなさい。

図２

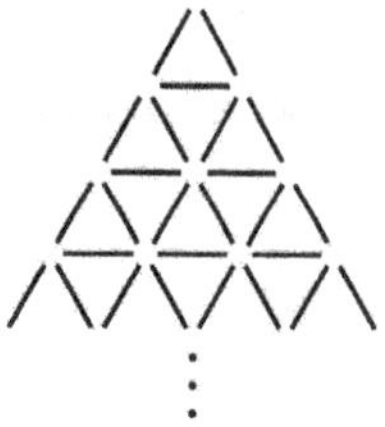

図３

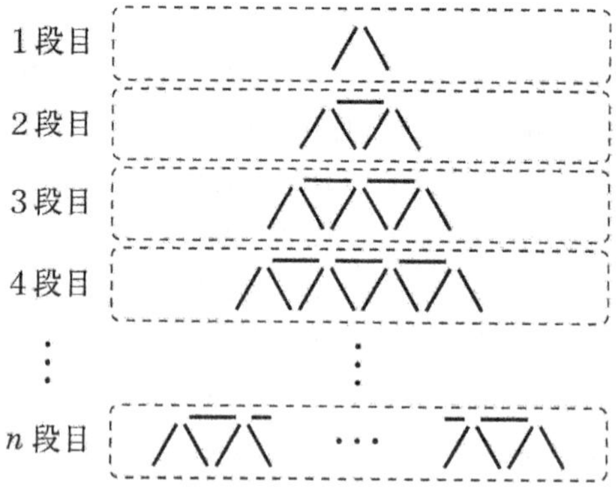

表

段（段目）	1	2	3	4	5	…	n
横向きの棒の本数（本）	0	1	2			…	［イ］
斜め向きの棒の本数（本）	2	4	6			…	
各段の棒の本数（本）	2	5	8		（ア）	…	

(b)　トランプ１組54枚を使うと最大何段のタワーをつくることができるか，求めなさい。ただし，使わないトランプがあってもよいものとする。

⑵　まことさんは，タワーをつくるために，必要なトランプの枚数を効率的に調べる方法について，次のページのように考えをまとめた。(a)・(b)に答えなさい。

【まことさんの考え】

［4段のとき］

図4のように，4段のモデルと，同じものを逆さまにしたモデルを組み合わせて，上から1段目，2段目，3段目，4段目を考えると，各段の棒の本数は，それぞれ（　ウ　）本で同じになる。

図4

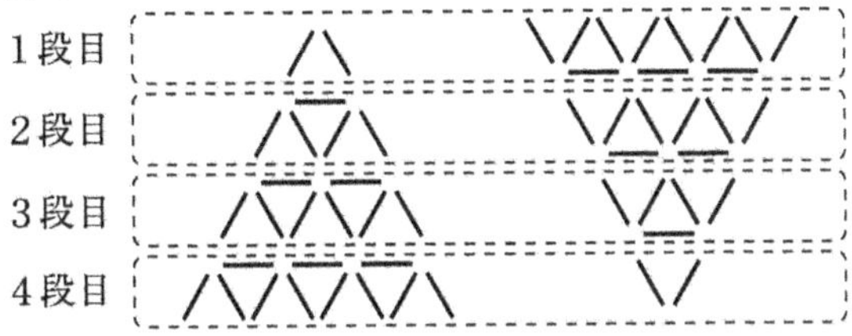

このことを利用すれば，4段のタワーに必要なトランプの枚数を求めることができる。

［n段のとき］

図5のように，n段のモデルと，同じものを逆さまにしたモデルを組み合わせて，上から1段目，2段目，3段目，…，n段目を考えると，各段の棒の本数は，それぞれ（ エ ）本で同じになる。

図5

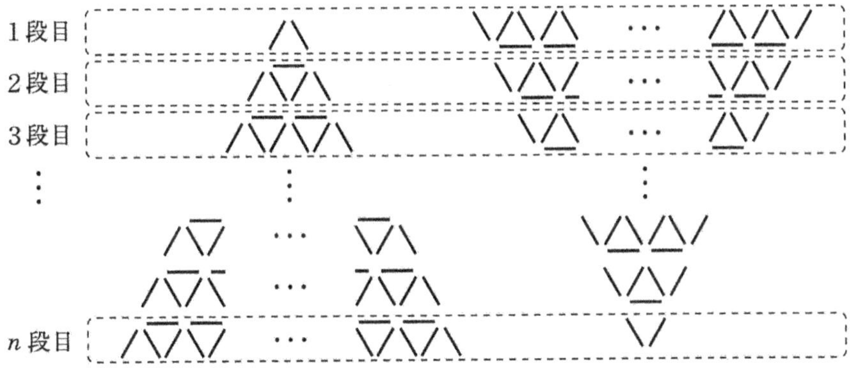

これらの考え方を利用すれば，何段のタワーであっても，必要なトランプの枚数を求めることができる。

(a)【まことさんの考え】の（ウ）にあてはまる数を， エ にはあてはまるnを用いた式を，それぞれ書きなさい。

(b) 20段のタワーをつくるために，必要なトランプは何枚か，求めなさい。

4 次のページの図のように，直線$y=3x$上に点A，直線$y=\frac{1}{2}x$上に点C，直線$y=-x$上に点Eがあり，点Aのx座標は3である。また，四角形ABCDと四角形AEFGがともに正方形になるように点B，D，F，Gをとる。ただし，点Cと点Fのx座標はともに3より大きく，辺ABと辺AEはともにy軸に平行とする。⑴～⑷に答えなさい。

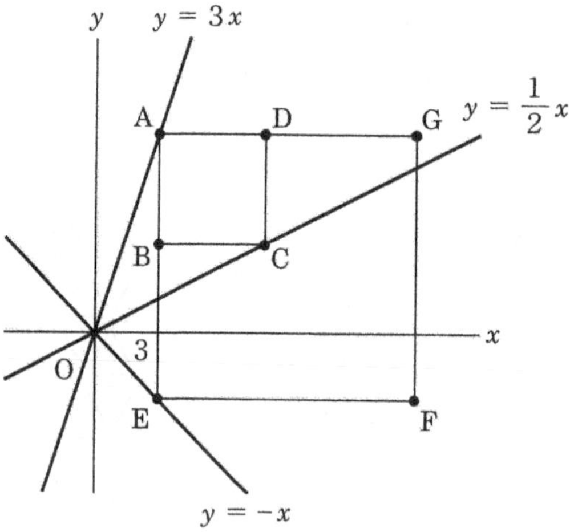

⑴　点Eの座標を求めなさい。

⑵　2点A，Fを通る直線の式を求めなさい。

⑶　正方形ABCDを，辺ABを回転の軸として1回転させてできる立体の体積を求めなさい。ただし，円周率はπとする。

⑷　辺FG上に点Pをとり，△OAPの周の長さが最小となるような点Pの座標を求めなさい。

5　下の図のように，円Oの直径AB上に点Cをとり，点Cを通り直径ABに垂直な直線と円Oとの交点をそれぞれD，Eとする。中心Oと点E，点Aと点D，点Aと点E，点Bと点Eをそれぞれ結ぶ。⑴～⑷に答えなさい。

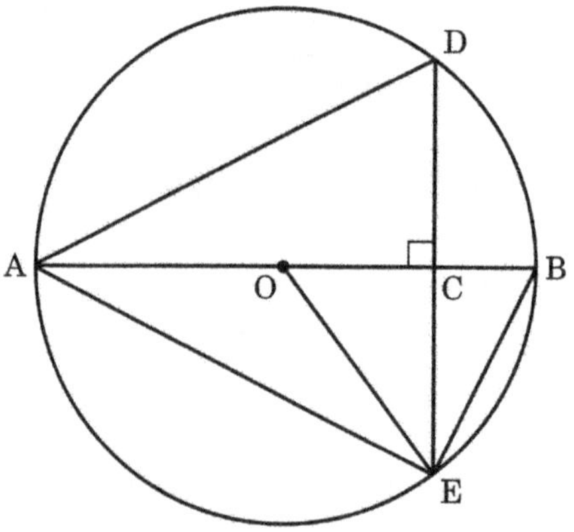

⑴　∠AEBの大きさを求めなさい。

(2)　△AED∽△OEBの証明について，(a)・(b)に答えなさい。

(a)　△AED∽△OEBを証明するために，次のように△DAC≡△EACを証明した。[　　] にあてはまる言葉を書きなさい。

【△DAC≡△EACの証明】

> △DACと△EACで
> ACは共通だから，AC＝AC　　　……①
> 仮定より，∠DCA＝∠ECA＝90°　……②
> また，直径ABは弦DEの垂直二等分線だから，DC＝EC……③
> ①，②，③より，[　　　　　] が，それぞれ等しいので，△DAC≡△EAC

(b)　(a)で示したことを用いて，△AED∽△OEBを証明しなさい。

(3)　△AEDと△OEBの相似比が５：３であり，△AEDの面積が50cm^2であるとき，△AEBの面積を求めなさい。

(4)　AD＝８cm，BE＝４cmのとき，AC：CBを求めなさい。

＜英語＞

時間　50分　　満点　100点

1　次の⑴～⑶に答えなさい。

⑴　(a)・(b)の英語を聞いて，その内容を最も適切に表している絵を，それぞれア～エから１つずつ選びなさい。

(a)

(b)

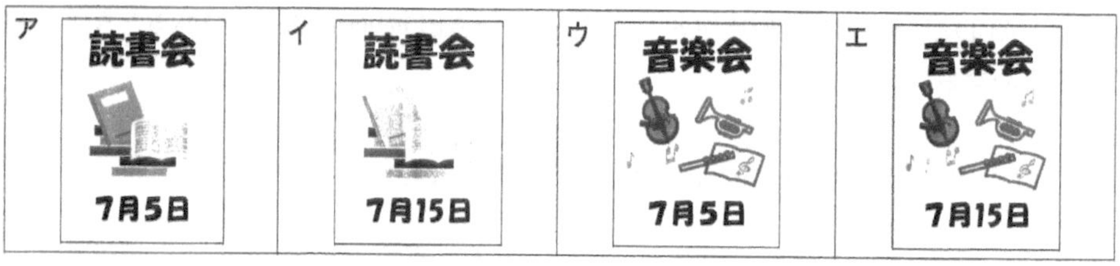

⑵　(a)・(b)の対話を聞いて，それぞれの質問に対する答えとして最も適するものを，ア～エから１つずつ選びなさい。

(a)　＜旅行について話している場面＞

ア　飛行機　　　イ　バス　　　ウ　新幹線　　　エ　自動車

(b)　＜週末の予定について話している場面＞

ア　土曜日の午前　　イ　土曜日の午後　　ウ　日曜日の午前　　エ　日曜日の午後

⑶　旅行でオーストラリアに滞在中のあなたは，コアラとふれあうことができるイベントに参加するために動物園を訪れています。園内のイベントに関するアナウンスを聞いて，あなたが向かうべき場所と時間の組み合わせとして最も適するものを，ア～エから選びなさい。

ア　（場所）　Happy Field　　（時間）　10:20 － 11:00
イ　（場所）　Happy Field　　（時間）　11:20 － 11:40
ウ　（場所）　Dream Forest　（時間）　10:20 － 10:40
エ　（場所）　Dream Forest　（時間）　11:20 － 11:40

2　あなたの学校には，国際交流の日（the International Exchange Day）という行事があり，地域で暮らす外国の人たちを招いて意見交換会を開いています。今回は「外国人にやさしいまちづくり」がテーマで，これからフランス出身のルイーズさんの話を聞くところです。ルイーズさんが一番伝えたいことはどのようなことか，最も適するものを，ア～エから選びなさい。

ア　Visiting junior high schools in the town to meet students is exciting.
イ　Making signs, maps, and websites in different languages is necessary.

ウ　Having more events like the International Exchange Day is important.
エ　Creating a friendly town for people from foreign countries is difficult.

3　英語の授業中にオンラインで交流しているマレーシアの中学生からの質問を聞いて，あなたの答えを英文１文で書きなさい。

4　次の⑴～⑶に答えなさい。

⑴　次の英文(a)・(b)の意味が通るように，（　）に最も適するものを，それぞれア～エから１つずつ選びなさい。

(a)　There are twelve (　　　) in a year.　I like May the best.

ア　hours　　イ　days　　ウ　weeks　　エ　months

(b)　My father went fishing yesterday, but he didn't (　　　) any fish.

ア　begin　　イ　catch　　ウ　grow　　エ　wear

⑵　次の対話文(a)～(c)が成り立つように，［　　］に最も適するものを，それぞれア～エから１つずつ選びなさい。

(a)　*A*: Do you know where my smartphone is?
B: ［　　　　］ I saw it by the computer.
A: Oh, I've found it.　Thank you.

ア　Yes, I do.　　イ　No, I don't.　　ウ　Yes, I did.　　エ　No, I didn't.

(b)　*A*: Wow!　These cakes look delicious.
B: I got them at the department store.　［　　　　］
A: I want to eat the chocolate one with fruits.
B: Sure, here you are.

ア　Whose birthday is it today?
イ　How many cakes are there?
ウ　What fruit is your favorite?
エ　Which one would you like?

(c)　*A*: What do you want to be in the future, Ken?
B: ［　　　　］ I know that I have to think about it.
A: Don't worry, you still have time.
B: I will learn a lot of things to find what I want to do in the future.

ア　I don't like studying.
イ　I haven't decided yet.
ウ　I want to be a doctor.
エ　I'm interested in art.

⑶　次の対話が成り立つように，（　）の中のア～エを並べかえなさい。

A: You went to the guitar concert last night, right?　How was it?
B: It was amazing!　I (ア could　イ wish　ウ play　エ I) the guitar like that musician.

5　中学生のともき（Tomoki）さんは，生徒会新聞の記事を書くために，新しく来たALTのスミス先生（Ms. Smith）にインタビューをすることにした。次の英文は，ともきさんとスミス先生の対話の一部である。これを読んで，(1)～(3)に答えなさい。

Tomoki　: How is your new life, Ms. Smith?

Ms. Smith : Fantastic! I enjoy teaching English and living in the beautiful nature. I'm from New York, so living in the countryside is all new to me.

Tomoki　: ①[choose] Japan to work as an English teacher?

Ms. Smith : Because I wanted to live in a Japanese old house called *kominka*.

Tomoki　: I see. I've heard that staying at *kominka* is becoming popular among foreign people. I don't know why.

Ms. Smith : I think traditional Japanese houses are beautiful, and it's very special to experience life in the countryside. Look at this picture! I live in this house now. It ②[build] about 100 years ago.

Tomoki　: Wow, how cool! What do you think about our town?

Ms. Smith : People are very nice. My neighbors often bring me vegetables, and we enjoy talking in English and in Japanese. I feel like I'm a member of the community. I'm very happy about that.

Tomoki　: That's nice. Are there any places you want to visit during your stay?

Ms. Smith : Well, I want to visit many places to see traditional Japanese houses.

Tomoki　: Sounds interesting! Now I'd like to ask you one more thing. [　　]

Ms. Smith : Sure. I'd like to know more about you all. So everyone, come and talk to me anytime. Let's enjoy learning English!

Tomoki　: Thank you. I think I can write a good article.

（注）countryside　田舎　　feel like　～のような気がする　　community　地域の人々
anytime　いつでも　　article　記事

(1)　対話が成り立つように，①[choose]・②[build]にそれぞれ不足している語を補ったり，必要があれば適切な形に変えたりして，英文を完成させなさい。ただし，解答用紙には[　]内に入る語句のみを記入すること。

(2)　ともきさんとスミス先生の対話の内容と合うものをア～エから1つ選びなさい。

ア　Tomoki wants more foreign people to know about Japanese *kominka*.
イ　Ms. Smith showed Tomoki a picture of her old house in New York.
ウ　Ms. Smith is happy to communicate with people living near her house.
エ　Tomoki is going to take Ms. Smith to some beautiful places in his town.

(3)　ともきさんとスミス先生の対話が，自然なやり取りになるように，[　　]に入る英文1文を書きなさい。

6　次のページの英文は，シンガポール（Singapore）出身のルークさんが，ブログに投稿した文章の一部である。これを読んで，(1)～(3)に答えなさい。

Japan is known as a clean country. However, after I started to live near a popular sightseeing spot in Hibari City, I found a problem.

I'm happy that many tourists visit Hibari City on weekends or during long vacations, but when a lot of garbage is left on the streets, it makes me sad. In Singapore, there are many garbage cans on the streets. [ア] But here in Japan, people can't find garbage cans easily after eating and drinking on the streets. [イ] Actually, some of my friends told me that they didn't know where to throw garbage away during their trip to Japan. [ウ] I think popular sightseeing spots need more garbage cans. However, I know that setting up more garbage cans is not easy because we need a lot of money. [エ]

So I have an idea. I think we should ask tourists to pay 10 yen when they use garbage cans at sightseeing spots in Hibari City. What do you think about my idea?

(注) sightseeing spot(s)　観光地　garbage can(s)　ごみ箱　throw ～ away　～を捨てる
set up　～を設置する　pay　～を払う

(1) 次の英文は，本文中から抜き出したものである。この英文を入れる最も適切なところを，本文中の [ア] ～ [エ] から選びなさい。

People can throw garbage away when they want to.

(2) ルークさんの投稿のタイトルとして最も適するものを，ア～エから選びなさい。

ア　Useful Information for Tourists

イ　Keeping Sightseeing Spots Clean

ウ　How to Find Garbage Cans in Japan

エ　The Best Way to Enjoy Sightseeing

(3) ルークさんの投稿を読んだあなたは，自分の考えを投稿することにした。ルークさんの質問に対するあなたの答えを，**15語以上30語以内**の英語で書きなさい。ただし，数を書く場合は数字ではなく英語で書くこととし，文の数はいくつでもよい。また，符号は語数に含めない。

〈解答欄の書き方について〉

次の（例）に従って＿＿に１語ずつ記入すること。

（例）Really ?　I'm　from　America ,　too .

7 次の英文は，中学生のめぐみ（Megumi）さんが，イギリスでのホームステイ（homestay）を通して感じたことについて，英語の授業中に発表したものである。これを読んで，(1)～(6)に答えなさい。

We use language to communicate with each other. Various languages are used all over the world, and each language has so many words. Now, let me ask you some questions. Which word or phrase is important to you? If you are asked to choose which word or phrase is the most important, what will it be?

Today, I'm going to talk about mine.

Last summer, I went to the U.K. and stayed with a family for two weeks. Jack and Kate were my host parents, and they had two children, Harry and Alice. I was very excited about my first visit abroad, but I was also very nervous at first because my English was not so good. However, when I told Jack and Kate about it, they said to me, “[①]” Harry and Alice also said, “We'll help you when you don't know what to say in English.” So, I felt relaxed and enjoyed using English.

After spending a few days with my host family, I realized one thing. They used the phrase “Thank you” very often. Everyone used the phrase when someone did something for the other member of the family. They always said “Thank you” even for small things. For example, when Jack turned off the lights for Alice, she said, “Thank you, Dad,” and when Harry was holding the door for his mother, Kate said to him, “Thanks, Harry.” I thought, “Do I say ‘Thank you’ so often to my family or even to my friends in Japan?” The answer was “[②].”

The situation was the same outside of the house. At a restaurant, at a shop, or on the bus, everyone said “Thank you” to each other. Of course, staff or drivers use the phrase to their customers in Japan too, but I don't think people often say “Thank you” to staff or drivers in Japan. I think the phrase is used more in the U.K. than in Japan.

During my homestay, I realized “Thank you” is a wonderful phrase. It makes us feel warm and happy. When it is used, we often smile and feel we should be kind to the people around us. “Thank you” is just a phrase, but I believe it has a great power to help us build good relationships with other people. Actually, when I started saying “Thank you” more to the people around me, they often smiled and talked with me. I made a lot of friends and had a really good time in the U.K. In this way, “Thank you” became the most important phrase to me.

Since I came back to Japan, I have been trying to use the phrase a lot in my daily life. All of my family were surprised at first because I said “Thank you” more than before. Now, however, they also use the phrase a lot. I'm very happy because everyone in my family has become very kind to each other and I can see more smiles at home. So, why don't we use this wonderful phrase more in our class and create a warm atmosphere together? Thank you for listening.

（注） phrase　表現，フレーズ　　host　ホームステイ先の　　driver(s)　運転手　　customer(s)　客
make(s) ～ feel…　～を…な気持ちにさせる　　relationship(s)　関係
in this way　このようにして　　atmosphere　雰囲気

(1) 次の(a)・(b)の問いに対する答えを，それぞれ3語以上の英文1文で書きなさい。ただし，数を書く場合は数字ではなく英語で書くこととし，符号は語数に含めない。

(a) Did Megumi have any questions for her classmates in her speech?

(b) How many people were there in Megumi's host family?

(2) めぐみさんとホストファミリーのやり取りが，自然な流れになるように，本文の ① に最も適するものをア～エから選びなさい。

ア You don't have to speak perfect English,

イ You must not practice English at home.

ウ We will visit your country to learn Japanese,

エ We need to call your family in Japan.

(3) 本文の内容に合うように， ② に最も適する1語の英語を書きなさい。ただし，最初の文字は大文字で書くこと。

(4) 本文の内容に合うように，次の英文の ＿＿ に最も適するものをア～エから選びなさい。

In the U.K., Megumi found that ＿＿＿＿.

ア people use the phrase "Thank you" only for something big

イ children don't often talk with their parents at home

ウ we must smile more to make friends with foreign people

エ there is a phrase to make people feel warm and happy

(5) 次の英文は，めぐみさんとALTのジョーンズ先生 (Mr. Jones) の対話の一部である。対話が成り立つように， ⓐ には最も適するものをア～エから選び， ⓑ には最も適する2語の英語を本文中から抜き出して書きなさい。

Mr. Jones :	Good job, Megumi! You want everyone in class to ⓐ . That's a wonderful idea.
Megumi :	Thanks. I hope our classroom will be a better place by doing so. What's the ⓑ Japanese word or phrase in your opinion?
Mr. Jones :	For me, "*Sumimasen*" is a great phrase because it means "Sorry," "Excuse me," or even "Thank you." I can use it in many situations.

ア use English more　　イ say "Thank you" more

ウ talk more about your homestay　　エ learn more about the U.K.

(6) 本文の内容と合うものをア～カから2つ選びなさい。

ア Megumi's speech was about various languages all over the world.

イ Megumi stayed with a family in the U.K. for twenty days last summer.

ウ Megumi's host family often said "Thank you" to each other at home.

エ Megumi thinks Japanese people never say "Thank you" outside of the house.

オ Megumi had good relationships with the people around her in the U.K.

カ Megumi asked her family in Japan to be kind to each other at home.

＜理科＞

時間　50分　　満点　100点

1　次の⑴～⑷に答えなさい。

⑴　表は，ある場所で発生した震源が浅い地震で，観測点**A**～**D**にＰ波とＳ波が届いた時刻をそれぞれ記録したものである。(a)・(b)に答えなさい。

表

観測点	Ｐ波が届いた時刻	Ｓ波が届いた時刻
A	8時43分52秒	8時43分58秒
B	8時43分57秒	8時44分07秒
C	8時43分50秒	8時43分54秒
D	8時43分56秒	8時44分05秒

(a)　Ｐ波が届くと起こるはじめの小さなゆれを初期微動という。Ｓ波が届くと起こる後からくる大きなゆれを何というか，書きなさい。

(b)　表の観測点**A**～**D**を，震源距離が短い順に並べなさい。ただし，Ｐ波とＳ波はそれぞれ一定の速さで伝わるものとする。

⑵　細胞分裂について，(a)・(b)に答えなさい。

(a)　１つの細胞が２つに分かれることを，細胞分裂といい，植物では，おもに根や茎の先端近くでさかんに行われている。その部分を何というか，書きなさい。

(b)　次の文は，体細胞分裂について述べたものである。正しい文になるように，文中の①・②について，**ア**・**イ**のいずれかをそれぞれ選びなさい。

> 植物の細胞も，動物の細胞も，１つの細胞が体細胞分裂をして，２つの細胞ができる。染色体の数は分裂前に①［**ア**　２倍にふえ　　**イ**　半分になり］，分裂によって２つに分けられるので，１つの細胞の染色体の数は，体細胞分裂を②［**ア**　くり返しても同じになる　　**イ**　くり返すたびに半減する］。

⑶　物体にはたらく力について，(a)・(b)に答えなさい。

(a)　水平な机の上に置いた本には重力がはたらいているが，重力とつり合うもう１つの力もはたらいているため，本は静止している。このとき，机から本にはたらく，重力とつり合うもう１つの力を何というか，**ア**～**エ**から**１つ**選びなさい。

ア　磁力　　**イ**　弾性力　　**ウ**　電気力　　**エ**　垂直抗力

(b)　図１は，水平な机の上に置いた本を指で押したときのようすを模式的に表したものである。本が動かなかったときの，本と机がふれ合う面からはたらく摩擦力の向きとして正しいものはどれか，**ア**～**エ**から**１つ**選びなさい。

図１

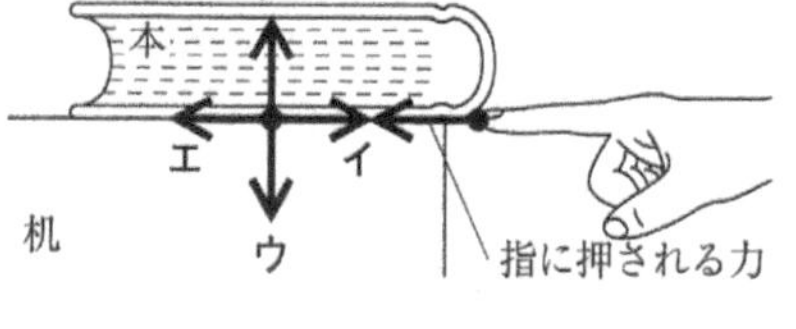

⑷　アンモニアについて，(a)・(b)に答えなさい。

(a)　アンモニアは，水に非常にとけやすく，空気より密度が小さい。アンモニアの性質に合った気体の集め方を何というか，書きなさい。

(b)　図２（次のページ）のような装置で，アンモニアを満たしたフラスコ内に，スポイトで水を入れると，ビーカーの水がフラスコの中に勢いよく上がって，赤色の噴水となった。噴水を赤色にしたアンモニアの性質を書きなさい。

図２

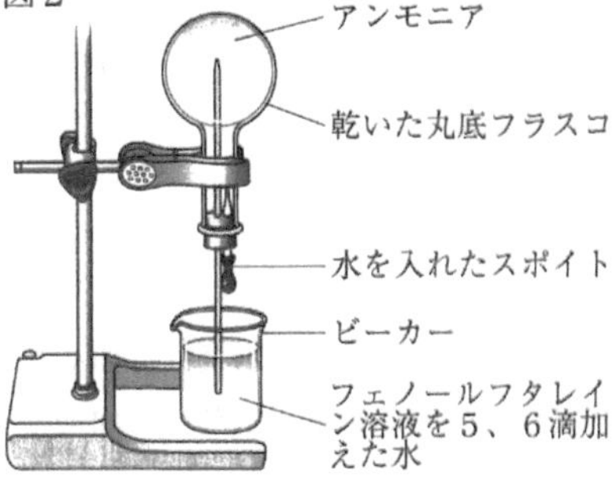

2　あつしさんたちは，理科の授業で，ヒトの心臓と血液について学習した。(1)～(5)に答えなさい。

あつしさん　血液は，（　　　）という液体成分と，酸素を運ぶ赤血球や，病原体を分解する白血球などの固形成分からなっていることを学習しましたね。

みちこさん　血液の流れは，心臓のはたらきによるものであることも学習しました。

あつしさん　図は，ヒトの心臓を正面から見た模式図です。A～Dは，心臓につながる血管で，心臓から送り出された血液は，これらの血管を流れて，また心臓にもどってくるのでしたね。①この道すじは大きく２つに分けられますね。

図

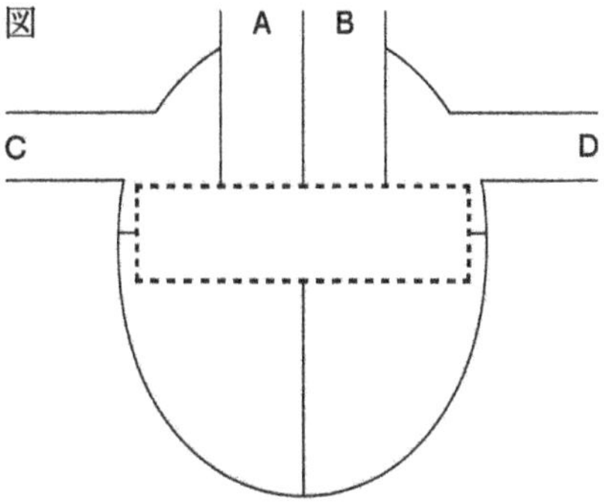

みちこさん　そのおかげで全身の細胞に必要な物質が供給され，細胞から出た不要な物質を運び去ることができるのですね。

あつしさん　そうですね。②その必要な物質の１つである酸素は，血液によって全身に運ばれています。

みちこさん　心臓と血液は，ヒトの生命の維持に重要な役割を果たしているのですね。

(1)　文中の（　）にあてはまる言葉を書きなさい。

(2)　図で，心臓の心室が収縮しているときのようすとして，□に入る正しい模式図を，ア～エから１つ選びなさい。ただし，○の部分は弁を表している。

ア
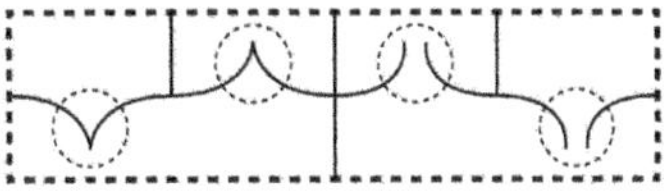

イ
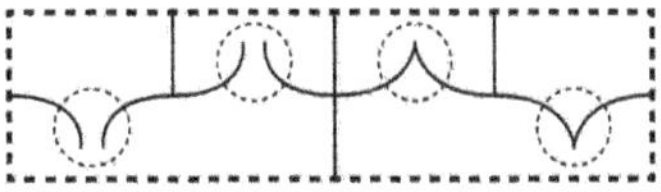

ウ
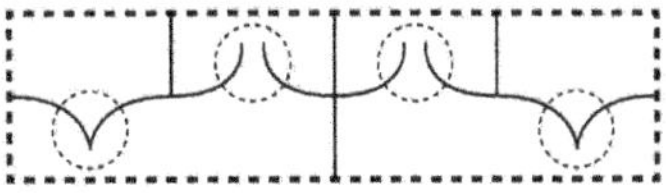

エ
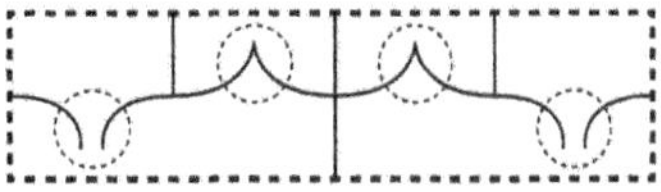

(3)　次の文は，下線部①の一方の道すじについて述べたものである。正しい文になるように，文中のⓐ・ⓑは，**ア・イ**のいずれかをそれぞれ選び，(ⓒ) にはあてはまる言葉を書きなさい。

> 2つの道すじのうち，酸素を多く含む血液が心臓にもどる道すじでは，心臓から血液がⓐ［ア　A　　イ　B］の血管を流れ出て，再びⓑ［ア　C　　イ　D］の血管をれて心臓にもどる。この道すじのことを（　ⓒ　）という。

(4)　静脈のつくりは，動脈と比べると大きな違いが２つある。その２つの違いに着目して，静脈の特徴を書きなさい。

(5)　下線部②について，ヒトの場合，肺から心臓に流れた血液100mlあたり20㎤の酸素が含まれる。１回の拍動で，安静時では70ml，運動後は100mlの血液が，心臓から全身に送り出されている。１分間の拍動の回数が，安静時は70回であったのが，運動後には120回になったとき，運動後は，安静時と比べて，１分間に心臓から全身に送り出される酸素の量は何㎤増えたか，求めなさい。

3　徳島県で，ある年の５月から10月にかけて金星の観測をした。(1)～(5)に答えなさい。

観測

①　５月20日から10月20日までの間，約１か月ごとに，明け方と夕方，真夜中に，同じ場所で，倍率を固定して，望遠鏡で観測した金星をスケッチし，形や大きさを調べた。

②　①で観測した日の太陽に対する金星と地球の位置を調べ，図のように，地球の位置を固定して，それぞれの位置を○で示した模式図をかいた。

図

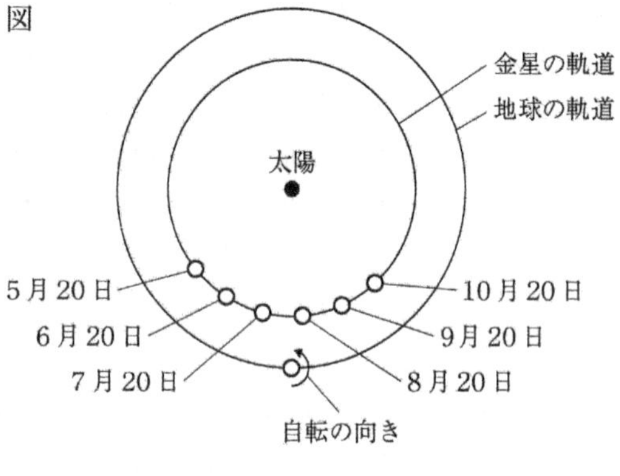

(1)　観測 ①で，いずれの日も，真夜中に金星を見ることはできなかった。真夜中には見えない金星以外の太陽系の惑星を**１つ**書きなさい。

(2)　観測 ①で，５月20日の夕方に観測した金星の輝いて見える部分はどのような形か，最も適切なものを**ア～エ**から選びなさい。ただし，**ア～エ**は，肉眼で見たときの向きに直している。

ア　　　　**イ**　　　　**ウ**　　　　**エ**

(3)　次のページの文は，観測 ①で調べた８月20日から10月20日までの金星の見かけの大きさについて，述べたものである。正しい文になるように，文中のⓐは**ア・イ**のいずれかを選び，(ⓑ) にはあてはまる言葉を書きなさい。

日がたつにつれて，金星の見かけの大きさがⓐ［ア　大きく　　イ　小さく］なっていったのは，８月20日から10月20日にかけて（　ⓑ　）からである。

⑷ 観測 ①で，金星の近くに月が見えた日があった。観測した日と見えた月について述べた文として，最も適切なものを**ア～エ**から選びなさい。

ア　６月20日に，金星の近くに下弦の月が見えた。
イ　７月20日に，金星の近くに三日月が見えた。
ウ　８月20日に，金星の近くに満月が見えた。
エ　９月20日に，金星の近くに上弦の月が見えた。

⑸ 観測 と同じ場所で，２年後の５月20日に金星を観測すると，いつごろ，どの方位の空に見えるか，最も適切なものを**ア～エ**から選びなさい。ただし，地球の公転周期は１年，金星の公転周期は0.62年とする。

ア　明け方の東の空　　**イ**　明け方の西の空　　**ウ**　夕方の東の空　　**エ**　夕方の西の空

4　ダニエル電池のしくみについて考えるために，金属のイオンへのなりやすさを調べた。⑴～⑸に答えなさい。

実験

①　図１のように，３種類の水溶液と３種類の金属片の組み合わせの表をかいた台紙の上に，マイクロプレートを置いた。

②　プラスチックのピンセットを用いて，マイクロプレートのそれぞれの穴に金属片を入れた。

③　それぞれの穴に金属片がひたる程度に水溶液を加えて，変化のようすを観察した。表は，金属片のようすを観察した結果を示したものである。

図１

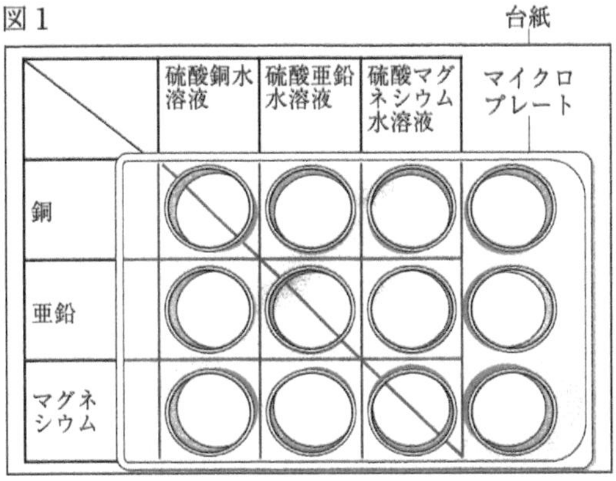

表

	硫酸銅水溶液	硫酸亜鉛水溶液	硫酸マグネシウム水溶液
銅		変化が起こらなかった	変化が起こらなかった
亜鉛	赤色の固体が現れた		変化が起こらなかった
マグネシウム	赤色の固体が現れた	灰色の固体が現れた	

⑴ 実験 ③で現れた灰色の固体は何か，**ア～エ**から１つ選びなさい。

ア　銅　　**イ**　亜鉛　　**ウ**　マグネシウム　　**エ**　硫酸

⑵　図２は，ダニエル電池を模式的に表したものであり，つないでいる光電池用のプロペラつきモーターは回転している。このとき図２の銅板は，**＋《プラス》極**・**－《マイナス》極**のどちらになるか，書きなさい。また，電子が移動する向きはどちらになるか，**ア**・**イ**のいずれかを選びなさい。

⑶　図２のセロハンには小さな穴があいており，電池のはたらきを長く保たせる役割がある。セロハンの穴を通って水溶液中のイオンが少しずつ移動することで，どのようなことを解消するか，書きなさい。

図２

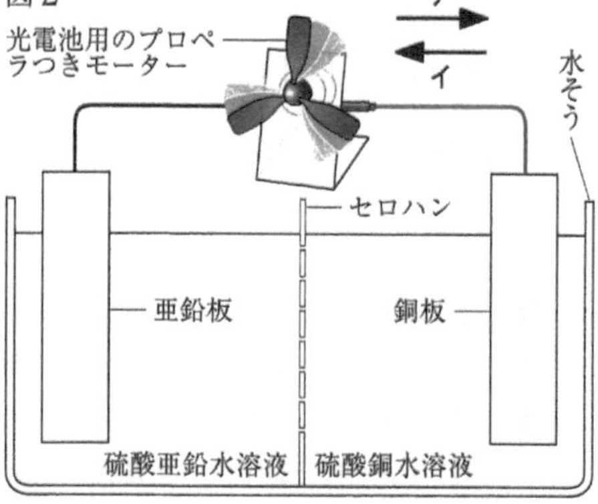

⑷　図２のダニエル電池の反応がこのまま進むと，硫酸銅水溶液側からセロハンを通って硫酸亜鉛水溶液側に移動するイオンが現れる。そのイオンを化学式で書きなさい。

⑸　図２の銅板をマグネシウム板に，硫酸銅水溶液を硫酸マグネシウム水溶液にかえると，つないでいる光電池用のプロペラつきモーターは回転し，電池のはたらきをした。しばらくつないだときの亜鉛板について述べた文として，正しいものはどれか，**ア**～**エ**から**１つ**選びなさい。

ア　亜鉛板は電池の＋極となり，表面に新たな亜鉛が付着した。
イ　亜鉛板は電池の＋極となり，表面がぼろぼろになり細くなった。
ウ　亜鉛板は電池の－極となり，表面に新たな亜鉛が付着した。
エ　亜鉛板は電池の－極となり，表面がぼろぼろになり細くなった。

5　てるみさんたちは，様々な回路をつくり，実験をしている。⑴～⑹に答えなさい。

てるみさん　　私の家の２階に上がる階段には途中に電球があるのですが，階段の上のスイッチでも下のスイッチでも，つけたり消したりできます。どのような回路になっているのでしょうか。

えいたさん　　図１のようになっていると予想しました。

てるみさん　　これでは，一方のスイッチで電球を消したら，もう一方のスイッチでは電球がつけられません。

先生　　階段の照明の回路には，図２のような切りかえ式スイッチが使われています。切りかえ式スイッチが図３のようになっていると，Ａの電球だけが点灯します。また，図４のようになっていると，Ｂの電球だけが点灯します。

図１

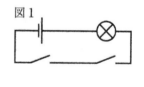

図２

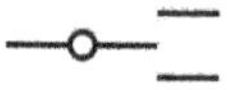

切りかえ式スイッチ

図３

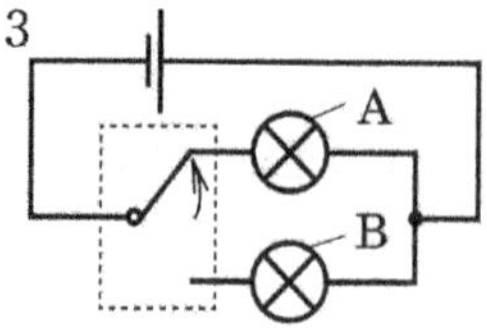

図４

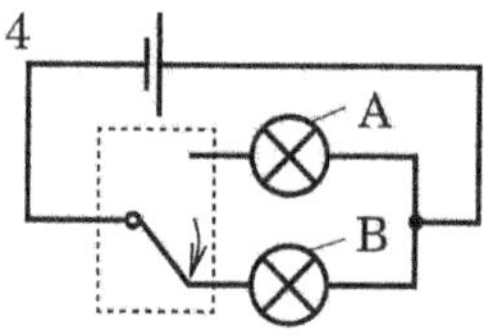

てるみさん　図１のスイッチを図２の切りかえ式スイッチにすれば，どちらかの切りかえ式スイッチを１回押すごとに回路がつながって電球がついたり，回路がつながらなくなって電球が消えたりする回路をつくれそうです。回路図をかいて確認してみます。

(1)　回路に用いる導線には，電気抵抗が非常に小さい銅が使われることが多い。銅のような電気抵抗が小さく，電流が流れやすい物質を何というか，書きなさい。

(2)　てるみさんは，図１の回路のスイッチを図２の切り加え式スイッチにかえ，どちらかを１回押すごとに電球がついたり，消えたりする回路をつくった。どのような回路をつくったか，回路図をかきなさい。

こうきさん　回路には電流が流れているほかに，電圧が加わっています。電流の大きさと電圧には，どのような関係があるのでしょうか。

てるみさん　電源装置や抵抗器を使って回路をつくり，実験して調べてみましょう。

実験１

①　電源装置，抵抗器，スイッチ，電流計，電圧計を使い，図５のような回路をつくった。

②　スイッチを入れ，電源装置の電圧を０Ｖから８Ｖの範囲で変化させ，抵抗器に加える電圧と流れる電流を測定した。

③　図６は，このときの結果をグラフに表したものである。

図５

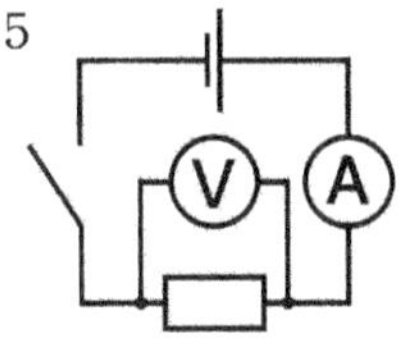

図６

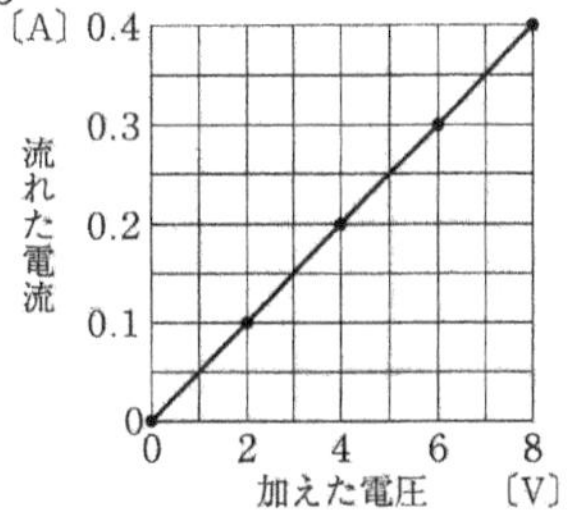

こうきさん　実験１ の結果から，抵抗器を流れる電流は，加える電圧に比例することがわかります。

(3)　下線部について，抵抗器を流れる電流は，加える電圧に比例する。この関係を何というか，書きなさい。

(4)　実験１ の結果から，抵抗器の電気抵抗は何Ωか，求めなさい。

いつきさん　電球に流れる電流と加える電圧の関係も，抵抗器と同じようになるのでしょうか。

てるみさん　抵抗器を電球にかえて回路をつくり，実験して調べてみましょう。

実験２

①　電源装置，電球，スイッチ，電流計，電圧計を使い，図７（次のページ）のような回路

をつくった。

② スイッチを入れ，電源装置の電圧を０Ｖから８Ｖの範囲で変化させて電球を点灯させ，電球に加える電圧と，流れる電流を測定した。

③ 図８は，このときの結果をグラフに表したものである。

図７

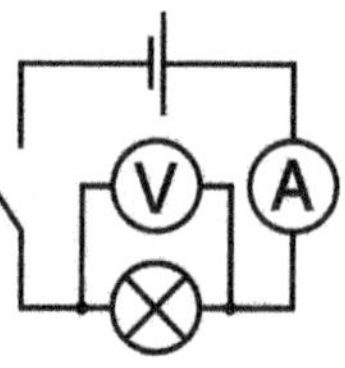

図８

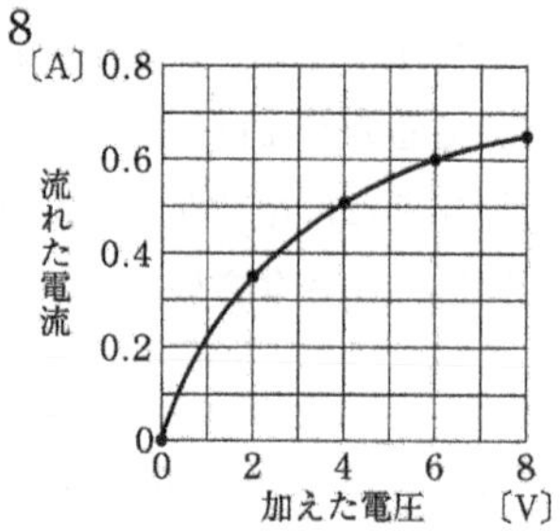

いつきさん　電球の場合も抵抗器と同じような結果になると予想しましたが，結果は違いましたね。

てるみさん　実験２ の結果から，電球の電気抵抗について考察すると（　　　）ということがいえます。

えいたさん　はじめは電流計と電圧計を逆につないでしまい，指針が振れず，はかれませんでした。

その後，正しくつなぎ直したところ，はかれました。

てるみさん　測定器具のしくみをきちんと理解して，実験することが大切ですね。これからも，生活の中で不思議に思ったことは，みんなで探究していきましょう。

⑸ 文中の（　）にあてはまるてるみさんの考察として正しいものを，**ア～エ**から**１つ**選びなさい。

ア 電球の電気抵抗は，加える電圧に関係なく常に一定である

イ 電球の電気抵抗は，加える電圧に関係なく変化する

ウ 電球の電気抵抗は，加える電圧が大きいほど小さくなる

エ 電球の電気抵抗は，加える電圧が大きいほど大きくなる

⑹ 次の文は，電流計と電圧計について述べたものである。正しい文になるように，文中のⓐ～ⓒについて，**ア**・**イ**のいずれかをそれぞれ選びなさい。

電流計は，測定したい点に直列につなぐので，電流計が回路に与える影響が小さくなるように，電流計自体の電気抵抗はⓐ［ア 大きく　イ 小さく］つくられている。また，電圧計は，測定したい区間に並列につなぐので，電圧計が回路に与える影響が小さくなるように，電圧計自体の電気抵抗はⓑ［ア 大きく　イ 小さく］つくられている。このため，電流計を回路に並列につないだときや電圧計を回路に直列につないだときに，こわれることがあるのはⓒ［ア 電流計　イ 電圧計］である。

<社会>

時間　50分　　満点　100点

1　次の表は，のぞみさんが，社会科の授業で，興味をもった政治に関するできごとをまとめたものの一部である。(1)～(6)に答えなさい。

時代	で　き　ご　と
弥生	小さな国(クニ)が現れ、①『漢書』に、倭には100余りの国があると記された。
飛鳥	②聖徳太子(厩戸皇子)は、蘇我馬子と協力し、新しい政治を行った。
平安	③平清盛は、武士として初めて政治の実権を握り、一族も高い位や役職を占めた。
④鎌倉	北条泰時は、政治の判断の基準となる御成敗式目(貞永式目)を定めた。
室町	足利義満は、南朝を北朝に合一させ、内乱を終わらせた。
江戸	幕府は、ポルトガル船の来航を禁止し、⑤オランダ商館を長崎の出島に移した。

(1)　下線部①の頃，中国を支配していた漢では，西アジアや地中海地域と中国を結ぶ交通路が開かれ，さまざまな人や物が行き来していた。この交通路を何というか，書きなさい。

(2)　下線部②に関するできごととして正しいものはどれか，**ア**～**エ**から**1つ**選びなさい。

ア　律令国家のしくみを定めた大宝律令がつくられた。

イ　歴史書の『古事記』と『日本書紀』がつくられた。

ウ　中国に朝貢の使者を送り，皇帝から印を与えられた。

エ　十七条の憲法がつくられ，役人の心構えが示された。

(3)　下線部③は，瀬戸内海の航路や港を整備して盛んに貿易を行い，みずからの重要な経済的基盤とした。この貿易を何というか，**ア**～**エ**から**1つ**選びなさい。

ア　勘合貿易　　**イ**　南蛮貿易　　**ウ**　日宋貿易　　**エ**　朱印船貿易

(4)　資料Ⅰは，下線部④の時代に再建された東大寺南大門である。この時代の文化の特色として最も適切なものはどれか，**ア**～**エ**から選びなさい。

資料Ⅰ

ア　京都の貴族の文化と武士の文化が，混じり合った文化

イ　大名や豪商の権力や富を背景にした，豪華で壮大な文化

ウ　力を伸ばした武士の気風に合った，写実的で力強い文化

エ　唐からもたらされた文化の影響を受けた，国際的な文化

(5)　下線部⑤は，ヨーロッパの中で，幕府から貿易を許された唯一の国であった。幕府が下線部⑤との貿易を許した理由を，「布教」という語句を用いて書きなさい。

(6)　資料Ⅱ（次のページ）の**ア**～**ウ**は，表中の鎌倉，室町，江戸のいずれかの時代の，幕府のしくみの一部を表したものである。時代の古いものから順に，**ア**～**ウ**を並べなさい。

資料Ⅱ

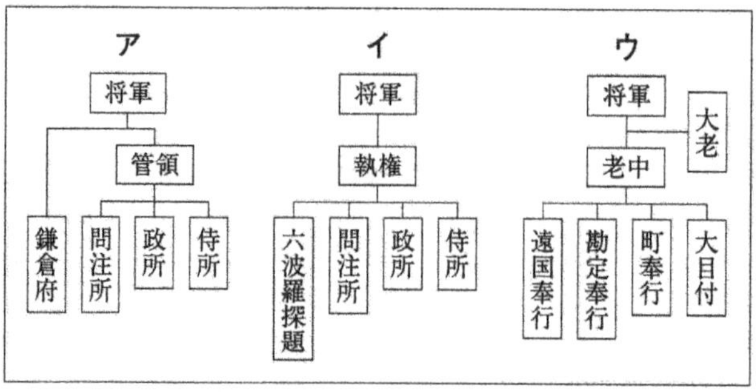

2　次の年表は，19世紀以降のできごとをまとめたものである。(1)～(6)に答えなさい。

年代	で　き　ご　と	
1853	①ペリーが浦賀に来航する	
1868	②戊辰戦争が始まる	
1871	③岩倉使節団が派遣される	
1876	日朝修好条規が結ばれる	A
1920	④国際連盟が設立される	A
1937	⑤日中戦争が始まる	A
1965	日韓基本条約が結ばれる	A

(1)　下線部①の翌年，江戸幕府は再び来航したペリーと条約を結び，下田・函館の２港を開くこと，アメリカ船に燃料・食料・水を補給することなどを認めた。この条約を何というか，書きなさい。

(2)　資料は，下線部②の最後の戦いが行われた五稜郭である。この城郭はどこにあるか，略地図中の**ア**～**エ**から１つ選びなさい。

資料

略地図

(3)　次の文は，下線部③に同行した女子留学生について述べたものである。（ⓐ）・（ⓑ）にあてはまる人物と言葉の組み合わせとして正しいものはどれか，**ア**～**エ**から１つ選びなさい。

> 岩倉使節団には，５人の女子留学生も同行した。政府が派遣した最初の女子留学生で，このうち最年少であった（　ⓐ　）は，後に，（　ⓑ　）。

ア　ⓐ　津田梅子　ⓑ　文学者として活躍した
イ　ⓐ　津田梅子　ⓑ　女子教育の発展に貢献した
ウ　ⓐ　樋口一葉　ⓑ　文学者として活躍した
エ　ⓐ　樋口一葉　ⓑ　女子教育の発展に貢献した

(4)　下線部④について述べた文として誤っているものはどれか，**ア**～**エ**から１つ選びなさい。

ア　安全保障理事会では常任理事国に拒否権が認められた。
イ　日本はヨーロッパの国々とともに常任理事国となった。
ウ　アメリカのウィルソン大統領の提唱を基に設立された。
エ　アメリカは国内の反対で国際連盟に参加できなかった。

⑸　下線部⑤に関して，この戦争が長引くなか，国内では，国の予算の大半が軍事費にあてられるようになり，生活物資も不足し始めた。さらに，下線部⑤の翌年，軍部の強い要求により，議会の議決を経ずに，戦争遂行のために必要な人や物資を動かすことができる法律が制定された。この法律を何というか，書きなさい。

⑹　次の**ア**～**エ**は，年表中の**A**の期間に朝鮮半島で起こったできごとである。起こった順に**ア**～**エ**を並べなさい。

ア　日本が韓国を併合する。　　**イ**　朝鮮戦争が始まる。
ウ　三・一独立運動が起こる。　**エ**　甲午農民戦争が起こる。

3　次の略地図や資料を見て，⑴～⑸に答えなさい。

略地図

（「日本国勢図会」2023/24年版より作成）

⑴　次の文は，略地図中の北海道地方の自然環境について説明したものの一部である。正しい文になるように，文中の①・②について，**ア**・**イ**のいずれかをそれぞれ選びなさい。

　北海道は日本の北の端に位置し，ほとんどの地域は①［**ア**　亜寒帯（冷帯）　**イ**　温帯］に属している。かつて泥炭地が広がっていた②［**ア**　石狩平野　**イ**　十勝平野］は土地の改良を行い，現在では大規模な水田地帯になった。

⑵　資料Ⅰは，略地図中の山梨県の甲州市・笛吹市の一部を上空から撮った写真である。資料Ⅰにみられるような，川によって運ばれた土砂が，山間部から平野や盆地に出た所にたまってできた地形を何というか，書きなさい。

資料Ⅰ

⑶　次の文は，略地図中の琵琶湖の水利用について説明したものの一部である。（①）・（②）にあてはまる語句の組み合わせとして正しいものはどれか，**ア**～**エ**から１つ選びなさい。

　（　①　）では，琵琶湖から流れ出た川の水が，浄水場で安全な水道水となって流域に暮らす人々の生活を支えており，琵琶湖・（　②　）水系の環境を保全することは，地域全体の重要な課題となっている。

ア　①　京阪神大都市圏　②　木曽川　　**イ**　①　京阪神大都市圏　②　淀川
ウ　①　名古屋大都市圏　②　木曽川　　**エ**　①　名古屋大都市圏　②　淀川

⑷　資料Ⅱ（次のページ）は，略地図中の新潟県，茨城県，鹿児島県における2020年の農業産出額の割合を表しており，**X**～**Z**は，米，野菜，畜産のいずれかである。**X**～**Z**の組み合わせとして正しいものはどれか，**ア**～**エ**から１つ選びなさい。

ア　X　米　　Y　野菜　Z　畜産
イ　X　野菜　Y　畜産　Z　米
ウ　X　畜産　Y　野菜　Z　米
エ　X　米　　Y　畜産　Z　野菜

資料Ⅱ

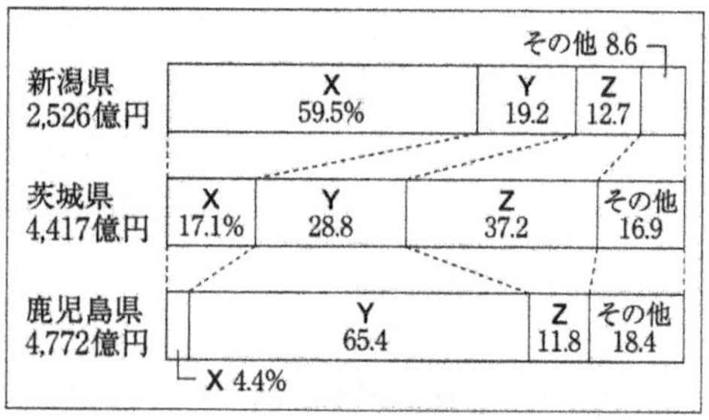

（「データでみる県勢」2023年版より作成）

⑸　資料Ⅲは，鉄鋼の製造に利用するおもな資源の自給率を表したものであり，略地図中の●は，わが国のおもな製鉄所の分布を示している。製鉄所がこれらの場所に立地している理由を，「輸入」という語句を用いて書きなさい。

資料Ⅲ

資源	自給率(%)
鉄鉱石	0.0
石炭	0.4

（「日本国勢図会」2023/24年版ほかより作成）

4　次の略地図や資料を見て，⑴～⑸に答えなさい。

略地図

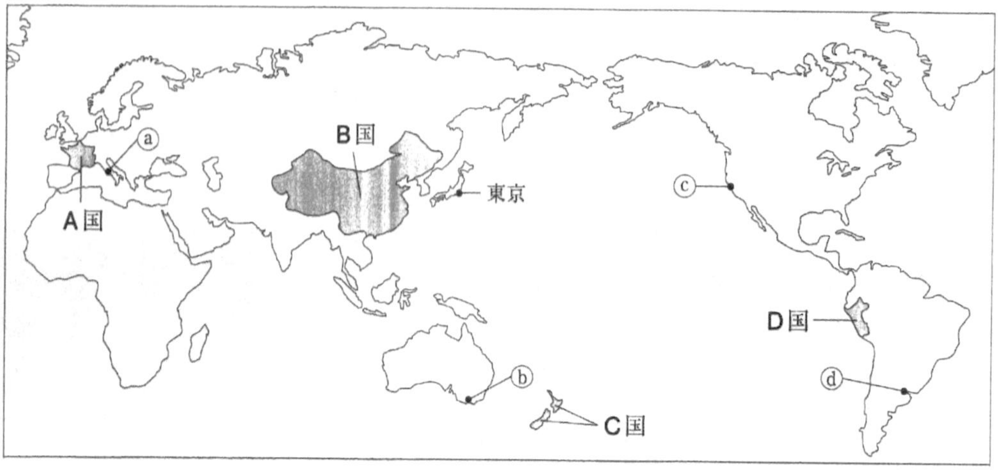

⑴　略地図中のA国とB国は，地球上に分布する六つの大陸のうち，面積が最大の大陸にある。この大陸の名前を書きなさい。

⑵　略地図中のⓐ～ⓓの都市を，東京との時差が大きい順に並べたとき，最も大きい都市はどれか，ⓐ～ⓓから１つ選びなさい。ただし，サマータイム制度は考えないものとする。

⑶　資料Ⅰ（次のページ）は，略地図中のC国の国旗であり，次のページの文は，C国における移民の歴史と多文化に配慮した取り組みについて述べたものの一部である。正しい文になるように，文中の（①）には国名を，（②）には先住民の名称をそれぞれ書きなさい。

資料Ⅰからわかるように，C国は（　①　）の植民地だった。そのため，おもに（　①　）からの移民によって国づくりが進められたが，英語と共に，（　②　）とよばれる先住民の言語が公用語とされるなど，多文化に配慮した取り組みが進められている。

資料Ⅰ

(4)　略地図中のD国の高地に暮らす人々の衣服の特色として最も適切なものはどれか，ア～エから選びなさい。

ア　アザラシなどの毛皮を身につけ，厳しい寒さから身を守っている。
イ　アルパカの毛で作った衣服を重ね着して帽子をかぶり，寒さと強い紫外線を防いでいる。
ウ　長袖や丈の長い衣服を身につけ，日中の強い日ざしや砂あらしから身を守っている。
エ　昼間の気温が高い日が一年中続くので，汗を吸いやすく風通しのよい衣服を身につけている。

(5)　資料Ⅱは，略地図中のA～D国の2021年の総人口に対する年少人口の割合，国土面積に占める農地面積の割合，一人あたりの国民総所得を表したものである。B国にあてはまるものはどれか，資料Ⅱ中のア～エから1つ選びなさい。

資料Ⅱ

国	総人口に対する年少人口の割合（%）	国土面積に占める農地面積の割合（%）	一人あたりの国民総所得（ドル）
ア	17.4	52.0	45,535
イ	18.9	37.9	47,876
ウ	17.7	55.2	12,324
エ	26.3	19.0	6,446

（「世界国勢図会」2023/24年版より作成）

5　次の(1)～(5)に答えなさい。

(1)　資料Ⅰは，国民審査の用紙の一部である。国民審査によって，辞めさせるかどうかを審査されるのはどの裁判所の裁判官か，ア～エから1つ選びなさい。

ア　家庭裁判所
イ　地方裁判所
ウ　高等裁判所
エ　最高裁判所

資料Ⅰ

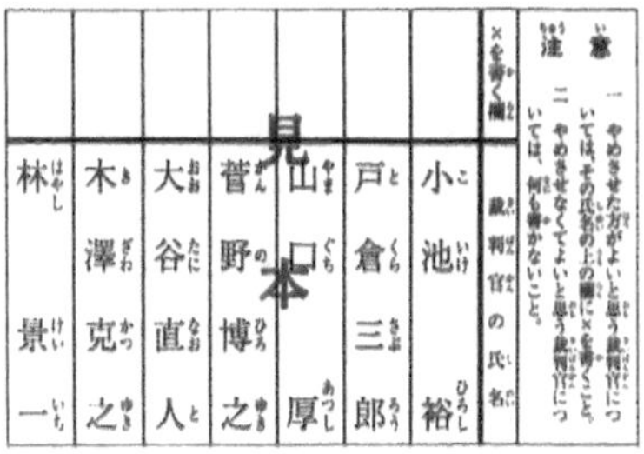

(2)　資料Ⅱは，1948年に国際連合が採択した，人権はすべての人に保障すべき権利であることを明らかにしたものの一部である。この名称を書きなさい。

資料Ⅱ

第１条　すべての人間は，生《うま》れながらにして自由であり，かつ，尊厳と権利とについて平等である。人間は，理性と良心とを授けられており，互いに同胞の精神をもつて行動しなければならない。

(3)　次のページの文は，労働者を守る法律について述べたものの一部であり，文中の（　）には，同じ語句があてはまる。（　）にあてはまる語句を書きなさい。

労働者の権利は法律で守られているが，労働者は企業に比べて弱い立場にある。そこで，労働者が（　　　）を結成し，賃金の引き上げなどの労働条件の交渉を，企業と対等に行う権利が（　　　）法によって認められている。

⑷ 次の文は，国際社会のしくみについて述べたものの一部である。(a)・(b)に答えなさい。

国際社会は，主権をもつ主権国家によって構成され，国家は，主権，住民（国民），領域の要素から成り立っている。領域とは，国家の主権が及ぶ範囲のことで，領土，領海，領空の三つから構成され，日本の領海は，海岸線から（　　　）海里の範囲と定められている。

(a) 文中の（　）にあてはまる数字として正しいものはどれか，**ア〜エから１つ**選びなさい。
ア 12　**イ** 20　**ウ** 120　**エ** 200

(b) 国家間の平和と秩序を守るために，国家はお互いにさまざまなきまりをつくってきた。このような国家間のきまり，または合意を何というか，**漢字３字**で書きなさい。

⑸ 次の文は，わが国の税金の一つである所得税について説明したものの一部である。正しい文になるように，文中の（①）には，累進課税の制度の内容について，「所得」という語句を用いてあてはまる言葉を書き，②は，**ア・イ**のいずれかを選びなさい。

所得税は，累進課税の制度が適用されている。この制度は（　①　）ため，税金を納めた後の所得の差を②［**ア**　小さく　　**イ**　大きく］する役割がある。

6 中学生のかずまさんのクラスでは，総合的な学習の時間に，自立した消費者になるための消費生活の在り方について，各班でテーマを決め，クラスで発表することになった。次は，かずまさんたちの班が発表するために作成したスライドの一部である。⑴〜⑹に答えなさい。

テーマ　「まだ食べることができるのに捨てられてしまう食品ロスを削減するために」

＜生産者の取り組みの例＞
①生産した②農産物について、店で販売することができない大きさや形の農産物でも捨ててしまうのではなく、インターネットを利用して販売する。

＜流通の取り組みの例＞
消費者が③商品を購入する方法を選択できるように、商品が、生産者から消費者へ届くまでの④流通の経路の多様化をめざす。

＜政府の取り組みの例＞
食品ロスを削減するための⑤法律や制度を整え、生産者や消費者などのさまざまな立場で取り組むことができる事例を紹介する。

＜⑥消費者の取り組みの例＞
買い物に出かける前には、冷蔵庫の中身を確認し、食べきることができないほどの野菜や肉などの食材を買わないようにする。

(1)　下線部①に関して，19世紀になると，働き手を工場に集め，製品を分業で大量に仕上げる新しい生産の方法が生まれたが，資料Ⅰは，その方法による生産のようすである。資料Ⅰのような生産方法を何というか，書きなさい。

資料Ⅰ

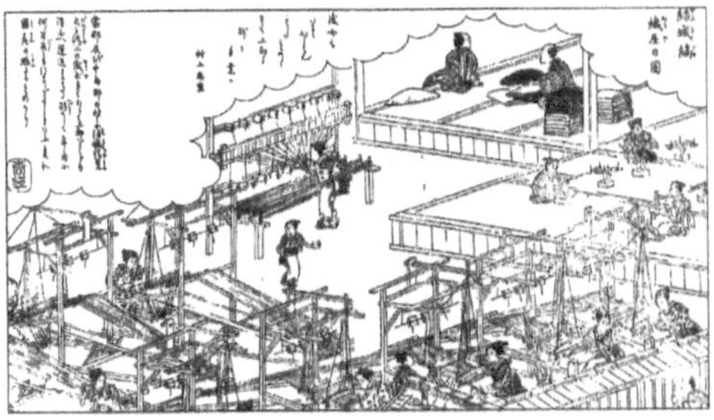

(2)　下線部②に関して，次の文は，気候の特色を生かした九州南部の農業について述べたものである。正しい文になるように，文中の①は，**ア**・**イ**のいずれかを選び，(②）には，あてはまる語句を書きなさい。

> 九州は，暖流である①［**ア**　黒潮（日本海流）　**イ**　親潮（千島海流)］と対馬海流が近くを流れているため，冬でも比較的温暖である。九州南部では，そのような気候を生かし，野菜の成長を早めて出荷時期をずらす工夫をした栽培方法である（　②　）を行っている。

(3)　下線部③について，商品を売買するときには，それぞれに価格が必要になる。資料Ⅱは，需要量と供給量と価格の関係について表したものであり，次の文は，資料Ⅱについて述べたものの一部である。正しい文になるように，文中の（①)・(②）にあてはまる言葉を，**ア**～**エ**からそれぞれ１つずつ選びなさい。ただし，資料Ⅱ中のA，Bの曲線は，需要曲線，供給曲線のいずれかを表している。

資料Ⅱ

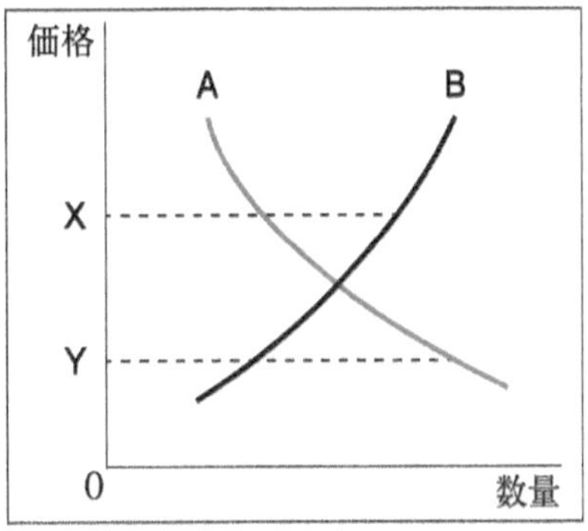

> 商品の価格がXのときには，（　①　)。商品の価格がYのときには，（　②　)。

ア　商品の需要量が供給量より多く，商品は不足する
イ　商品の需要量が供給量より多く，商品は売れ残る
ウ　商品の供給量が需要量より多く，商品は不足する
エ　商品の供給量が需要量より多く，商品は売れ残る

(4)　下線部④について，資料Ⅲは，生産された商品が消費者に届くまでの流れである流通を模式的に表したものの一部である。また，次のページの文は，かずまさんが資料Ⅲを見て，**ア**と**イ**の流通の違いに着目し，考えたことである。(　)にあてはまる言葉を，「費用」という語句を用いて，書きなさい。

資料Ⅲ

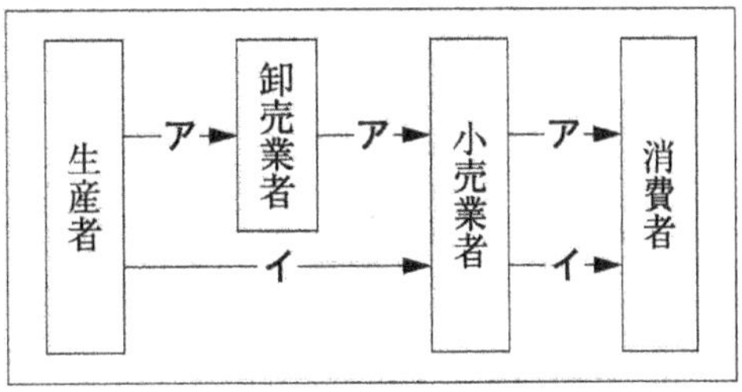

> イの流通は，アの流通と比べて，(　　　　) ので，小売業者が，消費者に安く商品を販売することができると考えられる。

(5)　下線部⑤について，消費者を支援するための法律のうち，消費者が欠陥商品によって被害を受けた場合，消費者が製品を作った会社の過失を証明できなくても，損害賠償を受けられることを定めた法律を何というか，書きなさい。

(6)　下線部⑥について，かずまさんは，食品ロスを削減するための取り組みについて調べていたところ，資料Ⅳと資料Ⅴ（次のページ）を見つけた。資料Ⅳは，食品ロスを削減するための取り組みの一部について表し，資料Ⅴは，商品を購入する際に賞味期限や消費期限を意識する人の割合を表している。(a)・(b)に答えなさい。

(a)　次の文は，かずまさんが，資料Ⅳを見て気づいたことをまとめたものである。正しい文になるように，文中の（　）にあてはまる言葉を書きなさい。

> 食品ロスを削減するための取り組みについて全体的な傾向を読み取ると，「取り組んでいることはない」と回答した人は少なく，(　　　　) という結果になっている。

(b)　かずまさんは，資料Ⅳ中の「商品棚の手前に並ぶ期限の近い商品を購入する」という取り組みに着目した。次の文は，かずまさんが，資料Ⅴを見て，食品ロスを削減するために，商品棚の手前に並ぶ期限の近い商品を購入することに取り組む必要があると考え，発表のためにまとめたものである。（　）にあてはまる言葉を，「期限」，「廃棄」という語句を用いて，書きなさい。

> 期限の長い商品ばかりを購入する消費者が多いと，(　　　　)。だから，食品ロスを削減するために，消費予定が近いなら，商品棚の手前に並ぶ期限の近い商品を購入することに取り組む必要がある。

資料Ⅳ

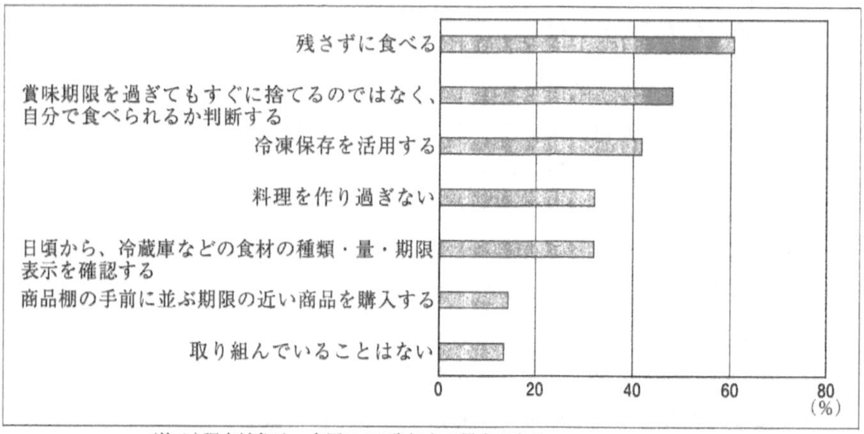

（注１）調査対象は、全国の15歳以上の男女である。
（注２）調査方法は、インターネットを利用したアンケート調査であり、複数回答可とする。
（消費者庁「令和４年度第２回消費生活意識調査」より作成）

資料Ⅴ

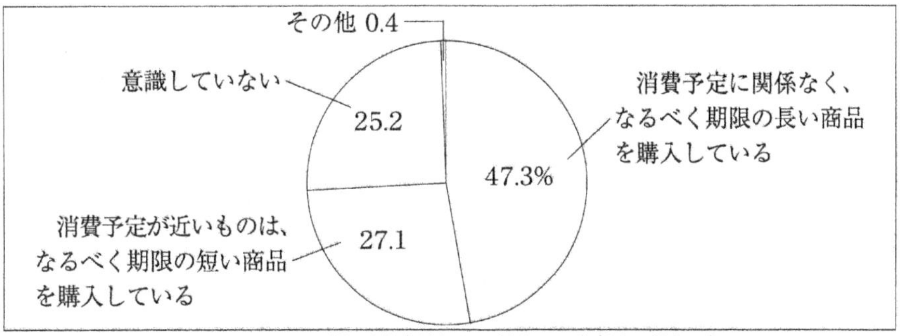

（注１）調査対象は、全国の15歳以上の男女である。
（注２）調査方法は、インターネットを利用したアンケート調査である。
（消費者庁「令和４年度第２回消費生活意識調査」より作成）

イ 子日はく、「過《あやま》ちて改めざる、是《こ》れを過ちと謂《い》ふ。」と。

現代語訳 先生が言われるには、「間違ったことを改めないこと、これを本当の過ちというのだ。」と。

ウ 子日はく、「君子は和して同ぜず、小人は同じて和せず。」と。

現代語訳 先生が言われるには、「徳のある立派な人物は、心から人とうちとけあうが、大した考えもなしに相手に調子を合わせたりはしない。徳のないつまらない人物は、何も考えず調子を合わせることはあるが、心から相手に親しみはしない。」と。

〈条件〉

(A) 解答用紙の□には、**ア**～**ウ**から選んだ記号を書き、題名などは書かないで、本文を一行目から書き始めること。

(B) 二段落構成とし、前の段落では、選んだ言葉に関するあなたの体験や見聞を書くこと。後の段落では、前の段落を踏まえて、どのように生活に生かしていきたいかについてのあなたの考えを書くこと。

(C) 全体が筋の通った文章になるようにすること。

(D) 漢字を適切に使い、原稿用紙の正しい使い方に従って、十～十三行の範囲におさめること。

き（色）衣《きぬ》に、白き衵《あこめ》（丈の短い衣服）着たらむやうに見えて、山のいただきのすこし平らぎたるより、煙は立ち上る。夕暮《ゆふぐれ》は火の燃えたつも見ゆ。

【文章Ⅱ】

富士の山を見れば、都にて空に聞きしるしに（都で聞いていたとおり）、半天（空の中ほど）にかかりて群山（多くの山々）に越えたり。峰は鳥路《てうろ》たり、麓は蹊《けい》（獣の通る道）たり。人跡（人の足跡）歩み絶えて独りそびけあがる（高くそびえる）。雪は頭巾《ときん》（布製のずきん）に似たり、頂に覆《おほ》ひて白し。雲は腹帯の如《ごと》し、腰に囲《めぐ》りて長し。高き事は天に階《はし》（はしご）立てたり、登る者は還《かへ》りて（登り切れずに）下る。長き事は麓に日を経たり（巡るのに幾日もかかり）、過ぐる者は山を負ひて（背負うようにして）行く。

(1)　〰〰線部「覆ひて」を、現代仮名遣いに改めて、全てひらがなで書きなさい。

(2)　次は、ちなつさんとなおとさんが、文章Ⅰと文章Ⅱを読んで対話した内容の一部である。(a)～(c)に答えなさい。

ちなつさん　文章Ⅰの作者は、圧倒的な富士山の様子を「いと世に見えぬさまなり」と表現しています。文章Ⅱの作者も、他の山とは比べものにならない大きさを、具体的に「（　**あ**　）」と表現していますね。

なおとさん　文章Ⅰでは、（　**い**　）を示す語句を文中にちりばめ、視覚的な感動を鮮やかに描いていますね。

ちなつさん　そうですね。また、両作品とも比喩表現を効果的に使っていますね。私は、山頂に（　**う**　）様子を、「白い衵を着ている」や「白い頭巾をかぶっている」とたとえているところがおもしろいと感じました。

(a)　**(あ)** にあてはまる適切な言葉を、文章Ⅱの中から**十四字**で抜き出して書きなさい。

(b)　**(い)** にあてはまる適切な言葉を、文章Ⅰの中から**一字**で抜き出して書きなさい。

(c)　**(う)** にあてはまる適切な言葉を、**十字以内**の**現代語**で書きなさい。

(3)　「更級日記」は平安時代に成立したが、同じ時代に書かれた作品を**ア**～**エ**から**一つ**選びなさい。

ア　おくのほそ道　　**イ**　竹取物語　　**ウ**　徒然草　　**エ**　万葉集

五　次の資料の**ア**～**ウ**は、「論語」の中にある言葉である。これらの中から、生活に生かしていきたい言葉を一つ選び、その言葉についてのあなたの考えを〈条件〉(A)～(D)に従って書きなさい。

資料

ア　子曰《い》はく、「己の欲《ほつ》せざる所は、人に施すこと勿《な》かれ。」と。

現代語訳　先生が言われるには、「自分がしてほしくないことを他人にしてはならない。」と。

⑶ 話し合いの一部の A ・ B にあてはまる適切な言葉を書きなさい。ただし、 A は**十五字以上二十字以内**、 B は**十字以上十五字以内**でそれぞれ本文中の言葉を用いて書くこと。

⑷ 次の一文は、本文中から抜き出したものである。本文中〈1〉～〈5〉のどこに入れるのが最も適切か、1～5の番号を書きなさい。

> そのため、教科書には、生じた事象には必ず原因があり、さまざまな事柄と関連し合い、そして必然的にある結果に結びついているという繋がりが記述されており、全体像がすんなり頭に入ってくるように工夫されています。

⑸ はるなさんは、さらに考えを深めるために補足資料を用意し、本文と補足資料を用いて、「何のために勉強するのか」ということについてまとめた。次は、その補足資料とはるなさんのノートの一部である。ⓐ・ⓑにあてはまる適切な言葉を書きなさい。ただし、ⓐは補足資料から**十二字**で抜き出し、ⓑは、補足資料の言葉を用いて**十字以上十五字以内**で書くこと。

補足資料

読書にしても、勉強にしても、それは知識を広げるということも確かにその通りだが、もっと大切なことは、自分を客観的に眺めるための、新しい場所を獲得するという意味のほうが大きい。私たちは自己をいろいろな角度から見るための、複数の視線を得るために、勉強をし、読書をする。それを欠くと、ひとりよがりの自分を抜け出すことができない。他者との関係性を築くことができない。

勉強や読書は、自分では持ちえない他の時間を持つということでもある。過去の多くの時間に出会うということでもある。過去の時間を所有する、それもまた、自分だけでは持ちえなかった自分への視線を得ることでもあるだろう。そんな風にして、それぞれの個人は世界と向き合うための基盤を作ってゆく。

（永田《ながた》　和宏《かずひろ》「知の体力」より。一部省略等がある。）

はるなさんのノートの一部

私は、勉強することに、人間の歴史的な知的活動に連なっていくという意味があることを知った。今の私たちがあるのは、人間の探究心や努力が受け継がれてきたからなのだ。その上で、私は、勉強するとは、（ ⓐ ）こと、つまり、人生の先輩である先人たちが苦労して見つけ出し、作り上げてきた成果を学ぶことだと理解した。先人たちの成果を学ぶことで、知的世界を広げることができる。また、自分を客観的に眺めるための、複数の視線を得ることができる。それにより、世界と向き合うために必要とされる、（ ⓑ ）を作ることができるのである。

四 次の文章Ⅰは「更級日記《さらしなにっき》」の一部、文章Ⅱは「海道記《かいどうき》」の一部である。⑴～⑶に答えなさい。

【文章Ⅰ】

その山（富士山）のさま、いと世に見えぬ（世に比類なき）さまなり。さまことなる山の姿の、紺青《こんじやう》（鮮やかな青色）を塗りたるやうなるに、雪の消ゆる世もなくつもりたれば、色濃（濃い紫）

方、文学や歴史や芸術や社会や理科の科目において、具体的な作品、歴史的・社会的事象、過去の人々の努力の蓄積などに接して応用的な能力を身につけていくことも、学習の重要な要素です。スポーツにおいて、基礎的な訓練を反復しつつ、実戦的な形式で練習試合が用意されているのと似ています。

（池内《いけうち》　了《さとる》「なぜ科学を学ぶのか」より。一部省略等がある。）

話し合いの一部

はるなさん　それでは、「何のために勉強するのか」ということについて、話し合いたいと思います。私は、テストで点をとるなど、役に立つから勉強していると思っていました。だから、すぐに使わないことやすぐに忘れてしまうことは、役に立たないので、勉強しても意味がないのではないかと思っていました。それなのに、この文章では、「すぐに役に立たなくてもいい」と書かれているので、驚きました。

けいたさん　私たちは、すぐに役立てるためだけに勉強しているのではなく、「いざ」というときに思い出せるように、必要になったときに困って後悔しないように、勉強しているということなのですね。

まなみさん　筆者の、スポーツを使った説明がわかりやすいと思いました。実力を蓄える練習の段階と蓄えた力を発揮する実戦の段階があるという言葉に納得しました。学校で勉強するのは、長い人生で［A］を身につけるためなのだとわかりました。すぐに役立てるためだけではないのですね。

ゆうたさん　先ほど、けいたさんが、「必要になったときに困って後悔しないように、勉強している」と話していましたが、私は、生活で必要に迫られたときに勉強すればよいと思っていました。そのほうが、必要なことがわかっているので、吸収が早くて、むだがないと思っていたからです。しかし、筆者は、「『いざ』勉強しようとしても間に合わない」と述べています。勉強しようとしても、何を勉強すればよいのかわからず、間に合わなくなるので、そうならないように［B］も大切なのだと気づかされました。

はるなさん　勉強は、単に知識を身につけるだけではないということなのですね。

(1) 本文において、〜〜〜線部「理知的」とあるが、これと同様の意味を表す熟語として、最も適切なものを**ア**〜**エ**から選びなさい。

ア　快活　**イ**　屈強
ウ　賢明　**エ**　柔和

(2) 話し合いの一部について書かれたものとして、最も適切なものを**ア**〜**エ**から選びなさい。

ア　一定の結論を導き出すために、譲り合いながら話している。
イ　疑問を解決するために、思いついたことを自由に話している。
ウ　相手を説得するために、質疑応答を繰り返しながら話している。
エ　自分の考えを深めるために、相手の考えに結びつけて話している。

円周率は3・1と知っているだけでいい、というのと同じ意見です。すぐに使わないから、詳しく知っていても役に立たないというわけです。また、理科の知識は習ってもすぐに忘れてしまうし、忘れても別に問題がないのだから、習う意味がないという意見があります。「いざ」っていうときに習えばいいのだから、その方がムダがなくて合理的だという人もいます。

　しかし、すぐに忘れても、頭のどこかで覚えていて、「いざ」ってときに思い出すということがよくあります。あるいは、必要になったときにやっと大事であることがわかり、もっと勉強しておけばよかったと悔やむこともあるでしょう。勉強というのは、さまざまな科目を習うことで頭の中を活性化し、いろんな知識を吸収するなかで自然や社会の仕組みをおのずと理解していく過程と言えます。それによって、健康的で豊かな生き方ができ、理知的な力（真偽・善悪を見抜き、知的に物事を認識する能力）を養う準備をしているのです。〈　1　〉

　これからの長い人生ですから、どんなことにぶつかるかわかりません。そのときに慌てないよう、自信をもって対処できる強さを育てるために勉強している、と言えるかもしれません。スポーツで、実力を蓄える練習の段階と蓄えた力を発揮する実戦の段階がありますね。人生という実戦段階を生きていくためには、練習を積み上げる段階が必要で、それが学校で学ぶ時代なのです。だから、むしろすぐに役に立たなくてもいいのです。だって、すぐに役に立つことは、すぐに役に立たなくなる、ということなのですから。〈　2　〉

　「いざ」ってときになってから習えばいいと思うかもしれません。しかし、その「いざ」ってときにどんな本を読んだらいいのか、インターネット情報のどれが正しいのか、誰に相談したら信用できるのか、というようなことを正しく判断できるでしょうか？　勉強というのは、「いざ」というときに何を読めばよいか、どんな対策をすればよいか、を予《あらかじ》め学んでおくことでもあるのです。何も学んでいなければ、肝心なときになって、「いざ」勉強しようとしても間に合わないでしょう。勉強する仕方を知らないからです。学校で勉強するということは、何を参考にして調べたらいいか、どう考えていったらいいか、そんな「勉強の仕方を勉強する」という意味もあるのです。このことはすべての科目に共通していますが、理科は特に範囲が広いので、学校で「学び方を学ぶ」のは重要なのです。それがないまま一人で机に向かって勉強しようとしても、何を勉強すればいいのかわからないでしょう。〈　3　〉

　それだけでなく、たとえ一生に一度も使うことがなくても、知っておいた方がいいってことはたくさんあります。人生の先輩である先人たちが苦労して見つけ出し、作り上げてきた成果を学べば、人間の想像力と創造力の素晴らしさを味わい、自分もちょっぴり豊かになったような気になると思います。私たちの知的世界が広がるからです。また、むずかしい漢字を学ぶのも、いつか役に立つためだけでなく、漢字が発明されて以来、さまざまに工夫されて多様に発展してきたことを学び、人間の探究心や努力が次々と受け継がれて現在があるということを実感する目的もあります。学ぶということは、自分もそのような人間の歴史的な知的活動に連なっていくという意味があるのです。〈　4　〉

　さらに勉強というのは、それぞれの科目が対象とする問題について、いろんな原因があり、それらが引き起こす事柄がさまざまに繋《つな》がり合い、最終的にある一つの形を取って現象している、ということを学ぶ過程と言えるでしょう。〈　5　〉

　また、漢字の読み書きや九九や計算法などの基礎的な実力を養う一アリスが両手を広げ、お辞儀をすると、子どもたちがワッと歓声を上げた。目の前で星のようにまたたく笑顔の数々。③幼いアリス自身もその中で拍手していた。

（オザワ部長《ぶちょう》「空とラッパと小倉トースト」より。一部省略等がある。）

（注）ドラムセット＝打楽器をまとめて一人で演奏できるように組み立てたセット。
フレーズ＝音楽で、旋律の一区切り。
スウィングジャズ＝躍動的なリズムが印象的なジャズのジャンルの一つ。
リフレイン＝楽曲の中で、各節最後の部分を繰り返すこと。
ユニゾン＝複数の楽器で、同じ旋律を演奏すること。
運指＝楽器を演奏する時の指の使い方。
ロングトーン＝一つの音を長く伸ばすこと。

(1) ――線部①「夢」とあるが、具体的にはどのようなことか、本文中の言葉を用いて書きなさい。ただし、答えの末尾が「こと」に続く形になるように、**十字以内**で書くこと。

(2) ――線部②「いちばん驚いていたのはアリスだった」とあるが、その理由について、本文中の言葉を用いて**二十五字以上三十字以内**で書きなさい。

(3) ――線部③「幼いアリス自身もその中で拍手していた」とあるが、次は、かなたさんとひなこさんがこの表現について対話した内容の一部である。（ⓐ）・（ⓑ）にあてはまる適切な言葉を書きなさい。ただし、（ⓐ）は本文中の言葉を用いて**十字以上十五字以内**で書き、（ⓑ）は「自分の演奏」という言葉を用いて**十字以上十五字以内**で書くこと。

かなたさん　この表現は、幼いアリスが拍手しているように、アリス自身が感じたということですね。
ひなこさん　そういえば、アリスにとって今回のコンサートは特別で、幼い頃の自分自身に（　ⓐ　）という気持ちで臨んでいました。
かなたさん　そうでしたね。この表現から、アリスが（　ⓑ　）ことがわかりますね。

(4) 本文について述べたものとして、最も適切なものを**ア〜エ**から選びなさい。

ア　アリスと美森の心の声を交互に挿入して、二人の心が揺れ動く様子をわかりやすく表現している。
イ　響の見事なソロパートの演奏を対比的に描くことで、アリスの緊張感の高まりをきわ立たせている。
ウ　子どもたちの声援がきっかけとなって、アリスが落ち着きを取り戻した様子が克明に描かれている。
エ　ユニゾンやロングトーンなどの音楽用語を用いて、吹奏楽部の演奏技術の高さを鮮明にしている。

三　はるなさんのクラスでは、「何のために勉強するのか」ということについて、班で話し合うことになった。次は、はるなさんたちが班での話し合いのために読んだ文章と、話し合いの一部である。(1)〜(5)に答えなさい。

理科で地球や宇宙の歴史を習っても何の役にも立たないし、原子や分子のことを教わっても生活とは直接関係しないから勉強する必要がない、と言う人がいます。数学で対数を覚えても使い道がないとか、アリスは指揮をする尾藤《びとう》先生の横に進み出ると、一回目のソロを奏でた。まったくミスのない見事なソロ。子どもたちと美森は拍手喝采を送った。アリス自身、ホッとしていた。

（問題は二回目のほうだ。五十二小節ミスなく吹いて、最後の超高音をちゃんと出せるかな……。）

踊りながら手拍子する子どもたちの前で演奏は続いていった。

途中、トランペットのソロが始まった。前に出て演奏するのは響だ。とても一年生とは思えない落ち着き払った様子できらびやかな音を響かせる。ときに強く、ときに繊細に音を吹き分ける抑揚も見事で、「天才少年」と呼ばれたその実力を見せつけた。

響がソロを終えて元の場所に戻ると、ドラムセットのソロとともに再びアリスが前に出た。その表情は明らかに緊張していた。

まるで囁《ささや》き声で話すように静かな音でソロの冒頭が始まった。アリスは何度も繰り返し練習してきたフレーズを奏でていった。スウィングジャズならではの奏法を維持しながら、次々と音を繰り出す。伴奏はドラムセットのリフレインだけだ。緊張感から手に汗がにじみ、キーを押さえる指が滑った。

（ダメだ！　やっぱりダメだ！　なんで私はうまくできないんだろう！）

徐々にテンポが遅れ始め、焦《あせ》ると指が絡《から》まった。

（いままで本気で練習してこなかった罰だ。私は自分に罰せられてるんだ……。）

いくつも音符が飛び、いまにもクラリネットの音が止まりかけた。

と、どこかから「がんばれ。」という声が聞こえてきた。アリスの様子に気づいたひとりの子どもが声を上げたのだ。すると、まるで小さなロウソクの炎が次々とまわりのロウソクを灯《とも》していくかのように「がんばれ！」の声が子どもたちの間に広がり、やがて大合唱になった。

「がんばれ！」

「お姉ちゃん、がんばれ！」

（頑張れって言われたって……指は動かないし、頭の中はもう真っ白なんだよ……！）

アリスは目を閉じて現実から逃げようとした。もう少しで「本気で頑張っていないスイッチ」を押しそうになった。

そのときだ。不意に響き始めたのは——トランペットの音だった。マットの上で美森が立ち上がり、楽器を奏で始めていた。それは、クラリネットソロそのものだった。美森はアリスの練習を聴きながらソロをすべて覚えてしまっていたのだ。

園児たちはもちろん、響やその場にいる部員たちも美森の突然の演奏に驚いていた。

②いちばん驚いていたのはアリスだった。

（あの美森って子……！）

美森はトランペットを吹きながらアリスのほうへ歩み出ていった。すると、まるでその音に手を引かれるかのように、アリスの音に力が戻ってきた。美森のトランペットにアリスのクラリネットが重なる。ふたりの目が合い、かすかに微笑《ほほえ》み合った。音はぴたりと揃《そろ》って、美しいユニゾンを描いた。

残り十八小節。高音へと駆け上がるフレーズの途中で美森はトランペットの音を小さくしていき、吹くのをやめた。再びソロはクラリネットだけになった。運指の難しい複雑な八分音符を、アリスの指と息が的確にとらえる。そして、最後の四小節、超高音のロングトーン。アリスは十三年間の思いを込めてその音を吹き鳴らした。

〈国語〉

時間　五五分　満点　一〇〇点

一 次の(1)～(4)に答えなさい。

(1) 次の(a)～(d)の各文の――線部の読み方を、ひらがなで書きなさい。

(a) ボールが弾む。
(b) 新入生歓迎会を催す。
(c) 緩急をつけて演奏する。
(d) 頻繁に連絡をとる。

(2) 次の(a)～(d)の各文の――線部のカタカナを漢字になおし、楷書《かいしょ》で書きなさい。

(a) 不思議な輝きをハナつ。
(b) 信頼をヨせる。
(c) 包装をカンイにする。
(d) 彼のテイアンに同意する。

(3) 行書の特徴の一つに、筆順の変化がある。部首の部分にこの特徴を用いて、次の漢字を行書で書きなさい。

荷

(4) 次の文の――線部の文節どうしの関係と同じものを、**ア**～**エ**から**一つ**選びなさい。

別の　方法を　考えて　みる。

ア 明日の　予定に　変更は　ない。
イ ノートを　じっくりと　見る。
ウ 図書館までは　遠く　ない。
エ この　桃は　甘くて　やわらかい。

二 次の文章を読んで、(1)～(4)に答えなさい。

全国に名だたる名晋《めいしん》高校吹奏楽部で、クラリネットを担当する三年生のアリスは、今年も全国大会をめざすAチームのメンバーに選ばれず、美森《みもり》や響《きょう》など一年生中心のBチームのリーダーを任されても、やる気が出なかった。しかし、近所の保育園児を招待するミニコンサートの開催が決まってからは、真剣に練習に取り組み始めた。かつて、保育園児だったアリス自身が初めて名晋の音楽にふれた思い出深いコンサートである。次は、コンサート当日、アリスがソロパートを担当する最終曲が始まる場面である。

曲の冒頭、ドラムセットがソロで独特のリズムを奏《かな》で始めた。子どもたちはまた立ち上がってそれぞれに手拍子を始めた。きらきらした幼い目を見て、アリスは思った。
（あのとき、きっと私もあんな目をしてたんだ。ううん、あれは私自身だ。）
アリスは幼いころに憧れていた場所に来た。けれど、自分が思うような存在にはなれなかった。Aのメンバーとして、全国大会のステージでまぶしいライトを浴びながら演奏する――そんな夢はもう一生叶《かな》うことがない。それを認めたくなかった。
①夢は破れた。なのに、部活をやめなかったのは、やっぱり名晋の音楽が好きだったからだ。あのころ、名晋に憧れ、寂しい心を名晋の演奏でいっぱいにした幼い女の子が、まだアリスの中に住んでいる。
（私に聴かせてあげるんだ、名晋の音楽を！）

MEMO

大切なことはメモしておこうネ！

2024年度

解　答　と　解　説

《2024年度の配点は解答用紙集に掲載してあります。》

＜数学解答＞

1　(1)　-7　(2)　$a+5b$　(3)　$8\sqrt{6}$　(4)　6(本)　(5)　$(2x+3y)(2x-3y)$
(6)　$y=3x+1$　(7)　$0\leqq y\leqq 45$　(8)　6(通り)　(9)　$x=2\sqrt{7}$，10　(10)　$\frac{1}{12}$

2　(1)　120(m)　(2)　(秒速)9(m)　(3)　10(秒後)　(4)　解説参照

3　(1)　(a)　ア　14　イ　$n-1$　(b)　5(段)　(2)　(a)　ウ　13　エ　$3n+1$
(b)　610(枚)

4　(1)　E(3，-3)　(2)　$y=-x+12$　(3)　125π　(4)　P(15，5)

5　(1)　90(度)　(2)　(a)　2組の辺とその間の角　(b)　解説参照　(3)　36(cm^2)
(4)　AC：CB＝4：1

＜数学解説＞

1　(数・式の計算，平方根，正四面体，因数分解，一次関数，関数$y=ax^2$，資料の散らばり・代表値，三平方の定理，関数・グラフと確率)

(1)　**同符号の2数の和の符号は2数と同じ符号で，絶対値は2数の絶対値の和**だから，$(-5)+(-2)=-(5+2)=-7$

(2)　**分配法則**を使って，$3(a+b)=3\times a+3\times b=3a+3b$，$2(a-b)=2\times a+2\times(-b)=2a-2b$だから，$3(a+b)-2(a-b)=(3a+3b)-(2a-2b)=3a+3b-2a+2b=3a-2a+3b+2b=a+5b$

(3)　$4\sqrt{2}\times 2\sqrt{3}=4\times\sqrt{2}\times 2\times\sqrt{3}=4\times 2\times\sqrt{2}\times\sqrt{3}=8\times\sqrt{2\times 3}=8\sqrt{6}$

(4)　正四面体は，右図のように4つの合同な正三角形で囲まれた正多面体であり，辺の数は6本である。

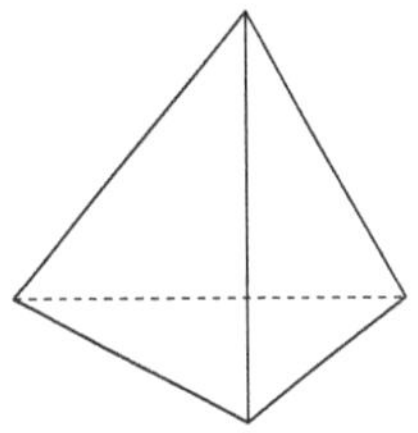

(5)　**乗法公式$(a+b)(a-b)=a^2-b^2$**より，$4x^2-9y^2=(2x)^2-(3y)^2=(2x+3y)(2x-3y)$

(6)　y軸を**対称の軸**として，直線$y=-3x+1$と**線対称**となる直線は，傾きが$-(-3)=3$，切片が1の直線だから，その式は$y=3x+1$　(補足説明)直線$y=ax+b$のグラフと，直線$y=-ax+b$のグラフは，y軸を対称の軸として線対称となる。

(7)　xの**変域**に0が含まれているから，yの**最小値**は0。$x=-1$のとき，$y=5\times(-1)^2=5$　$x=3$のとき，$y=5\times 3^2=45$　よって，yの**最大値**は45　yの変域は，$0\leqq y\leqq 45$である。

(8)　**度数**の合計の関係から，$1+5+a+b+3=20$より，$a+b=11$…①　**最頻値**が12.5mであることから，10.0m以上15.0m未満の**階級**の度数aが，他の階級の度数よりも大きくなければならないことがわかる。これより，①を考慮すると，a，bにあてはまる数の組み合わせは全部で，$(a,\ b)=(6,\ 5)$，$(7,\ 4)$，$(8,\ 3)$，$(9,\ 2)$，$(10,\ 1)$，$(11,\ 0)$の6通りある。

(9)　斜辺が辺CAである場合と，辺CAではない場合に分けて考える。斜辺が辺CAである場合，**三平方の定理**を用いて，$\mathrm{CA}=\sqrt{\mathrm{AB}^2+\mathrm{BC}^2}$より，$x=\sqrt{8^2+6^2}=\sqrt{100}=10$　斜辺が辺CAではない場合，辺の長さが辺BCよりも長い辺ABが斜辺と決まるから，三平方の定理を用いて，CA＝

$\sqrt{AB^2-BC^2}$より，$x=\sqrt{8^2-6^2}=\sqrt{28}=2\sqrt{7}$

(10)　さいころを2回投げるとき，全ての目の出方は$6\times6=36$(通り)だから，2点B，Cのとり方も36通りある。このうち，3点A，B，Cが1つの直線上に並ぶのは，{B(2，4)，C(1，2)}，{B(2，5)，C(1，4)}，{B(2，6)，C(1，6)}の3通り。よって，求める確率は$\frac{3}{36}=\frac{1}{12}$である。

2 (関数とグラフ)

(1)　問題図2のグラフより，電車が自転車に追いつくのは，地点Pを出発してから20秒後だから，自転車のグラフの式に$x=20$を代入して，$y=6\times20=120$より，電車が自転車に追いつくのは，地点Pから120m離れた地点である。

(2)　電車が地点Pを出発して10秒後から20秒後までの電車の平均の速さは，$y=\frac{3}{10}x^2$について，xの値が10から20まで増加するときの**変化の割合**に等しい。$y=\frac{3}{10}x^2$について，$x=10$のとき$y=\frac{3}{10}\times10^2=30$，$x=20$のとき$y=\frac{3}{10}\times20^2=120$。よって，$x$の値が10から20まで増加するときの変化の割合は$\frac{120-30}{20-10}=9$だから，平均の速さは秒速9mである。

(3)　$0\leqq x\leqq20$のとき，自転車と電車は，$\left(6x-\frac{3}{10}x^2\right)$m離れている。これが，30m離れるのは，$6x-\frac{3}{10}x^2=30$が成り立つとき。整理して，$x^2-20x+100=0$　$(x-10)^2=0$　$x-10=0$　$x=10$　よって，電車が地点Pを出発してから10秒後である。

(4)　(求め方)　(例)$y=150$を$y=6x$に代入して求めたxの値から，$y=150$を$y=\frac{3}{10}x^2$に代入して求めた正のxの値をひいて求める。

3 (規則性)

(1)　(a)　横向きの棒の本数は，1段目が$1-1=0$(本)，2段目が$2-1=1$(本)，3段目が$3-1=2$(本)，…のように，段の数より1小さい本数だから，n段目の横向きの棒の本数は，イ$=(n-1)$本である。また，斜め向きの棒の本数は，1段目が$1\times2=2$(本)，2段目が$2\times2=4$(本)，3段目が$3\times2=6$(本)，…のように，段の数の2倍の本数だから，(ア)＝(5段目の横向きの棒の本数)＋(5段目の斜め向きの棒の本数)$=(5-1)+(5\times2)=14$(本)である。

(b)　各段の棒の本数は，2，5，8，…のように，3ずつ増えるから，1段のタワーをつくるために必要なトランプの枚数は2枚，2段のタワーでは$2+5=7$(枚)，3段のタワーでは$2+5+8=15$(枚)，4段のタワーでは$2+5+8+11=26$(枚)，5段のタワーでは$2+5+8+11+14=40$(枚)，6段のタワーでは$2+5+8+11+14+17=57$(枚)である。よって，トランプ1組54枚使うと最大5段のタワーをつくることができる。

(2)　(a)　逆さまにする前の4段のモデルの各段の棒の本数は，1段目から2本，5本，8本，11本であり，よって，逆さまにした4段のモデルの各段の棒の本数は，1段目から11本，8本，5本，2本である。これより，問題図4の各段の棒の本数は，それぞれ1段目から$2+11=13$(本)，$5+8=13$(本)，$8+5=13$(本)，$11+2=13$(本)…(ウ)で同じになる。[n段のとき]前問(1)(b)より，逆さまにする前のn段目の棒の本数は，$2+3\times(n-1)=(3n-1)$(本)だから，問題図5の各段の棒の本数は，それぞれ$2+(3n-1)=(3n+1)$(本)…エで同じになる。

(b)　問題図5に関して，20段のとき，各段の棒の本数は，それぞれ$3\times20+1=61$(本)である。これが20段あるから，すべての棒の本数は，$61\times20=1220$(本)である。これより，20段のタワーをつくるために，必要なトランプの枚数は，この半分の数の$1220\div2=610$(枚)である。

4 （図形と関数・グラフ，方程式の応用）

(1)　AE//y軸より，点Eのx座標は3であり，点Eは$y=-x$上にあるから，そのy座標は$y=-3$　よって，E(3，-3)である。

(2)　点Aは$y=3x$上にあるから，そのy座標は$y=3\times3=9$　よって，A(3，9)　四角形AEFGは正方形だから，∠AFE＝45°　これより，直線AFの傾きは-1であり，直線AFの式を$y=-x+b$とおくと，点Aを通るから，$9=-3+b$　$b=12$　よって，直線AFの式は$y=-x+12$

(3)　点Cのx座標をtとすると，点Cは$y=\frac{1}{2}x$上にあるから，そのy座標は$y=\frac{1}{2}t$　よって，$C\left(t,\ \frac{1}{2}t\right)$　また，$B\left(3,\ \frac{1}{2}t\right)$　これより，AB＝点Aのy座標－点Bのy座標＝$9-\frac{1}{2}t$，BC＝点Cのx座標－点Bのx座標＝$t-3$　四角形ABCDは正方形だから，AB＝BCより，$9-\frac{1}{2}t=t-3$　これを解いて，$t=8$　よって，できる立体は，底面の半径がBC＝$t-3=8-3=5$，高さがAB＝BC＝5の円柱だから，その体積は$\pi\times5^2\times5=125\pi$である。

(4)　点Fのx座標＝点Eのx座標＋EF＝点Eのx座標＋AE＝$3+\{9-(-3)\}=15$　これより，原点Oと直線FGについて対称な点をHとすると，点Hのx座標＝点Fのx座標×2＝$15\times2=30$　よって，H(30，0)　△OAPの周の長さ＝OA＋AP＋PO＝OA＋AP＋PHである。ここで，点Pを動かしても，辺OAの長さは変わらないことを考慮すると，△OAPの周の長さが最小となるのは，AP＋POの長さが最小となるときであり，つまり，AP＋PHの長さが最小となるときだから，直線AH上に点Pがあるときである。直線AHの傾きは$\frac{0-9}{30-3}=-\frac{1}{3}$だから，直線AHの式を$y=-\frac{1}{3}x+b$とおくと，点Aを通るから，$9=-\frac{1}{3}\times3+b$　$b=10$　よって，直線AHの式は$y=-\frac{1}{3}x+10$であり，点Pは直線AH上にあり，そのx座標は点Fのx座標と等しく15だから，点Pのy座標は$y=-\frac{1}{3}\times15+10=5$　よって，P(15，5)である。

5 （平面図形，円の性質，角度，図形の証明，面積，線分の長さ）

(1)　**直径に対する円周角は90°**だから，∠AEB＝90°

(2)　(a)　2つの三角形の合同は，「3組の辺がそれぞれ等しい」か，「2組の辺とその間の角がそれぞれ等しい」か，「1組の辺とその両端の角がそれぞれ等しい」ときにいえる。

(b)　(証明)　(例)△AEDと△OEBで，弧AEに対する**円周角**だから，∠ADE＝∠OBE…①　△DAC≡△EACだから，∠DAE＝2∠BAE…②　弧BEに対する中心角と円周角だから，∠BOE＝2∠BAE…③　②，③から，∠DAE＝∠BOE…④　①，④から，2組の角が，それぞれ等しいので，△AED∽△OEB

(3)　**相似な図形では，面積比は相似比の2乗に等しい**から，△AED：△OEB＝$5^2:3^2=25:9$　△OEB＝△AED×$\frac{9}{25}=50\times\frac{9}{25}=18$(cm^2)　△OEBと△AEBで，**高さが等しい三角形の面積比は，底辺の長さの比に等しい**から，△OEB：△AEB＝OB：AB＝1：2　△AEB＝△OEB×2＝$18\times2=36$(cm^2)

(4)　△ABEに三平方の定理を用いると，$AB=\sqrt{AE^2+BE^2}=\sqrt{AD^2+BE^2}=\sqrt{8^2+4^2}=4\sqrt{5}$ (cm)　∠AEB＝∠ACE，∠BAE＝EACより，△ABE∽△AEC　よって，$AC=AE\times\frac{AE}{AB}=8\times\frac{8}{4\sqrt{5}}=\frac{16}{\sqrt{5}}$(cm)　∠AEB＝∠ECB，∠ABE＝∠EBCより，△ABE∽△EBC　よって，$CB=BE\times\frac{EB}{BA}=4\times\frac{4}{4\sqrt{5}}=\frac{4}{\sqrt{5}}$(cm)　以上より，$AC:CB=\frac{16}{\sqrt{5}}:\frac{4}{\sqrt{5}}=4:1$

<英語解答>

1 (1) (a) ア　(b) ウ　(2) (a) ウ　(b) エ　(3) エ
2 イ
3 (例)You should go to Hokkaido.
4 (1) (a) エ　(b) イ　(2) (a) ア　(b) エ　(c) イ
(3) イ→エ→ア→ウ
5 (1) ① Why did you choose　② was built　(2) ウ　(3) (例)Do you have a message for the students?
6 (1) ア　(2) イ　(3) (例1)I think it's a good idea. You can collect a lot of money and put more garbage cans on the streets.　(例2)I don't agree with you. Some people may leave their garbage on the streets if they have to pay money to use garbage cans.　(例3)I think it's an interesting idea, but I don't want to pay money. So, I will bring my own bag to take my garbage home.
7 (1) (a) Yes, she did.　(b) There were four people in her host family.
(2) ア　(3) No　(4) エ　(5) ⓐ イ　ⓑ most important
(6) ウ，オ

<英語解説>

1・2・3 (リスニング)

放送台本の和訳は，48ページに掲載。

4 (短文・会話文問題：語句の問題，語句の補充・選択，文の挿入，語句の並べ換え，比較，間接疑問文，現在完了，助動詞，動名詞，不定詞，仮定法，前置詞)

(1) (a) 「1年間には12か月ある。私は5月が最も好きである」正解は「月」を表す months (twelveの後ろに来るので，複数形となる)。<**There ＋ be動詞 ＋ S**>「Sがある，いる」 in a year「1年間に」 **best**「最もよい，最もよく」**good／well の最上級** hours「時間」 days「日」 weeks「週」 (b) 「私の父は昨日魚釣りへ行ったが，1匹も魚を釣らなかった」文脈より，「(魚)を獲る」に相当する catch が空所に当てはまる。go fishing ← go -ing「～しに行く」 not ～ any「全く～でない」 fishは通常数えられない名詞扱いだが，種類を表す時に fishes となることがある。 begin「始める」 grow「育てる」 wear「着る」

(2) (a) A：私のスマートフォンがどこにあるか知っていますか？／B：アはい。コンピューターのそばで見かけました。／A：あっ，見つけた。ありがとう。　文脈から質問(Do you know ～ ?)に対して，肯定で正しく答えている応答文 Yes, I do. が空所に当てはまる。イ・エは否定形，ウは過去形なので不可。Do you know where my smartphone is ? ← 疑問文(Where is my smartphone ?)が他の文に組み込まれる[間接疑問文]と，<疑問詞＋主語＋動詞>の語順になる。 I've found it. ← 現在完了<**have[has]** ＋ 過去分詞>(完了・結果・継続・経験)　(b) A：うわあ！ これらのケーキは美味しそうだね。／B：デパートで買ったのよ。エどちらを食べたいかしら？／A：フルーツがのったチョコレートの方を食べたいなあ。／B：もちろんよ。さあ，どうぞ。　空所前に these cakes／them とあることから，複数のケーキが存在していることは明らかである。Bの空所の質問を受けて，Aは食べたいものを答えているので，空所にはどれを食べたいかを尋ねる Which one would you like? が当てはまる。one 前に出てきた<a[an]＋単数名詞>の繰り返しを避ける表現。ここでは one ＝ a cake。**would like**「～が欲しい」 <want ＋不定詞[to ＋原形]>「～したい」 **Here you are.**「はい，これ／これをどうぞ」(人にものを渡す時)　ア 「今日は誰の誕生日ですか？」 イ 「いくつのケーキがそこにはありますか？」<**How many ＋複数名詞 ～ ?**>数を尋ねる表現「いくつ？」と<be動詞＋ there ＋ S ?>「Sはあるか，いるか」の組み合わせ。 ウ 「どのフルーツがあなたのお気に入りですか？」favorite「形容詞；お気に入りの，気に入っている／名詞；お気に入りの人[もの]」 (c) A：ケン，あなたは将来何になりたいの？／B：イまだ決まっていないよ。それについて考えなければならないことはわかっているけれど。／A：心配しないで，まだ時間はあるわ。／B：将来何をしたいかを見つけるために，多くのことを学ぼうと思うよ。 後続文(I know I have to think about it.／I will learn a lot of things to find what I want to do in the future.)より，将来何をしたいかが決まっていないことは明らかである。空所には，I haven't decided yet. が当てはまる。haven't decided ～ yet ← <have[has]＋ not ＋過去分詞>現在完了の否定／**yet**「否定文；まだ～ない／疑問文；もう」 have to think ← <**have[has]＋不定詞[to ＋原形]**>「～しなければならない，にちがいない」 still「副詞；まだ，なお／形容詞；じっとした，静かな」 a lot of「多くの～」 to find what I want to do in the future ← **不定詞[to ＋原形]の副詞的用法(目的)「～するために」／疑問文(What do you want to do ～ ?)が他の文に組み込まれる[間接疑問文]**と，<**疑問詞＋主語＋動詞**>の語順になる。 ア 「勉強をするのが嫌いだ」like studying ← **動名詞[原形＋ -ing]「～すること」** ウ 「医者になりたい」 エ 「美術に興味がある」<人＋ **be動詞 ＋ interested in ＋ もの**>「人がものに興味がある」

(3) (I) wish I could play(the guitar like that musician.)canではなくて，could と過去形が使われていることに注意。← <**I wish ＋主語 ＋過去形[仮定法過去]**>「～であればよいのにと思う」**仮定法過去 ― 現在の事実に反することを仮定 前置詞 like**「～に似ている」 A：夕べ，ギターコンテストへ行きましたよね。どうでしたか？／B：素晴らしかったです。あのギターリストのように，ギターを演奏することができたらいいのになあ。 <文＋ , right ?>「～でしょう」 amazing「驚くべき，すばらしい」

5 **(会話文問題：語句補充・記述，内容真偽，条件英作文，接続詞，前置詞，分詞の形容詞的用法，受け身，比較，不定詞，動名詞，未来，助動詞)**

(全訳) ともき(以下T)：スミス先生，新しい生活はいかがですか？／スミス先生(以下S)：とても順調です。英語を教えることや美しい自然の中で生活することを満喫しています。私はニューヨークの出身なので，田舎で暮らすことのすべてが新鮮なのです。／T：①なぜ英語教師として仕事をするのに日本を選ばれたのですか？／S：古民家と呼ばれている日本の古い家に住みたかったからです。／T：なるほど。古民家に滞在することが，外国人の間で広まっているそうですね。私には理由が分かりませんが。／S：伝統的日本の家屋は美しくて，田舎での生活を体験するのはとても特別なことだと思います。この写真を見てください。現在，私はこの家に住んでいます。およそ100年前に②建てられものです。／T：うわあ，おしゃれですね。私達の町をどう思いますか？／S：人々はとても親切です。近所の人達はしばしば私に野菜を持ってきてくれて，私達は英語と日本語での会話を楽しんでいます。地域社会の一員として受け入れられた気分です。そのことをとてもうれしく思っています。／T：それはいいですね。滞在中に訪れたい場所はありますか？／S：

そうですね，伝統的日本の家を見るために，多くの場所を訪ねたいと考えています。／T：おもしろそうですね。もう1つ尋ねたいことがあります。学生に対して何かメッセージはありますか？／S：もちろんです。もっと皆さんのことを知りたいと思っています。ですから，皆さん，いつでも私のところへ来て，話しかけてください。英語を学ぶことを楽しみましょう。／T：ありがとうございました。良い記事を書くことができると思います。

(1) ① 与えられた語や空所を含む発言を受けて **because**「～だから」(理由を表す接続詞)で答えていることから，**why**「なぜ」(理由を尋ねる疑問詞)で始めて，「なぜ英語教師として働くために日本を選んだのか？」という質問文を完成させること。Why did you choose Japan ～？ to work ← 不定詞[to ＋原形]の副詞的用法(目的)「～するために」 as「接続詞；～と同じくらい，のように，のとき，だから／前置詞；として」 old house called *kominka* ← <名詞＋過去分詞＋他の語句>「～された名詞」過去分詞の形容詞的用法／<S ＋ be動詞 ＋ called ＋ C>「SはCと呼ばれている」 ② 与えられた語句から，「それは約100年前に建てられた」という英文を完成させること。It was built ～ ← <**be動詞＋過去分詞**>「～される，されている」受け身

(2) ア 「ともきは日本の古民家について外国人にもっと知って欲しいと思っている」(×) 記述ナシ。<want ＋人＋不定詞[to ＋原形]>「人に～して欲しい」 **more**「もっと，もっと多くの」**many／much** の比較級 イ 「スミス先生はともきにニューヨークにある彼女の古い家の写真を見せた」(×) スミス先生は Look at this picture！ I live in this house now. と述べており，彼女が示したものは，日本で彼女が現在住んでいる古民家の写真なので，不適。 ウ 「スミス先生は彼女の家の近くに住んでいる人々とコミュニケーションを図るのが楽しい」(○) スミス先生は we[Mrs. Smith and her neighbors]enjoy talking in English and in Japanese. ～ I'm very happy about that. と述べているので，一致。is happy to communicate ← <感情を表す語＋不定詞[**to** ＋原形]>不定詞の副詞的用法；感情の原因を表す「～して」 people living near ～ ← <名詞＋現在分詞[原形＋ **-ing**]＋他の語句>「～している名詞」現在分詞の形容詞的用法 <enjoy ＋動名詞[原形 ＋ -ing]>「～することを楽しむ」 エ 「ともきはスミス先生を彼の町の美しい場所へ連れて行こうとしている」(×) 記述ナシ。<**be**動詞＋ **going** ＋不定詞[**to** ＋原形]>「～するつもりだ，しようとしている」

(3) 空所の直前では「もう1つ尋ねたいことがある」との発言があり，空所後では，スミス先生が生徒の皆にメッセージ(I'd like to know more about you all. So, everyone, come and talk to me anytime. Let's enjoy learning English !)を伝えている。従って，空所には「何か生徒にメッセージはあるか」という趣旨の英文が当てはまることになる。「～に伝言はあるか」Do you have a message for ～？ I'd like to ask you one more thing.／I'd like to know more about you. ← <**I'd[I would]like** ＋不定詞[**to** ＋原形]>「～したいのですが」 **more**「もっと[多くの]」**many／much** の比較級 so「副詞；それほど，そんなに／接続詞；それで」 <enjoy ＋動名詞[原形＋ -ing]>「～することを楽しむ」

6 (短文読解問題・エッセイ：文の挿入，自由・条件英作文，前置詞，動名詞，接続詞，文の構造・目的語と補語，不定詞，比較，助動詞)

(全訳) 日本は清潔な国として知られている。だが，ひばり市の人気のある観光地の近くに住み始めてから，問題があることに気づいた。

週末や長期休暇期間中に，多くの観光者がひばり市を訪れることに，私は喜びを感じているが，通りに，多くのゴミが取り残されていると，悲しくなる。シンガポールでは，通りにたくさんのゴミ入れが設置されている。ア望めば，ゴミを投げ捨てることができるのである。でも，ここ日本では，通りで食べたり，飲んだりした後に，簡単にゴミ入れを見つけることができない。実際に，日本への旅行中に，どこへゴミを捨てたら良いのかわからなかった，と私に述べる友人が何人かいた。人気のある観光地にはもっと多くのごみ入れが必要である，と私は思う。しかしながら，多くの費用が必要なので，より多くのごみ入れを設置することは容易なことではない，ということを私は理解している。

そこで，私にはある考えがある。ひばり市の観光地でごみ入れを使う際に，旅行者に10円を支払うように求めたらよい，と私は考える。私の考えをどう思うか？

(1)　「シンガポールでは，通りにたくさんのゴミ入れが設置されている」→ ア「人々が望めば，ゴミを捨てることができる」→「でも，ここ日本では，通りで飲食した後に，簡単にゴミ入れを見つけることができない」In Singapore, there are many garbage cans on the streets. ← <**There** + **be**動詞+ **S** +場所>「～(場所)にSがある，いる」 **but**「しかし」 after eating and drinking ← <前置詞＋動名詞[-ing]>

(2)　正解は，イ「観光地をきれいにすること」。市内の観光地のごみの放置問題に触れて，その解決策を提案していることから考える。Keeping Sightseeing Spots Clean ← 動名詞[-ing]「～すること」／**keep O C**「OをCの状態に保つ」　ア「旅行者に対する役立つ情報」　ウ「日本でごみ入れを見つける方法」<**how** +不定詞[**to** +原形]>「いかに～するか，～する方法」　エ「観光を楽しむ最良の方法」The Best Way to Enjoy Sightseeing ← 不定詞[to +原形]の形容詞的用法<名詞+不定詞>「～する(ための)／すべき名詞」／**best**「最も良い，最も良く」**good** ／**well** の最上級

(3)　最終段落で述べられた質問(we should ask tourists to pay 10 yen when they use garbage cans at sightseeing spots in Hibari City, What do you think about my idea ?)に対する自身の答えを15語以上30語以内の英語でまとめる条件英作文。**should**「～すべきである，のはずだ」

(全訳)　(例1)「私は良い考えだと思います。多くのお金を集め，通りに，より多くのごみ入れを設置することができます」／(例2)「あなたの意見に賛成しません。ごみ入れを使うために，お金を支払わなければならないのならば，通りにごみを放置する人達がでてくるかもしれません」／(例3)「興味深い考えだと思いますが，私はお金を支払いたくありません。従って，ごみを家に持ち帰るために，自分自身の袋を持参することになるでしょう」

7　**(長文読解問題・スピーチ：英問英答・記述，文の挿入，語句補充・記述，要約などを用いた問題，内容真偽，受け身，間接疑問文，比較，助動詞，接続詞，動名詞，不定詞，前置詞)**

(全訳)　私達は互いに意思疎通をするために言語を使っています。様々な言語が世界中で使われており，各言語には，非常に多くの語が含まれています。ところで，皆さんにいくつかの質問をさせていただきます。どの単語，あるいは，言い回しが皆さんにとって重要でしょうか。仮にどの単語や言い回しが最も大切であるかを選ぶように言われたら，それは何になるでしょうか。今日は，私のそのような言葉について話そうと思います。

去年の夏に，私は英国へ行き，ある家族の元に2週間滞在しました。ジャックとケイトが受け入れ家庭の両親で，彼らには2人の子供，ハリーとアリスがいました。初めて海外を訪れたので，私は非常に気分が高まっていましたが，英語がそれほど堪能ではなかったので，最初はとても不安で

した。でも，そのことをジャックとケイトに伝えると，彼らは私に「①完璧な英語を話す必要はないんだよ」と言ってくれました。ハリーとアリスも「英語で何と言ったらいいかわからなければ，私達が手助けするよ」と言いました。その結果，気持ちがほぐれて，私は英語を使うことが楽しくなりました。

ホストファミリーと数日過ごして，私はあることに気づきました。彼らは「ありがとう」という言い回しをしょっちゅう使っていたのです。家族の他のメンバーに対して何かすると，誰もがその表現を使いました。些細な事に対してでさえも，常に「ありがとう」と彼らは言ったのです。例えば，ジャックがアリスのために電気を消すと，彼女は「お父さん，ありがとう」と言い，ハリーが彼の母親のためにドアを開けたままにして押さえていると，ケイトは彼に「ありがとう，ハリー」と言いました。私は考えました。「日本で家族や友人にさえ，それほど頻繁に『ありがとう』と言うかしら」その回答は「②否」でした。

家の外でも，状況は同様でした。飲食店，店，あるいは，バスで，誰もが互いに「ありがとう」と言っていました。もちろん，日本でも，従業員や運転手は，彼らの客に対してこの表現を使っていますが，人々が，従業員や運転手に対して，それほど頻繁には「ありがとう」と言っていないのではないでしょうか。この言い回しは，日本よりも英国にて，より頻繁に使われている，と私は感じています。

ホームステイをしている間に，「ありがとう」は素晴らしい言葉であるということに気づきました。この表現で，私達はほのぼのとして，幸せな気持ちになります。その言葉が使われると，私達はしばしば微笑み，周囲の人々に対して親切にした方がよいと感じます。「ありがとう」は単なる1つの言い回しですが，他の人々と私達が良い関係を築くうえで，多大なる力を有している，と私は信じています。実際，私が周囲の人々に「ありがとう」という言葉をより頻繁に使い始めたら，彼らはしばしば微笑み，私と話しをするようになりました。私は多くの友人をつくり，英国では本当に楽しい時間を過ごすことができました。このようにして，「ありがとう」は私にとって最も重要な言葉になったのです。

日本へ帰国して以来，私の日常生活の中で，この言葉を多く使おうと試みてきました。私が以前よりも頻繁に「ありがとう」と述べるので，私の家族全員が最初は驚いていました。でも，今では，彼らもこの表現を多く使っています。私はとても満足しています。というのは，家族の誰もが互いに多くの思いやりをもって接して，家でより多くの微笑みが見受けられるようになったからです。なので，私達のクラスでこの素晴らしい言い回しを使い，一緒に温かい雰囲気を作りませんか。ご清聴ありがとうございます。

(1)　(a)「彼女のスピーチでめぐみは彼女の級友に対して何か質問がありましたか？」第1段落第3～5文で Now, let me ask you[my classmates] some questions. Which word or phrase is important to you ? If you are asked to choose which word or phrase is the most important, what will it be ? とあり，級友に質問しているので，肯定で答えること。過去の一般動詞の疑問文に対する肯定の答え → <Yes, 主語＋ did.>　<Let A ＋原形>「Aに原形させる」 are asked ← <**be動詞＋過去分詞**>**受け身「～される，されている」**　～ choose which word or phrase is the most important, ～ ← **疑問文が他の文に組み込まれる[間接疑問文]**と，<**疑問詞＋主語＋動詞**>の語順になる。当文は主語の位置に疑問詞があるので，<疑問詞＋動詞>の形になっている。 the most important ← important の最上級　(b)「めぐみのホストファミリーには何人の人々がいましたか？」第2段落第2文(Jack and Kate were my host parents, and they had two children, Harry and Alice.)を参考にする。<**How many ＋複数名詞 ～ ?**>**数を尋ねる表現**　<be

動詞＋ there ＋ S ＋ 場所 ?>「Sが～にいるか，あるか」左記に対する答え方は<there ＋ be動詞 ＋ S>の形をそのまま使うので，注意。

(2)「英語がそれほど堪能ではなかったので，最初はとても不安だった。でも，そのことをジャックとケイトに伝えると，彼らは私に「 ① 」と言ってくれた。～ その結果，気持ちがほぐれて，私は英語を使うことを楽しんだ」以上の文脈より，空所に当てはまるのは，ア「完璧な英語を話す必要はない」**<have[has]＋不定詞[to ＋原形]>の否定形「～する必要はない」** at first「当初」 however「しかしながら」 接続詞 so「それで」 <enjoy ＋ 動名詞[-ing]>「～することを楽しむ」 イ「家で英語を練習してはいけない」**must not「～してはいけない」** ウ「日本語を勉強するために，私達はあなたの国を訪れようと思う」 エ「私達は日本のあなたの家族に電話をかける必要がある」

(3)「『日本で家族や友人にさえ，それほど頻繁に“ありがとう”と言うかしら？』と私は考えた。その回答は“ ② ”だった』。第3段落冒頭に I realized one thing. とあり，Thank you. という言葉を英国人が頻繁に使うことを realized「気づいた」と表現していることや，第4段落最終文に the phrase[Thank you.]is used more in the U.K, than in Japan. と記されていることから，考える。空所に当てはまるのは，否定を表す No「いいえ」。 is used **← <be動詞＋過去分詞>受け身「～される，されている」 more「より多くの，もっと」 many／much の比較級**

(4)「英国では，めぐみはエ人々を和ませて幸せな気分にさせる表現が存在していることに気づいた」第3・4段落で，英国では Thank you. という表現が頻繁に使われていることが記されており，第5段落第1・2文に During my homestay, I realized “Thank you” is a wonderful phrase. It makes us feel warm and happy. とあることから考える。there is a phrase to make people feel warm and happy. ← **<There ＋ be動詞 ＋ S>「Sがある，いる」／<名詞＋不定詞[to ＋原形]>不定詞の形容詞的用法「～する(ための)，すべき名詞」／<make ＋人＋原形>「人に原形させる」** ア「何か大きなことに対してのみ人々は『ありがとう』という言い回しを使う」(×) 第3段落第4文に They always “Thank you” even for small things. とあるので，不可。 イ「家庭では，子供達は彼らの親とあまり話をしない」(×) 記述ナシ。 ウ「外国人と友達になるには，もっと微笑まなければならない」(×) 記述ナシ。**must「～しなければならない，に違いない」 more「より多くの，もっと」many／much の比較級** make friends with「～と友達になる」

(5) ジョーンズ先生：良かったです，めぐみ。あなたはクラスの皆にⓐイもっと『ありがとう』と言ってほしいのですね。それは良い考えです。／めぐみ：ありがとうございます。そうすることで，ホームルーム教室がより快適な場所になれば良いと願っています。先生の考えでは，何がⓑ最も重要な日本の単語，あるいは，言い回しですか？／ジョーンズ先生：私にとっては，『すみません』が素晴らしい言葉だと思います。『ごめんなさい』，『ちょっといいですか？』，『ありがとう』さえ意味するので。様々な状況で，使うことができますよね。 ⓐ You want everyone in class to ⓐ why don’t we use this wonderful phrase[Thank you.]more in our class ～？と述べているのを参考にすること。<want ＋人＋不定詞[to ＋原形]>「人に～して欲しい」 **Why don’t we ～？「～しませんか，しましょう」** ⓑ 空所を含むめぐみの質問「先生の考えでは，何が ⓑ 日本語の語，言葉ですか」に対して，ジョーンズ先生は「すいません」を例として挙げている。発表は，2つの質問(Which word or phrase is important to you? If you are asked to choose which word or phrase is the most important, what will it be ?)を聴衆に尋ねることから始まり，

Thank you. が彼女にとって重要な表現であることが語られてる。2語指定なので，空所を含む箇所は，(the)most important(Japanese word or phrase)となる。the most important ← important の最上級 <the ＋形容詞の最上級> are asked ←<**be動詞＋過去分詞**>**受け身「～される，されている」** ～ choose which word or phrase is the most important, ～ ← **疑問文が他の文に組み込まれる[間接疑問文]**と，<**疑問詞＋主語＋動詞**>の語順になる。当文は主語の位置に疑問詞があるので，<疑問詞＋動詞>の形になっている。

(6) ア「めぐみのスピーチは，世界中の様々な言語に関するものであった」(×) 英語の Thank you. の例にしか触れられていないので，不適。all over「～じゅう」 イ「めぐみは去年の夏に英国のある家族の元に20日間滞在した」(×) 第2段落第1文に Last summer, I went to the U.K. and stayed with a family for two weeks. とあるので，不可。ウ「めぐみの家族は家庭でしばしば『ありがとう』と互いに言った」(○) 第3段落第1・2文(After spending a few days with my host family, I realized one thing. They used the phrase "Thank you" very often.)に一致。each other「互い」 after spending ← <前置詞＋動名詞[-ing]> エ「家の外では，日本人は決して『ありがとう』とは言わない，とめぐみは考えている」(×) 記述ナシ。第4段落最終文に I think the phrase[Thank you]is used more in the U.K. than in Japan. とあり，全く使用しないとは言っていない。is used ← **受け身<be動詞＋過去分詞>「～される，されている」** **more「より多くの，もっと」many／much の比較級** オ「めぐみは英国で周囲の人々と良好な関係にあった」(○) 第5段落("Thank you" is just a phrase, but I believe it has a great power to help us build good relationships with other people. Actually, I started saying "Thank you" more to people around me, they often smiled and talked with me. I made a lot of friends and had a really good time in the U.K.)に一致。a great power to help us build ～ ← **不定詞[to ＋原形]の形容詞的用法<名詞＋不定詞>「～する(ための)，すべき名詞」**／<help ＋人＋原形>「人が～する手助けをする」 started saying ← 動名詞[-ing]「～すること」 **more「より多くの，もっと」many／much の比較級** a lot of「多くの～」 カ「めぐみは日本の自分の家族に家では互いに思いやりを持って接するように求めた」(×) 記述ナシ。

2024年度英語 リスニングテスト

〔放送台本〕

(1) (a) There is a cup on the desk. Also, there are three pencils and a notebook.

(b) Look at this poster. I'm going to be on stage and play in the brass band. The event will be on July 5th.

(2) (a) F: How was your trip to Tokyo, Chris? Did you fly from Tokushima Airport?

M: No. First, I went to Osaka by bus, and then I took the Shinkansen from there. It was very fast, so I was surprised.

F: Sounds exciting.
Question: How did Chris travel from Osaka to Tokyo?

(b) M: Hi, Sally. Do you want to go to a movie with me this weekend?
F: Yes, but I'll be busy this Saturday. How about Sunday, Yuji?
M: I have soccer practice, but I'll be free in the afternoon.
F: Sounds good. Let's check what we can see at the movie theater.
Question: When is Yuji going to see a movie with Sally?

(3) Welcome to the ABC Zoo. Here is the information about today's special events. From 10:20 to 11:00, you can see our baby lions and take pictures of them in the Happy Field. Our most popular event, "The Koala Meeting," will start at 11:20. If you would like to see and touch one of our cute koalas, come to the Dream Forest. Please remember that we have only 20 minutes for this event. We hope you will have a wonderful time with our animals!

〔英文の訳〕

(1) (a) 机にコップが1つあります。また，3本の鉛筆と1冊のノートがあります。

(b) このポスターを見てください。私はステージに上がって，吹奏楽バンドで演奏する予定です。催しは7月5日に開催されます。

(2) (a) F：クリス，東京への旅行はいかがでしたか？　徳島空港から飛行機を使ったのですか？／M：いいえ，違います。まず，バスで大阪まで行き，そして，そこから新幹線に乗りました。とても速くて，驚きました。／F：ワクワクしそうですね。

質問：クリスは大阪から東京までどうやって旅をしましたか？

(b) M：やあ，サリー。今週末，僕と一緒に映画に行きたいかなあ？／F：ええ，でも，今度の土曜日は忙しいの。日曜日はどうかしら，ユウジ？／M：僕はサッカーの練習があるけれど，午後は予定があいているよ。／F：いいわね。何を映画館で見ることができるかを確認しましょう。

質問：いつユウジはサリーと映画を見ますか？

(3) ABC動物園へようこそ。今日の特別の催しに関する情報です。10時20分から11時まで，ハッピーフィールドにて，赤ちゃんライオンを見て，写真を撮影することができます。最も人気のある催し，「コアラ・ミーティング」は11時20分に開始されます。可愛いいコアラを見て，触れ合いを希望される場合には，ドリーム・フォレストへ来てください。この催しは20分間限定ということをご留意ください。私達の動物と楽しい時を過ごされることを願っています！

〔放送台本〕

Hi, I'm Louise from France. I'm very excited to join the International Exchange Day. Now, let me share my idea about today's topic. I think solving language problems is necessary to create a friendly town for foreign people. It's very difficult for most people from abroad to read and understand Japanese. So, if there were more signs and maps written in various languages around the town, they would be very helpful. Also, if more websites were written in several languages, getting important information about the town would be very easy for us. What do you think?

〔英文の訳〕

こんにちは，私はフランスから来た，ルイーズです。国際交流日[the International Exchange Day]に参加できて，とてもわくわくしています。さて，今日の話題について私の考えを紹介しましょう。外国人に対して友好的な都市を作り上げるには，言語の問題を解消することが必要である，と私は考えます。外国からのほとんどの人々にとって，日本語を読み，理解することは非常に難しいです。そこで，町中で様々な言語で書かれた標識や地図がもっと増えれば，それらはとても役立つでしょう。また，より多くのウェブサイトがいくつかの言語で表記されていたら，町に関する重要な情報を得ることが，私達にとって非常に易しくなるでしょう。皆さんはどう思いますか？

〔設問の訳〕

ア「生徒と会うために，町の中学校を訪れることはわくわくする」

イ「違う言語で標識，地図，ウェブサイトを作成することが必要である」

ウ「国際交流日のようなより多くの催しを開催することが重要である」

エ「外国からの人々に対して友好的な町を作ることは困難である」

〔放送台本〕

I'm thinking about visiting Japan in December. It's always hot in my country, and I've never seen snow. I want to go skiing. Where should I go?

〔英文の訳〕

12月に日本を訪問することを考えています。私の国では常に暑くて，雪を見たことがありません。スキーへ行きたいと思っています。どこへ行ったら良いでしょうか？

〔解答例の訳〕

北海道へ行くべきです。

<理科解答>

1　(1)　(a)　主要動　(b)　C→A→D→B　(2)　(a)　成長点　(b)　①　ア　②　ア
(3)　(a)　エ　(b)　イ　(4)　(a)　上方置換法　(b)　水溶液がアルカリ性を示す。

2　(1)　血しょう　(2)　ウ　(3)　ⓐ　ア　ⓑ　イ　ⓒ　肺循環
(4)　壁は動脈よりうすく，弁がある。　(5)　1420(cm^3)

3　(1)　水星　(2)　エ　(3)　ⓐ　イ　ⓑ　金星が遠ざかっていった　(4)　イ
(5)　ア

4　(1)　イ　(2)　(銅板)　＋極　(電子が移動する向き)　ア
(3)　電気的なかたより。　(4)　$SO_4{}^{2-}$　(5)　ア

5　(1)　導体　(2)　右図　(3)　オームの法則
(4)　20(Ω)　(5)　エ　(6)　ⓐ　イ　ⓑ　ア
ⓒ　ア

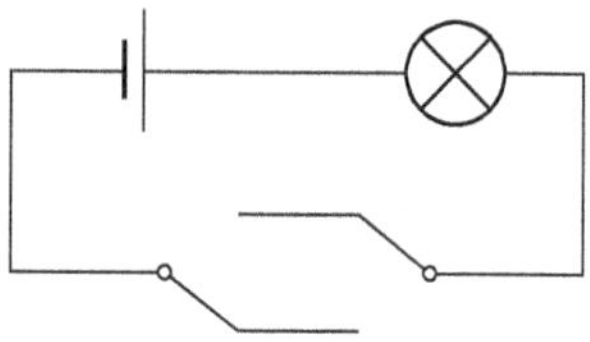

<理科解説>

1　(小問集合―地震，細胞分裂，力のはたらき，気体の性質)

(1)　(a)　地震の揺れを地震計で記録したときに，初めの小さく小刻みなゆれを**初期微動**，その

後の大きなゆれを**主要動**という。初期微動を伝える波がP波，主要動を伝える波がS波である。
(b)　地震が起こると，**震源**でP波とS波が同時に発生するが，P波はS波よりも伝わる速さが速いので，観測点にそれぞれの波が届く時刻にはずれがある。観測点でのP波とS波の到達時刻の差が**初期微動継続時間**で，この時間の長さは震源からの距離に比例する。表より，初期微動継続時間はA：6秒，B：10秒，C：4秒，D：9秒である。

(2)　(a)　1個の細胞が2つに分かれて2個の細胞になることを**細胞分裂**という。植物では，根と葉では先端に近い部分で細胞分裂が行われ，さらにその細胞の一つ一つが大きくなることで，植物が成長する。　(b)　生物のからだをつくる細胞が分裂する細胞分裂を，特に**体細胞分裂**という。この体細胞分裂では，分裂の準備に入ると，それぞれの**染色体**が複製されて同じものが2本ずつになる。これが2等分されて，それぞれが分裂後の細胞へと受けわたされるため，新しくできた2個の細胞の**核**には，もとの細胞とまったく同じ数と内容の染色体がふくまれることになる。

(3)　(a)　面が物体に押されたとき，その力に逆らって面が物体を垂直に押し返す力を**垂直抗力**という。**磁力**とは，磁石どうしの間または磁石と鉄などの間にはたらく力である。力によって変形させられた物体が，もとにもどろうとする向きに生じる力を**弾性力**といい，静電気などによってはたらく力を電気力という。　(b)　物体を運動させようとしたとき，運動をさまたげる向きにはたらく力を**摩擦力**という，この摩擦力は，物体に加えた力と逆向きにはたらく。

(4)　(a)　水にとけにくい気体を集めるには，容器に満たした水と置きかえて集める**水上置換法**が適しているが，水に非常にとけやすいアンモニアを集めることはできない。水にとけやすく密度が大きい(空気より重い)気体は**下方置換法**で集め，アンモニアのように密度が小さい(空気より軽い)気体は**上方置換法**で集める。　(b)　フェノールフタレイン溶液は，アルカリ性で赤色を示す指示薬である。図2で，アンモニアがとけた水が赤色を示したことから，アンモニアの水溶液はアルカリ性であることがわかる。

2 (ヒトのからだのつくり－血液の成分，心室，肺循環，静脈と動脈)

(1)　血液の主な成分は，**赤血球**や**白血球**などの血球と**血小板**，そして液体の**血しょう**である。赤血球は毛細血管のかべを通りぬけられないが，血しょうはしみ出て**組織液**となり，細胞のまわりを満たす。組織液を通して養分や酸素が細胞に届けられる。また，細胞の活動によってできた二酸化炭素やアンモニアなどの不要物質も，組織液にとけて血管の中に入る。

(2)　**右心室**と**左心室**が収縮すると，血液はAを通って肺に流れこみ，Bを通って全身に流れ出す。いずれも心臓から外へ出される。

(3)　A：肺動脈(静脈血が流れる。)，B：大動脈(動脈血が流れる。)，C：大静脈(静脈血が流れる。)，D：肺静脈(動脈血が流れる。)　心臓から肺以外の全身を通って心臓にもどる血液の流れを**体循環**といい，心臓から肺，肺から心臓という血液の流れを**肺循環**という。

(4)　**動脈**はかべが厚く，心臓から送り出される血液の圧力にたえられるようになっているが，**静脈**のかべは動脈よりもうすい。また，静脈にはところどころに**弁**があり，血液が逆流しないようになっている。

(5)　安静時は，70(ml)×70(回)＝4900(ml)，4900÷100×20(cm^3)＝980(cm^3)の酸素が含まれる。また運動後は，100(ml)×120(回)＝12000(ml)，12000÷100×20(cm^3)＝2400(cm^3)の酸素が含まれる。したがって，2400(cm^3)－980(cm^3)＝1420(cm^3)

3 (金星－内惑星，金星の見え方，月と金星，公転周期)

(1)　太陽系の8つの**惑星**は，ほぼ同じ平面上で，同じ向きに太陽のまわりを**公転**している。これらの惑星のうち，金星と水星は地球よりも内側を公転する**内惑星**で，それ以外は地球よりも外側を公転する**外惑星**とよばれる。地球より内側を公転していると，金星は常に太陽に近い方向に見えるため，朝夕の限られた時間にしか観察できない。内惑星は明け方か夕方に近い時間帯にしか見えないが，外惑星はその位置によって真夜中に見えることもある。

(2)　5月20日，6月20日，7月20日に見えるのは「よいの明星」とよばれる，夕方，西の空に輝く金星である。5月20日の右半分が輝く，月でいえば「上弦の月」の形から，しだいに細くなっていく。

(3)　金星が近づいてくる5月～7月は，金星の見かけの大きさはしだいに大きくなる。一方，8月～10月は金星が地球から遠ざかっていくため，見かけの大きさはしだいに小さくなる。

(4)　金星の近くに見える月は，いずれも金星と同じように太陽に向いている側が光っている。6月20日の金星は右半分が輝いているので，上弦の月が見える。満月が見えるとき，太陽─地球─月の順で一直線の位置関係になっているので，金星の近くに月が見えることはない。9月20日の金星は左半分が輝いているので，近くに見える月は下弦の月である。

(5)　2年後の地球は図と同じ位置にある。そのとき，**公転周期**が0.62年の金星は，$360\times2\div0.62=1161$(度)回転しているので，$1161-(360\times3)=81$(度)より，3回公転した1080度よりも，さらに81度回転している。したがって，図の8月～10月の間の位置にあるため，明け方の東の空に輝く「明けの明星」として見える。

4　(化学変化と電池ーダニエル電池，イオンの移動，化学式，電池の＋極・－極)

(1)　表にある赤色の固体は，硫酸銅水溶液中の銅イオン(Cu^{2+})が**電子**を2個受けとり，金属の銅として付着したものである。また，灰色の固体は，硫酸亜鉛水溶液中の亜鉛イオン(Zn^{2+})が電子を2個受けとり，金属の亜鉛として付着したものである。

(2)　亜鉛板では次のように，亜鉛原子が電子を2個失って亜鉛イオンとなり，硫酸亜鉛水溶液中にとけ出す。$Zn\rightarrow Zn^{2+}+2e^-$　この電子が導線を通って銅板まで移動すると，硫酸銅水溶液中の銅イオンが電子を2個受けとって銅となり，銅板上に付着する。$Cu^{2+}+2e^-\rightarrow Cu$　電流の向きは電子の移動の向きと逆なので，銅板から亜鉛板へ向かう。したがって，銅板が＋極になる。

(3)　セロハン膜がなければ，亜鉛板と銅イオンが直接ふれて，そこで電子の受けわたしが起こり，電流が流れなくなる。

(4)　セロハン膜では，硫酸亜鉛水溶液から硫酸銅水溶液へと亜鉛イオンが通り，硫酸銅水溶液から硫酸亜鉛水溶液へと硫酸イオン(SO_4^{2-})が通る。セロハン膜は2種類の水溶液がすぐに混ざらないようにするが，電流を流すために必要なイオンは通過させる。

(5)　実験の結果から，3種類の金属を**陽イオン**になりやすいものから順に並べると，マグネシウム→亜鉛→銅となることがわかる。したがって，マグネシウム板と亜鉛板を電極とする電池では，より陽イオンになりにくい方の金属である亜鉛板が＋極になり，$Zn^{2+}+2e^-\rightarrow Zn$の反応によって，亜鉛板の表面には新たな亜鉛が付着する。

5　(電流回路－導体，回路図，オームの法則，電気抵抗，電流計と電圧計)

(1)　一般に金属は**抵抗**が小さく，電気を通しやすい。このような物質を**導体**という。一方，抵抗がきわめて大きく，電気をほとんど通さない物質を**不導体**または**絶縁体**という。

(2)　切りかえ式スイッチを2個使って，一方をつないで回路に電流が流れるようにしたあと，もう一方を切って電流が流れないようにできる回路にすればよい。

(3)　図6は(0，0)を通る直線のグラフになっていることから，抵抗器を流れる電流は加えた電圧に比例することがわかる。**オームの法則**は，電圧(V)＝抵抗(Ω)×電流(A)と表すことができる。

(4)　抵抗(Ω)＝電圧(V)÷電流(A)より，2(V)÷0.1(A)＝20(Ω)

(5)　図8は曲線のグラフになっていることから，電気抵抗は一定でないことがわかる。加える電圧が大きくなるほど流れた電流のふえ方が小さくなっているので，電気抵抗は大きくなっている。

(6)　電流計は回路に**直列**に，電圧計は回路の中の測定したい部分に**並列**に接続する。電流計を回路に並列につなぐと，電源に直接つないだ状態になり，電流計に大きな電流が流れて針が振りきれて壊れることがある。電圧計を回路に直列につなぐと，回路に電流がほとんど流れなくなる。

＜社会解答＞

1　(1)　シルクロード　(2)　エ　(3)　ウ　(4)　ウ　(5)　オランダはキリスト教を布教しない国であったから。　(6)　イ→ア→ウ

2　(1)　日米和親(条約)　(2)　ア　(3)　イ　(4)　ア　(5)　国家総動員(法)
(6)　エ→ア→ウ→イ

3　(1)　①　ア　②　ア　(2)　扇状地　(3)　イ　(4)　エ　(5)　鉄鋼の製造に利用する，鉄鉱石や石炭を輸入するのに便利だから。

4　(1)　ユーラシア(大陸)　(2)　ⓒ　(3)　①　イギリス　②　マオリ　(4)　イ
(5)　ウ

5　(1)　エ　(2)　世界人権宣言　(3)　労働組合　(4)　(a)　ア　(b)　国際法
(5)　①　所得の高い人ほど所得に占める税金の割合が高い　②　ア

6　(1)　工場制手工業　(2)　①　ア　②　促成栽培　(3)　①　エ　②　ア
(4)　流通にかかる費用を引き下げることができる　(5)　製造物責任(法)
(6)　(a)　多くの人が具体的な取り組みを行っている　(b)　期限の短い商品が売れ残り，廃棄されてしまう

＜社会解説＞

1　**(歴史的分野―日本史時代別－旧石器時代から弥生時代・古墳時代から平安時代・鎌倉時代から室町時代・安土桃山時代から江戸時代，―日本史テーマ別－法律史・政治史・文化史・外交史・宗教史，―世界史－社会史)**

(1)　古代の中国と西洋を結んだ交易路が**シルクロード**である。西洋へは絹・絹織物などが，中国へは羊毛・金・銀・ぶどう・胡麻(ゴマ)・胡瓜(キュウリ)・胡桃(クルミ)などがもたらされた。シルクロードは，紀元前2世紀に成立し，その後1000年以上も活発な交易が行われた。

(2)　ア　文武天皇の治世で，国家の基本法典として701年に制定され，翌年施行されたのが，**大宝律令**である。**刑部親王**，**藤原不比等**によって，唐の制度を吸収しながら，日本の実情に合うように修正されて制定された。　イ　712年に編纂された，日本最初の歴史書と言われる書物が**『古事記』**である。**天武天皇**が**稗田阿礼**(ひえだのあれ)に暗記させたものを，**太安万侶**(おおのやすまろ)が文書化した書物であり，天地の始まりなどの多くの神話と，**推古天皇**までの歴史を記している。なお，正史とされる**『日本書紀』**が編纂されたのは，古事記の8年後の720年である。ウ　倭国の中の**奴国王**が，後漢の皇帝に朝貢し，印を与えられたのは57年のことである。ア・イ・ウのどれも別の時代のできごとであり，エが正しい。　エ　**聖徳太子**は，604年に「和をも

って貴しとなし，さからうことなきを宗とせよ」で始まる「十七条の憲法」(「憲法十七条」)を制定し，役人の心構えを示した。

(3)　アの勘合貿易は，1404年に室町幕府の三代将軍足利義満によって始められたものである。イ　日本の商人と，南蛮人と呼ばれたスペイン人・ポルトガル人の商人との間で，16世紀半ばの安土桃山時代から江戸時代初期の17世紀初期にかけて，行われていた貿易のことを南蛮貿易という。　エ　朱印船貿易は，16世紀末に豊臣秀吉によって始められた。17世紀初期には，徳川家康は大名や商人に朱印状を与えて，正式な貿易船であることを認め，貿易を奨励した。朱印船貿易では，鉄砲・火薬・中国産の生糸・絹織物などが輸入され，日本からはおもに銀が輸出された。この時代は生糸が輸入品であることに注意が必要である。ア・イ・エのどれも，別の時代の貿易に関する説明であり，ウが正しい。　ウ　12世紀の後期に，平清盛は大規模な修築を行って大輪田泊(おおわだのとまり＝現在の神戸港)を整備し，大々的に日宋貿易を行って，平氏政権の財源とした。日宋貿易では，日本からは刀や工芸品などが輸出され，宋からは大量の宋銭が輸入された。流入した宋銭は，日本の市場で広く流通するようになった。

(4)　資料Ⅳの写真は，鎌倉時代に再建された，東大寺南大門である。　ア　室町文化の説明である。　イ　安土桃山文化の説明である。　エ　天平文化の説明である。ア・イ・エのどれも別の時代の文化の説明であって，ウが正しい。　ウ　鎌倉時代には武士の気風に合った，写実的で力強い文化が成立した。写真の東大寺南大門には，左右に運慶による金剛力士像が配置されている。

(5)　カトリックのキリスト教を信仰し，熱心に海外布教を行うポルトガルに対して，プロテスタントを信仰するオランダは，キリスト教を海外布教しない国であったから，幕府は貿易を許したのであるということを簡潔に述べればよい。

(6)　ア　将軍を補佐する役職として管領(かんれい)が置かれているのは，室町時代である。イ　将軍を補佐する役職として執権が置かれているのは，鎌倉時代である。　ウ　将軍の下に，老中や臨時の職として大老が置かれているのは，江戸時代である。したがって，時代の古い順に並べると，イ→ア→ウとなる。

2　**(歴史的分野―日本史時代別－安土桃山時代から江戸時代・明治時代から現代，―日本史テーマ別－政治史・外交史・教育史，―世界史－政治史)**

(1)　1853年にアメリカの東インド艦隊司令長官ペリーが来航し，大統領の国書を提示されたことにより，幕府は翌1854年に日米和親条約を結んで開港した。開港されたのは，下田と箱館である。なお，アメリカが日本に開国を迫ったのは，太平洋を横断する航路を開くために，石炭や食糧や水などを補給できる中継地を日本に求めたからである。

(2)　幕府が1854年に箱館を開港したのち，ロシアに対する北方の守りのために箱館(1869年から函館)につくったのが，星型の城塞五稜郭である。戊辰戦争の際には旧幕府軍が立てこもったが新政府軍に敗れ，戊辰戦争最後の戦いとなった。戊辰戦争後は明治新政府が管理した。箱館の位置は，アである。

(3)　女子留学生として岩倉使節団に同行したのは，津田梅子である。津田梅子は満6歳で米国にわたり，1882年に帰国後，女子英学塾を開校し，女子教育の発展に貢献した。これが現代の津田塾大学の前身である。なお，樋口一葉は，『たけくらべ』等を著した明治末期の女流文学者である。

(4)　安全保障理事会の常任理事国に拒否権が認められたのは，第二次世界大戦後の国際連合に関する説明である。アが誤りである。

(5)　1937年の**盧溝橋事件**後に本格化した**日中戦争**によって，軍事費は前年度の約3倍になったのである。1938年に，日中戦争の長期化に対処するため制定された，戦時体制下の統制法が，**国家総動員法**である。人的・物的資源の統制運用を目的としたもので，これにより広範な権限が政府に与えられ，**戦時体制**が強化された。

(6)　ア　1910年に行われたのが，朝鮮を日本の植民地とする**韓国併合**である。韓国を併合し，植民地支配のために置いた機関が，**朝鮮総督府**であることに注意が必要である。　イ　朝鮮半島で南に大韓民国，北に朝鮮民主主義人民共和国が成立したのは，1948年である。この二国間で1950年に**朝鮮戦争**が起こり，1953年に休戦協定が結ばれた。　ウ　**三・一独立運動**は，日本の植民地支配に抵抗し，1919年に朝鮮で起こった**民族独立運動**である。　エ　1894年に朝鮮で起きた農民の内乱を**甲午農民戦争**という。関与者に東学の信者がいたことから東学党の乱とも呼ばれる。その鎮圧に日清両国が出兵し，軍事衝突にいたったことから日清戦争が起こった。朝鮮半島で起こった順に並べると，エ→ア→ウ→イとなる。

3　(地理的分野―日本地理－気候・地形・農林水産業・工業・貿易)

(1)　①　北海道は，**冷帯**(**亜寒帯**)となるため，気温と湿度が低く，温暖湿潤気候の特徴である梅雨がない。また，高緯度に位置するため台風や熱帯性低気圧の影響を受けづらく，**夏は冷涼**で過ごしやすくなる。反面，**冬の寒さは厳しく**，内陸部では－20℃前後まで気温が下がることもある。　②　**石狩平野**は，古くから**泥炭層**が堆積し，耕作には不向きであった。ここに土管を埋めて水はけをよくするなどの**土地改良**を行い，大規模な水田地帯とした。

(2)　河川が，山地から平野や盆地に移る所などに見られる，運んできた土砂の堆積によりできるのが**扇状地**である。河川が運んできた土砂の堆積により河口部にできる**三角州**(デルタ)との区別が必要である。

(3)　**京阪神大都市圏**では，琵琶湖から流れ出て大阪湾に注ぐ淀川水系の水に大きく依存しており，この水系の環境を保全することは重要な課題となっている。正しい組み合わせは，イである。

(4)　新潟県は，日本一の米どころであり，米の**農業産出額**は日本第一位である。Xが米である。鹿児島県は，肉用牛，豚，ブロイラーの農業産出額でいずれも全国第一位である。Yが畜産である。大消費地となる東京など大都市の周辺で，大都市に新鮮な農産物を通年的に供給することを目的として，栽培・出荷することを**近郊農業**という。関東では，茨城県も近郊農業で生産される野菜の農業産出額が多い。Zが野菜である。

(5)　鉄鋼の製造は，輸入の**鉄鉱石**や**石炭**に全面的に依存しており，それらを船で輸入して製鉄を行うためには，製鉄所が臨海部に立地する方が便利だからである。以上を簡潔にまとめて解答すればよい。

4　(地理的分野―世界地理－地形・気候・人々のくらし・人口・産業)

(1)　**六大陸**とは，ユーラシア大陸・アフリカ大陸・北アメリカ大陸・南アメリカ大陸・オーストラリア大陸・南極大陸の六つの大陸を指す。この中で面積が最大の大陸は，**ユーラシア大陸**である。

(2)　まず，a～dの都市を確定する。aはローマ，bはメルボルン，cはロスアンゼルス，dはブエノスアイレスである。この地図は**メルカトル図法**で描かれており，東京との**時差**は**標準時子午線**135度と比べればよい。経度の差がそのまま時差となる。経度差が大きな順に並べると，**西経**118度のロサンゼルス，西経58度のブエノスアイレスである。東経が大きい順に並べると，**東経**144度のメルボルン，東経12度のローマとなる。時差が大きい順に並べると，c→d→a→bとなる。時差が最も大きい都市は，cのロスアンゼルスである。

(3) ① C国は**ニュージーランド**である。ニュージーランドは，1840年に**イギリスの植民地**となり，イギリスから多くの移民が入植した。イギリスから独立したのは1907年のことである。

② 現代も，13世紀から14世紀に南太平洋から移ってきた，ニュージーランドの**先住民マオリ**の文化とイギリスからの移民の文化の両方を尊重する政策をとっている。ニュージーランドは，かつてイギリスの植民地であったために，イギリスの国旗を一部に描いた国旗を用いている。

(4) D国は**ペルー**である。ペルーは極めて標高が高い。標高が**100m**高くなると気温が**0.6℃**下がるので，標高3000m級のペルーでは，寒さに耐える服装が必要である。そのため，**アルパカ**の毛でつくった衣服を重ね着し，寒さを防ぐ工夫をしている。

(5) まず，A・B・C・D国を確定する。A国はフランス，B国は中国，C国はニュージーランド，D国はペルーである。中国は，1982年には年少人口の割合が33.6％だったが，一人っ子政策により，2014年には年少人口の割合が16.4％になり，急速な少子高齢化を受け，2015年ごろに一人っ子政策は見直された。国民総所得は世界第2位であるが，人口が多いため，一人あたりの国民総所得においては，世界第70位と順位が低い。近年，都市化や工業化に伴い，農地の減少が問題となっているが，国土が広く，農業生産が盛んな国として知られている。

5 (公民的分野―裁判・基本的人権・経済一般・国際社会との関わり・財政)

(1) **最高裁判所裁判官**の適・不適を国民が審査することを**国民審査**という。各裁判官任命後の最初の衆議院議員総選挙の際に行われ，さらに10年経過したのちの衆議院議員総選挙の際に同様の審査を行う。不信任の場合には氏名の上の欄に×印をつけることになっている。信任の場合は何も書かない。**直接民主制**の一例である。

(2) 1948年に，**国際連合**の第3回総会で，人権および自由を尊重し確保するために，「すべての人民とすべての国とが達成すべき共通の基準」を宣言し，採択されたのが**「世界人権宣言」**である。法の下の平等，身体の安全，思想・良心・宗教の自由，表現の自由，集会・結社の自由，生存権などが，全国家と人民の「達成すべき共通の基準」であることがうたわれている。

(3) **日本国憲法**第28条に「勤労者の団結する権利及び団体交渉その他の団体行動をする権利は，これを保障する。」との規定がある。**労働組合法**は，1945年に制定され，労働組合の結成を認めている。労働組合法に定められる，労働基本権または**労働三権**とは，**団結権・団体交渉権・団体行動権**のことをいい，労働者が労働組合を結成する権利が団結権，使用者との団体交渉をする権利が団体交渉権，**ストライキ**など労働争議に対する権利が**団体行動権**である。

(4) (a) 領土の海岸線から12海里(約22km)を領海という。国際法上，国家の主権の及ぶ，領土・領海・領空からなる区域を，領域という。 (b) 「国家」の「間」で適用される「法」を国際法(international law)という。具体的には，国際法は，ヨーロッパの近代化に伴い，17世紀頃に主権国家間の合意として誕生し，その後，非ヨーロッパ世界へと拡大・発展していった。これが**近代国際法**である。20世紀に入り，二回の世界戦争や植民地の独立闘争などを経て，今日では，その内容も範囲も大きく変化している。これが**現代国際法**である。国際社会における慣行の積み重ねが，法として認識された慣習国際法も国際法の一つである。

(5) ① **高額所得者**ほど，**高い税率**が課されるという課税方式が**累進課税**である。所得課税としては世界的にも一般的な方法となっている。 ② 累進課税方式をとると，高額所得者ほど高い税を納めるため，課税されたあとの所得の格差を，小さくすることができる。

6 (公民的分野―経済一般・消費生活，歴史的分野―日本史時代別－安土桃山時代から江戸時代，―

日本史テーマ別－経済史，地理的分野―日本地理－地形・農林水産業)

(1)　**資本家**が，道具などの生産手段をそろえた工場に人を雇って集め，**賃金**を払って，**分業**で製品を生産させるのが，**工場制手工業**のしくみである。工場制手工業は，**マニュファクチュア**ともいう。

(2)　①　東シナ海を北上して，九州と奄美大島の間のトカラ海峡から太平洋に入り，日本の南岸に沿って流れる**暖流**を，**日本海流**(黒潮)という。日本海流とぶつかるように，オホーツク海から南下してくる寒流は，千島海流(親潮)という。日本海流の一部が対馬海峡から日本海に入り，日本列島の沿岸を北に向かって流れる暖流を，**対馬海流**という。日本海流と対馬海流の二つの暖流に挟まれ，九州は冬でも比較的温暖である。　②　宮崎県などでは，冬に雨が少なく温暖な気候を利用して，きゅうり・なす・ピーマンなどをビニールハウスで育てる**促成栽培**を行っている。そして，他の都道府県からの出荷量が少なく価格が高い，冬から初夏に出荷量を増やしている。

(3)　①　**需要曲線**は，価格が高くなるほど需要が少なくなる**右下がりの曲線**であり，**供給曲線**は，価格が高くなるほど多くなる**右上がりの曲線**である。商品の価格がXのように高い時には，供給量が需要量よりも多く，商品は売れ残る。　②　商品の価格がYのように安い時には，需要量が供給量よりも多く，商品は不足する。

(4)　アは卸売業者を通し，イは卸売業者を通さない。イの方が卸売業者を通さない分だけ，**流通**にかかる費用を引き下げることができる。

(5)　消費者が製品の欠陥により損害(生命・身体・財産への損害)を被った場合，消費者の故意・過失の有無を問わず，製造者が**損害賠償**の責任を負うとする考え方を示した法律が，1995年に施行された**製造物責任法**である。**PL**(Product Liability)**法**ともいう。

(6)　(a)　資料Ⅳを読み取り，食品ロスを削減するための取り組みに，何も取り組んでいることはないのは，2割以下の人である。8割以上の人が何らかの具体的な取り組みを行っていることを指摘すればよい。　(b)　資料Ⅴのように期限の長い商品ばかり購入する消費者が多いと，商品陳列棚の手前にある期限の短い商品ばかりが売れ残る。その商品が廃棄されてしまうことになり，**食品ロス**が増える。食品ロスを減らすためには，消費者が意識を変える必要がある。上記の文を簡単にまとめ解答すればよい。

＜国語解答＞

一　(1)　(a)　はず　(b)　もよお　(c)　かんきゅう　(d)　ひんぱん　(2)　(a)　放　(b)　寄　(c)　簡易　(d)　提案　(3)　荷　(4)　ウ

二　(1)　(例)全国大会で演奏する　(2)　(例)突然演奏を始めた美森が，アリスのソロをすべて覚えていたから。　(3)　ⓐ　(例)名晋の音楽を聴かせてあげる　ⓑ　(例)自分の演奏に満足している　(4)　イ

三　(1)　ウ　(2)　エ　(3)　A　(例)どんなことにも自信をもって対処できる強さ　B　(例)勉強の仕方を勉強しておくこと　(4)　5　(5)　ⓐ　過去の多くの時間に出会う　ⓑ　(例)他者との関係性を築く基盤

四　(1)　おおいて　(2)　(a)　半天にかかりて群山に越えたり　(b)　色　(c)　(例)雪が積もっている　(3)　イ

五　(例)記号　ア　中学一年生のとき，授業中，うまく発表できなかった友達を笑ってしまうことがあった。しかし，自分自身が，部活動の試合で失敗を笑われたとき，悔しい気持

ちでいっぱいになり，自分も友達に同じような思いをさせていたのだと気がついた。
　このような経験から，自分がしてほしくないことは決して人にもしないと心に決めた。自分の何気ない行動が，人を傷つけているということを意識しなくてはならない。学校でも社会でも，相手を思いやった行動が増えると，誰もが安心して生活できる。これからも，相手の気持ちを考えて生活していきたい。

＜国語解説＞

一 (漢字の読み書き，文と文節，書写)

(1) (a) 「弾」の訓読みは「はず・む」，音読みは「ダン」。 (b) 「催」の訓読みは「もよお・す」，音読みは「サイ」・「開催(カイサイ)」。 (c) 反対の意味の語を組み合わせた熟語。遅いことと速いこと。 (d) 同じことが特定の時期・場所に集中して，しかも数多く行われることを表す。

(2) (a) 手元から遠くに出す。 (b) 「寄」は，うかんむり＋「奇」 (c) 面倒でなくて気軽な様子。「簡」には，たけかんむりを忘れない。 (d) 「提」は，てへん。

(3) くさかんむりは，行書にすると筆順が変わる。縦→縦→横の順に筆が入る。

(4) 「考えて・みる」の文節の関係は補助の関係。**「みる」が補助動詞**である。 ウ 「遠く・ない」も，**「ない」が本来の意味がうすれた補助形容詞**であるから，補助の関係である。アは主述の関係，イは修飾・被修飾の関係，エは並立の関係だ。

二 (小説―情景・心情，指示語の問題，脱文・脱語補充，表現技法・形式)

(1) 傍線①「夢」は，前段落にある「そんな夢」のことだから，**指示語「そんな」が指し示す内容を探せばよい**。詳しくは「Aのメンバーとして，全国大会のステージでまぶしいライトを浴びながら演奏する」だが，**指定字数が少ないので，全国大会で演奏するという内容**が表されていればよい。

(2) 他のみんなも驚いていたなかで，アリスが一番驚いたのは，**突然に美森が演奏したからだけではない**。アリスは，**美森が「アリスの練習を聴きながらソロをすべて覚えてしまっていた」ことがわかったので，みんなよりも驚いた**のである。

(3) ⓐ 演奏前のアリスの心中表現に，「私に聴かせてあげるんだ，名晋の音楽を！」とあるから，ここを用いてまとめればよい。 ⓑ 「拍手」とは，**相手への賛意や激励をこめて行うもの**だ。幼いアリスが今のアリスの演奏に対して拍手を送ったということは，アリスの演奏が素晴らしくて褒めるに価するということだ。**自分で自分を褒められるほどに，アリスが自分の演奏を満足に感じている**ことが読み取れる。

(4) ア 「アリスと美森の心の声を交互に挿入して」いない。 イ 「天才少年と呼ばれたその実力」のある**響の演奏を前置きしたことで，アリスの緊張感が高まって，躓きそうなアリスの状態が際立って**いる。 ウ 「子どもたちの声援がきっかけとなって」いない。美森の演奏がきっかけである。 エ 「吹奏楽部の演奏技術の高さ」とまではいえない。名晋の吹奏楽部は名門だが，これはBチームの話である。

三 (論説文，会話・議論・発表―大意・要旨，内容吟味，文脈把握，脱文・脱語補充，語句の意味)

(1) 「理知」は，物事について正しい認識を持ち，それを基にして論理的に思考したり，判断したりする能力のこと。「賢明」は情勢の判断が明るくて，問題を適切に処理できる様子をいう。

(2) はるなさんたちは，だれもが自分の今までの考えと筆者が文章で述べた内容を結びつけ，それまでとは異なる解釈や新しい見方を見出している。　ア「譲り合いながら」，イ「自由に」，ウ「質疑応答を繰り返しながら」という点が，それぞれ不適切である。

(3)　まなみさんは「これからの長い人生ですから」で始まる段落の内容について発言している。その段落に「そのときに慌てないよう，自信をもって対処できる強さを育てるために勉強している」とあるので，［A］は，ここを用いて指定字数でまとめればよい。また，ゆうたさんは「『いざ』ってときになって」で始まる段落の内容について発言している。ここに筆者は学校で勉強する意義について「『勉強の仕方を勉強する』という意味もある」と述べているので，ここを用いて［B］を補ってみよう。

(4)　抜き出された一文には，**複数の科目が関連してつながりあい，ある結果に結びついている**という内容が記されている。このことを述べているのは〈5〉の段落だから，このあとに補う。

(5)　ⓐの内容は，「つまり」の後と同じ内容だ。したがって，**過去から受け継がれてきた知識を学ぶという内容**を補足資料から抜き出す。「過去の多くの時間に出会う」「過去の時間を所有する」ことと二つあるが，指定字数に合う前者を選ぶ。ⓑは，ひとことで言えば「基盤」である。何の基盤か？　**勉強することで作られる，世界と向き合うために必要な基盤とは何か？**　これを読み解いていこう。世界は自分一人だけでなく，他者とともに成り立っている。そして，勉強や読書を怠ると，ひとりよがりの自分を抜け出せず，他者との関係性を築くことができない，という記述がなされている。ここから，勉強によって備えるべきもの・世界と向き合うために必要なものは，**世界に存在する他者との関係性を構築する基盤**だということが導き出せよう。

四　(古文―文脈把握，脱文・脱語補充，仮名遣い，文学史)

【現代語訳】　Ⅰ　富士山の様子は，とても世に比類なき有様である。格別である山の様子が，鮮やかな青色を塗ったようであるところに，雪が消えるときもなく積もっているので，濃い紫色の衣に，白い丈の短い衣服を着ているように見えて，山の頂上の少し平らになっているところから，煙が立ち上っている。夕暮れ時は火が燃え立っているのも見える。　Ⅱ　富士の山を見ると，都で聞いていたとおり，空の中ほどにのびていて，多くの山々を追い越している。峰は鳥たちの通り道で，麓は獣の通り道である。人の足跡は途切れてしまい，ただ高くそびえている。雪は布製の頭巾に似ていて，頭を覆っていて白い。雲は腹帯のようで，腰を巡っていて長い。その高さは天にはしごを架けたようだし，富士山に登る者は登りきれずに下山する。長い場合は，麓を巡るのに幾日もかかるし，通り過ぎる者は山を背負うようにして行く。

(1)　語中・語尾の「は・ひ・ふ・へ・ほ」は**現代仮名遣いでは「ワ・イ・ウ・エ・オ」**となる。

(2)　(a)　大きさを表現した箇所だから「半天にかかりて群山に越えたり」が適切だ。　(b)　視覚的な表現が際立つのは，紺青・色濃き(紫)・白・火の燃えたつ(赤)と**色を示す語句を用いている**からだ。　(c)　山頂が白いのは，**雪が降り積もっているから**である。

(3)　ア『おくのほそ道』は松尾芭蕉の作で江戸時代，イ『竹取物語』は平安時代，ウ『徒然草』は吉田兼好の作で鎌倉時代，エ『万葉集』は奈良時代の編纂である。

五　(作文)

提示された漢文は現代語訳があるので，それを参考にして，**自分が心がけたいと思ったもの**を選ぼう。自分がそう考えたきっかけとなる具体例をまず提示して第一段落とすればよい。具体例は簡潔にまとめる。字数は三分の一から半分までにおさえたい。そして第二段落では，生活に生かしていくためにどうすればよいかについて，自分の考えを明確に示そう。**漢文で示された望ましい状態にするために，自分は何をすべきか・何ができるか**を考えるとよい。

MEMO

大切なことはメモしておこうネ！

徳島県公立高等学校

2023年度

★★★★★★★★★★★★★★★★★★★★★★★★

入　試　問　題

●くわしい解説……37ページ

＜数学＞

時間　50分　　満点　100点

【注意】　1　答えは，特に指示するもののほかは，できるだけ簡単な形で表し，それぞれ解答用紙に書きなさい。ただし，※の欄には記入しないこと。

2　答えに無理数が含まれるときは，無理数のままで示しなさい。

1　次の⑴～⑽に答えなさい。

⑴　$(-4)\times 2$ を計算しなさい。

⑵　$5\sqrt{3}-\sqrt{27}$ を計算しなさい。

⑶　二次方程式 $x^2-14x+49=0$ を解きなさい。

⑷　y は x に比例し，$x=-2$ のとき $y=10$ である。x と y の関係を式に表しなさい。

⑸　関数 $y=\frac{1}{4}x^2$ について，x の値が 2 から 6 まで増加するときの変化の割合を求めなさい。

⑹　赤玉 3 個，白玉 2 個，青玉 1 個がはいっている箱から，同時に 2 個の玉を取り出すとき，取り出した 2 個の玉の色が異なる確率を求めなさい。ただし，どの玉の取り出し方も，同様に確からしいものとする。

⑺　ある式に $3a-5b$ をたす計算を間違えて，ある式から $3a-5b$ をひいてしまったために，答えが $-2a+4b$ となった。正しく計算をしたときの答えを求めなさい。

⑻　右の図のように，∠C＝90°，∠D＝120° の四角形ABCDがある。同じ印をつけた角の大きさが等しいとき，∠ x の大きさを求めなさい。

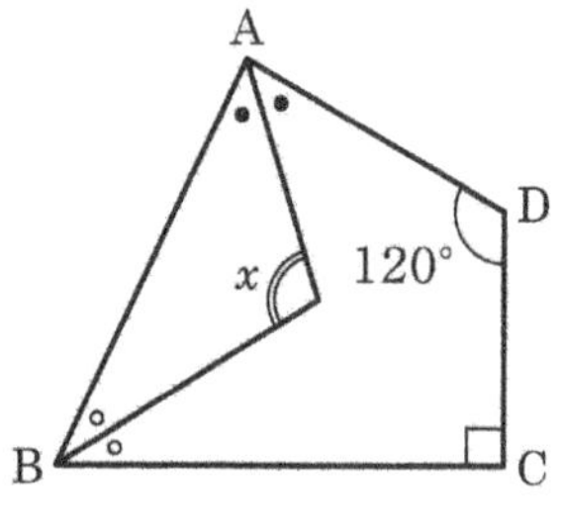

⑼　1 から 9 までの 9 つの自然数から異なる 4 つの数を選んでその積を求めると，810になった。この 4 つの数をすべて書きなさい。

⑽　右の図のように，円柱と，その中にちょうどはいる球がある。円柱の高さが 4 cmであるとき，円柱の体積と球の体積の差を求めなさい。ただし，円周率は π とする。

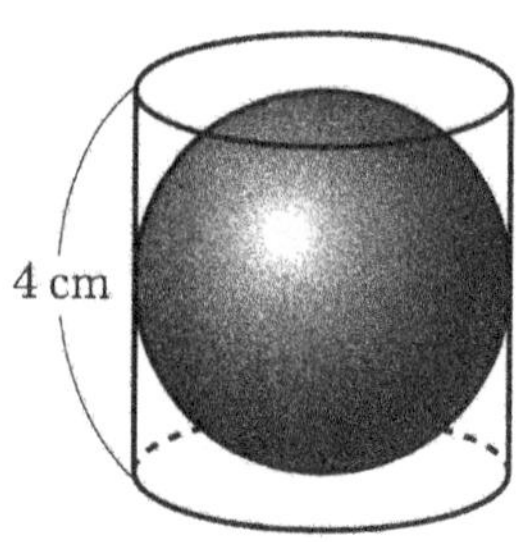

2　下の図のように，2つの関数 $y=x^2$ と $y=ax^2$（$0<a<1$）のグラフがある。関数 $y=x^2$ のグラフ上に2点A，B，関数 $y=ax^2$ のグラフ上に点Cがあり，点Aの x 座標は2，点B，Cの x 座標は -3 である。(1)～(4)に答えなさい。

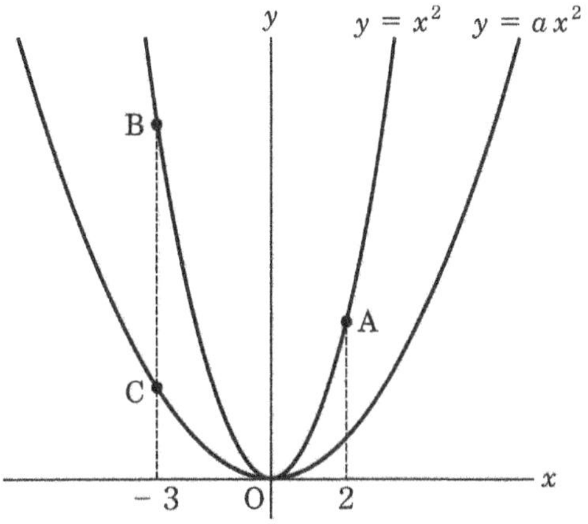

(1)　関数 $y=x^2$ のグラフと x 軸について線対称となるグラフの式を求めなさい。

(2)　2点A，Bを通る直線の式を求めなさい。

(3)　△ABCの面積を a を用いて表しなさい。

(4)　線分ACと線分OBとの交点をDとし，点Eを y 軸上にとる。四角形BDAEが平行四辺形となるとき，a の値を求めなさい。

3　ゆうきさんとひかるさんは，桜の開花日予想に興味をもち，数学の授業で学んだことを利用して，今年の桜の開花日を予想しようと話し合っている。(1)・(2)に答えなさい。

【話し合いの一部】

ゆうきさん　　気象庁のホームページには，徳島県の桜の開花日のデータがあります。それを使って過去40年間の桜の開花日をヒストグラムに表すと，図1のようになりました。

図1

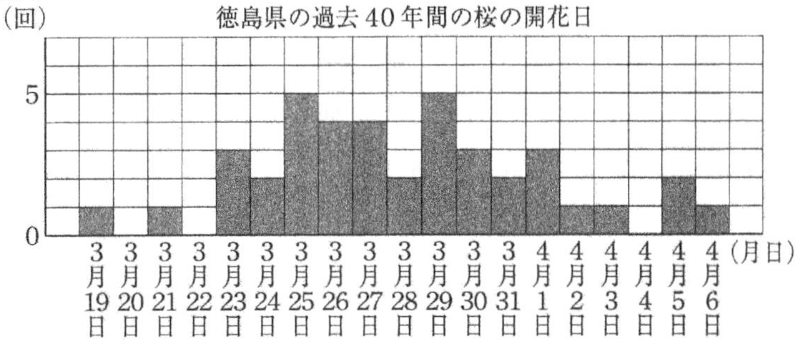

ひかるさん　　開花日が4月1日以降になった年が，（　①　）回ありますね。

ゆうきさん　　そうですね。ほかにも，3月25日から29日の5日間に開花する回数が多いことが読みとれます。この5日間に開花した割合を求めると（　②　）%ですね。

ひかるさん　　もっと開花日を正確に予想したいですね。

ゆうきさん　　開花日には気温が関係しているかもしれませんね。

ひかるさん　　インターネットで調べてみると，気温を用いた予想方法が2つ見つかりました。400℃ の法則と600℃ の法則という予想方法です。

ゆうきさん　　それは，どんな法則ですか。

ひかるさん　どちらも2月1日を基準とする考え方です。400℃の法則は，2月1日以降その日の平均気温を毎日たしていき，合計が400℃以上になる最初の日を開花予想日とします。600℃の法則は，2月1日以降その日の最高気温を毎日たしていき，合計が600℃以上になる最初の日を開花予想日とします。

ゆうきさん　どちらの法則の方が正確に予想できるのでしょうか。

ひかるさん　それぞれの法則で過去の開花予想日を求め，実際の開花日と比べてみましょう。その誤差をまとめると，どちらの法則の方が正確に予想できるかを調べることができます。

ゆうきさん　なるほど。気象庁のホームページには，日々の気温のデータもあります。そのデータを用いて2022年の開花予想日を求めると，いつになりますか。

ひかるさん　平均気温の合計が400℃ 以上になる最初の日は，3月24日でした。だから，400℃の法則を使えば，開花予想日は3月24日となります。また，600℃の法則を使えば，開花予想日は3月22日となります。

ゆうきさん　実際の開花日は3月25日だったので，400℃ の法則での誤差は1日，600℃ の法則での誤差は3日ですね。

ひかるさん　ほかの年ではどうなっているのでしょうか。2人で手分けして40年間分の誤差を求め，それをヒストグラムに表して，どちらの法則の方が正確に予想できるか考えてみましょう。

(1)　【話し合いの一部】の（①）・（②）にあてはまる数を，それぞれ書きなさい。

(2)　図2，図3は，40年間の気温のデータを用いて各法則で求めた開花予想日と，実際の開花日との誤差をヒストグラムに表したものである。(a)・(b)に答えなさい。ただし，誤差は絶対値で表している。

図2

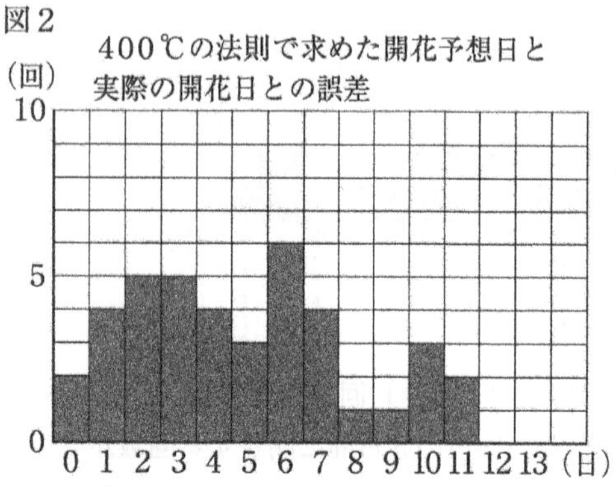

図3

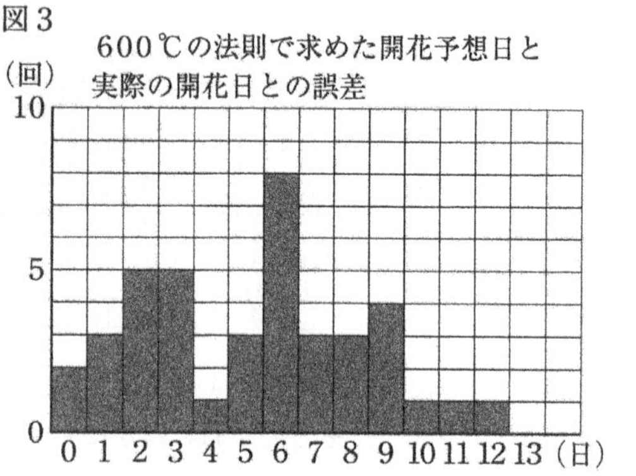

(a)　この2つのヒストグラムから読みとれることとして正しいものを，**ア～エ**から**すべて**選びなさい。

ア　最頻値は，図2より図3の方が大きい。

イ　予想が的中した回数は，図2，図3とも同じである。

ウ　誤差が10日以上になる割合は，図2より図3の方が小さい。

エ　誤差が3日までの累積相対度数は，図2，図3とも同じである。

(b)　ゆうきさんとひかるさんは，図２，図３のヒストグラムだけでは，どちらの法則の方が正確に開花日を予想できるのかを判断することが難しいと考え，箱ひげ図で比較することにした。図４は，図２，図３を作成するためにもとにしたデータを，箱ひげ図に表したものである。

ゆうきさんとひかるさんは，この２つの箱ひげ図から「400℃の法則の方が正確に開花日を予想できそうだ」と判断した。そのように判断した理由を，２つの箱ひげ図の特徴を比較して説明しなさい。

図４

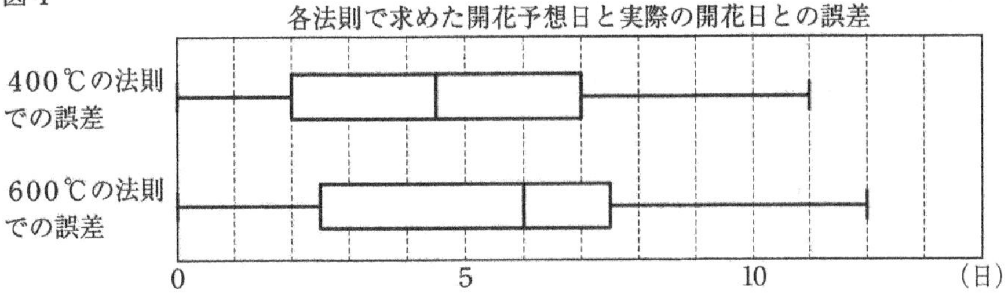

4　生徒会役員のはるきさんたちは，次の【決定事項】をもとに文化祭の日程を考えている。(1)・(2)に答えなさい。

【決定事項】

・文化祭は学級の出し物から始まり，学級の出し物の時間はすべて同じ長さとする。
・学級の出し物の間には入れ替えの時間をとり，その時間はすべて同じ長さとする。
・すべての学級の出し物が終わった後に昼休みを60分とり，その後，吹奏楽部の発表とグループ発表を行う。
・グループ発表の時間はすべて同じ長さとする。
・昼休み以降の発表の間には，入れ替えの時間をとらず，発表の時間に含める。

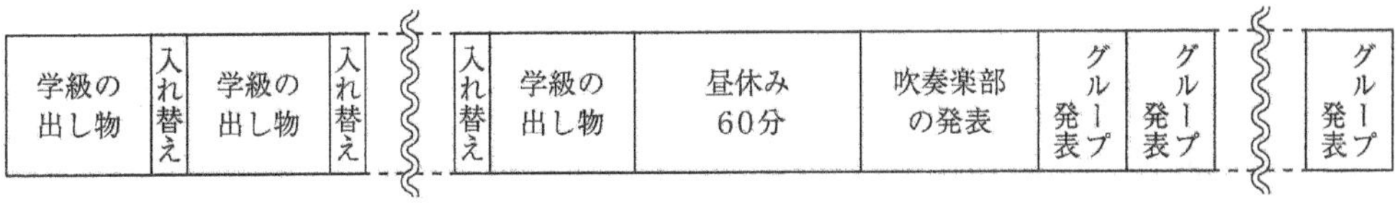

(1)　はるきさんたちは，次の【条件】をもとに文化祭のタイムスケジュールをたてることにした。(a)・(b)に答えなさい。

【条件】

・学級の出し物を５つ，グループ発表を10グループとする。
・学級の出し物の時間は，入れ替えの時間の４倍とし，吹奏楽部の発表の時間を40分とする。
・最初の学級の出し物が午前10時に始まり，最後の学級の出し物が正午に終わるようにする。
・最後のグループ発表が午後３時に終わるようにする。

(a)　学級の出し物の時間と入れ替えの時間は，それぞれ何分か，求めなさい。

(b) グループ発表の時間は何分か，求めなさい。

(2) はるきさんたちは，学級の出し物の数を変更し，条件を見直すことにした。次の【見直した条件】をもとに，受け付けできるグループ発表の数について検討をしている。(a)・(b)に答えなさい。

【見直した条件】

- 学級の出し物は７つとし，学級の出し物の入れ替えの時間は８分とする。
- 吹奏楽部の発表の時間は，学級の出し物の時間の３倍とする。
- グループ発表の時間は７分とする。
- 最初の学級の出し物が午前９時40分に始まる。
- 最後のグループ発表が午後３時20分までに終わる。

(a) 最後のグループ発表が午後３時20分ちょうどに終わるとき，学級の出し物の時間を a 分，グループ発表の数を b グループとして，この数量の関係を等式で表しなさい。

(b) 学級の出し物の時間を15分とするとき，グループ発表は，最大何グループまで受け付けできるか，求めなさい。

5 下の図のように，すべての辺の長さが６㎝の正三角錐OABCがある。辺OB上に点Dをとり，辺BCの中点をMとする。OD＝４㎝のとき，(1)～(4)に答えなさい。

(1) 正三角錐OABCで，辺ABとねじれの位置にある辺はどれか，書きなさい。

(2) △OAD∽△BMDを証明しなさい。

(3) AD＋DMの長さを求めなさい。

(4) 辺OC上に点Ｐをとる。４点O，A，D，Ｐを頂点とする立体OADPの体積が正三角錐OABCの体積の$\frac{2}{7}$倍であるとき，線分OPの長さを求めなさい。

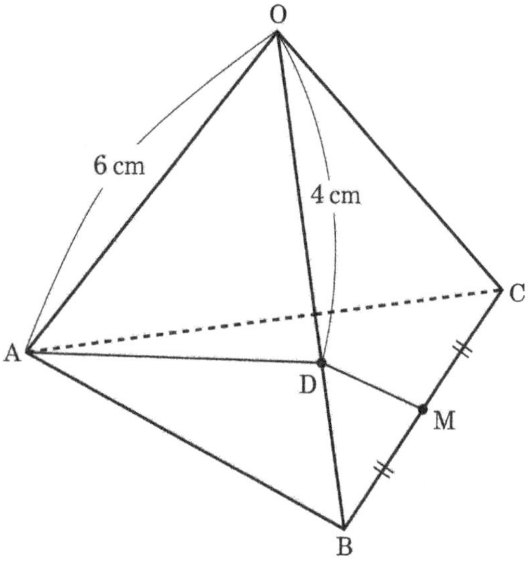

＜英語＞

時間　50分　　満点　100点

1　次の(1)～(3)に答えなさい。

(1)　場面**A**・**B**における対話を聞いて，それぞれの質問に対する答えとして最も適するものを，**ア**～**エ**から１つずつ選びなさい。

（場面**A**）　**ア**　いぬ　　**イ**　ねこ　　**ウ**　とり　　**エ**　うさぎ

（場面**B**）　**ア**　7：00　　**イ**　8：00　　**ウ**　8：15　　**エ**　8：30

(2)　質問１・質問２のそれぞれにおいて，英語の短い質問とその後に読まれる**ア**～**エ**を聞いて，質問に対する答えとして最も適するものを，**ア**～**エ**から１つずつ選びなさい。

(3)　次のスライドは，クラスで実施したアンケートの結果について，そうたさんが英語の授業で発表するために用意したものである。そうたさんの発表を聞いて，発表で使用した順に**ア**～**ウ**を並べて書きなさい。

ア

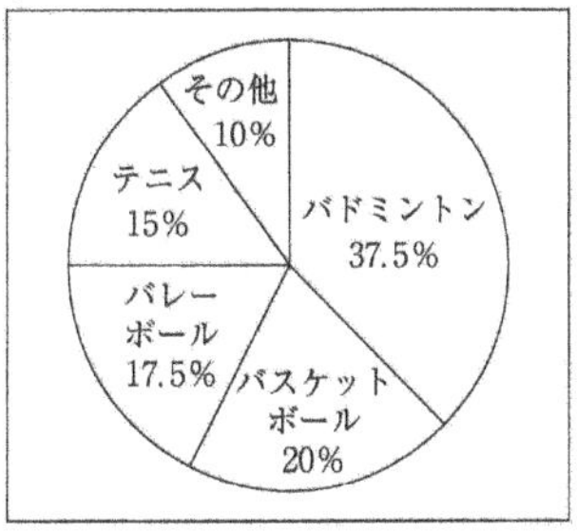

イ

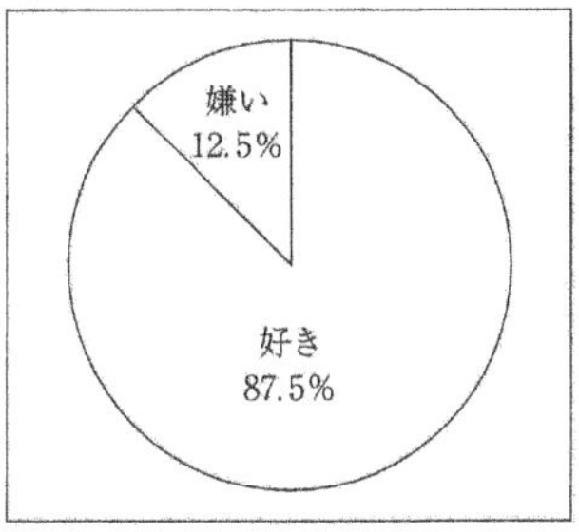

ウ

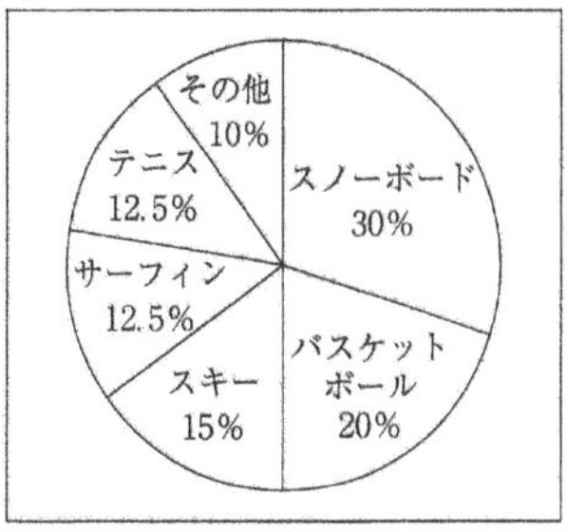

2　フィリピンから家族旅行で神戸を訪れている高校生のアンジェラ（Angela）さんは，徳島に住む友達のさおり（Saori）さんの携帯電話に伝言を残しました。その伝言を聞いて，アンジェラさんが伝えていることとして最も適するものを，**ア**～**エ**から選びなさい。

ア　Angela is going to see her mother's friend.
イ　Angela is going to visit Tokushima.
ウ　Angela is going to return to her country.
エ　Angela is going to call Saori again.

3　あなたの学校に着任したばかりのALTの先生が英語の授業中に話したことを聞いて，あなたの答えを英文**１文**で書きなさい。

4　あとの(1)～(3)に答えなさい。

(1)　次の英文(a)・(b)の意味が通るように，（　）に最も適するものを，それぞれ**ア**～**エ**から１つずつ選びなさい。

(a)　The Midori Festival is the biggest (　　　) in our town.

ア　event　　**イ**　forest　　**ウ**　park　　**エ**　school

(b) I had a great time with my friends in Kyoto. I'll never (　　) about it.
　ア know　イ hear　ウ enjoy　エ forget

(2) 次の対話文(a)～(c)を読んで，[　　] に最も適するものを，それぞれア～エから１つずつ選びなさい。

(a) *A:* Do you and your brother play baseball?
　B: [　　] We play on the same team.
　　ア Yes, I do.　　イ No, I don't.
　　ウ Yes, we do.　　エ No, we don't.

(b) *A:* If you have any questions about history, you should ask Emma. She is a walking dictionary.
　B: A walking dictionary? [　　]
　A: A walking dictionary is someone who knows a lot. Emma knows a lot about history.
　　ア What do you think?　　イ What do you mean?
　　ウ What do you have?　　エ What do you need?

(c) *A:* Why don't we eat lunch at the new Chinese restaurant? I hear we can try various kinds of noodles.
　B: I'm sorry. [　　] How about tomorrow?
　A: OK. Let's meet in front of Aoba Station at eleven thirty.
　　ア I've just finished my lunch.　　イ I don't usually make my lunch.
　　ウ I don't like eating noodles.　　エ I've never been to China before.

(3) 次の対話が成り立つように，(　) の中のア～エを並べかえなさい。
　A: Do you know (ア your mother　イ talking　ウ with　エ the man)?
　B: Yes, he's my uncle.

5 次の英文は，中学生のけんた (Kenta) さんと，先月来日したばかりの留学生のマーク (Mark) さんが，学校の掲示板に貼られたポスター (poster) を見ながら交わしている対話の一部である。これを読んで，(1)～(3)に答えなさい。

> **いっしょに劇をつくろう！**
> ☆9月の文化祭で上演します。
> ☆出演者，スタッフ募集：合計20名
> ☆興味がある人は，今週金曜日の3時に，音楽室に来てください！
> 生徒会

Mark: Hey, Kenta. This poster says, "Let's make something." Is that right?
Kenta: Yes, you can read Japanese!
Mark: A little. I can read *hiragana* and *katakana*, but ① [I] kanji. Can you tell me more about the poster?
Kenta: Sure. I made this poster as a member of the student council. We're planning to make a drama and perform it at the school festival in September.
Mark: That's interesting!
Kenta: We're looking for ten students who will perform on the stage, and

another ten students to be the staff. The staff members need to prepare a lot of things, such as clothes, music, and a script.

Mark: Oh, I'm very interested in it.

Kenta: Really? Do you want to perform on the stage?

Mark: No, I want to be a staff member and create music with a computer.

Kenta: Can you do that? Wow!

Mark: My father taught me how to do it. How about you, Kenta? ② [going] to perform?

Kenta: No, I want to write a script. I hope our drama will make everyone smile.

Mark: Sounds exciting! Can I join, too?

Kenta: Of course you can!

（注） student council　生徒会　drama(s)　劇　perform　～を上演する，演じる
prepare　～を準備する　script　台本

(1) 対話が成り立つように，① [I]・② [going] にそれぞれ不足している語を補って，正しい語順で英文を完成させなさい。

(2) けんたさんとマークさんの対話の内容と合うものを**ア**～**エ**から1つ選びなさい。

ア Kenta made the poster in easy Japanese for Mark.
イ Kenta needs twenty students who can make clothes.
ウ Mark wants to perform on the stage at the school festival.
エ Mark learned how to create music from his father.

(3) ポスターに書かれていることのうち，けんたさんとマークさんの対話でふれられていない情報がある。あなたがけんたさんなら，そのふれられていない情報について，マークさんに何と伝えるか，英文1文で書きなさい。ただし，数を書く場合は数字ではなく英語で書くこと。

6 次の英文は，フィンランド（Finland）からの留学生である高校生のオリビアさんが，ブログに投稿した文章の一部である。これを読んで，(1)～(3)に答えなさい。

I have been staying with a Japanese family for two months. I was surprised to learn our ways of life are so different. Let me tell you about the differences I've found during my stay.

In Finland, my parents come home at around four-thirty. We eat dinner together and talk about things at school. After dinner, my father runs in the park and my mother enjoys reading. I usually practice the guitar, watch anime, or play video games with my brother. We have a lot of time to spend at home.

In Japan, many people look busy. [ア] For example, my host parents sometimes come home after seven. [イ] My Japanese friends study hard both at school and at home. [ウ] I spend my time in the same way here and I feel very busy. However, I'm enjoying my school life in Japan because I have more time to spend with my friends. [エ]

We have very different ways of life, and it's very important to learn about them. I believe we should understand the differences between our countries to build friendships.

（注） way(s) of life　生活様式　　difference(s)　違い　　host　ホームステイ先の
friendship(s)　友好関係

(1) 次の英文は，本文中から抜き出したものである。この英文を入れる最も適切なところを，本文中の [ア] ～ [エ] から選びなさい。

They have club activities after classes, too.

(2) オリビアさんが本文中で一番伝えたいことはどのようなことか，最も適するものを，ア～エから選びなさい。

ア　Living in other countries is the best way to learn about Japan.
イ　Spending a lot of time at home is important for Japanese students.
ウ　Having new experiences in other countries is always difficult.
エ　Understanding differences is necessary to build friendships.

(3) 右は，オリビアさんの投稿に対するコメントの1つである。これを読んだあなたは，返事を投稿することにした。質問に対するあなたの答えを**15語以上30語以内**の英語で書きなさい。ただし，数を書く場合は数字ではなく英語で書くこととし，文の数はいくつでもよい。また，符号は語数に含めない。

> I want to know what Japanese students think. If you had more free time after school, what would you do? Tell me about your ideas.

〈解答欄の書き方について〉

次の（例）に従って ______ に1語ずつ記入すること。

（例） Really ? I'm from America , too .

7　次の英文は，中学生のさやか（Sayaka）さんが，留学生のリアム（Liam）さんを迎えるまでの間に取り組んだことについて，スピーチコンテストで発表するために書いた原稿である。これを読んで，(1)～(6)に答えなさい。

"We'll have a new student from abroad after summer vacation. His name is Liam, and he'll be a member of this class." When our teacher Ms. Tanaka told us the news, we were all very surprised. <u>We asked her a lot of questions to learn about the new student.</u>

Then Ms. Tanaka said to us, "Now, here's my question. It's his first time to come and live in a foreign country. If you were Liam, how would you feel before leaving your country?" Eita answered, "I would be very excited, but also worry about living abroad without my family." Ms. Tanaka continued, "Then, is there anything we can do for Liam? I want you to think about it and decide what to do."

We had various good ideas, but Wataru's idea was the [　　　]. He said, "Let's take videos to introduce our school life and send them to Liam in America! He can watch them and get some information about our school before coming to Japan." "Sounds great! I'm sure it will help him start his school life smoothly," said Chiho. Everyone agreed with Wataru's idea too.

We thought about what to tell Liam, such as the schedules, rules, school buildings, and club activities. Ms. Tanaka told us to work in groups, and each group had to choose a different topic to introduce. My group decided to introduce the school buildings. First, we chose some of the rooms or places in our school, and wrote the explanations in Japanese. However, it was very difficult for us to say everything in English. Then our ALT Grace gave us a hint. She said, "I know you have a lot to tell Liam, but try to give him only the most important information." So, we wrote shorter explanations for each place and took videos. All the groups tried hard to make useful videos for Liam, and we hoped he would like them.

After sending our videos, Liam also sent a video to us. We were glad to know that he enjoyed watching our videos. He wanted to know about the town too, so we took more videos to introduce our favorite shops and restaurants, the park, and the station near our school, and sent them to Liam.

Now Liam is in Japan and has been enjoying his school life with us. The other day, he said, "Your videos gave me a lot of information about the school and the town. They were really helpful, and now I have nothing to worry about. You're all very kind and I'm so happy to be a member of this class." His words made us happy too.

It was great to think about Liam and work together with my group members. We could actually help him start his new life smoothly. Through this experience, I learned helping others makes us happy. So, I hope we will always keep trying to find something we can do for others.

(注)　smoothly　スムーズに　　schedule(s)　時間割　　school building(s)　校舎　　explanation(s)　説明
　　the other day　先日

(1)　次の(a)・(b)の問いに対する答えを，それぞれ**3語以上の英文1文**で書きなさい。ただし，符号は語数に含めない。

　(a)　Is it Liam's first time to live abroad?

　(b)　What did Sayaka and her group members decide to introduce in their video?

(2)　下線部について，あなたがさやかさんのクラスメートならどのような質問をするか，あなたから田中先生（Ms. Tanaka）への質問の形で，**英文1文**で書きなさい。

(3)　本文の内容に合うように，[　　　]に最も適する**1語**の英語を書きなさい。

(4) 本文の内容に合うように，次の英文の [ ] に最も適するものをア～エから選びなさい。

Sayaka and her classmates sent the second videos to Liam because [ ].

ア Wataru wanted Liam to know more about club activities

イ everyone wanted to watch another video from Liam

ウ each group got a hint from their ALT to make useful videos

エ Liam asked them to give him information about the town

(5) 次の英文は，さやかさんとALTのグレイス（Grace）先生が，スピーチのタイトル（title）について交わしている対話の一部である。対話が成り立つように，[ⓐ] には最も適するものをア～エから選び，[ⓑ] には最も適する１語の英語を本文中から抜き出して書きなさい。

Sayaka: I can't think of a good title for my speech. Could you help me?

Grace: Sure. Try to use the words from the most important part. How about "[ⓐ]", for example? In the last part of your speech, you say thinking about [ⓑ] and doing something for them is great. That's the thing you really wanted to tell, right?

Sayaka: Yes! That title can tell people what I'm going to talk about in my speech too. Thanks for your idea.

ア Sending our videos to America

イ Working together for our new friend

ウ Introducing our school in English

エ Enjoying our school life together

(6) 本文の内容と合うものをア～カから２つ選びなさい。

ア Everyone in Sayaka's class was so surprised to hear about a new student.

イ Ms. Tanaka's first question made her students think about Eita's feelings.

ウ Chiho thought introducing their school life to Liam was a very good idea.

エ All the groups in Sayaka's class had to choose the same topic to introduce.

オ Grace told Sayaka's group to write more explanations in English for Liam.

カ Liam is glad to be in Sayaka's class, but he still worries about living in Japan.

＜理科＞

時間　50分　　満点　100点

1　次の(1)～(4)に答えなさい。

(1)　アブラナとツツジについて，(a)・(b)に答えなさい。

(a)　アブラナとツツジの花を比べると，形も大きさも違うが，各部分の並び方は共通している。花の各部分を，外側から順に並べたものとして正しいものはどれか，**ア～エ**から**1つ**選びなさい。

ア　がく→花弁→めしべ→おしべ

イ　がく→花弁→おしべ→めしべ

ウ　花弁→がく→めしべ→おしべ

エ　花弁→がく→おしべ→めしべ

(b)　アブラナとツツジの花は，子房の中に胚珠とよばれる粒がある。このように，胚珠が子房の中にある植物を何というか，書きなさい。

(2)　エネルギーの変換について，(a)・(b)に答えなさい。

(a)　エネルギーは，さまざまな装置を使うことによってたがいに変換することができる。もとのエネルギーから目的のエネルギーに変換された割合を何というか，書きなさい。

(b)　白熱電球やLED電球は，電気エネルギーを光エネルギーに変換しているが，光エネルギー以外のエネルギーにも変換されてしまう。何エネルギーに変換されるか，最も適切なものを**ア～エ**から選びなさい。

ア　運動エネルギー　　**イ**　位置エネルギー　　**ウ**　熱エネルギー　　**エ**　化学エネルギー

(3)　図のように，酸化銀を加熱すると，酸素が発生し，銀が残った。(a)・(b)に答えなさい。

図

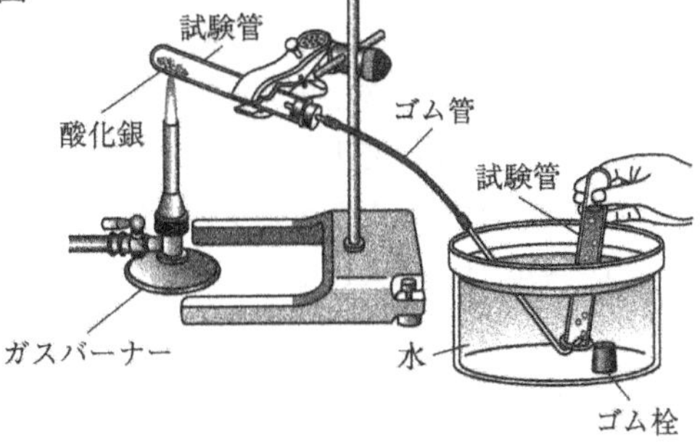

(a)　酸化銀を加熱したときのように，1種類の物質が2種類以上の物質に分かれる化学変化を何というか，書きなさい。

(b)　図のような気体の集め方を水上置換法というが，この方法で酸素を集められるのは，酸素にどのような性質があるためか，書きなさい。

(4)　風について，(a)・(b)に答えなさい。

(a)　次の文は，晴れた日の夜に海岸付近でふくことがある風について述べたものである。正しい文になるように，文中の①・②について，**ア**・**イ**のいずれかをそれぞれ選びなさい。

> 陸上の気温が海上の気温より低くなったときに，陸上の気圧が海上の気圧より①［**ア**　高く　　**イ**　低く］なることで，②［**ア**　海から陸に　　**イ**　陸から海に］向かう風がふく。

(b)　日本付近で，夏になると，あたたかく湿った季節風がふくのはなぜか，その理由を書きなさい。

2　物質のすがたとその変化について実験を行った。(1)～(5)に答えなさい。

実験１

①　ポリエチレンの袋に少量のエタノールを入れ，内部の空気をぬいて袋の口を密閉した。

②　袋に90℃の熱湯をかけ，変化を見た。

実験２

①　枝つき試験管にエタノール$10cm^3$と沸とう石を2，3個入れ，図１のような装置を組んだ。

②　ガスバーナーで加熱し，１分ごとに温度をはかった。表は，このときの記録をまとめたものである。

③　全体が沸とうし始めた時間を確認した。

④　ガラス管の先が，試験管にたまった液体につかっていないことを確認してから火を消した。

図１

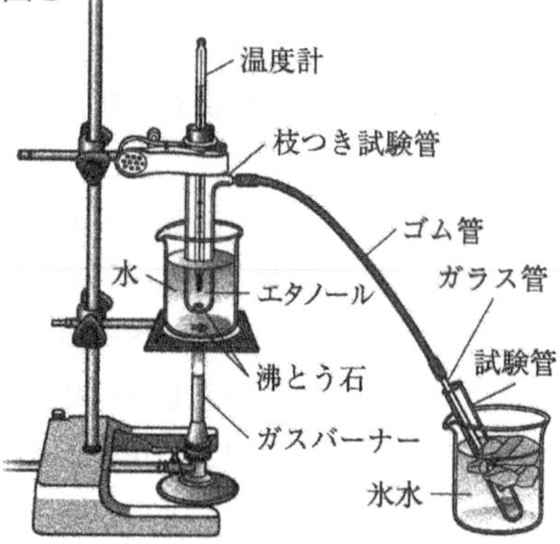

表

加熱した時間〔分〕	0	1	2	3	4	5	6	7	8	9	10
温度〔℃〕	24.5	26.4	31.8	39.9	50.7	60.2	69.5	77.2	78.0	78.0	78.0

(1)　物質が固体，液体，気体とすがたを変えることを何というか，書きなさい。

(2)　実験１ ②の袋の体積とエタノールの分子のようすについて述べた文として，正しいものはどれか，**ア**～**エ**から**１つ**選びなさい。

ア　袋の体積は変化せず，エタノールの分子は，すきまなく規則正しく並んでいる。

イ　袋の体積は変化せず，エタノールの分子は，分子間の間隔が広く，自由に飛び回っている。

ウ　袋の体積は大きくなり，エタノールの分子は，すきまなく規則正しく並んでいる。

エ　袋の体積は大きくなり，エタノールの分子は，分子間の間隔が広く，自由に飛び回っている。

(3)　実験２ ④で，ガラス管の先が液体につかっていないことを確認してから火を消したのはなぜか，その理由を書きなさい。

(4)　実験２ の結果から，エタノールの沸点は何℃と考えられるか，書きなさい。また，そう考えた理由を書きなさい。

(5)　石油は，さまざまな有機物などの混合物であり，石油からガソリンや灯油，軽油，重油，液化石油ガスなどがとり出される。石油蒸留塔は，沸点の違いを利用して蒸留する装置で，石油を用途に応じて分けたり，環境に有害な成分をとり除いたりしており，次のページの図２は，石油蒸留塔を模式的に表したものである。次のページの文は，石油蒸留塔について述べたものである。正しい文になるように，文中のⓐ・ⓑについて，**ア**・**イ**のいずれかをそれぞれ選びなさい。

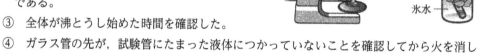

石油蒸留塔の高さは約50mで，塔の中は，上にいくほど温度が低くなるように設定されており，上段から順に，沸点がⓐ［ア　高い　　イ　低い］ものをとり出すことができる。液化石油ガスの主成分である液体のブタンを，試験管に少量入れて，指や手であたためると沸とうするが，灯油にはそのような現象は見られない。このことから，液化石油ガスは，図2のⓑ［ア　A　　イ　B］からとり出すことができる。

図2

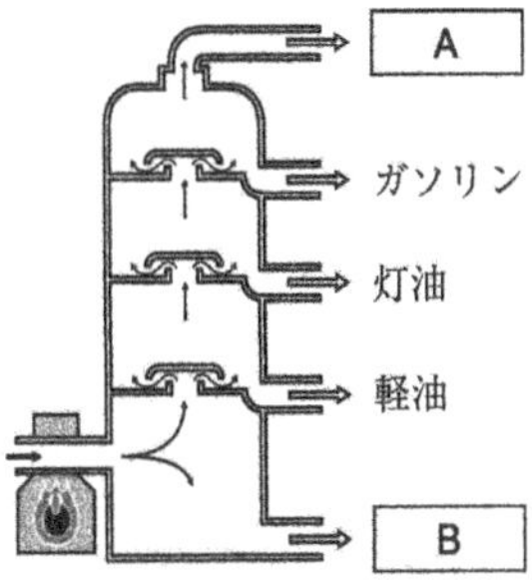

3　水中の物体にはたらく力を調べる実験を行った。(1)～(5)に答えなさい。ただし，100gの物体にはたらく重力の大きさを1Nとし，糸の質量は考えないものとする。

実験

① 図1のように，高さが6.0cmの物体をばねばかりにつるすと，ばねばかりは2.1Nを示した。

② 次に，水そうに底面から10.0cmの高さまで水を入れた。

③ 図2のように，物体を水面から3.0cmの深さまで沈め，ばねばかりの値を記録した。

④ ③の後，物体を水面から6.0cmの深さまで沈め，ばねばかりの値を記録した。

⑤ 表1は，このときの記録をまとめたものである。

表1

物体を沈めた深さ〔cm〕	0	3.0	6.0
ばねばかりの値〔N〕	2.1	1.7	1.3

図1　　図2

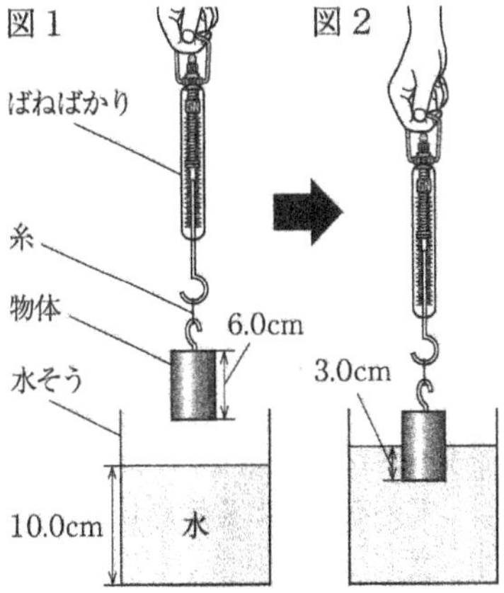

(1) 物体の質量は何gか，求めなさい。

(2) 物体を水面から3.0cmの深さまで沈めたとき，物体にはたらく浮力の大きさは何Nか，求めなさい。

(3) 物体を水面から6.0cmの深さまで沈めたとき，物体にはたらく水圧の大きさと向きを模式的に表したものとして，最も適切なものをア～エから選びなさい。ただし，矢印は，物体にはたらく水圧の大きさと向きを表している。

ア

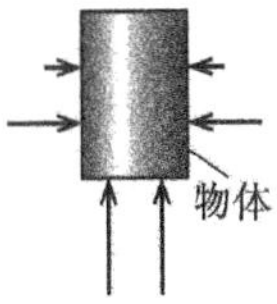

イ

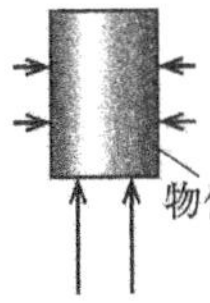

ウ

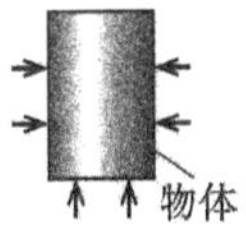

エ

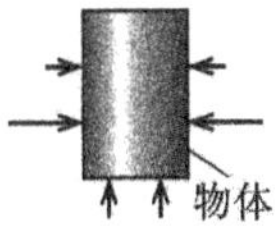

(4) 実験 と同じ装置で物体を水面から10.0cmの深さまで沈めたとき，ばねばかりの値はどのように変化したと考えられるか，次のページのア～エから1つ選びなさい。

ア

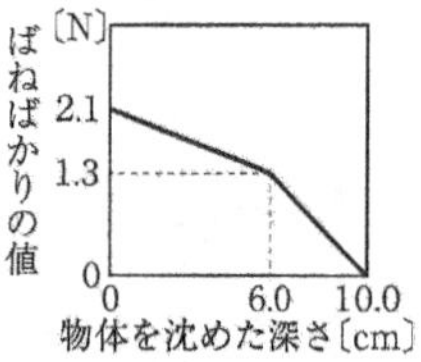

イ

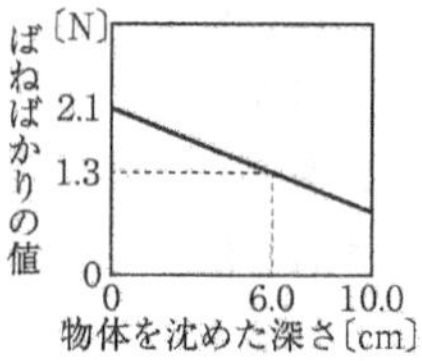

ウ

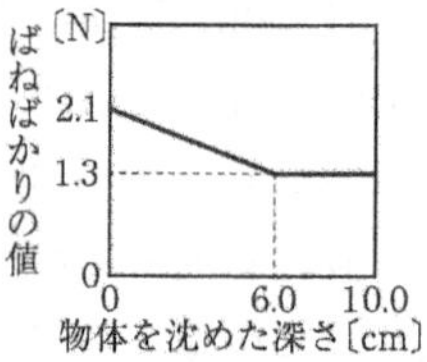

エ

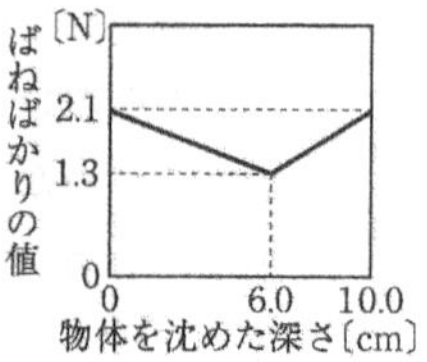

(5) みづきさんは，学校のプールで泳いだときよりも，海で泳いだときの方が体がよく浮いたことを思い出した。このことを調べるため，水を塩化ナトリウム水溶液にかえ，実験と同じように物体を沈める実験を行った。表2は，このときの記録をまとめたものであり，表1（前のページ）に比べ物体にはたらく浮力が大きいことがわかった。水に沈めたときよりも，塩化ナトリウム水溶液に沈めたときの方が物体にはたらく浮力が大きいのはなぜか，その理由を書きなさい。ただし，水の密度を1.0 g/cm^3，塩化ナトリウム水溶液の密度を1.2 g/cm^{3}とし，物体の上面と下面にはたらく力をふまえ，「圧力の差」という語句を用いて書くこと。

表2

物体を沈めた深さ〔cm〕	0	3.0	6.0
ばねばかりの値〔N〕	2.1	1.6	1.1

4 徳島県のある中学校で，太陽の動きについて調べた。(1)～(5)に答えなさい。

観測

① 図1のように，画用紙に透明半球のふちと同じ大きさの円をかき，その中心に×印をつけた。次に，透明半球を，かいた円に合わせて固定して水平な場所に置き，方位を画用紙に記入した。

図1

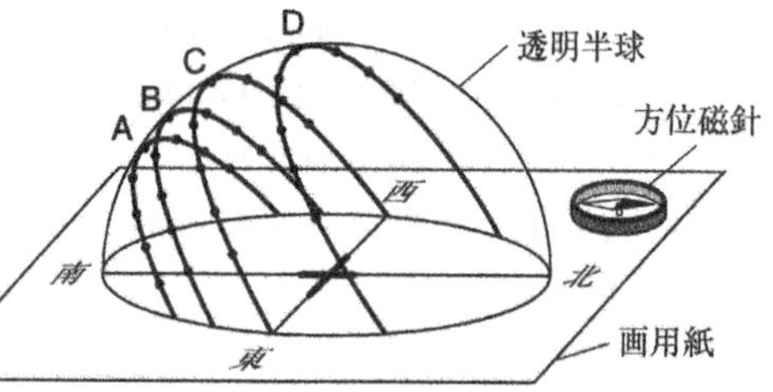

② 3月21日，6月21日，9月23日，11月22日，12月22日に，それぞれ午前8時から午後3時までおよそ1時間ごとに，太陽の位置を，透明半球の球面にペンで●印をつけて記録した。●印は，ペンの先の影が，画用紙にかいた円の中心にくる位置につけた。なお，9月23日の記録は，3月21日のものとほぼ同じであった。

③ 記録した●印を，なめらかな曲線で結び，それを透明半球のふちまでのばした。

(1) 地球の自転による太陽の見かけの動きを，太陽の何というか，書きなさい。

(2) 次の文は，観測の透明半球の記録からわかる地球の動きについて述べたものである。正しい文になるように，文中のⓐ・ⓑについて，ア・イのいずれかをそれぞれ選びなさい。

透明半球上の太陽の1日の動きから，地球がⓐ［ア 東から西へ イ 西から東へ］自転していることがわかる。また，それぞれの日で，1時間ごとに記録した●印の間隔がすべて同じであることから，1時間ごとの太陽の動く距離は一定であり，地球が1時間あたりⓑ［ア 約15° イ 約30°］という一定の割合で自転していることがわかる。

(3) 観測 の３月21日の記録を，図１のＡ～Ｄから１つ選びなさい。

(4) 図２は，日本付近の，太陽の光が当たっている地域と当たっていない地域を表したものであり，地点Ｘは 観測 を行った中学校の位置を示している。地点Ｘの日時として，最も適切なものをア～エから選びなさい。

ア　６月21日午前５時
イ　６月21日午後７時
ウ　12月22日午前７時
エ　12月22日午後５時

図２

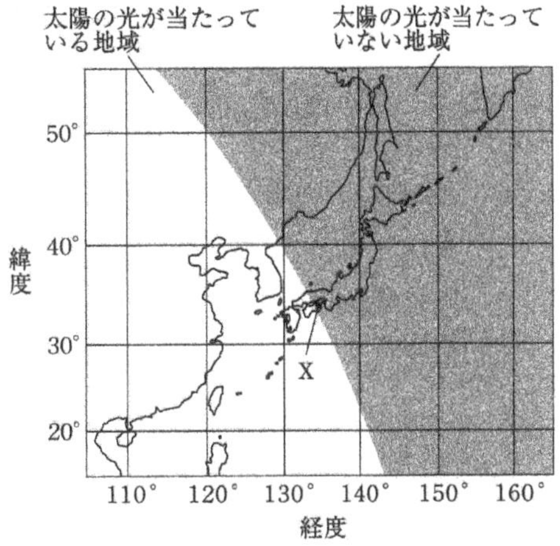

(5) 観測 を行った中学校の屋上で，実験用の太陽光発電パネルを設置して，発電により得られる電力について調べることにした。使用するパネルは，太陽の光が当たる角度が垂直に近いほど得られる電力が大きいものである。夏至にパネルを真南に向けて設置するとき，得られる電力を最も大きくするには，パネルと水平な床面との角度を何度にすればよいか，求めなさい。ただし，パネルを設置する地点は北緯34°であり，地球の地軸は，公転面に垂直な方向に対して23.4°傾いているものとする。

5 しんやさんたちは，理科の授業でエンドウを用いたメンデルの研究について学習し，その内容をまとめた。(1)～(6)に答えなさい。

しんやさんたちのまとめ

・メンデルは，ⓐ親にあたる個体として，丸い種子をつくる個体と，しわのある種子をつくる個体をかけ合わせ，できる種子の形質を調べた。「丸」と「しわ」は対立形質である。
・ⓑその結果，子はすべて丸い種子になり，一方の親の形質だけが現れた。
・次に，この丸い種子（子にあたる個体）を育て，自家受粉させた。得られた種子（孫にあたる個体）は丸い種子としわのある種子の両方であった。表はその結果を示したものである。
・メンデルはこの実験結果を説明するために，生物の体の中には，それぞれの形質を支配する要素があると仮定した。この要素は，のちに遺伝子とよばれるようになった。

表

親の形質	丸い種子	しわのある種子
子に現れた形質	すべて丸い種子	
孫に現れた形質の個体数の比	丸い種子：しわのある種子 = 5474：1850	

しんやさん　違った形質の親の個体をかけ合わせたのに，子にあたる個体は一方の親の形質だけしか現れないのは興味深いですね。
あおいさん　この場合は丸い種子だけですね。種子をしわにする遺伝子は，子にあたる個

	体には伝わらなかったのでしょうか。
しんやさん	でも，孫にあたる個体には，しわのある種子が現れています。親から子，そして孫にあたる個体へと，種子をしわにする遺伝子が伝わっているのではないでしょうか。
あおいさん	子にしわのある種子は現れていませんが，種子をしわにする遺伝子は伝わっているはずですね。では，子と同じように，孫の丸い種子の個体にも必ず伝わっているのでしょうか。
しんやさん	形質を見るだけではわかりませんが，ⓒ孫の丸い種子の個体と，別の個体をかけ合わせて，できる種子の形質を見ればわかるのではないでしょうか。

(1) 下線部ⓐについて，メンデルが親に選んだ個体のように，同じ形質の個体をかけ合わせたとき，親，子，孫と世代を重ねても，つねに親と同じ形質であるものを何というか，書きなさい。

(2) 次の文は，下線部ⓑの内容について述べたものである。正しい文になるように，文中の(**あ**)・(**い**) にあてはまる言葉をそれぞれ書きなさい。

　丸い種子のように子に現れる形質を（　**あ**　）といい，しわのある種子のように子に現れない形質を（　**い**　）という。

(3) 次の文は，下線部ⓒについて，種子をしわにする遺伝子が伝わっているかどうかを調べるためのかけ合わせについて述べたものである。正しい文になるように，文中の①・②について，**ア**・**イ**のいずれかをそれぞれ選びなさい。

　孫の丸い種子の個体に，しわのある種子の個体をかけ合わせて，丸い種子としわのある種子が①［**ア**　3：1　　**イ**　1：1］の割合で現れれば，しわにする遺伝子は伝わっており，すべてが②［**ア**　丸い　　**イ**　しわのある］種子の個体になれば伝わっていないとわかる。

あおいさん　　まとめた内容を理解するために，モデル実験を行ってみましょう。

モデル実験

　図のようにA～Dの４つの袋と，白と黒の碁石を複数個用意する。Aに白い碁石を２個，Bに黒い碁石を２個入れておく。なお，碁石は遺伝子を表している。

① Aから１個，Bから１個碁石をとり出す。
② とり出した２個の碁石をCに入れる。Dには Cと同じ組み合わせの碁石を入れる。
③ Cから１個，Dから１個碁石をとり出す。
④ とり出した２個の碁石の組み合わせをつくる。
⑤ この組み合わせを記録した後，それぞれの碁石を③でとり出したもとの袋に戻す。

図

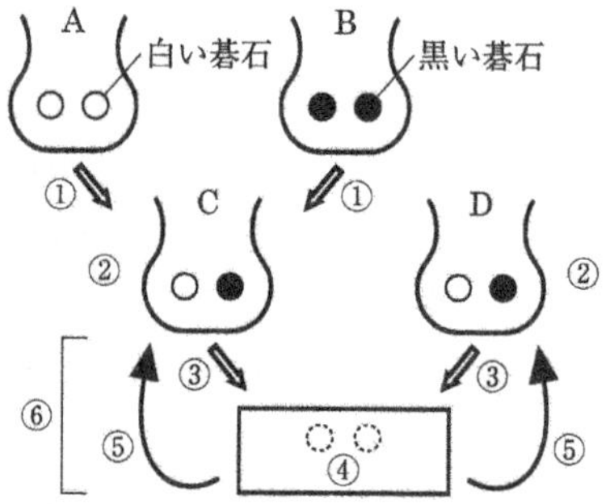

⑥　③から⑤の操作を200回繰り返す。

しんやさん　Ｃと Ｄからとり出す碁石は，それぞれ（　あ　）種類あります。それらの組み合わせは複数できますね。

あおいさん　できた組み合わせの割合も予想することができます。それは（　い　）になりますね。

先生　それでは実際に200回やってみましょう。

しんやさん　時間がかかりましたが，結果はあおいさんの予想どおりでしたね。

先生　モデル実験 の結果から，メンデルの研究について，親，子，孫の形質の現れ方の規則性を説明することができましたね。

あおいさん　この規則性のとおり考えれば，メンデルの実験結果の，ⓓひ孫の代にあたる個体の割合も予想ができますね。

(4)　いっぱんに，減数分裂の結果，対になっている遺伝子が分かれて別々の生殖細胞に入ることを，分離の法則という。モデル実験 において，分離の法則を表している操作はどれか，①～④から**2つ**選びなさい。

(5)　文中の（**あ**）にあてはまる数字を書きなさい。また，（**い**）に入るあおいさんの予想として正しいものを，**ア～カ**から**1つ**選びなさい。ただし，○は白い碁石を，●は黒い碁石を表している。

ア　○○：○●　＝　1：1
イ　○○：○●　＝　1：3
ウ　○○：○●　＝　3：1
エ　○○：○●：●●　＝　1：1：1
オ　○○：○●：●●　＝　1：2：1
カ　○○：○●：●●　＝　1：3：1

(6)　下線部ⓓについて，メンデルの実験で得られた孫の個体をすべて育て，それぞれ自家受粉させたとき，得られるエンドウの丸い種子の数としわのある種子の数の割合はどうなると考えられるか，最も簡単な整数比で書きなさい。

＜社会＞

時間　50分　　満点　100点

1　あきらさんのクラスでは，原始・古代から近世について，班ごとにテーマを決め，調べたことを発表することになった。次の表は各班のテーマについて示したものである。(1)〜(5)に答えなさい。

	テ　ー　マ
1班	縄文時代の遺跡と出土品
2班	日本に影響を与えた大陸文化
3班	摂関政治から①院政へ
4班	②織田信長の全国統一事業
5班	江戸幕府の政治と世界の動き

(1)　次の文は，1班の発表原稿の一部である。正しい文になるように，文中のⓐ・ⓑについて，**ア**・**イ**のいずれかをそれぞれ選びなさい。

> ⓐ［**ア**　三内丸山　　**イ**　吉野ヶ里］遺跡は青森県にある縄文時代を代表する遺跡です。この遺跡からは，自然の豊かな実りを願い，まじないにも使われたとされるⓑ［**ア**　土偶　　**イ**　埴輪］が数多く出土しています。

(2)　2班は，自分たちの班のテーマをもとに，発表に用いる次の**ア**〜**ウ**のカードを作成した。時代の古いものから順に**ア**〜**ウ**を並べなさい。

ア

> 唐に渡った最澄と空海は，帰国後にそれぞれ天台宗と真言宗を開いた。

イ

> 宋に渡った栄西や道元は，座禅によって悟りを開こうとする禅宗を伝えた。

ウ

> 唐から日本に渡ってきた鑑真は，僧の守るべき生活の規律などを伝えた。

(3)　3班のテーマに関して，下線部①はどのような政治か，「天皇」，「上皇」という語句を用いて書きなさい。

(4)　4班のテーマに関して，下線部②が全国統一事業の拠点として築いた，本格的な天守をもっていたとされる城の場所を，略地図中の**あ**〜**え**から1つ選びなさい。

略地図

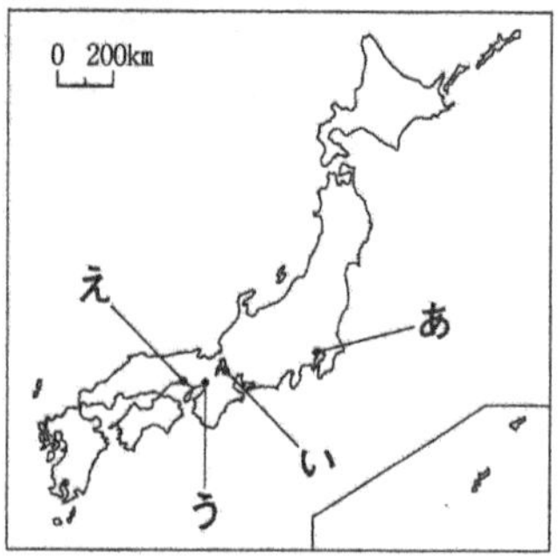

(5)　資料Ⅰと次のページの資料Ⅱは，5班が発表のために用意したものである。(a)・(b)に答えなさい。

(a)　資料Ⅰ中の下線部に関して説明した文として，最も適切なものをあとの**ア**〜**エ**から選びなさい。

ア　株仲間を増やして営業税を徴収し，長崎での貿易も活発におこなった。

イ　江戸や大阪周辺の土地などを，幕府の直接の支配地にしようとした。

ウ　急増する訴えに対し，裁判や刑の基準を定めた公事方御定書を制定した。

資料Ⅰ

年代	幕府がおこなったこと	
1787	寛政の改革を始める	A（1787〜1825）
1825	異国船（外国船）打払令を出す	B（1825〜1854）
1854	日米和親条約を結ぶ	C（1854〜1867）
1867	幕府の政権を朝廷に返す	

エ　江戸などに出てきていた者を村に帰し，凶作に備え村ごとに米を蓄えさせた。

(b)　資料Ⅱは，イギリスと清との戦いを描いたものであり，この戦いの後，清はイギリスと不平等な内容の条約を結んだ。この戦いが起こった期間を資料Ⅰ中のA～Cから１つ選びなさい。また，この戦いの名称も書きなさい。

資料Ⅱ

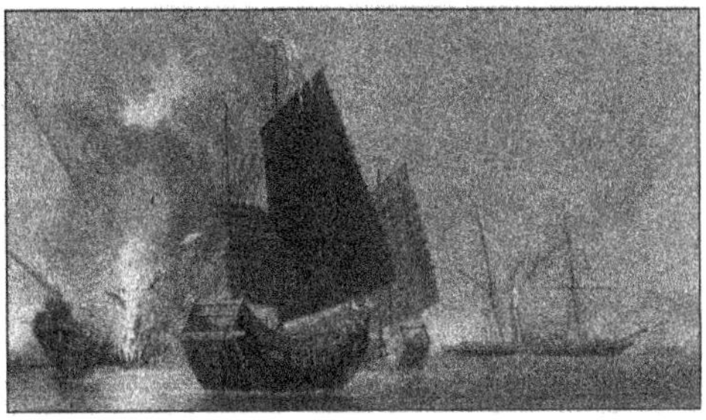

2　わが国の近代から現代までの歴史に関して，(1)～(3)に答えなさい。

(1)　次の文は，ある人物について述べたものの一部である。正しい文になるように，文中の①・②について，ア・イのいずれかをそれぞれ選びなさい。

> 大久保利通らと意見が対立して政府を去った①［ア　大隈重信　　イ　板垣退助］は，民撰議院設立の建白書を政府に提出し，国民が選んだ議員がつくる国会の早期開設を要求した。その後，政府が国会を開くことを約束すると，1881年，国会開設に備え，みずからを党首とする②［ア　自由党　　イ　立憲改進党］を結成した。

(2)　資料は，わが国の財政支出に占める軍事費の割合の推移を表したものである。(a)・(b)に答えなさい。

資　料

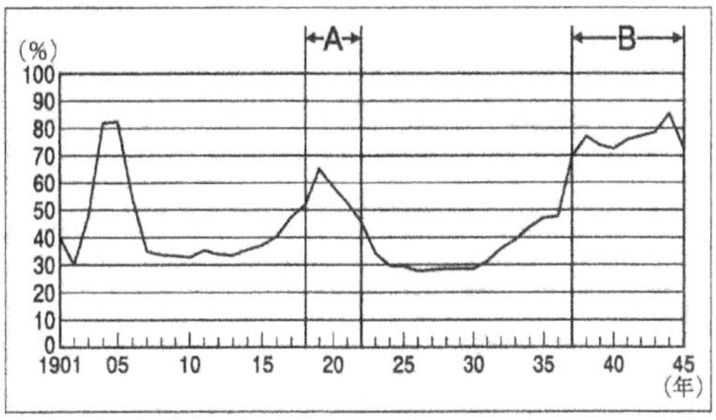

(「数字でみる 日本の100年」改訂第７版より作成)

(a)　資料中のAの期間に，日本はアメリカやイギリスなどと共同して，ロシア革命に干渉するために軍隊を派遣した。このできごとを何というか，書きなさい。

(b)　次のア～エは，資料中の時期に起こった，日本がアジアに勢力を拡大したできごとである。資料中のBの期間に軍事費の割合が増大しているが，その原因と考えられるできごととして最も適切なものを，ア～エから選びなさい。

ア　日英同盟を理由にドイツに宣戦を布告し，中国の山東半島などに軍隊を送った。

イ　韓国や満州が主な戦場となり，旅順や奉天を占領し，日本海海戦でも勝利した。

ウ　盧溝橋での武力衝突をきっかけに，宣戦布告のないまま中国へ勢力を拡大した。

エ　柳条湖での鉄道爆破事件をきっかけに軍事行動を始め，満州の大部分を占領した。

(3)　次の各文は，20世紀のアメリカにおける，日本と関係の深いできごとをまとめたものの一部である。(a)～(c)に答えなさい。

> ・①ワシントン会議が開かれ，海軍の軍備の制限や，中国の主権尊重などが確認された
> ・ニューヨーク株式市場において株価の大暴落が起こり，②世界恐慌に発展した。
> ・アメリカを中心とする資本主義国は，日本と③サンフランシスコ平和条約を結んだ。

(a) 下線部①が行われていた時期と同じ頃に，日本国内で起こったできごととして適切なものを，**ア**～**エ**から１つ選びなさい。

ア　日比谷焼き打ち事件が起こる。　　**イ**　原水爆禁止運動が起こる。

ウ　国会期成同盟が結成される。　　**エ**　全国水平社が結成される。

(b) 下線部②への対策として，アメリカのローズベルト（ルーズベルト）大統領はどのような政策を行ったのか，政策の名称を明らかにして，「公共事業」という語句を用いて，書きなさい。

(c) 下線部③より後に起こったできごとを，**ア**～**エ**から**すべて**選びなさい。

ア　財閥解体が始まる。　　**イ**　沖縄が日本に復帰する。

ウ　日本国憲法が公布される。　　**エ**　日中平和友好条約が結ばれる。

3　次の略地図や資料を見て，(1)～(4)に答えなさい。

(1) 略地図中の東北地方について，(a)・(b)に答えなさい。

(a) 次の文は，東北地方の自然環境について述べたものの一部である。正しい文になるように，文中の①・②について，**ア**・**イ**のいずれかをそれぞれ選びなさい。

> 東北地方の中央には①［**ア**　越後山脈　　**イ**　奥羽山脈］が南北にはしっている。山脈の合間には，大小さまざまな河川が流れており，このうち日本海へ流れこむ②［**ア**　北上川　**イ**　最上川］下流部の庄内平野は，広大な稲作地域となっている。

略地図

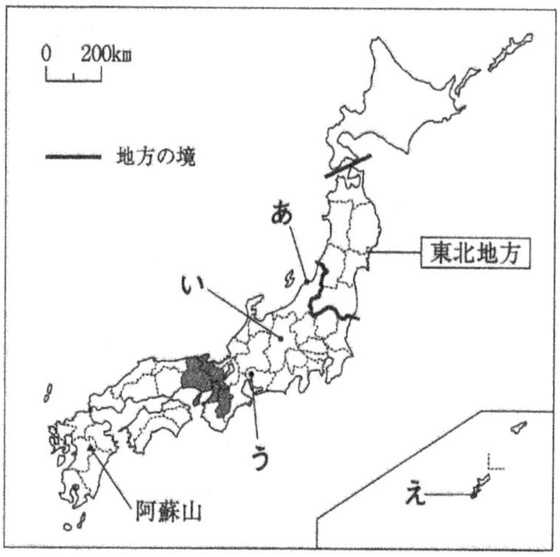

(b) 東北地方では，おもに６月から８月にかけてふく冷たく湿った北東の風の影響で，稲が十分に育たず，収穫量が減ってしまう冷害が起こることがある。この対策として行われている稲作の工夫について，北東の風の名称を明らかにして，「品種」という語句を用いて書きなさい。

(2) 資料ⅠのA～Dは，略地図中の**あ**～**え**の都市における，30年間の１月の平均気温と平均降水量を表したものである。資料Ⅰ中のAはどの都市のものか，略地図中の**あ**～**え**から**１つ**選びなさい。

(3) 略地図中の阿蘇山には，火山の爆発や噴火による陥没などによってできた，世界最大級のくぼ地がある。このくぼ地を何というか，カタカナで書きなさい。

資料Ⅰ

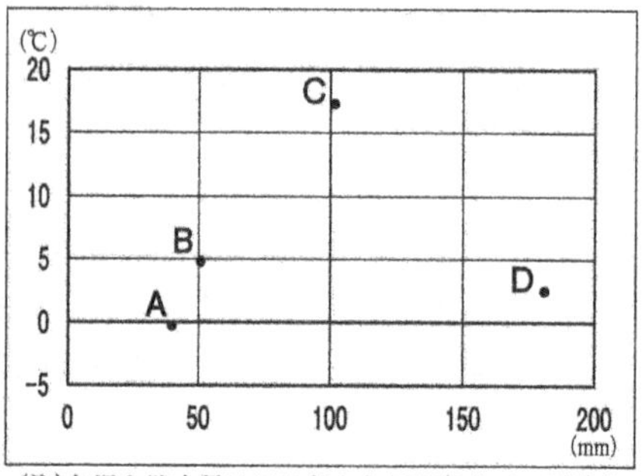

(注)気温と降水量は1991年から2020年までの平均値。
(「理科年表」2022年版より作成)

(4) 資料Ⅱは，略地図中の　で示した4府県における2019年の農業産出額と工業製造品出荷額，2022年の重要文化財指定件数，2018年の住宅の一戸建率を表している。兵庫県にあてはまるものはどれか，資料Ⅱ中の**ア**～**エ**から1つ選びなさい。

資料Ⅱ

府県	農業産出額（億円）	工業製造品出荷額（億円）	重要文化財指定件数（件）	住宅の一戸建率（%）
ア	320	172,701	683	40.7
イ	403	21,494	1,328	67.6
ウ	666	57,419	2,200	55.3
エ	1,509	163,896	472	50.4

（注）一戸建とは，集合住宅ではなく，一戸ごとに建てられた家のこと。
（「データでみる県勢」2022年版ほかより作成）

4 次の略地図や資料を見て，(1)～(5)に答えなさい。

略地図

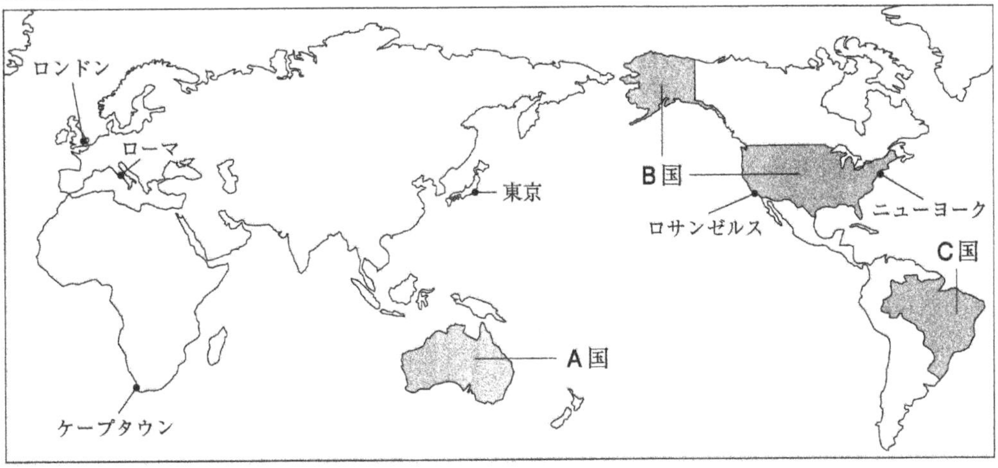

(1) 地球上に分布する三つの大洋のうち，略地図中の**A**国と**B**国の両方の国が，共通に面している海洋は何か，書きなさい。

(2) 略地図中のローマとケープタウンは，同じ気候に属しており，次の文は，ケープタウンの気温と降水量の特色について説明したものである。正しい文になるように，文中のⓐ・ⓑについて，**ア**・**イ**のいずれかをそれぞれ選びなさい。

> ケープタウンの1月と7月の平均気温を比較すると，7月の平均気温の方が，1月の平均気温よりⓐ［**ア**　低く　**イ**　高く］なる。また，1月と7月の降水量を比較すると，7月の降水量の方が，1月の降水量よりⓑ［**ア**　少なく　**イ**　多く］なる。

資料Ⅰ

州	人口密度（人/km²）	人口の高齢化率（%）
ア	151	9.4
イ	46	3.5
ウ	34	19.4
エ	5	12.7

（注1）ロシアは，ヨーロッパ州に含まれている。
（注2）人口の高齢化率は，総人口に占める65歳以上の人口の割合。
（「日本国勢図会」2022/23年版ほかより作成）

(3) 略地図中の世界の地域は，六つの州に分けることができる。資料Ⅰは，六つに分けられた州のうち，アジア州，アフリカ州，オセアニア州，ヨーロッパ州の人口密度と人口の高齢化率を表したものである。アジア州にあてはまるものはどれか，資料Ⅰ

中の**ア**～**エ**から1つ選びなさい。

(4) 略地図中の**B**国には，複数の標準時があり，資料Ⅱは，略地図中のロンドンが1月1日午前0時のときの東京，ロサンゼルス，ニューヨークの時刻を表したものである。略地図中の**B**国に複数の標準時がある理由を，時差が生じるしくみと関連付け，「国土」という語句を用いて書きなさい。

資料Ⅱ

都市	ロンドンが1月1日午前0時のときの時刻
東京	1月 1日午前9時
ロサンゼルス	12月31日午後4時
ニューヨーク	12月31日午後7時

(5) 略地図中の**C**国では，さとうきびなど，おもに植物を原料としてつくられる燃料で走る自動車が普及している。この燃料を何というか，書きなさい。

5 次の(1)～(5)に答えなさい。

(1) 基本的人権の一つである自由権のうち，身体の自由（生命・身体の自由）について，警察が被疑者を逮捕するなどの身体を拘束する場合には，原則として令状が必要である。この令状を出すのはだれか，**ア**～**エ**から1つ選びなさい。

ア 知事　**イ** 内閣総理大臣　**ウ** 検察官　**エ** 裁判官

(2) 次の文は，日本国憲法で保障されている社会権について述べたものである。正しい文になるように，文中の①は，**ア**・**イ**のいずれかを選び，（②）にはあてはまる語句を書きなさい。

日本国憲法で保障されている社会権の一つに生存権がある。この権利は，すべての国民に「健康で①［**ア** 文化的　**イ** 社会的］な最低限度の生活を営む権利」として，憲法第25条で保障されている。また，憲法第26条では，国民の誰もが学習をする機会を等しく与えられる権利として（　②　）が保障されている。さらに憲法第27条と第28条では，労働者の権利として，勤労の権利と労働基本権（労働三権）がそれぞれ保障されている。

(3) 次の文は，わが国の労働環境の変化について述べたものの一部である。文中の（　）にあてはまる語句を書きなさい。

かつては日本の多くの企業が，一つの企業で定年になるまで働く（　　　）の制度や，勤続年数に応じて賃金が増える年功序列型の賃金制度を採用してきた。しかし近年，仕事の成果に応じて賃金を決めるなど，新たな制度を採用する企業も増えてきている。

(4) わが国の国会は，衆議院と参議院からなる二院制をとっている。(a)・(b)に答えなさい。

(a) 現在の衆議院議員を選ぶ選挙で採用されている制度として最も適切なものを，**ア**～**エ**から選びなさい。

ア 小選挙区制

イ 選挙区選挙

ウ 小選挙区制と比例代表制を組み合わせたもの

エ 選挙区選挙と比例代表制を組み合わせたもの

(b) 資料は，2009年以降の衆議院と参議院の選挙の実施年月を表したものである。衆議院と参議院の選挙の違いについて，資料から読み取ることができる内容にふ

資料

衆議院	参議院
2009年 8月	2010年7月
2012年12月	2013年7月
2014年12月	2016年7月
2017年10月	2019年7月
2021年10月	2022年7月

れて，「半数」という語句を用いて，次の文に続く形で書きなさい。

> 参議院は，衆議院と異なり（　　　）。

(5) 次の文は，地域紛争によって起こるさまざまな問題について述べたものの一部であり，文中の（　）には，同じ語句があてはまる。（　）にあてはまる語句を**漢字２字**で書きなさい。

> 紛争地域では，住んでいた自国をはなれて他国に逃れる（　　　）が発生することがある。これらの人々を支援するための国際機関として，国連（　　　）高等弁務官事務所（UNHCR）がある。

6　中学生のまさるさんのクラスでは，社会科の授業で，地域の活性化につながるようなまちづくりのアイデアについて，班ごとに発表することになった。次は，各班が発表しようとしているアイデアの一部をまとめたものである。(1)～(6)に答えなさい。

1班

＜①豊かな自然の保護＞

【行政や企業の取り組み】

○自然とふれ合ったり，自然環境の保護について学んだりできる施設や展示を整備する。

【私たちができること】

○森林や岸辺などでの清掃活動に取り組んでいる②ボランティア団体の活動に参加する。

2班

＜観光客の誘致＞

【行政や企業の取り組み】

○③歴史や文化など，特定のテーマに応じた観光地を巡る新しいツアーを企画する。

【私たちができること】

○地域の④観光地の魅力について学び，案内役として，観光客に魅力を紹介する。

3班

＜⑤地産地消の推進＞

【行政や企業の取り組み】

○地元で生産された野菜や果実などの農産物を，学校給食の食材として供給する。

【私たちができること】

○地元で生産された農産物を材料にした新しい商品の開発に協力し，⑥直売所などで販売する。

(1) まさるさんは，下線部①のための条例を制定することが地域を活性化させる方法の一つと考えた。住民には，国政にはみられない権利が認められており，次の文は，その権利の一つである条例の制定や改廃の請求の手続きについて述べたものである。正しい文になるように，文中のⓐ・ⓑについて，**ア**・**イ**のいずれかをそれぞれ選びなさい。

> 住民には，直接民主制を取り入れた直接請求権が認められている。その権利の一つである条例の制定や改廃を求めるためには，住民は，有権者のⓐ［**ア**　3分の1　　**イ**　50分の1］以上の署名を集め，ⓑ［**ア**　首長　　**イ**　選挙管理委員会］に請求する。請求後は，議会が招集され，結果が報告される。

(2) 下線部②について，新たなまちづくりなどの多くの分野において，ボランティア活動などの社会貢献活動を行う非営利組織のことを何というか，その略称を**アルファベット３字**で書きなさい。

(3) 下線部③に関して，江戸時代の末期には，旅行が流行し，庶民の楽しみの一つとなった。江戸時代の末期に栄えた文化の特色と活躍した人物として正しいものを，**ア**～**エ**から１つ選びなさい。

ア 大阪や京都の上方を中心に栄え，『おくのほそ道』の作者である松尾芭蕉が活躍した。

イ 大阪や京都の上方を中心に栄え，『東海道中膝栗毛』の作者である十返舎一九が活躍した。

ウ 幕府が置かれていた江戸を中心に栄え，『おくのほそ道』の作者である松尾芭蕉が活躍した。

エ 幕府が置かれていた江戸を中心に栄え，『東海道中膝栗毛』の作者である十返舎一九が活躍した。

(4) 下線部④に関して，近年，生態系の保全と観光の両立を目指した取り組みが進められている地域がある。このような観光の取り組みを何というか，カタカナで書きなさい。

(5) 資料Ⅰは，３班が，下線部⑤による効果について発表するために，まとめたものの一部である。(a)・(b)に答えなさい。

資料Ⅰ

・地域の活性化につながる。
・食料自給率の向上につながる。
・環境への負荷を減らすことにつながる。

(a) ３班は，食料自給率の向上につながるという効果に着目した。資料Ⅱは，2019年のオランダ，フランス，ドイツ，日本の牛乳・乳製品と小麦の食料自給率を表したものである。資料Ⅱ中の**A**，**B**には，オランダ，フランスのいずれかが，**X**，**Y**には牛乳・乳製品，小麦のいずれかがそれぞれ入る。**A**，**B**の国と**X**，**Y**の農産物の組み合わせとして正しいものを，**ア**～**エ**から１つ選びなさい。

資料Ⅱ 単位（％）

国	農産物	
	X	Y
A	200	104
B	19	162
ドイツ	125	106
日本	16	59

（「令和３年度食料需給表」より作成）

ア **A**－オランダ **B**－フランス **X**－牛乳・乳製品 **Y**－小麦
イ **A**－フランス **B**－オランダ **X**－牛乳・乳製品 **Y**－小麦
ウ **A**－オランダ **B**－フランス **X**－小麦 **Y**－牛乳・乳製品
エ **A**－フランス **B**－オランダ **X**－小麦 **Y**－牛乳・乳製品

(b) ３班は，環境への負荷を減らすことにつながるという効果もあることを知り，さらに詳しく調べていたところ，資料Ⅲと資料Ⅳを見つけた。資料Ⅲは，2020年度の国内の貨物輸送における輸送手段別の割合を表し，資料Ⅳは，2020年度のそれぞれの輸送手段における，１ｔの貨物を１km運ぶ際に排出される二酸化炭素の質量を表している。

次のページの文は，地産地消の推進が二酸化炭素の排出量の削減につながる理由について，３班がまとめたものである。資料Ⅲと資料Ⅳを参考にして，(①)・(②) にあてはまる言葉を，それぞれ書きなさい。ただし，(①)には，資料Ⅲと資料Ⅳからわかることを書き，(②)には，地産地消の推進が二酸化炭素の排出量の削減につながる理由を，地産地消の特徴と関連付けて，「距離」という語句を用いて，書きなさい。

輸送手段に着目して資料Ⅲと資料Ⅳを見ると，（　①　）ことがわかる。このことから，地産地消を推進することは，（　②　）ため，二酸化炭素の排出量の削減につながると考える。

資料Ⅲ

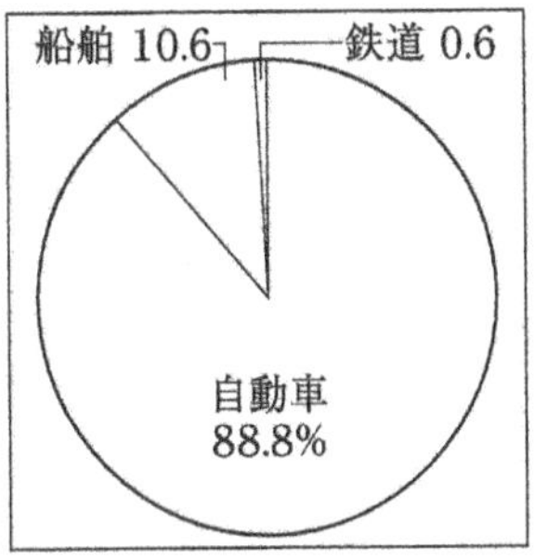

（「国土交通省資料」より作成）

資料Ⅳ

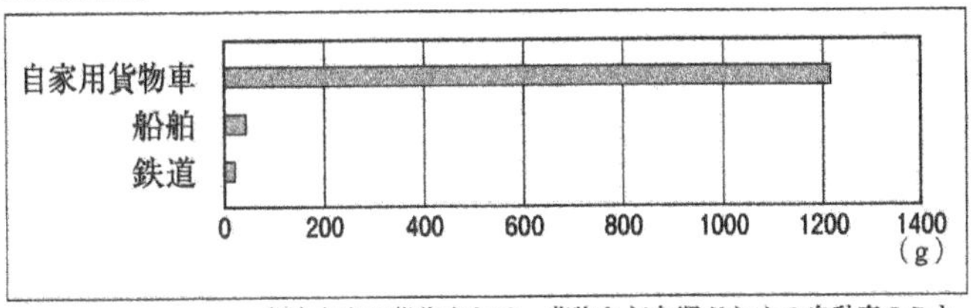

（注）自家用貨物車とは，荷物などを運ぶための自動車のこと。
（「国土交通省資料」より作成）

(6)　下線部⑥について，近年，商品を販売する小売店の多くでは，バーコードやレジを使ったPOS（販売時点情報管理）システムが導入されている。POSシステムの導入によって，商品が売れた数量や時間などの情報を収集することができるが，このことは，小売店にとって，どのような利点があるのか，「効率的」という語句を用いて，次の文に続く形で書きなさい。

小売店は，商品の売り上げ情報をもとにして，（　　　）。

話し合いの一部

いつきさん　この間、先生が、「映《は》える」を「ばえる」と読む人が多くて驚いたとおっしゃっていましたね。

はるとさん　「インスタ映え」という言葉がよく使われているから、「ばえる」という読み方が若者の間で定着してきたのでしょうか。

あかりさん　若者言葉と呼ばれるような言葉も、最近では辞典に載るようになっています。時代とともに、言葉は変化するということですね。

ひなのさん　そう言えば、「映える」の話のときに、「やばい」という言葉についても話がでましたね。「やばい」は、不都合なことや危険なことを表す言葉として、辞典に載っていることを知りました。

はるとさん　でも、今、私たちの周りでは、「おいしい」とか「おもしろい」ときにも、「やばい」を使っていますよね。

いつきさん　それについて、興味深い資料を見つけたんですよ。これは、文化庁が行った世論調査の結果です。

あかりさん　資料を見ると、「やばい」という言葉を、「とてもすばらしい」という意味で使うことがあると答えた人の割合は、年代によってかなり違いますね。

〈条件〉

(A)　題名などは書かないで、本文を一行目から書き始めること。

(B)　二段落構成とし、前の段落では、資料から読み取ったことを書くこと。後の段落では、前の段落を踏まえて、どのようなことを意識して言葉を使うかについてのあなたの考えを書くこと。

(C)　全体が筋の通った文章になるようにすること。

(D)　漢字を適切に使い、原稿用紙の正しい使い方に従って、十～十三行の範囲におさめること。

(a)　（あ）にあてはまる、世間の人々の発言部分を本文中から五字で抜き出して書きなさい。

(b)　（い）にあてはまる適切な言葉を十五字以上二十字以内の現代語で書きなさい。

(c)　（う）にあてはまる言葉として、最も適切なものをア～エから選びなさい。

ア　飼っていた蜂たちが急に飛び回っても、慌てずに対応したところ

イ　突然の出来事にも驚かず、家来たちに騒ぎをおさめさせたところ

ウ　大切な蜂の巣が壊されても、冷静な判断で騒ぎをおさめたところ

エ　思いがけない場面でも、平然と機転のきいた行動をとったところ

五　いつきさんたちは、言葉の使い方について話し合っている。次は、いつきさんたちが参考にした資料と、話し合いの一部である。これらをもとに、言葉の使い方についてのあなたの考えを〈条件〉あとの(A)～(D)に従って書きなさい。

資料

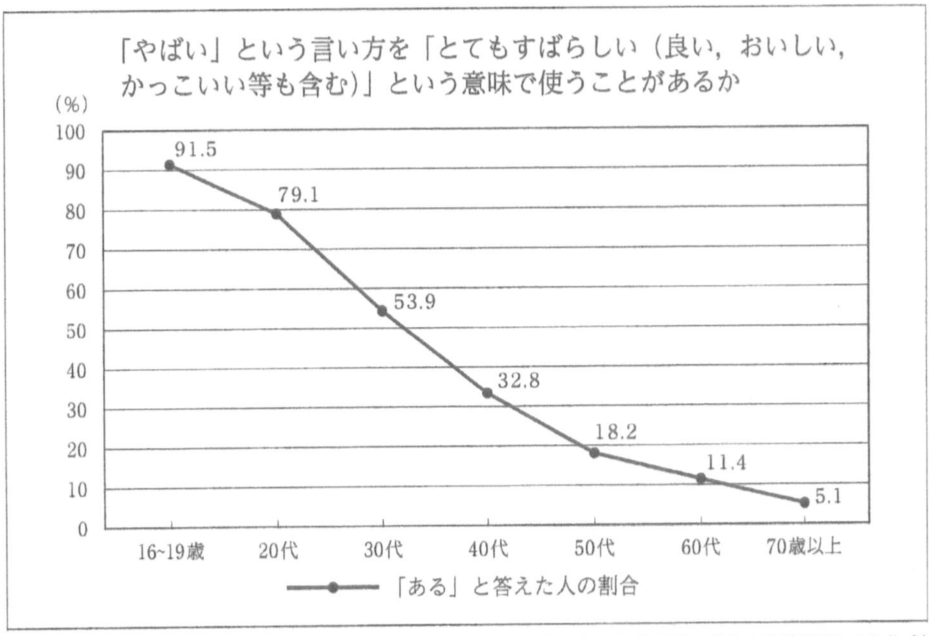

（文化庁「平成26年度国語に関する世論調査」より作成）

ア 本文と同じような考えを示すことで、日本人の自然観が正しいと認めさせようとしている。

イ 本文と同じような考えを示すことで、日本人の自然観について理解を深めさせようとしている。

ウ 本文とは異なる考えを示すことで、日本人の自然観が間違っていると気づかせようとしている。

エ 本文とは異なる考えを示すことで、日本人の自然観について疑問をもたせようとしている。

四 次の文章は「十訓抄《じっきんしょう》」の一節で、蜂に名前を付けて飼い慣らしていた、太政大臣《だいじょうだいじん》（藤原宗輔《むねすけ》）の話である。(1)～(3)に答えなさい。

出仕《出勤》の時は車のうらうへの物見《ものみ》に《牛車の両側の物見窓に》、はらめきけるを《ブンブンと乱れ飛んでいたのを》、「とまれ。」とのたまひければ《おっしゃったところ》、とまりけり。世には蜂飼《はちかひ》の大臣《おとど》とぞ申しける。不思議の徳、おはしける人なり。

この殿の蜂をア飼ひ給《たま》ふを、世人、無益《むやく》のことといひけるほどに、五月のころ、鳥羽殿にて、蜂の巣にはかに落ちて、御前に飛び散りたりければ、人々、刺されじ《刺されまい》とて、逃げさわぎけるに、相国《しやうこく》《太政大臣（宗輔）》、御前にありける枇杷《びは》を一房イ取りて、琴爪にて皮をむきて、さし上げられたりければ、あるかぎりウ取りつきて、散らざりければ、供人をエ召して、やをらたびたりければ《そっとお渡しになったところ》、院は「かしこくぞ、宗輔が候《さうら》ひて。」と仰《おほ》せ《鳥羽上皇は「折良く、宗輔がお仕えしていて。」とおっし》られて《やって》、御感《ぎょかん》ありけり《大変おほめになったということである》。

（注）鳥羽殿＝現在の京都市伏見区にあった鳥羽上皇の邸宅。
　　御前＝貴人の目の前。
　　枇杷＝果実の一種。
　　琴爪＝琴を弾くときに指先にはめる道具。

(1) ～～線部「おはしける」を、現代仮名遣いに改めて、全てひらがなで書きなさい。

(2) ‖線部**ア**～**エ**には、その主語にあたるものが他と異なるものが**一つ**ある。その記号を書きなさい。

(3) 次は、あやかさんとこうたさんが、本文を読んで対話をした内容の一部である。次のページの(a)～(c)に答えなさい。

あやかさん　「蜂飼の大臣」と呼ばれている藤原宗輔が蜂を飼っていることを、世間の人々は「（　**あ**　）」と言っていたみたいですね。

こうたさん　でも、鳥羽上皇のお屋敷で、（　**い**　）という方法で飛び回る蜂たちを集めたことで、評価も変わったのではないでしょうか。

あやかさん　鳥羽上皇も、宗輔が蜂の習性をよく理解しているところはもちろん、（　**う**　）にも、とても感心なさったのでしょうね。

日本人にとって、花は「命」あるものです。ですから、その大切な命におもてなしの心を載せることに心を砕きます。一方、西洋人にとって花は「素材」ですから、ふんだんに使うことに意味を見出《みいだ》すのではないか、と私は思います。

（枡野　俊明「日本人はなぜ美しいのか」より。一部省略等がある。）

（注）直截的＝まわりくどくなく、はっきりと言うこと。きっぱりした簡明な言い方。

(1) ゆうこさんのノートの［A］・［B］にあてはまる適切な言葉を書きなさい。ただし、［A］・［B］は、本文中からそれぞれ**十四字**で抜き出して書くこと。

(2) 本文において、――線部「無我であるのに、素材の一つひとつにも、庭全体にも、私の心が息づいています」とあるが、どういうことか。最も適切なものを**ア**～**エ**から選びなさい。

ア 自分から離れてつくったはずなのに、自分の心の在り様に合った庭ができること。

イ 図面のとおりにつくったはずなのに、図面とは違ったさまざまな庭ができること。

ウ 素材を使って自分をかたちにするので、心が映し出された庭ができること。

エ 素材にいざなわれてつくるので、意識せずに図面どおりの庭ができること。

(3) ゆうこさんは、庭づくり以外の日本文化の例も取り上げ、スピーチの内容に入れることにした。次は、スピーチ原稿の一部である。（ⓐ）・（ⓑ）にあてはまる適切な言葉を書きなさい。ただし、（ⓐ）は本文中から**二字**で抜き出し、（ⓑ）は、補足資料1の言葉を用いて**三十字以上三十五字以内**で書くこと。

日本文化といえば、いけばなをあげる人がいると思いますが、実は庭づくりといけばなには同じだと思われる点があります。一つ目は、庭づくりにおける石や水、いけばなにおける花を、「素材」や「（ ⓐ ）」として使うものではなく、命あるものと捉えている点です。だから、それらの一つひとつと向き合いながら、思いを表現していくのです。二つ目は、以心伝心のコミュニケーションが成立している点です。いけばなでは、花をいける側がおもてなしの心をもってさりげなくいけることに対して、（ ⓑ ）のです。

(4) ゆうこさんは、次の補足資料2を使って、スピーチの構成メモにある～～線部「日本人の自然観」について説明しようとしている。ゆうこさんが、補足資料2を準備した意図は何か、最も適切なものを次のページの**ア**～**エ**から選びなさい。

補足資料2

日本人は昔から、季節とともに移ろう自然の色やかたちを愛《め》で、その中に暮らしのスタイルを求め、美意識を見出そうと感性を磨いてきたのである。世界中のどこの民族も昔から大自然の恵みを受け、はたまたその脅威に脅《おびや》かされながら生活をながらえてきた。しかし日本人ほど毎年のように天災地変に脅《おび》えながらも、その自然に対し敬意を払い、自然の恵みにも感謝しそこに美を求め、大自然と一体となることを至高の美とした民族を、私は他に知らない。

（三井《みつい》　秀樹《ひでき》「かたちの日本美　和のデザイン学」より。一部省略等がある。）

仮に、まったく同じ土地に、まったく同じ素材を使い、まったく同じコンセプトで庭をつくったとしても、同じものにはなりません。そのときどきで私の心の在り様がちがうからです。無我になる（素材とひとつになる）からこそ、心が映し出され、ちがった庭のかたちがそこにあらわれるのです。

圧倒的な量感とあざやかな色彩で、見る人を感嘆させるのが西洋の庭なら、「禅の庭」は、静かな佇《たたず》まいで見る人を包み込み、心を清々《すがすが》しく、また、穏やかにする、といえるのではないでしょうか。

それは、静寂のなかで、つくり手の心が語る〝何か〟を、見る人の心が感じるからなのだ、と私は思っています。

（枡野《ますの》　俊明《しゅんみょう》「日本人はなぜ美しいのか」より。一部省略等がある。）

（注）　禅＝仏教の一派の禅宗のこと。
　往々にして＝そうなりやすい傾向があるようす。
　彼我＝相手と自分。　　営為＝営み。　　いざなう＝誘う。
　コンセプト＝芸術作品などを生み出すときに、下地となる考え。
　佇まい＝そこから感じられる雰囲気。

ゆうこさんのノート

	「禅の庭」	西洋の庭
作業のすすめ方	現場の［A］作業をすすめる。	計画どおり、図面どおりに作業をすすめる。
自然に対する考え方	自然の営みに対して敬意を払う。	自然をどのように使ってもよい。
かたちとしてあらわれるもの	無我	自我
完成した庭の魅力	静かな佇まい	［B］

スピーチの構成メモ

日本文化について
1　庭づくり
　「禅の庭」と西洋の庭の比較
2　庭づくりといけばな
　共通点（二つ）
3　日本人の自然観
4　大切にしたい日本人の心

補足資料1

花の美しさに対する感覚は、東西ではっきりちがいがあるように思います。

西洋の花の飾り方、いわゆるフラワーアレンジメントは、ボリューム感と色彩に重きが置かれています。「わあ、私のためにこんなにたくさんの花を用意してくださって！」。おそらく、そんな反応が返ってくる。

一方で、日本の花のいけ方は、趣がまったくちがいます。季節の花がさりげなくいけてある。夏の真っ盛りの晴れた暑い日に昼食にお迎えするのであったら、「涼やかさ」がもっとも重要。そこで、見た目にも涼しさを感じさせる青い朝顔を一輪挿しに挿したり、むくげの一枝を飾って霧を吹いたり……といったいけ方をするのです。このとき、見る人も、「わあ、涼しそう！」といった直截的《ちょくせつてき》な反応は、通常、しません。心の内で思いを受けとり、和やかな表情で感謝の気持ちを伝えるのです。以心伝心のコミュニケーションがそこに成立しています。

三 ゆうこさんのクラスでは、総合的な学習の時間に日本文化について調べ、スピーチをすることになった。次は、ゆうこさんが参考にした文章と、スピーチに向けてまとめたゆうこさんのノート、スピーチの構成メモ、補足資料1である。(1)～(4)に答えなさい。

「禅の庭」をつくるとき、私は図面というものを持ちません。もちろん、事前には綿密にデザインを描き、図面をつくりますし、それがすっかり頭には入っていますが、いざ、現場に立つときは〝手ぶら〟です。

図面から離れて、そのスペース、空間と相談しながら作業をすすめていくのです。手元に図面があると、それに縛られてしまう。「石を据える位置は？」と図面と照らし合わせ、「そうか、ここだったな。」ということになるわけです。

これでは〝図面どおり〟の庭はできても、私が〝つくりたい〟庭はできません。周辺の景観や風の通り道、光の当たり具合……などなど、その場で感じたことを大切にしながら、瞬時に判断して微調整を加えていく。

一本の木を植えるのでも、葉のそよぎを活《い》かすには図面どおりではなく、少し位置をずらしたほうがいい、ということが往々にしてあるのです。

一方、西洋流はあくまで計画どおり、図面どおりに作業をすすめる。この彼我《ひが》の差異は、自然に対する考え方のちがいから生まれているのではないか、と私は考えています。ごく簡単にいえば、神が人間をつくりたもうた、その人間を支えるのが自然だ……というのが西洋の自然観。

ですから、人間は自然をいかように使ってもいい、ということになるわけです。建物を建てる場合も、斜面になっている土地は、まず、平らにならして、建てやすいかたちに変えるのです。

しかし、日本ではそうではありません。その土地が斜面になっているのは、何千年、何万年もかかってそうなっているのだから、それなりに理由のあることなのだ、と考えます。いわゆる、自然の営為に対して敬意を払うのです。

そこで、その斜面を活かした建て方を探ってゆく。私は「地心」を読むという言い方をしますが、自然と対話しながらさまざまな工夫をするのです。そこに主従関係はありません。西洋流が「建てる」という感覚なら、日本流は「建てさせていただく」感覚といったらいいでしょうか。

庭づくりもまったく同じです。私はそのときどきの自分のすべてをそこに表現しようとつとめますが、大地も、石も、植栽も、水も、白砂も、そのための〝道具〟ではありません。それらを〝道具〟として扱って「自分＝自我」をかたちにするのが西洋流ですが、私はそれらの一つひとつと向き合いながら、あるいは、一つひとつに心を寄せながら、庭をつくっていきます。

それは「自我から離れる過程」といってもいいでしょう。そうして、素材にいざなわれながら、庭はできあがっていく。そこにかたちとしてあらわれているのは「自我」ではなく、「無我」です。

まさしく禅的な世界です。素材を使って自我をかたちにするのではなく、素材と自分がひとつになることによって、もはや自分のない「無我」が、かたちとして展開してゆくのです。しかし、おもしろいことに、無我であるのに、素材の一つひとつにも、庭全体にも、私の心が息づいています。

「前も言ったけど、私は人が同じ場所に同じタイミングでいるという奇跡を信じてる。ここで匠海くんは私と出会って、それから金井くんとも出会った。そんな奇跡が、また新しい人生に変わっていく。匠海くんに今それを見せてもらってるみたいで、私も嬉《うれ》しくなっちゃう。」

佳恵さんは目尻に皺《しわ》を作って笑った。

「ここに帰ってきたくなったら、またいつでも帰ってくればいいんじゃない。この町は、いつでも匠海くんを歓迎するよ。」

優しい言葉に、目の奥が熱くなる。ありがとうございます、と僕は言った。

ミーヤが、ミャーと同意をするように鳴く。

（河邉《かわべ》　徹《とおる》「蛍と月の真ん中で」より。一部省略等がある。）

（注）ニュアンス＝言葉などの微妙な意味合い。また、言外に表された話し手の意図。
インスタグラム＝SNSの一つで、写真や動画の投稿をメインとしているサービス。

(1) ――線部①「それ」の指す内容を本文中から**五字**で抜き出して書きなさい。

(2) ――線部②「匠海くんは、しばらく辰野でゆっくりしたらいいんじゃないかな」とあるが、次は、まさとさんとわかなさんがこの言葉に着目して対話した内容の一部である。（　）にあてはまる適切な言葉を、本文中の言葉を用いて**二十字以上二十五字以内**で書きなさい。

まさとさん　佳恵さんのこの言葉のおかげで、辰野町で過ごすことになった匠海くんは、その後考え方が大きく変わりましたね。

わかなさん　そうですね。だから、佳恵さんは、今、目の前にいる匠海くんの見違えるほど成長した姿に感心しているんですね。

まさとさん　佳恵さんは、（　　　）という自分の考えと匠海くんの成長が重なり、喜びでいっぱいになっていますね。

(3) ――線部③「僕にしか見えない景色がある」とあるが、次の文は、ある生徒が、匠海がこのように思うようになった気持ちの変化について、考えたことをまとめたものである。（ⓐ）・（ⓑ）にあてはまる適切な言葉を書きなさい。ただし、（ⓐ）は「人生」という言葉を用いて**十字以上十五字以内**で書き、（ⓑ）は「道」という言葉を用いて**十五字以上二十字以内**で書くこと。

（　　ⓐ　　）に気づき、（　　ⓑ　　）と思えるようになった。

(4) 本文について述べたものとして、適切でないものを**ア～エから一つ**選びなさい。

ア　会話を中心に展開することで、二人のやりとりをその場で見ているような印象を与えている。

イ　猫のミーヤの登場場面では、擬音語や直喩を使用して、ミーヤの存在を印象的に描いている。

ウ　三人称の視点で語ることで、匠海と佳恵さんそれぞれの気持ちを客観的に描写している。

エ　風鈴の透き通った音色は、涼しさの演出に加え、会話を次へとスムーズにつなげている。

僕を見て、ミャーとタイミング良く声を出す。賢い。

「佳恵さん、あの時はありがとうございました。」

「何？」

「あの、最初に来た時です。どんな人か知らないのに、泊めてもらって。」

「いやいや、何言ってんの。今年こそ、ほたる祭りの写真撮れるといいね。去年は匠海くん、終わった後に来たから。」

「そうですね。」

　佳恵さんはミーヤを抱いたまま、縁側の手前に立った。風通しが良い。

どこかから、チリンと透き通った風鈴の音がした。

「なんかさ、お祭り前の空気っていいよね。みんなそわそわしてる感じ。」

「わかります。」

「特にこの町には、①それしかないからね。一年に一度の大イベント。匠海くん、お祭りが終わったらどうするの？」

「東京に戻って、大学を卒業しようと思います。あとちょっとで卒業できるのに、もったいないってみんなに言われて。戻りたくない思いもあるんですが。」

「戻りたくなくなるようなものを、この町で見つけたんだね。」

　僕は頷《うなず》く。佳恵さんは、安心したような表情をした。

「ねぇ、どうだった？　この町での暮らしは。」

　佳恵さんは何気ない口調でそう尋ねた。

　――②匠海くんは、しばらく辰野でゆっくりしたらいいんじゃないかな。

　ここで、そう言われたことを思い出した。

「僕はこの町で、僕の知らない答えを持っている人とたくさん出会いました。」

　人の数だけ人生がある。僕はこれまで、一つの正解を見つけ出そうとしていた。だけど、そんなものは必要ないんだと思う。お金が有るとか無いとか、どこに住んでいるとか、出身がどこかも関係ない。

「僕は、一人で生きていく力が欲しかったんです。でも、それってそんなに重要なことじゃないんですよね。なんか、うまく言葉にできないですが。」

「わかるよ。」

　佳恵さんは、そのニュアンスまで受けとめてくれるように微笑《ほほえ》んだ。

「人生って、正しさが正解じゃないんですよね。僕はそれをわかっていなかった。だから周りと比べて、自分の進んだ道が正しくない気がして、怖くなっていました。僕は昨日、友達のインスタグラムを見たんです。僕はその友達とは別の道を選んだから、ずっと比べるのが怖かった。だけど昨日、彼の活躍を見て、何も思わなかったんです。いや、何も思わなかったと言うと嘘《うそ》になるかもしれないです。でも僕は、彼みたいになりたいとは思わなかった。」

　斉木には、正しさを信じて前に進める強さがある。そんな彼のことを否定はできない。成功する人にだけ、見える景色もあるだろう。でも僕には、③僕にしか見えない景色があると思う。

「匠海くん、えらいね。同じ場所に座ってるけど、一年前の匠海くんとは全然違うよ。顔つきも、ね。」

　言われて、僕は自分の頬に触れる。

＜国語＞

時間　五五分　満点　一〇〇点

一 次の(1)～(4)に答えなさい。

(1) 次の(a)～(d)の各文の――線部の読み方を、ひらがなで書きなさい。

(a) 新しい靴を履く。
(b) 誇りをもって働く。
(c) 海底が隆起してできた島。
(d) 飛行機に搭乗する。

(2) 次の(a)～(d)の各文の――線部のカタカナを漢字になおし、楷書《かいしょ》で書きなさい。

(a) 机をナラべる。
(b) 年賀状をスる。
(c) 朝晩のカンダン差が大きい。
(d) センレンされた文章を読む。

(3) 行書の特徴の一つに、点画の省略がある。部首の部分にこの特徴を用いて、次の漢字を行書で書きなさい。

村

(4) 次の文の――線部「ない」と同じ働きをしているものを、**ア**～**エ**から**一つ**選びなさい。

この小説の結末を知らない。

ア この部屋には窓がない。　**イ** 少しのことで悩まない。
ウ 今回は参加者が少ない。　**エ** 今日はあまり暑くない。

二 次の文章を読んで、(1)～(4)に答えなさい。

> 僕（匠海《たくみ》）は、写真館を営んでいた父の影響でカメラマンをめざし、東京の大学へ進学したが、三年生の初夏に、友人の斉木《さいき》が進路変更したことをきっかけに、将来への迷いや経済的理由から一年間の休学を決意する。衝動的に、かつて父が蛍を撮影した長野県辰野《たつの》町を訪れた僕は、そのまま辰野町で休学期間を過ごすことになり、京都からの移住者、金井《かない》くんの家に住まわせてもらっている。次は、ゲストハウス（宿泊施設）の佳恵《よしえ》さんを久しぶりに訪ねた場面である。

佳恵さんは玄関で僕を待っていてくれて、居間に通してくれた。
「久しぶりだね。写真で賞とったって話聞いたよ。おめでとう。どうぞ、座って。」
噂《うわさ》は聞いてくれているみたいだった。僕は促されて座布団に座る。
「ありがとうございます。この町のおかげだと思っています。」
「いやいや、匠海くんの腕だよ。そっかー。もうすぐあれから一年経つんだね。早いなぁ。」
去年の夏、僕はここに蛍を見にやってきた。たったそれだけの縁だった。そのはずが、こんなにも長居してしまった。
ミャー、と縁側から猫の声がした。
「あ、ミーヤ。珍しいね、見回り終わった？」
見ると、茶トラの猫、ミーヤが入ってきた。佳恵さんはゆっくり抱き上げる。
「ミーヤ、久しぶりに会いました。」
「普段外にいることが多いからね。誰か来ないか見張ってる。匠海くんだよ、覚えてる？」

2023年度

解　答　と　解　説

《2023年度の配点は解答用紙集に掲載してあります。》

＜数学解答＞

1　(1)　-8　(2)　$2\sqrt{3}$　(3)　$x=7$　(4)　$y=-5x$　(5)　2　(6)　$\frac{11}{15}$

(7)　$4a-6b$　(8)　105(度)　(9)　3，5，6，9　(10)　$\frac{16}{3}\pi$ (cm^3)

2　(1)　$y=-x^2$　(2)　$y=-x+6$　(3)　$\frac{45-45a}{2}$　(4)　$a=\frac{7}{27}$

3　(1)　①　8　②　50　(2)　(a)　イ，ウ　(b)　解説参照

4　(1)　(a)　(学級の出し物の時間)　20(分)　(入れ替えの時間)　5(分)　(b)　8(分)

(2)　(a)　$10a+7b=232$　(b)　11(グループ)

5　(1)　辺OC　(2)　解説参照　(3)　$3\sqrt{7}$ (cm)　(4)　$\frac{18}{7}$(cm)

＜数学解説＞

1　(数・式の計算，平方根，二次方程式，比例関数，関数$y=ax^2$，確率，角度，数の性質，体積)

(1)　**異符号の2数の積の符号は負で，絶対値は2数の絶対値の積**だから，$(-4)\times2=-(4\times2)=-8$

(2)　$\sqrt{27}=\sqrt{3^3}=\sqrt{3^2\times3}=3\sqrt{3}$ だから，$5\sqrt{3}-\sqrt{27}=5\sqrt{3}-3\sqrt{3}=(5-3)\sqrt{3}=2\sqrt{3}$

(3)　**乗法公式$(a-b)^2=a^2-2ab+b^2$**より，問題の二次方程式の左辺を因数分解すると，$x^2-14x+49=x^2-2\times x\times7+7^2=(x-7)^2$　これより，$x-7=0$　$x=7$

(4)　**yはxに比例する**から，xとyの関係は$y=ax$と表せる。$x=-2$のとき$y=10$であるから，$10=a\times(-2)$　$a=-\frac{10}{2}=-5$　よって，xとyの関係は$y=-5x$

(5)　$y=\frac{1}{4}x^2$について，$x=2$のとき$y=\frac{1}{4}\times2^2=1$，$x=6$のとき$y=\frac{1}{4}\times6^2=9$　よって，xの値が2から6まで増加するときの**変化の割合**は，$\frac{9-1}{6-2}=2$

(6)　箱から同時に2個の玉を取り出すとき，すべての取り出し方は右図の太線で囲んだ15通り。このうち，取り出した2個の玉の色が異なるのは，○印を付けた11通り。よって，求める確率は$\frac{11}{15}$

1個目の玉＼2個目の玉	赤	赤	赤	白	白	青
赤				○	○	○
赤				○	○	○
赤				○	○	○
白						○
白						○
青						

(7)　ある式をAとする。ある式Aから$3a-5b$をひいたら，答えが$-2a+4b$となったから，$\mathrm{A}-(3a-5b)=-2a+4b$　左辺の$-(3a-5b)$を移項して整理すると，$\mathrm{A}=-2a+4b+(3a-5b)=-2a+4b+3a-5b=a-b$　これより，正しく計算をしたときの答えは，$\mathrm{A}+(3a-5b)=(a-b)+(3a-5b)=a-b+3a-5b=4a-6b$である。

(8)　∠Aの二等分線と∠Bの二等分線との交点をEとする。**四角形の内角の和は360°**であることから，2∠●＋2∠○＝2(∠●＋∠○)＝∠A＋∠B＝360°－(∠C＋∠D)＝360°－(90°＋120°)＝150°　これより，(∠●＋∠○)＝150°÷2＝75°　△ABEの内角の和は180°だから，$\angle x=180°-$

$(\angle BAE+\angle ABE)=180°-(\angle●+\angle○)=180°-75°=105°$

(9)　1から9までの9つの自然数から選んだ異なる4つの数の積が810になるということは，選んだ異なる4つの数は9以下の810の約数ということである。そして，9以下の810の約数は1，2，3，5，6，9の6個だから，選んだ異なる4つの数は，1，2，3，5，6，9のうちの異なる4つの数である。このうち，大きい方の4つの約数の積が$3\times5\times6\times9=810$になるから，選んだ異なる4つの数は3，5，6，9である。

(10)　球の直径は円柱の高さと等しく4cmであり，**半径rの球の体積は$\frac{4}{3}\pi r^3$**だから，(球の体積)$=\frac{4}{3}\pi\times\left(\frac{4}{2}\right)^3=\frac{32}{3}\pi$ (cm^3)　円柱の底面の直径は球の直径と等しく4cmだから，(円柱の体積)$=\pi\times\left(\frac{4}{2}\right)^2\times4=16\pi$ (cm^3)　よって，円柱の体積と球の体積の差は，$16\pi-\frac{32}{3}\pi=\frac{16}{3}\pi$ (cm^3)である。

2　(図形と関数・グラフ)

(1)　関数$y=ax^2$で，aの**絶対値**が等しく，符号が反対である2つのグラフは，x軸について**線対称**となる。これより，$y=x^2$のグラフとx軸について線対称となるグラフの式は$y=-x^2$である。

(2)　点A，Bは$y=x^2$上にあるから，そのy座標はそれぞれ$y=2^2=4$，$y=(-3)^2=9$　よって，A(2, 4)，B(−3, 9)　直線ABの傾き$=\frac{4-9}{2-(-3)}=-1$　直線ABの式を$y=-x+b$とおくと，点Aを通るから，$4=-2+b$　$b=6$　よって，直線ABの式は$y=-x+6$

(3)　点Cは$y=ax^2$上にあるから，そのy座標は$y=a\times(-3)^2=9a$　よって，C$(-3,\ 9a)$　△ABC$=\frac{1}{2}\times$BC×(点Aのx座標−点Bのx座標)$=\frac{1}{2}\times$(点Bのy座標−点Cのy座標)×(点Aのx座標−点Bのx座標)$=\frac{1}{2}\times(9-9a)\times\{2-(-3)\}=\frac{45-45a}{2}$

(4)　点Eの座標をE$(0,\ e)$とする。四角形BDAEが平行四辺形となるとき，BO//EAより，線分BOとEAの傾きが等しいから$\frac{9-0}{-3-0}=\frac{e-4}{0-2}$　これを解いて$e=10$　直線ABとy軸との交点をFとすると，(2)の直線ABの式よりF(0, 6)　△ABD＝△ABE＝△AFE＋△BFE$=\frac{1}{2}\times$EF×(点Aのx座標)$+\frac{1}{2}\times$EF×(点Bのx座標の絶対値)$=\frac{1}{2}\times(10-6)\times2+\frac{1}{2}\times(10-6)\times3=10$　点Dのx座標をdとすると，BD//EA，BD＝EAより，点Bと点Dのx座標の差と，点Eと点Aのx座標の差は等しいから，$d-(-3)=2-0$　$d=-1$　点A，C，Dからx軸へそれぞれ垂線AG，CH，DIを引くと，G(2, 0)，H(−3, 0)，I(−1, 0)　△ABCと△ABDで，**高さが等しい三角形の面積比は，底辺の長さの比に等しい**から，△ABC：△ABD＝AC：AD＝GH：GI$=\{2-(-3)\}:\{2-(-1)\}=5:3$　△ABC＝△ABD$\times\frac{5}{3}=10\times\frac{5}{3}=\frac{50}{3}$　これと(3)の結果より，$\frac{45-45a}{2}=\frac{50}{3}$　これを解いて，$a=\frac{7}{27}$

3　(資料の散らばり・代表値)

(1)　①　問題の**ヒストグラム**より，開花日が4月1日以降になった年が，$3+1+1+0+2+1=8$(回)ある。　②　3月25日から29日の5日間に開花した回数は，$5+4+4+2+5=20$(回)だから，その割合は$\frac{20}{40}\times100=50$(%)である。

(2)　(a)　ア　資料の値の中で最も頻繁に現れる値が**最頻値**。図2の最頻値は**度数**が6回で最も頻繁に現れる6日，図3の最頻値は度数が8回で最も頻繁に現れる6日で，同じである。正しくない。
イ　予想が的中した回数は，誤差が0日の回数であり，図2，図3とも2回で，同じである。正しい。　ウ　誤差が10日以上になる割合は，図2が$\frac{3+2}{40}=0.125$，図3が$\frac{1+1+1}{40}=0.075$で，図2より図3の方が小さい。正しい。　エ　一番小さい**階級**から，ある階級までの**相対度数**の合計が**累積相対度数**。誤差が3日までの累積相対度数は，図2が$\frac{2+4+5+5}{40}=0.4$，図3が$\frac{2+3+5+5}{40}=0.375$で，図2より図3の方が小さい。正しくない。

(b)（説明）（例）**第2四分位数(中央値)**を比べると，400℃の法則での誤差の方が左側にある。したがって，400℃の法則の方が誤差が小さい傾向にある。

4　(方程式の応用，文字を使った式)

(1)　(a)　入れ替えの時間をx分とすると，学級の出し物の時間は，入れ替えの時間の4倍とするから，$4x$分と表せる。学級の出し物が5つあるから，学級の出し物と入れ替えの時間の合計は，$4x\times5+x\times(5-1)=24x$(分)…①　また，最初の学級の出し物が午前10時に始まり，最後の学級の出し物が正午に終わるようにするから，最初の学級の出し物の始まりから，最後の学級の出し物の終わりまでは，12時－10時＝2(時間)＝120(分)…②　である。①，②より，$24x=120$　$x=5$　以上より，学級の出し物の時間は$4\times5=20$(分)，入れ替えの時間は5分である。

(b)　グループ発表の時間をx分とすると，グループ発表を10グループとするから，グループ発表の時間の合計は，$x\times10=10x$(分)…③　また，吹奏楽部の発表が，正午(午後0時)＋昼休み60分＝午後1時に始まり，最後のグループ発表が午後3時に終わるようにするから，吹奏楽部の発表の始まりから，最後のグループ発表の終わりまでは，3時－1時＝2(時間)＝120(分)…④である。吹奏楽部の発表の時間が40分であることと，③，④より，$40+10x=120$　$x=8$　以上より，グループ発表の時間は8分である。

(2)　(a)　(学級の出し物と入れ替えの時間の合計)＝a(分)×7＋8(分)×(7－1)＝$(7a+48)$(分)，(吹奏楽部の発表の時間)＝(学級の出し物の時間の3倍)＝a(分)×3＝$3a$(分)，(グループ発表の時間の合計)＝7(分)×b(グループ)＝$7b$(分)だから，最初の学級の出し物の始まりから，最後のグループ発表の終わりまでの時間は，(学級の出し物と入れ替えの時間の合計)＋(昼休み60分)＋(吹奏楽部の発表の時間)＋(グループ発表の時間の合計)＝$(7a+48)+60+3a+7b=(10a+7b+108)$(分)…⑤　また，最初の学級の出し物が午前9時40分に始まり，最後のグループ発表が午後3時20分に終わるようにするから，最初の学級の出し物の始まりから，最後のグループ発表の終わりまでは，午後3時20分－午前9時40分＝午前15時20分－午前9時40分＝5時間40分＝340(分)…⑥である。⑤，⑥より，$10a+7b+108=340$　$10a+7b=232$…⑦

(b)　学級の出し物の時間を15分，つまり，$a=15$とするとき，⑦より，$10\times15+7b=232$　$7b=232-150=82$　$b=\frac{82}{7}=11\frac{5}{7}$　bが整数であることを考慮すると，最後のグループ発表が午後3時20分までに終わるためには，グループ発表は最大11グループまで受け付けできる。

5　(空間図形，空間内の2直線の位置関係，相似の証明，線分の長さ)

(1)　**空間内で，平行でなく，交わらない2つの直線はねじれの位置にあるという。**辺ABと平行な辺はない。辺ABと交わる辺は，辺AOと辺ACと辺BOと辺BCの4本　辺ABとねじれの位置にある辺は，辺OCの1本

(2)　(証明)　(例)△OADと△BMDで，仮定よりOA＝6，OD＝4，BM＝3，BD＝2であるから，OA：BM＝6：3＝2：1　OD：BD＝4：2＝2：1　よって，OA：BM＝OD：BD…①　△OABと△OBCは正三角形であるから，∠AOD＝∠MBD…②　①，②から，2組の辺の比とその間の角が，それぞれ等しいので，△OAD∽△BMD

(3)　点Aから辺OBへ垂線AHを引くと，△ABHは30°，60°，90°の直角三角形で，3辺の比は2：1：$\sqrt{3}$ だから，$BH=AB\times\frac{1}{2}=6\times\frac{1}{2}=3$(cm)，$AH=BH\times\sqrt{3}=3\times\sqrt{3}=3\sqrt{3}$ (cm)　△ADHに三平方の定理を用いると，$AD=\sqrt{AH^2+DH^2}=\sqrt{AH^2+(BH-BD)^2}=\sqrt{(3\sqrt{3})^2+(3-2)^2}=2\sqrt{7}$ (cm)　△OADと△BMDの相似比は，(2)より2：1だから，AD：MD＝2：1より，$MD=AD\times\frac{1}{2}=2\sqrt{7}\times\frac{1}{2}=\sqrt{7}$ (cm)　以上より，$AD+DM=2\sqrt{7}+\sqrt{7}=3\sqrt{7}$ (cm)

(4)　正三角錐OABCの体積をVとする。三角錐OADCと正三角錐OABCは頂点Cを共有し，それぞれの底面△OADと△OABが同じ平面上にあるから，三角錐OADCと正三角錐OABCの体積の比は，底面積の比に等しい。また，△OADと△OABで，高さが等しい三角形の面積比は，底辺の長さの比に等しいから，(三角錐OADCの体積)：(正三角錐OABCの体積)＝△OAD：△OAB＝OD：OB＝2：3…①　同様にして，(三角錐OADPの体積)：(正三角錐OADCの体積)＝△ODP：△ODC＝OP：OC…②　問題の条件より，(三角錐OADPの体積)＝(正三角錐OABCの体積)×$\frac{2}{7}=\frac{2}{7}$V…③　①より，(三角錐OADCの体積)＝(正三角錐OABCの体積)×$\frac{2}{3}=\frac{2}{3}$V…④　②～④より，OP＝OC×(三角錐OADPの体積)÷(三角錐OADCの体積)＝$6\times\frac{2}{7}V\div\frac{2}{3}V=\frac{18}{7}$(cm)

<英語解答>

1　(1)　場面A　ウ　　場面B　イ　　(2)　質問1　ウ　　質問2　ア　　(3)　イ→ア→ウ

2　イ

3　(例)You should try *okonomiyaki*.

4　(1)　(a)　ア　　(b)　エ　　(2)　(a)　ウ　　(b)　イ　　(c)　ア　　(3)　エ→イ→ウ→ア

5　(1)　①　I can't read　　②　Are you going　　(2)　エ　　(3)　(例)Please come to the music room at three this Friday.

6　(1)　ウ　　(2)　エ　　(3)　(例1)I would spend more time with my friends at school. We have a lot of things to talk about such as our favorite anime, sports, and music.　　(例2)My brother is very good at making sweets, so I would make delicious cakes and cookies with him.

7　(1)　(a)　Yes, it is.　　(b)　They decided to introduce the school buildings.　(2)　(例)Where is he from?　　(3)　best　　(4)　エ　　(5)　ⓐ　イ　ⓑ　others　　(6)　ア，ウ

<英語解説>

1・2・3　(リスニング)

放送台本の和訳は，46ページに掲載。

4　(短文・会話文問題：語句の問題，語句の補充・選択，文の挿入，語句の並べ換え，現在完了，分詞の形容詞的用法)

(1)　(a)「ミドリ祭りは私達の町の最も大きな催し[event]です」　イ「森」　ウ「公園」　エ「学校」　(b)「私は京都で友達と素晴らしい時間を過ごしました。私はそのことを決して忘れる[forget]ことはないでしょう」　ア「知る」　イ「聞く」　ウ「楽しむ」

(2)　(a)　A：あなたとあなたのお兄さん[弟]は野球をしますか？　B：ウはい，します。私達は同じチームでプレーしています。主語が we でないので，ウは不可。イ，エは共に「いいえ，しません」と否定形で文脈に当てはまらない。

(b)　A：歴史について何か質問があれば，エマに尋ねるべきです。彼女は生き字引です。／B：生き字引ですか？　イどういうことですか？／生き字引とは，多くのことを知っている人のことです。エマは歴史についてたくさん知っています。　ア「あなたはどう思いますか」　ウ「あなたは何を持っていますか」　エ「何があなたは必要ですか」

(c)　A：新しい中華レストランで，昼食を食べませんか？　様々な種類の麺類が食べられるそうです。／B：ごめんなさい。ア私は昼食を終えたばかりです。明日はいかがですか？／A：わかりました。11時30分にアオバ駅の前で落ち合いましょう。　I've just finished my lunch. ← <**have** ＋過去分詞>現在完了(完了・結果・経験・継続)<**Why don't we** ＋原形 〜**?**>「(一緒に)〜しませんか」**How about 〜?**「〜はいかがですか」<**Let's** ＋原形>「〜しよう」

(3)　(Do you know)the man talking with your mother(?)　A：あなたのお母さんと話している人を知っていますか？／B：はい，彼は私の叔父です。　the man talking with your mother ← 現在分詞の形容詞的用法<名詞＋現在分詞[原形＋ **-ing**]＋他の語句>「〜している名詞」

5　(会話文問題：語句補充・記述，内容真偽，和文英訳，接続詞，関係代名詞，進行形，不定詞)

(全訳)　マーク(以下M)：やあ，けんた。このポスターには，「何かを作ろう」と書かれています。それで正しいですか？／けんた(以下K)：はい，あなたは日本語を読むことができるのですね！／M：少しだけです。私は*平仮名*と*カタカナ*を読むことができますが，*漢字*①を読むことができません。このポスターについてもっと話してくれますか？／K：もちろんです。生徒会の一員として，私はこのポスターを作りました。9月の文化祭で，私達は劇を作って，それを上演することを計画しています。／M：それは興味深いですね！／K：舞台で演じる10名の生徒とスタッフになる別の10名の生徒を私達は探しています。スタッフメンバーは，洋服，音楽，そして，台本など多くのものを用意する必要があります。／M：おお，私はそれに非常に興味があります。／K：本当ですか？　あなたは舞台で演じたいのですか？／M：いいえ，私はスタッフの一員になり，コンピューターで音楽を作りたいです。／K：あなたはそれができるのですか？　うわー！／M：私の父がそのやり方を私に教えてくれました。けんた，あなたはどうですか？　②あなたは演じるつもりですか？／K：いいえ，私は台本を書きたいです。私達の劇で，皆が笑顔になれば良いなと願っています。／M：ワクワクしますね！　私も参加してよいですか？／K：もちろん，参加できます！

(1)　①「私は*平仮名*と*カタカナ*が読めますが，*漢字*は[　I　]」以上の文脈より，「読めない」という英文を完成させれば良いことがわかる。正解は，I can't read *kanji*.　逆接の接続詞**but**「しかし」　②　文化祭で上演される劇の舞台で演じる人とスタッフが募集されているが，与えられている語句より，「あなたは演じますか」という意味を表す英文を完成させることになる。正解は，Are you going to perform? となる。<**be**動詞＋ **going** ＋不定詞[**to** ＋原形]>「〜しようとしている，するつもりである」(近い未来・意思)

(2)　ア「マークのために，けんたは簡単な日本語でそのポスターを作った」(×)　漢字交じりでわからないところがあり，マークはけんたに説明を求めているため，不可。　イ「けんたには，洋服を作る20名の生徒が必要である」(×)　We're looking for ten students who will perform on the stage, and another ten students to be the staff.　The staff members need to prepare a lot of things, such as clothes, music, and a script. とあり，スタッフは10名募集で，その10名で，服，音楽，台本を分担して担当する，と書かれているので，不可。twenty students who can make ～／ten students who will perform「演じる10名の生徒」← **<先行詞(人)＋ 主格の関係代名詞 who ＋動詞>「動詞する先行詞」** are looking for「～を探している」← **<be動詞 ＋現在分詞[原形＋-ing]>進行形** a lot of「多くの～」such as「～のような」 ウ「マークは文化祭において舞台で演じたい」(×) マークは I want to be a staff member and create music with a computer. と述べているので，不一致。 エ「マークは彼の父から音楽の作り方を学んだ」(○) マークは My father taught me how to do it[creating music with a computer]. と述べているので，一致。how to create[do]← **<how ＋不定詞[to ＋原形]>「いかに～するか，～する方法」**

(3) 「(興味がある人は，)今週金曜日の3時に，音楽室に来てください」を英語にする。「～へ来てください」Please come to ～ 「音楽室」the music room 「今週金曜日の3時」at three this Friday

6 (短文読解問題・エッセイ：文の挿入，内容真偽，メール・メモなどを用いた問題，条件・自由英作文，動名詞，助動詞，比較，不定詞，間接疑問文，仮定法)

(全訳) 2か月間，私は日本のある家族の元に滞在してきました。私達の生活様式がとても違うことを学び，驚きました。私の滞在中に見つけた違いについて皆さんにお話ししましょう。

フィンランドでは，私の両親は4時30分くらいに帰宅します。私達は一緒に夕食を食べて，学校での出来事について話します。夕食後，私の父は公園を走り，母は読書を楽しみます。私は通常ギターの練習をして，アニメを見て，私の弟[兄]とビデオゲームをします。私達には自宅で過ごす多くの時間があります。

日本では，多くの人々が忙しそうに見えます。例えば，私のホストファミリーの両親は，時々7時過ぎに帰宅します。私の日本人の友人は，学校と自宅の両方で懸命に勉強します。ウ彼らには放課後クラブ活動もあります。私はここでは同じように時間を過ごしており，非常に忙しく感じます。でも，日本での学校生活を楽しんでいます。というのも，私の友人と過ごすより多くの時間があるからです。

私達の生活様式はとても異なっていて，それらについて学ぶことは非常に重要です。友好関係を築くためには，私達の国の間に存在する違いを理解すべきである，と私は信じています。

(1) 「日本では，多くの人々が忙しそうに見える。例えば，私のホストペアレントは，時々7時過ぎに帰宅する。私の日本人の友人は，学校と自宅の両方で懸命に勉強する。ウ彼らには放課後クラブ活動もある。ここでは私も同じように時間を過ごしており，非常に忙しく感じる」they が誰を指すか等から考えること。for example「例えば」both A and B「AとBの両方」

(2) 第4段落最終文(I believe we should understand the differences between our countries to build friendship.)を参考にすること。正解は，エ「違いを理解することは，友好関係を築くためには必要である」understanding differences ← **動名詞<原形＋ -ing>「～すること」should「～すべきである，きっと～するだろう」** ア「他の国に住むことは，日本について学ぶ最良の方法だ」(×) living in ～ ← **動名詞<原形 ＋ -ing>「～すること」best「最も良い[良く]」← good／well の最上級** the best way to learn ← **不定詞の形容詞的用法<名詞＋不定詞[to ＋原形]>「～するための[～すべき]名詞」** イ「多くの時間を自宅で費やすことは，日本人の学生にとっては重要である」(×) spending a lot of time

← **動名詞＜原形＋ -ing＞**「～すること」／a lot of「多くの～」　ウ「他の国で新しい経験を積むことは，常に困難である」(×)　having new experiences **動名詞＜原形＋ -ing＞**「～すること」

(3)　(コメントの訳)「日本人学生が考えていることを私は知りたいです。放課後，もっと自由時間があるとすると，あなたは何をするでしょうか？　あなたの考えを私に伝えてください」I want to know what Japanese students think. ← **疑問文**(What do Japanese students think?) **が他の文に組み込まれる[間接疑問文]と，＜疑問詞＋主語＋動詞＞の語順**になる。If you had more free time after school, what would you do? ← **仮定法過去**(**現在の事実に反することを仮定する表現**)**＜If ＋主語＋過去形 ～，主語＋過去の助動詞＋原形…＞**「**もし～ならば，…だろう**」**more**「**もっと**(**多くの**)」← **many／much の比較級**　コメントの質問に対して，15語以上30語以内の英語で答える自由・条件英作文。　(解答例1)「学校で友達ともっと多くの時間を過ごすだろう。私達には，私達の好きなアニメ，スポーツ，音楽など話すことが多くある」　(解答例2)「私の兄[弟]は菓子を作ることが上手なので，彼と一緒に美味しいケーキやクッキーを作るだろう」

7　**(長文読解問題・スピーチ：英問英答・記述，条件英作文，語句補充・記述，内容真偽，接続詞，比較，不定詞，文の構造・目的語と補語，関係代名詞，受け身，仮定法，前置詞，動名詞，助動詞)**

(全訳)「夏休みの後に，私達は外国から新しい生徒を迎えます。彼の名前はリアムで，彼はこのクラスのメンバーになります」担任のタナカ先生が私達にその知らせを告げた時に，私達は皆，非常に驚きました。その新しい生徒について知るために，私達は多くの質問をしました。

そして，田中先生は私達に言いました。「さて，今度は私からの質問です。外国に来るのも，住むのも，彼にとっては初めてなのです。もしあなた達がリアムの立場ならば，祖国を出発する前にどのように感じるでしょうか？」エイタは「とても興奮するでしょうが，同時に家族から離れて外国に暮らすことが心配になるでしょう」と答えました。タナカ先生は続けました。「それでは，リアムに対して，私達ができることは何かあるでしょうか？そのことを考えて，何をするかを決めて欲しいのです」

様々な良い考えが思い浮かびましたが，ワタルの考えが一番良かったのです。彼は「私達の学校を紹介するビデオを撮って，それをアメリカのリアムに送りましょう！　彼はそれを見て，来日する前に，私達の学校に関する情報を得ることができるでしょう」と言いました。「素晴らしいですね。きっと彼がスムーズに学校生活を始める手助けになるでしょう」とチホは言いました。皆もワタルの考えに同意しました。

時間割，規則，校舎，そして，部活動など，私達はリアムに何を伝えるべきかを考えました。タナカ先生は私達にグループで活動するように告げて，各グループは紹介する異なった話題を選ばなければなりませんでした。私のグループは校舎を紹介することにしました。まず，私達の学校のいくつかの場所や部屋を選び，日本語で説明を書きました。しかし，私達にとって，すべてを英語で表現することは非常に困難でした。すると，私達の外国語指導助手のグレイス先生が，私達にヒントを与えてくれました。彼女は次のように述べました。「リアムに告げることがたくさんあることはわかりますが，最も重要な情報のみを彼に伝えようとしてください」そこで，私達は，各場所に対してより短い説明を書いて，ビデオを撮影しました。全てのグループが，リアムにとって役に立つビデオを作ろうと懸命に努力して，彼がそれらを気に入ってくれることを私達は願いました。

私達のビデオを送った後に，リアムも私達に1本のビデオを送ってきました。彼が私達のビデオを見て楽しんだことを知り，私達は喜びました。彼は町についても知りたがっていたので，私達の好きな店，レストラン，公園，そして，学校の近くの駅を紹介するために，より多くのビデオを撮影して，それらをリアムに送りました。

今，リアムは日本にいて，私達と一緒に，彼の学校生活を満喫しています。先日，彼は次のように述べました。「あなた達のビデオは学校や町についてたくさんの情報を私に与えてくれました。それらは本当に役に立ち，今では，心配することは何もありません。あなた達は皆，とても親切で，このクラスのメンバーになれて，私はとてもうれしいです」彼の言葉は私達も幸せにしました。

リアムについて考え，私のグループのメンバーと力を合わせて物事に取り組むことができたことは，素晴らしかったです。実際に，私達は，彼が新しい生活をスムーズに開始することの手助けをしたのです。この経験を通じて，他者を助けることは私達が幸せになることにつながる，ということを私は学びました。そこで，他者のためにできることを，私達は常に見つけ続ければ良いなあ，と私は考えています。

(1)　(a)　問い：「外国に住むのはリアムにとって初めてですか？」第2段落第2文に It's his first time come and live in a foreign country. とあるので，肯定で答えること。　(b)　問い：「さやかと彼女のグループメンバーは，彼女らのビデオで，何を紹介することを決めましたか？」第4段落第3文に My group decided to introduce the school buildings. とある。

(2)　下線部は「その新しい生徒について知るために，私達は彼女に多くの質問をした」の意。さやかのクラスメートならどのような質問をするか，英文1文で書く条件英作文。(解答例の訳)「彼はどこの出身ですか？」

(3)　空所を含む英文の意味が「私達には様々な良い考えがあったが，ワタルの考えが［　　］だった」で，第3段落最終文に Everyone agreed with Wataru's idea too. とあることから考えること。空所には，「一番良かった」の意の best を入れれば良いことになる。**逆接の接続詞 but「しかし」best「最高の，最も良く」← good／well の比較級**

(4)　「ｴ町についての情報が欲しい，とリアムから彼女らに依頼があったので，さやかと彼女の級友達は2つ目のビデオをリアムに送った」第5段落最終文に He wanted to know about the town too, so we took more videos to introduce our favorite shops and restaurants, the park, and the station near our school, and sent them to Liam. とある。**～, so …「～それゆえ[だから，したがって]…」more「より多い[多く]」← many／much の比較級**　ア　「ワタルはクラブ活動についてもっとリアムに知って欲しかった(ので)」**more「より多い[多く]」← many／much の比較級**　イ　「みんながリアムからの別のビデオを見たかった(ので)」　ウ　「役に立つビデオを作るために，外国語指導助手から各グループがヒントを得た(ので)」

(5)　(全訳)　さやか：私のスピーチに対して，良いタイトルが思いつきません。手伝ってもらってもいいですか？／グレイス：もちろんです。最も重要な箇所の言葉を使おうとしてみてください。例えば，ⓐ“ｲ私達の新しい友達のために協力すること”はいかがですか？　あなたのスピーチの最後の部分で，ⓑ他者について考えて，彼らのために何かをすることは素晴らしい，とあなたは言っています。それが，あなたが本当に言いたかったことですよね？／さやか：はい！　そのタイトルならば，私のスピーチで私が言おうとしていることを人々に告げてもくれますね。助言をいただき，ありがとうございます。　第7段落(It was great to think about Liam and work together with my group members. We could actually help him his new life smoothly. Through this experience, I learned helping others makes us happy. So, I hope we will always keep trying to find something we can do for others.)を参考にすること。It was great to think about ～「～について考えることは素晴らしかった」← <**It is ＋ 形容詞＋不定詞[to ＋原形]**>「～[不定詞]することは…[形容詞]だ」helping others makes us happy「他者を助けることは私達を幸せにする」← **動名詞<原形＋ -ing>「～すること」／make A B「AをBの状態にする」So「それで，だから」** keep trying「～し続ける」← keep ＋ -ing「～し続ける」something▼we can do「私達ができること」← **<先行詞(＋目的格の関係代名詞)＋主語＋動詞>「主語が動詞する先行詞」目的格の先行詞の省略**　ア「私達のビデオをアメリカへ送ること」sending our video ← **動名詞<原形＋ -ing>「～すること」**　ウ「私達の学校を英語で紹介すること」introducing our school ← **動名詞<原形＋ -ing>「～すること」**　エ「私達の学校生活を一緒に楽しむこと」enjoying our school life ← **動名詞<原形＋ -ing>「～すること」**

(6)　ア「新しい生徒について聞き，さやかのクラスの皆が驚いた」(○)　第1段落第1・3文(We'll have a new student from abroad after summer vacation. ~ When our teacher Ms. Tanaka told us the news, we were all very surprised.)に一致。**<人 ＋ be動詞＋ surprised>「人が驚いている」← <もの ＋ surprise ＋ 人>「ものが人を驚かす」<感情を表す語＋不定詞[to ＋原形]>「～してある感情が湧き上がる」**　イ「タナカ先生の最初の質問は，彼女の生徒達にエイタの感情について考えさせた」(×)　タナカ先生の最初の質問は，If you were Liam, how would you feel before leaving your country?「あなたがリアムだったら，祖国を離れる前にどう感じるだろう」(第2段落第3文)で，リアムの感情について考えさせたものであり，エイタが I would be very excited, but also worry about living abroad without my parents.「とても興奮するだろうが，両親なしで外国に住むことに不安を感じるだろう」(第2段落第4文)と答えたのも，リアムの立場でどう感じるか答えたものなので，不適。**仮定法過去 ― 現在の事実に反することを仮定する表現。<If ＋主語＋過去形 ～，主語＋過去の助動詞＋現在…>／<過去の助動詞＋原形>「(もし～ならば)…だろう」without「～なしで」**　ウ「彼女らの学校生活をリアムに紹介することは非常に良い考えだ，とチホは考えた」(○)　学校生活を紹介するビデオを作ってリアムに送るというワタルの提案に対して，チホは Sounds great ! I'm sure it will help him start his school life smoothly (第3段落最後から第2文目)と答えている。introducing their school life ← **動名詞<原形＋ -ing>「～すること」I'm sure「きっと～だろう」<help ＋人＋原形>「人が～することを手助けする」**　エ「さやかの組の全てのグループは，紹介する同じ話題を選ばなければならなかった」(×)　第4段落第2文に Ms. Tanaka told us to work in groups, and each group had to choose a different topic to choose.とある。<had ＋不定詞[to ＋原形]>「～しなければならなかった」← **<have ＋不定詞[to ＋原形]>「～しなければならない，であるに違いない」**　オ「グレイスは，さやかのグループに，リアムに対して英語でもっと多くの説明を書くように言った」(×)　グレイスの助言は I know you have a lot to tell Liam, but try to give him only the most important information. (第4段落第7文)なので，不可。**more「もっと多く(の)」← many／much の比較級**　the most important ← important「重要な」の最上級　カ「リアムはさやかの組に在籍してうれしいが，いまだに日本で住むことに心配を抱いている」(×)　第6段落第3文でリアムは now I have nothing to worry about. と述べている。about living ← <前置詞＋動名詞[原形＋ -ing]> nothing to worry about「心配することは何もない」← **不定詞の形容詞的用法<名詞＋不定詞[to ＋原形]>「～するための[すべき]名詞」**

2023年度英語 リスニングテスト

〔放送台本〕

(1) 場面A

M: Do you have any pets, Yuriko?

F: Yes, I have a dog and three cats. How about you, George?

M: I’ve never had any pets, but I want a bird.

F: Oh, you can ask Hiromi about birds. She has two birds and a rabbit.

Question What does George want to have as a pet?

場面B

F: What time does your school start in the morning, Tom?

M: At 8:30, so I get up at 7:00.

F: When do you leave home, then?

M: Usually at 8:00, and it takes about 15 minutes by bike.

Question What time does Tom usually leave home?

(2) 質問1

How’s the weather in New York today?

ア It’s a big city. イ It’s very old.

ウ It's snowing a lot. エ It’s Monday today.

質問2

Do you know whose book this is?

ア I think it’s Ken’s. イ I have my notebook.

ウ Ken is in the library. エ My hobby is reading.

〔英文の訳〕

(1) 場面A

M：ユリコ，あなたはペットを飼っていますか？／F：はい，1匹の犬と3匹の猫を飼っています。ジョージ，あなたはどうですか？／M：私はペットを飼ったことがありませんが，鳥が欲しいです。／F：あっ，あなたはヒロミに鳥について尋ねることができます。彼女は2羽の鳥と1羽のウサギを飼っています。

質問：ジョージはペットとして何を飼いたいですか？

場面B

F：トム，あなたの学校は朝何時に始まりますか？／M：8時30分なので，私は7時に起きます。／F：それでは，いつあなたは家を出ますか？／M：通常は8時で，自転車でおよそ15分かかります。

質問：トムは通常何時に家を出ますか？

(2) 質問1

今日のニューヨークの天気はいかがですか？

ア それは大都市です。 イ とても寒いです。

ウ 雪がたくさん降っています。 エ 今日は月曜日です。

質問2

これが誰の本か知っていますか？

ア　それはケンのものだと思います。　イ　私は自分のノートを持っています。
ウ　ケンは図書館にいます。　エ　私の趣味は本を読むことです。

〔放送台本〕

Hello, everyone. Now, let me share your answers to my questions about sports. First, look at this graph. Most of the students in this class like sports. The second graph shows your favorite sports. Badminton is the most popular and basketball comes next. I think this is because we often play them in class at school. The last one is about the sports you want to try. I'm surprised to know that 45% of my classmates are interested in winter sports. I hope we can try them during our school trip to Hokkaido. Thank you for listening.

〔英文の訳〕

みなさん，こんにちは。さて，スポーツについての私の質問に対する皆さんの答えを共有させてください。まず，このグラフを見てください。このクラスのほとんどの生徒は，スポーツが好きです。2つ目のグラフは，皆さんの好きなスポーツを表しています。バドミントンが最も人気があり，バスケットボールが次点です。これは，学校の授業で私達がしばしば行っているからだと私は考えます。最後は，皆さんがやってみたいスポーツに関するものです。私の級友の45%が冬のスポーツに興味があることを知り，私は驚きました。北海道への修学旅行の期間中に，私達はそれらをすることができればいいなあ，と考えています。ご清聴，ありがとうございました。

〔放送台本〕

Hi, Saori. It's Angela. Listen! We went to see one of my mother's friends today. I told him about you, and he said he could take my family to Tokushima by car this Saturday. We have to return to Kobe at night, but if you are free, I want to come and see you during the day. Can you call me back and let me know your plans for this Saturday? Thanks. Bye.

〔英文の訳〕

こんにちは，サオリ。アンジェラです。聞いて下さい！　今日，私の母の友人の1人に会いに行きました。私は彼にあなたのことを話すと，今週の土曜日に，私の家族を車で徳島まで連れていくことが可能である，と彼は言いました。夜には，私達は神戸まで戻らなければなりませんが，もしあなたが忙しくなければ，日中，あなたに会いに行きたいのです。折り返し電話をかけて，今週の土曜日のあなたの予定を教えてもらえますか？　ありがとうございます。さようなら。

〔選択肢の訳〕

ア　アンジェラは彼女の母親の友人に会う。　イ　アンジェラは徳島を訪れる。
ウ　アンジェラは彼女の祖国へ帰る。　エ　アンジェラは再びサオリに電話をする。

〔放送台本〕

I like eating and I've already had *sushi*, *tempura*, and *sukiyaki* since I came to Japan. They were all delicious, but I want to eat something different next time. What Japanese food should I try?

〔英文の訳〕

私は食べることが好きで，来日以来，*寿司*，*天ぷら*，そして，*すき焼き*を既に食べました。それらはすべて美味しかったですが，次回は何か別のものを食べたいと思っています。どの日本食を私は食べてみるべきでしょうか？

［解答例の訳］

*お好み焼き*を食べてみるべきです。

＜理科解答＞

1　(1)　(a)　イ　(b)　被子(植物)　(2)　(a)　変換効率　(b)　ウ　(3)　(a)　分解　(b)　水にとけない性質があるため。　(4)　(a)　①　ア　②　イ　(b)　太平洋高気圧が発達するため。

2　(1)　状態変化　(2)　エ　(3)　液体が枝つき試験管の方に逆流するのを防ぐため。
(4)　(沸点)　78.0(℃)　(理由)　加熱し続けても温度が一定であるため。
(5)　ⓐ　イ　ⓑ　ア

3　(1)　210(g)　(2)　0.4(N)　(3)　ア　(4)　ウ　(5)　塩化ナトリウム水溶液は，水より密度が大きく，物体の上面と下面にはたらく圧力の差が，水より大きいため。

4　(1)　日周運動　(2)　ⓐ　イ　ⓑ　ア　(3)　C　(4)　エ　(5)　10.6(度)

5　(1)　純系　(2)　あ　顕性形質　い　潜性形質　(3)　①　イ　②　ア
(4)　①，③　(5)　あ　2　い　オ　(6)　丸い種子：しわのある種子＝5：3

＜理科解説＞

1　**(小問集合―被子植物，エネルギーの変換，分解，海陸風)**

(1)　(a)　アブラナとツツジは，いずれも**被子植物**の**双子葉類**に分類される。花のつくりは共通で，花の外側から中心に向かって，がく，花弁，おしべ，めしべという順に並んでいる。中心のめしべの下部には，ふくらんだ**子房**がある。　(b)　花のつくりとして，アブラナやツツジのようにめしべの子房の中に**胚珠**がある植物を被子植物という。これに対して，マツのように子房がなく，胚珠がむき出しになっている植物を**裸子植物**という。花粉がめしべの**柱頭**につく**受粉**がおこると，子房の中にある胚珠は種子になり，子房は成長して果実になる。したがって，裸子植物では花粉が直接むき出しの胚珠につき，果実はできない。

(2)　(a)　エネルギーを変換して利用するときに，投入する元のエネルギーから利用目的とするエネルギーに，どれだけの割合で変換されるかを示したものが**変換効率**である。　(b)　運動している物体がもつエネルギーが**運動エネルギー**，高い位置にある物体がもつエネルギーが**位置エネルギー**で，いずれもそのエネルギーによって物体に**仕事**をすることができる。物質そのものがもっているエネルギーが**化学エネルギー**で，これは化学変化によって熱などとして物質からとり出すことができる。熱によって物質の状態を変化させたり，物体を動かしたりすることができるので，熱がある物体は**熱エネルギー**をもっている。

(3)　(a)　酸化銀を加熱すると酸素が発生し，あとには銀が残る。このように1種類の物質が2種類以上の物質に分かれる化学変化を**分解**という。特に，加熱による分解を熱分解という。
(b)　**上方置換法**は，水に溶けやすく空気より密度が小さい(空気より軽い)アンモニアなどの気体を集めるときに用いられる。**下方置換法**は，同じように水に溶けやすく，空気より密度が大きい(空気より重い)気体を集めるときに適している。水に溶けない，または溶けにくい気体は，**水**

上置換法で集める。

(4)　(a)　海に近い地域では，昼はあたたまりやすい陸上の気圧が低くなり，あたたまりにくい海上の気圧が高くなる。そのため，海から陸に向かって**海風**がふく。夜になると冷えやすい陸上の気圧が高くなり，冷えにくい海上の気圧が低くなるため，陸から海へ**陸風**がふく。このような風を**海陸風**という。　(b)　夏は，太平洋に比べてユーラシア大陸があたたまるため，ユーラシア大陸の方が気圧が低く，太平洋のほうが気圧が高くなって太平洋高気圧が発達する。そのために，夏は太平洋からユーラシア大陸へ向かって，南寄りの湿った季節風が吹く。

2 (状態変化－分子のようす，実験操作，沸点，蒸留)

(1)　物質は，加熱されたり冷やされたりして温度が変化すると，それにともなって固体⇔液体⇔気体とその状態が変わる。このような変化を**状態変化**という。

(2)　液体のエタノールが加熱されると，エタノールの**粒子**の運動が液体の状態より激しさを増し，粒子と粒子との間が大きく広がって体積が非常に大きくなる。状態変化では，物質の状態や体積は変化するが，粒子の数そのものは変わらないので，質量は変化しない。また，物質そのものが変化するわけではないので，加熱したり冷やしたりすることで，またもとの状態にもどすことができる。

(3)　火を消すと枝つき試験管の温度が下がり，試験管内の圧力が下がる。このときガラス管の先が液体にふれていると，逆流して枝つき試験管に入ってしまう。

(4)　液体を加熱してある温度に達すると，沸騰が始まる。この液体が沸騰し始める温度を**沸点**という。同様に，固体がとけて液体に変化するときの温度を**融点**という。純粋な物質の沸点や融点は，物質の種類によって決まっている。物質が固体→液体，液体→気体と状態変化している間は，物質の温度はそれぞれ融点または沸点のままで上昇しない。エタノールは，加熱して温度が約80℃になると沸騰をはじめ，沸騰を続けている間は温度は一定になる。

(5)　液体を加熱して沸騰させ，出てくる蒸気を冷やして再び液体としてとり出すことを**蒸留**という。液体の混合物を加熱すると，沸点の低い物質から順に気体になって出てくるので，混合物からそれぞれの純粋な物質をとり出すことができる。

3 (力のはたらき－質量と重力，浮力，水圧，水溶液の密度と圧力)

(1)　力の大きさを表す単位には**ニュートン**(N)が使われる。1Nは100gの物体にはたらく**重力**の大きさにほぼ等しい。したがって2.1Nの重力がはたらく物体の質量は，$2.1\times100=210$(g)

(2)　水中の物体には，上向きにはたらく力である**浮力**がはたらく。図2で，物体を水中に沈めたときのばねばかりの値は，物体にはたらく重力と浮力の**合力**を表しているので，このとき物体にはたらいている浮力の大きさは，$2.1-1.7=0.4$(N)

(3)　水中の物体には，あらゆる方向から水の**圧力**がはたらく。この圧力を**水圧**という。水圧は水中の物体より上にある水の重力によって生じるので，深くなるほど大きい。したがって，側面の矢印は下にいくほど長く，底面の矢印は側面のいずれの矢印よりも長く示す。

(4)　水中の物体の上面にはたらく下向きの水圧よりも，物体の底面にはたらく上向きの水圧の方が大きいので，物体には全体として上向きの浮力がはたらく。したがって，物体を水に沈めていくと，ばねばかりの値(重力－浮力)はしだいに小さくなっていくが，物体がすべて水中に入ってしまうと，浮力は一定の大きさになるため，ばねばかりの示す値も一定になる。

(5)　同じ体積ならば，密度1.0g/cm^{3}の水に加わる重力よりも，密度1.2g/cm^{3}の塩化ナトリウム水溶液に加わる重力の方が大きい。そのため，物体の上面と下面にはたらく圧力の差は，水よりも塩化ナトリウム水溶液のほうが大きい。

4 （太陽の動き－日周運動，透明半球，日照，太陽光発電）

(1)　太陽の1日の動きを観察すると，東から西へ動いているように見えるが，これは地球が西から東へ**自転**しているために起こる見かけの動きである。これを太陽の**日周運動**という。

(2)　地球は，北極と南極を結んでできる地軸を中心として，1日1回，一定の速さで西から東へ自転している。これを地球の北極の上空からみると，北極点を中心とする反時計まわりの方向となる。したがって，360°÷24＝15°となり，1時間あたり15°の割合で自転していることになる。

(3)　日本で観測すると，太陽の日周運動の道すじは，夏至のころ（6月21日）に1年中で最も北へ寄り，冬至のころ（12月22日）に最も南へ寄る。そして，春分（3月21日）や秋分（9月23日）には，太陽は真東から出て真西へ沈む。

(4)　地球の自転の向きから考えて，太陽の光が当たっている地域は東から西へ広がり，同時に，太陽の光が当たらない地域も東から西へ広がる。それぞれの地域の境は，日の出または日の入りのころにあたる。図2の両地域の境は日の入りのころで，北極付近に太陽の光が当たらない冬至のころと考えられる。

(5)　夏至に太陽の南中高度が90°になるように考えればよい。（夏至の太陽の南中高度）＝（春分の太陽の南中高度）＋23.4°より，パネルと水平な床との角度をxとすれば，90°－緯度＋（x＋23.4）＝90°より，x＝10.6°

5 （遺伝－純系，顕性形質，潜性形質，遺伝子，分離の法則，自家受粉）

(1)　エンドウは自然状態では，花粉が同じ花の中のめしべについて受粉する。このことを**自家受粉**という。親，子，孫と何世代も代を重ねても，その**形質**が全て親と同じということは，**遺伝子**型においてAAまたはaaのように，同じ遺伝子の組み合わせをもつ個体ということになる。

(2)　エンドウの種子の形の丸形としわ形や，子葉の色の黄色と緑色のように，どちらか一方の形質しか現れない2つの形質どうしを**対立形質**という。対立形質の遺伝子の両方が子に受けつがれた場合，丸形のように子に現れる形質を**顕性形質**，しわ形のように子に現れない形質を**潜性形質**という。

(3)　**有性生殖**では，両方の親の遺伝子が受けつがれる。親の丸い種子がもつ遺伝子をAA，しわのある種子がもつ遺伝子をaaと表すと，子がもつ遺伝子はAaとなる。孫のうち，丸い種子がもつ遺伝子はAAまたはAaであるが，この中でしわにする遺伝子をもつ丸い種子のAaと，しわのある種子aaをかけ合わせると，ひ孫の遺伝子の組み合わせはAa，Aa，aa，aaとなり，丸い種子としわのある種子の割合は1：1になる。

(4)　有性生殖で**生殖細胞**がつくられるときには**減数分裂**が行われ，**染色体**の数は減数分裂の前の半分になる。その結果，親の生殖細胞が**受精**してできる受精卵の染色体の数は，減数分裂前の細胞と同じになる。2本が対になっている遺伝子が，減数分裂によってそれぞれ別の生殖細胞に入ることを**分離の法則**という。

(5)　○●と○●のそれぞれから1個ずつとり出してつくる組み合わせは，○○，○●，○●，●●の4種類で，その割合は○○：○●：●●＝1：2：1になる。

(6)　孫の個体数の割合は，AA：Aa：aa＝1：2：1なので，それぞれを自家受粉させたときの個体数の割合は，AA：Aa：aa＝6：4：6。したがって，丸い種子（AaまたはAa）としわのある種子の割合は，（6＋4）：6＝5：3になる。

＜社会解答＞

1　(1)　ⓐ　ア　ⓑ　ア　(2)　ウ→ア→イ　(3)　天皇の位をゆずったのちも，上皇として行う政治。　(4)　い　(5)　(a)　エ　(b)　(記号)　B　(名称)　アヘン戦争

2　(1)　①　イ　②　ア　(2)　(a)　シベリア出兵　(b)　ウ　(3)　(a)　エ　(b)　公共事業を増やし，経済の回復をはかるニューディール政策を行った。　(c)　イ，エ

3　(1)　(a)　①　イ　②　イ　(b)　やませによる冷害に強い品種を栽培する。　(2)　い　(3)　カルデラ　(4)　エ

4　(1)　太平洋　(2)　ⓐ　ア　ⓑ　イ　(3)　ア　(4)　国土が東西に長く，一つの標準時にすることは難しいから。　(5)　バイオ(燃料)

5　(1)　エ　(2)　①　ア　②　教育を受ける権利　(3)　終身雇用　(4)　(a)　ウ　(b)　3年ごとに半数が改選される　(5)　難民

6　(1)　ⓐ　イ　ⓑ　ア　(2)　NPO　(3)　エ　(4)　エコツーリズム　(5)　(a)　エ　(b)　①　(例)貨物の輸送に最も利用される自動車が，二酸化炭素の排出量が最も多い　②　(例)生産地から消費地までの距離が近くなる　(6)　(例)効率的に商品を仕入れることができる

＜社会解説＞

1　(歴史的分野―日本史時代別－旧石器時代から弥生時代・古墳時代から平安時代・鎌倉時代から室町時代・安土桃山時代から江戸時代，―日本史テーマ別－社会史・政治史・宗教史，世界史－政治史)

(1)　ⓐ　青森県の三内丸山遺跡では，縄文時代の大規模な集落跡が見つかり，高さ15m近い掘立柱建物跡などが出土した。吉野ケ里遺跡は，佐賀県にある弥生時代の遺跡である。　ⓑ　縄文時代の跡である三内丸山遺跡からは，多くの土偶が出土した。埴輪が出土するのは，古墳時代の遺跡である。

(2)　ア　平安時代初期の804年に，遣唐使とともに唐から帰国した最澄が日本に伝えたのが，天台宗である。同じく唐から帰国した空海は，真言宗を開いた。　イ　栄西が，宋に二度に渡って学び，臨済宗の禅を日本に持ち帰ったのは，鎌倉時代のことである。道元が宋に渡り，帰国して曹洞宗を開いたのも，鎌倉時代のことである。　ウ　鑑真は，奈良時代中期の753年に苦難の末，唐から来日した。鑑真は唐招提寺をつくり，戒律を日本に伝えた。したがって，時代の古い順に並べると，ウ→ア→イとなる。

(3)　天皇の位をゆずったのちも，上皇として政治を行うのが院政である。院政のもとでは，上皇の発する院庁下文(いんのちょうくだしぶみ)・院宣(いんぜん)が大きな力を持ち，天皇は位に形ばかりついているだけとなった。

(4)　織田信長が拠点とした安土の位置は，琵琶湖畔の「い」である。織田信長はこの地に安土城を築き，城下町では楽市・楽座を進めた。

(5)　(a)　アは，田沼意次の政治である。イは，天保の改革を行った老中水野忠邦の政治である。ウは，享保の改革を行った8代将軍徳川吉宗の政治である。エが，寛政の改革を行った老中松平定信の政治であり，旧里帰農令と囲米の制の説明である。　(b)　(記号)　イギリスと清とが戦端を開いたのは1842年であり，資料Ⅰ中のBの時期にあたる。　(名称)　清国のアヘン禁輸を発端とするこの戦争は，アヘン戦争と呼ばれる。戦争はイギリスの勝利に終わり，1842年に南京

条約が締結され，中国が**半植民地化**される起点となった。

2 **(歴史的分野—日本史時代別－明治時代から現代，—日本史テーマ別－政治史・外交史・社会史・経済史)**

(1) ① 旧土佐藩士で，倒幕・維新に活躍して明治新政府に加わり，**明治6年の政変**で政府を去り,1874年に**民撰議院設立建白書**を政府に提出したのが，**板垣退助**である。板垣退助は，**自由民権運動**の中心の一人となっていった。 ② 板垣がみずからを党首として1881年に結成したのが，**自由党**である。**立憲改進党**は，**明治14年の政変**で政府を去った肥前藩出身の大隈重信が，1882年に結成した政党である。

(2) (a) 1918年から1922年まで行われた，イギリス・フランス・アメリカ・日本などによる，**ロシア革命**に対する軍事干渉が**シベリア出兵**である。「革命軍に囚われたチェコ軍団を救出する」ことを名目に共同出兵した。1922年までに連合軍は撤退した。 (b) 資料中のBの期間とは，1937年から1945年である。アは，1914年に始まった**第一次世界大戦**に関しての説明である。イは，1904年に始まった**日露戦争**についての説明である。エは，1931年に始まった**満州事変**についての説明である。どれも別な時期の戦争についての説明である。ウが正しい。この時期には，**盧溝橋事件**をきっかけに**日中戦争**が本格化し，国家予算に占める軍事費の割合が増大した。

(3) (a) 1921年から1922年にかけてアメリカで行われ，**海軍軍縮条約**が締結され，各国の海軍主力艦の保有量が制限されたのが，**ワシントン会議**である。 ア **ポーツマス条約**の内容に反発し，**日比谷焼き打ち事件**が起こったのは，1905年である。 イ **原水爆禁止運動**が起こったのは，1955年のことである。世界で初めての**原爆投下地**である広島で，1955年に**第1回原水爆禁止世界大会**が行われた。 ウ **国会期成同盟**は，自由民権運動の発展の中で，1880年に結成された国会開設運動の全国的団体である。ア・イ・ウのどれも，時期が異なる。エが，**ワシントン会議**と同時期である。**被差別部落**の自主解放を目指し，**西光万吉**らによって1922年に創立された団体が，**全国水平社である。** (b) **世界恐慌**に対する政策として，アメリカの**フランクリン・ルーズベルト大統領**が行ったのが，**ニューディール政策**である。ニューディール政策では，テネシー川流域においてダム建設などの**公共事業**を行い，**失業者を大量に雇用**するなど，政府が積極的に経済に関わった。上記のような趣旨を簡潔に記せばよい。 (c) アの**財閥解体**は，**GHQ**の指令により1945年に始まった。ウの**日本国憲法**が公布されたのは，1946年である。いずれも1951年の**サンフランシスコ平和条約**よりも前である。イとエが，サンフランシスコ平和条約よりも後である。イの，**沖縄が返還**されたのが1972年，エの，**日中平和友好条約**が結ばれたのは1978年である。

3 **(地理的分野—日本地理－地形・気候・農林水産業・工業)**

(1) (a) ① 日本の東北地方の中央部を南北に延びる，**日本最長**の山脈を**奥羽山脈**という。北は青森県から，南は栃木県に及ぶ。奥羽とは，太平洋側の奥州(陸奥)と日本海側の羽州(出羽)を合わせた語であり，奥羽山脈は，太平洋側と日本海側との**分水嶺**となっている。分水嶺とは，雨水が異なる方向に流れる境界のことである。特に山岳地帯では，山稜が境界になるので分水嶺という。分水嶺は水系の境界でもある。 ② 岩手県中央部を北から南に流れ，宮城県で**太平洋**に注ぐ一級河川が**北上川**である。山形県を流れ，**日本海**に注ぐ一級河川が最上川である。 (b) 梅雨明け後に，**オホーツク海気団**より吹く，冷たく湿った北東風を**やませ**といい，北海道・東北地方の太平洋側に吹き付け，**冷害**をもたらす。この対策として，やませによる冷害に強い品種を栽培する。上記のような趣旨を簡潔にまとめて記せばよい。

(2)　初めに都市を確定する。あは，新潟県上越市，いは，長野県松本市，うは，愛知県名古屋市，えは，沖縄県那覇市である。Dは，1月の降雪による降水量が多く，気温が低いところから，新潟県上越市である。Bは，気温・降水量ともに平均的であるところから，愛知県名古屋市である。Cは，1月も気温が高いところから，沖縄県那覇市である。Aは，1月の気温が極端に低いところから，長野県松本市であるとわかる。したがって，Aは長野県松本市であり，地図上のいである。

(3)　**火山活動**によって火山体に生じた凹地を**カルデラ**という。噴火時にできた**火口とは区別**され，火口よりも大きい。熊本県の阿蘇地方では，カルデラ内に水田や市街地が広がっている。

(4)　略地図上の灰色で塗られた部分は，大阪府・京都府・兵庫県・奈良県である。この4府県のうち，**重要文化財指定件数**が東京都に次いで全国第2位であるのは，京都府であり，第3位は奈良県である。したがって，ウが京都府，イが奈良県である。**工業製品出荷額**が全国第4位なのは，大阪府であり，第5位が兵庫県である。したがって，アが大阪府，エが兵庫県である。

4　(地理的分野―世界地理－地形・気候・人口・エネルギー)

(1)　世界の**三大洋**とは，**大西洋・太平洋・インド洋**である。B国アメリカとA国オーストラリアの両方が面しているのは，太平洋である。

(2)　ⓐ　南アフリカ共和国のケープタウンは，**南半球**に位置するため，12月・1月・2月が夏であり，気温が高い。　ⓑ　ケープタウンは**地中海性気候**のため，冬の7月の降水量の方が，夏の1月よりも降水量が多くなる。

(3)　アジア州は，世界第1位のインドと，世界第2位の中国の巨大人口国を含み，六大州の中で，**人口密度**が最も高い。また，人口の高齢化率はアフリカ州の次に低いため，アジア州はアである。

(4)　地球は24時間で360度自転するので，経度**15度で1時間**の時差となる。アメリカの西端にあるロサンゼルスは西経120度,東端にあるニューヨークは西経75°である。経度差は120度－75度で45度である。経度15度あたり1時間の時差があるので，45÷15＝3(時間)となる。ロサンゼルスとニューヨークは3時間の時差があることになる。国土が東西に長く，国内の時差が大きいアメリカのような国では，一つの**標準時**にすることは難しいから，複数の標準時が設けられているのである。上記を簡潔にまとめ，解答すればよい。

(5)　**とうもろこし・さとうきび**など植物由来の燃料が，**バイオ燃料**である。バイオ燃料は，原料の供給が容易なため，石油・石炭・天然ガスなどの有限な**化石燃料**と異なり，**再生可能なエネルギー源**とみなされている。

5　(公民的分野―基本的人権・国の政治の仕組み・経済一般・国際社会との関わり)

(1)　**令状**とは，捜査を行い，場合によっては逮捕することを，警察官や検察官などに，裁判官が認める**許可状**である。

(2)　①　日本国憲法第25条は「すべて国民は，**健康で文化的な最低限度の生活**を営む権利を有する。」と規定しており，これを**生存権**という。**社会権**の一種である。　②　憲法第26条では「すべて国民は，法律の定めるところにより，その能力に応じて，ひとしく**教育を受ける権利**を有する。」と規定されている。

(3)　**終身雇用**とは，企業が正規雇用従業員を**定年**まで雇用する制度のことで，年齢や勤続年数などを考慮して賃金や役職を決定する**年功序列型**とともに，日本の**雇用制度の特徴**といわれている。

(4)　(a)　1994年の導入以来，日本の**衆議院議員選挙**では，**小選挙区制**と**比例代表制**を組み合わせた**小選挙区比例代表並立制**がとられている(2023年現在)。それまでは中選挙区制という，現在よりもやや広い選挙区から複数の当選者が出る選挙制度をとっていた。小選挙区制と比例代表制の二つを並立して選挙を行うのが，小選挙区比例代表並立制である。　(b)　**衆議院議員**の任期は4年であるが，**解散**の制度があるため，衆議院議員の選挙は不定期に行われる。一方，**参議院議員**は解散がないため，**3年ごとに半数が改選**される。

(5)　人種・宗教・政治的意見の相違などによる迫害を避けるために，外国に逃れた者を**難民**と呼ぶ。最近では**政治的理由**によるものがほとんどで，人種的・思想的理由によるものも政治的理由と結びつくことが多い。これらを**政治難民**と呼ぶ。

6　(公民的分野―地方自治・経済一般・環境問題・消費生活，歴史的分野―日本史時代別－安土桃山時代から江戸時代，―日本史テーマ別－文化史，地理的分野―世界地理－産業)

(1)　ⓐ　地方自治における**直接請求**では，**条例**の制定・**改廃**を求める場合は，**有権者数の50分の1**以上の署名を集めることになっている。　ⓑ　条例の改廃を求める署名は，**首長**に提出することになっている。なお，首長の解職については，**有権者の3分の1**の署名をもって，選挙管理委員会に直接請求することになっている。

(2)　**営利を目的とせず**，環境保護・街の美化・国際協力・ホームレスの保護・街おこし等々，様々な**社会貢献活動**を行う団体を**NPO**という。NPOというのは，「Non Profit Organization」の頭文字をとった略で，直訳すると「**非営利組織**」，「**非営利団体**」となる。

(3)　江戸時代後期の文化の特色は，江戸時代前期の**上方**中心の文化と異なり，幕府のある**江戸**の町で栄えたことである。この時期には，**滑稽本**などが庶民の間で流行し，**十返舎一九**の『**東海道中膝栗毛**』が代表的である。

(4)　自然などの**地域資源**を活かしながら，**持続的にそれらを利用**することを目指した**観光**のあり方を，**エコツーリズム**という。日本では，知床・富士山・西表島・屋久島・尾瀬など多くの地域で，積極的な取り組みがなされている。

(5)　(a)　**農業国**として有名な**フランス**は，**小麦**の生産が盛んで，**自給率**は200％に及んでいる。A国がフランスである。**オランダ**は世界有数の**牛乳・乳製品の生産国**であり，資料Ⅱの4国のうちで牛乳・乳製品の自給率が最も高い。B国がオランダである。　(b)　①　**貨物の輸送**に最も利用されているのが**自動車**である。しかし，自動車は**二酸化炭素の排出量**が最も多い。　②　**地産地消**によって，生産地から消費地までの距離が近くなり，自動車などを使用した場合の二酸化炭素排出量が削減される。

(6)　小売店で用いられる，商品の販売情報の管理システムが**POSシステム**(Point Of Sales system)である。小売店では，商品を売った時点で，**商品名・金額**などの商品の情報データを本部や本社に送ることができる。送られたデータは，本部や本社のコンピューターで管理されるため，販売地域・時間帯などの情報をもとにした**効率的な商品の仕入れ**を行うことができる。

＜国語解答＞

一　(1)　(a)　は　(b)　ほこ　(c)　りゅうき　(d)　とうじょう　(2)　(a)　並　(b)　刷　(c)　寒暖　(d)　洗練　(3)　**村**　(4)　イ

二　(1)　ほたる祭り　(2)　(例)人と人が出会う奇跡によって人生が新しく変わっていく　(3)　(a)　(例)人生は正しさが正解ではないこと　(b)　(例)周りと比べず，自分の選んだ道を進めばよい　(4)　ウ

三　(1)　A　スペース，空間と相談しながら　B　圧倒的な量感とあざやかな色彩

(2)　ア　　(3)　ⓐ　道具　　ⓑ　(例)花を見る側も心の内で思いを受けとり，和やかな表情で感謝の気持ちを伝える　　(4)　イ

四　(1)　おわしける　　(2)　ウ　　(3)　(a)　無益のこと　　(b)　(例)琴爪で枇杷の皮をむいて上へ高く上げる　　c　エ

五　(例)　資料を見ると，「やばい」という言い方を「とてもすばらしい」という意味で使うことがある人の割合は，若い年代になるほど，高くなっていることがわかる。特に十六歳から十九歳の年代では，九割を超えている。

　私と同じ年代の人が「やばい」を使うとき，相手によっては，誤解されたり，自分の伝えたいことがうまく伝わらなかったりすることがあるかもしれない。気持ちのすれ違いを生まないために，何気なく使っている言葉について，この表現でよいかということを常に意識して使いたいと思う。相手や場面に応じて，伝えたいことが正確に伝わるようにしたい。

＜国語解説＞

一　(漢字の読み書き，品詞・用法，書写)

(1)　(a)　「履」の訓読みは「は・く」，音読みは「リ」。「履歴(リレキ)」。　(b)　「誇」の訓読みは「ほこ・り」，音読みは「コ」。「誇大広告(コダイコウコク)」。　(c)　周囲に比べてその部分だけが著しく高く盛り上がること。　(d)　航空機・船などに(乗務員として)乗り込むこと。

(2)　(a)　「並」は総画数8画。　(b)　「刷る」の「刷」は，「印刷」の熟語を作る　(c)　「暖」は，ひへん。　(d)　目に見えない所にもいろいろ工夫をこらし，全体として，無駄のない出来映えに仕上げること。

(3)　きへんは，行書にすると**3〜4画目に点画の連続**が起こる。

(4)　「知らない」の「ない」は，**単独で文節を作らないから付属語**。打ち消しの意味の助動詞だ。まず，文節に区切れるかどうかを確認しよう。ア「窓が・ない」，イ「悩まない」，ウ「少ない」，エ「暑く・ない」となり，**単独で文節を作るアとエは形容詞**の「ない」である。さらに，ウは形容詞「少ない」の一部。イが付属語の助動詞で打ち消しの意味を持つ。

二　(小説―情景・心情，指示語の問題，脱文・脱語補充，表現技法・形式)

(1)　傍線①「それ」は，「一年に一度の大イベント」のことだから，それを指し示す内容を傍線①より前から探すと「お祭り」だと分かる。匠海が写真を撮りたいと思っている「ほたる祭り」が五字でぴったりだ。

(2)　佳恵さんの考えが実際に目に見える形であらわれたのが匠海の成長ぶりなのだ。したがって，佳恵さんの言葉にある「匠海くんに今それを見せてもらっている」という「それ」の内容をおさえればよい。佳恵さんは**人が同じ場所に同じタイミングでいるという奇跡を信じており，その奇跡によって新しい人生が変わっていく**と考えている。実際に匠海が自分(佳恵)や金井に出会うことで新しい人生へと変わっていったのを目の当たりにしたのである。

(3)　ⓐのキーワードの「人生」について，**匠海が気づいたことは「人生って，正しさが正解じゃないんです」ということ**だ。このことを今までわかっていなかったのだから，これが気づいたことなのだ。ここを用いてまとめよう。ⓑのキーワードの「道」について，匠海が思えるようになったことは，自分は自分の選んだ道を進めば良いのだということだ。今までは周りと比べ，自分の進んだ道が正しくない気がして怖くなっていた。しかし，自分で進むべき道を選んだ今の匠海は，友達の活躍を見ても，彼のようになりたいとは思わなくなった。

(4)　ア「会話を中心に展開」されていて，臨場感がある文章だ。　イ　文中にはミーヤの鳴き声が描かれ，それが「同意するように」と擬人法でも示されている。　ウ「三人称の視点で語ること」はない。匠海の一人称の視点から描かれている。　エ　二人の会話には，風鈴が効果的に織り込まれている。

三　（論説文，会話・議論・発表ー大意・要旨，内容吟味，文脈把握，脱文・脱語補充）

(1)　筆者は，「禅の庭」をつくるときに「図面から離れて，**そのスペース、空間と相談しながら作業をすすめていく**」と述べているので，［ A ］はここから抜き出せる。また，［ B ］は西洋の庭の魅力を補うが，それは「**圧倒的な量感とあざやかな色彩**で，見る人を感嘆させるのが西洋の庭」とある部分から抜き出せよう。

(2)　庭を作る工程を，筆者は「**自我から離れる過程**」とし，**素材にいざなわれながら庭はできあがっていく**ので，そこに出現するのは「自我」ではなく「無我」である。しかし，**素材と自分がひとつになってできた庭には，無我ゆえにそのときどきの自分の心が映し出される**のだというのが筆者の考えである。イは「図面のとおりにつくった」とする点，ウは「自分をかたちにする」とする点，エは「図面どおりの庭ができる」とする点が不適切である。

(3)　筆者は，庭づくりにおいて「大地も，石も，植栽も，水も，白砂も，そのための〝道具〟ではありません」と述べているので，ⓐには「道具」が補える。また，ⓑには，以心伝心のコミュニケーションが成立するのに必要なことを補う。それは，「大切な命におもてなしの心を載せる」というもてなす側の心構えと，**見る側の「心の内で思いを受けとり，和やかな表情で感謝の気持ちを伝える」こと**だと補足資料Ⅰにある。この見る側の心構えを指定字数でまとめればよい。

(4)　補足資料2は，**日本人の自然観を「自然に対し敬意を払い，自然の恵みにも感謝しそこに美を求め，大自然と一体となることを至高の美」としている点を指摘して，本文の内容を深めるもの**となっている。本文は**日本人の自然観の是非を述べているわけではない**ので，アやウは不適切。エのように読者に疑問を持たせるような内容でもない。

四　（古文ー文脈把握，脱文・脱語補充，仮名遣い）

【現代語訳】　出勤の時は牛車の両側の物見窓に，(蜂が)ブンブンと乱れ飛んでいたのを「とまれ」と(宗輔が)おっしゃったところ，(蜂は)とまったそうだ。世間では蜂飼いの大臣と申し上げた。不思議な徳が備わった方である。この殿(宗輔)が蜂をお飼いになっていることを，世間の人々は無益なことだといっていたが，五月のころ，鳥羽殿で，蜂の巣が突然落ちてきて，貴人の目の前を散り散りに飛び交ったので，人々は刺されまいと，逃げ騒いでいたところ，太政大臣(宗輔)が貴人の目の前にある枇杷を一房とって，琴爪で皮を剥き，高く掲げたところ，そこに飛んでいた蜂の全てが(枇杷に)取りついて，散り散りにならなかったので，従者を呼んで(蜂がむらがった枇杷を)そっとお渡しになったところ，鳥羽上皇は「折良く，宗輔がお仕えしていて。」とおっしゃって，大変おほめになったということである。

(1)　語中・語尾の「は・ひ・ふ・へ・ほ」は**現代仮名遣いでは「ワ・イ・ウ・エ・オ」**となる。

(2)　主語は以下の通り。アは殿(宗輔)，イは相国(宗輔)，ウは蜂，エは相国(宗輔)。

(3)　(a)「世人，無益のことといひける」とある。　(b)「相国、御前にありける枇杷を一房取りて，琴爪にて皮をむきて，さし上げられたりければ」とあるので，ここを訳してまとめる。

(c)　宗輔は，突然のことにも動じずに機転を利かせた対応をしている。枇杷に集めた蜂を**「やをらたびたりけれ」としたことからも平然とした様子**がわかる。アは「飼っていた蜂たち」とする点，イは「家来たちに騒ぎをおさめさせた」とする点，ウは「大切な蜂の巣が壊され」たとする点が不適切である。

五 (作文)

資料からの読み取りで大切なのは，**年代によって「やばい」の使い方が違う**という点だ。この年代による違いを第一段落で書く。そして第二段落では，この調査結果を念頭に置いて，言葉の使い方について自分の考えを述べよう。言葉が相手とのコミュニケーション手段であること，相手によって言葉の受け取り方に差異があることをふまえると，**言葉を使う際に心がけたいことは何だろうか。その心がけたいことを明確に示せる**とよい。さらに，どうして心がけたいのかについて，根拠・理由を説明してまとめとすると良く仕上がるはずだ。

MEMO

大切なことはメモしておこうネ！

徳島県公立高等学校

2022年度

入　試　問　題

2022年度

●くわしい解説……39ページ

＜数学＞

時間　45分　　満点　100点

【注意】 1　答えは，特に指示するもののほかは，できるだけ簡単な形で表し，それぞれ解答用紙に書きなさい。ただし，※の欄には記入しないこと。

2　答えに無理数が含まれるときは，無理数のままで示しなさい。

1　次の(1)～(10)に答えなさい。

(1)　$-7-(-3)$ を計算しなさい。

(2)　$18\times\dfrac{5x-2y}{6}$ を計算しなさい。

(3)　$a<\sqrt{30}$ となる自然数 a のうち，最も大きいものを求めなさい。

(4)　二次方程式 $3x^2-36=0$ を解きなさい。

(5)　1個 a g のゼリー6個を，b g の箱に入れたときの全体の重さは800 g 未満であった。この数量の関係を不等式で表しなさい。

(6)　y は x に反比例し，$x=4$ のとき $y=\dfrac{5}{4}$ である。x と y の関係を式に表しなさい。

(7)　右の表は，クイズ大会に参加した11人の得点である。この表をもとにして，箱ひげ図をかくと，下の図のようになった。a，b の値をそれぞれ求めなさい。

表　　　　　　　　（単位：点）

13，7，19，10，5，11，
14，20，7，8，16

図

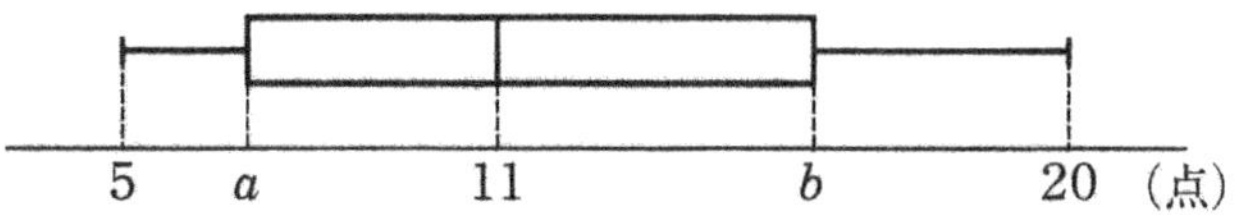

(8)　右の図のように，平行な3つの直線 ℓ，m，n がある。x の値を求めなさい。

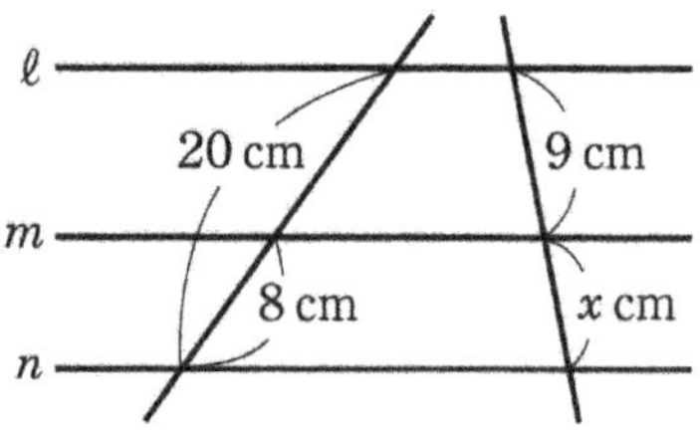

(9)　1から6までの目が出る大小2つのさいころを同時に投げるとき，出る目の数の和が素数になる確率を求めなさい。ただし，それぞれのさいころについて，どの目が出ることも同様に確からしいものとする。

(10) 右の図のように，直線 ℓ と直線 ℓ 上の点A，直線 ℓ 上にない点Bがある。点Aで直線 ℓ に接し，点Bを通る円の中心Oを，定規とコンパスの両方を使って解答用紙に作図しなさい。ただし，作図に使った線は消さずに残しておくこと。また，定規やコンパスを持っていない場合は，作図の方法を文章で書きなさい。

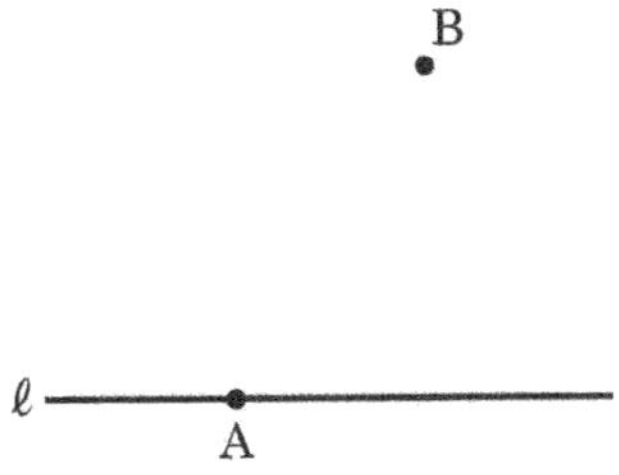

2 かずきさんとみさきさんは，厚紙を切って，３種類の図形A，B，Cをたくさんつくっている。図形Aは正方形，図形Bは１辺の長さが図形Aの１辺の長さと等しく，他方の辺の長さが１㎝の長方形，図形Cは１辺の長さが１㎝の正方形である。(1)・(2)に答えなさい。

(1) 厚紙は，赤，青，白，黄，緑の５色ある。この５色から３色を選ぶとき，その選び方は全部で何通りあるか，求めなさい。

(2) ２人は，図形A，B，Cを何枚か組み合わせて，重ならないようにすき間なくしきつめ，いろいろな四角形をつくろうと考えている。図形Aの１辺の長さを x ㎝として，(a)～(c)に答えなさい。

(a) 図形Aを１枚，図形Bを３枚，図形Cを２枚の合計６枚を組み合わせると，１つの長方形をつくることができる。$x=3$ のとき，この長方形の２辺の長さは，それぞれ何㎝か，求めなさい。

(b) かずきさんは，図形Aを１枚，図形Bを６枚，図形Cを８枚の合計15枚を組み合わせて，１つの長方形をつくった。この長方形の周の長さを x を用いて表しなさい。

(c) みさきさんは，図形A，B，Cを何枚か組み合わせて，１辺の長さが $(x+7)$ ㎝の正方形を１つつくった。この正方形の面積は，図形Aを１枚，図形Bを６枚，図形Cを８枚の合計15枚を組み合わせてかずきさんがつくった１つの長方形の面積より105㎠大きかった。このとき，x の値を求めなさい。

3 高校生のあおいさんは，部活動でおそろいのTシャツをつくることになり，どの会社に注文するかについて，まことさんと相談している。次は，２人の会話の一部である。(1)・(2)に答えなさい。ただし，消費税は考えないものとする。

【会話の一部】

あおいさん　料金がどのくらいかかるかを先生からもらったパンフレットで調べ，A社とB社について表１にまとめました。どちらに注文した方が安くなるでしょうか。

表１

A 社		B 社	
基本料金	3500円	基本料金	7000円
Tシャツ代	１枚につき　900円	Tシャツ代	１枚につき　800円
プリント代	１枚につき　600円	プリント代	１枚につき　400円

まことさん　A社もB社も基本料金とそのほかに，Tシャツ代とプリント代が注文する枚数分かかりますね。

あおいさん　例えば，5枚注文するときの代金は，A社の場合は，基本料金3500円とTシャツ代4500円，プリント代3000円で，合計11000円になりますね。B社の場合は，合計（　ア　）円だから，A社の方が安くなりますね。

まことさん　注文する枚数によっては，B社の方が安くなる場合もあるのでしょうか。

あおいさん　Tシャツをx枚注文するときの代金をy円として考えてみましょう。A社についてxとyの関係を式に表すと，$y=$［　イ　］となります。この式から，yはxの一次関数とみることができますね。

まことさん　B社についても同じように考えることができるので，A社とB社のxとyの関係をそれぞれグラフに表すと図1のようになりますね。

あおいさん　2つのグラフの交点のx座標を求めると，$x=$（　ウ　）となるので，12枚以上注文すると，代金はB社の方がA社より安くなることがわかりますね。

まことさん　みんなに購入希望枚数を聞いてから，A社とB社のどちらにするかを決めることにしましょう。

図1

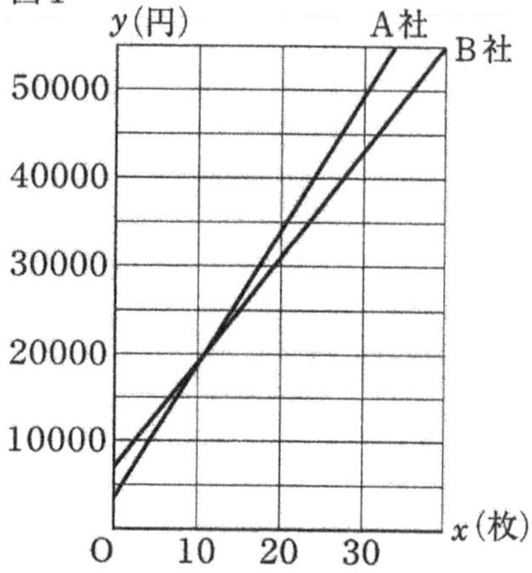

(1)【会話の一部】の（ア）・（ウ）にあてはまる数を，［イ］にはあてはまる式を，それぞれ書きなさい。

(2) 相談した結果，あおいさんたちはB社に注文しようと考えていたが，インターネットでC社を見つけた。下の表2は，C社の料金についてまとめたものである。(a)・(b)に答えなさい。

表2

C　社	
基本料金	11000円
Tシャツ代	1枚につき　800円
プリント代	1枚につき　400円 ※21枚以上注文すると，20枚を超えた枚数分のプリント代は無料

(a) C社に25枚注文するときの代金を求めなさい。

(b) まことさんは，何枚以上注文するとC社の方がB社より代金が安くなるかについて，次のように説明した。次のページの図2には，B社のグラフがかかれている。C社のグラフを考え，【まことさんの説明】の エ ・ オ にあてはまる言葉を，(カ)・(キ)にはあてはまる数を，それぞれ書きなさい。

図２

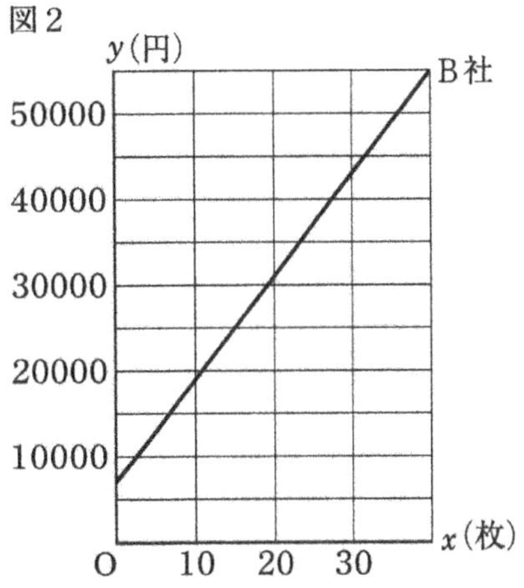

【まことさんの説明】

B社とC社のグラフを比較すると，$0 \leqq x \leqq 20$ では，２つのグラフは エ で，C社のグラフがB社のグラフより常に オ 側にある。$x > 20$では，２つのグラフはx座標が（　カ　）である点で交わるので，$20 < x <$（　カ　）のとき，C社のグラフがB社のグラフより上側にあり，$x >$（　カ　）のとき，C社のグラフがB社のグラフより下側にある。 したがって，（　キ　）枚以上注文するとC社の方がB社より代金が安くなるといえる。

4　下の図のように関数 $y = ax^2$（$a > 0$）のグラフ上に２点A，Bがあり，点Aのx座標は-4，点Bのx座標は２である。また，直線ABとy軸との交点をCとする。(1)〜(3)に答えなさい。

(1)　点Aのy座標が６のとき，点Oを回転の中心として，点Aを点対称移動した点の座標を求めなさい。

(2)　$a = \dfrac{1}{2}$ のとき，線分ABの長さを求めなさい。

(3)　$a = 1$のとき，(a)・(b)に答えなさい。

(a)　△OABの面積を求めなさい。

(b)　線分ACの中点をPとし，点Qを関数$y = ax^2$のグラフ上にとる。△OABと△OPQの面積が等しくなるときの点Qのx座標を求めなさい。ただし，点Qのx座標は正とする。

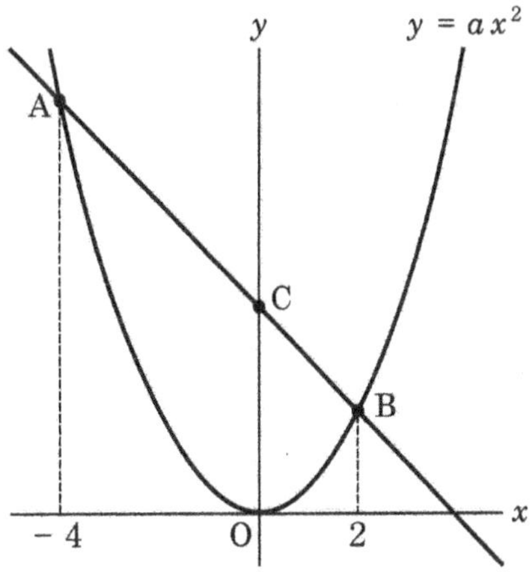

5　図１，図２のように，AB＝４㎝，AB＜ADである長方形ABCDを，ある線分を折り目として折り返したものがある。(1)・(2)に答えなさい。

図１

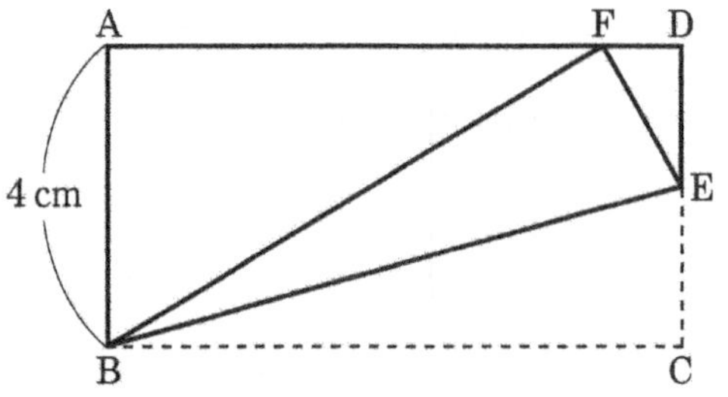

図２

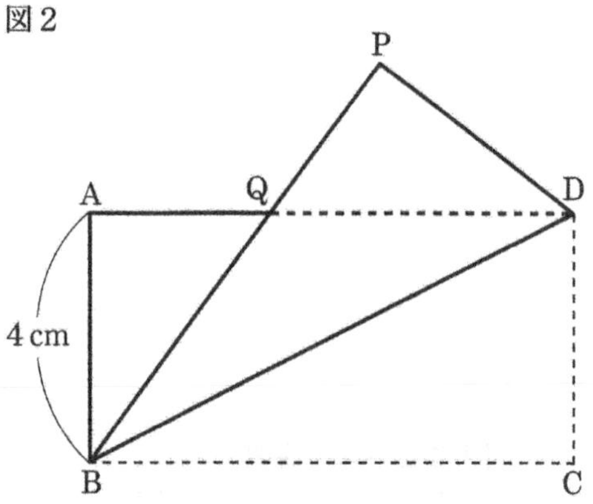

(1)　図１のように，長方形ABCDを，辺CD上の点Ｅと頂点Ｂを結んだ線分BEを折り目として，頂点Ｃが辺AD上にくるように折り返したとき，頂点Ｃが移る点をＦとする。(a)・(b)に答えなさい。

(a)　∠ABF＝50°のとき，∠BEFの大きさを求めなさい。

(b)　DE：EC＝７：９　のとき，線分EFの長さを求めなさい。

(2)　図２のように，長方形ABCDを，対角線BDを折り目として折り返したとき，頂点Ｃが移る点をＰ，辺ADと線分BPとの交点をＱとする。(a)・(b)に答えなさい。

(a)　△ABQ≡△PDQを 証明しなさい。

(b)　対角線BDの中点をＲ，線分ARと線分BPとの交点をＳとする。AD＝12㎝のとき，四角形RDPSの面積は△BRSの面積の何倍か，求めなさい。

＜英語＞

時間　50分　　満点　100点

1　次の(1)～(3)に答えなさい。

(1)　場面A・Bにおける対話を聞いて，それぞれの質問に対する答えとして最も適するものを，**ア～エ**から１つずつ選びなさい。

（場面A）　**ア**　花屋　　**イ**　駅　　**ウ**　病院　　**エ**　公園

（場面B）　**ア**　自転車の鍵　　**イ**　マンガ本　　**ウ**　かばん　　**エ**　ソファー

(2)　質問１・質問２のそれぞれにおいて，英語の短い質問とその後に読まれる**ア～エ**を聞いて，質問に対する答えとして最も適するものを，**ア～エ**から１つずつ選びなさい。

(3)　次のスライドは，ピクトグラム（pictogram）と呼ばれる案内用図記号について，さとしさんが英語の授業で発表するために用意したものである。さとしさんの発表を聞いて，発表で使用した順に**ア～ウ**を並べて書きなさい。

ア

イ

ウ

（公益財団法人交通エコロジー・モビリティ財団「標準案内用図記号ガイドライン2021」より作成）

2　ALT の先生による校内放送を聞いて，ALT の先生が一番伝えたいことはどのようなことか，最も適するものを，**ア～エ**から選びなさい。

ア　She wants to learn how to make Christmas cards.

イ　She wants to sing Christmas songs in English.

ウ　She wants the students to join their special activity.

エ　She wants the students to become members of the club.

3　英語の授業中にオンラインで交流しているオーストラリアの中学生からの質問を聞いて，あなたの答えを英文**１文**で書きなさい。

4　次の(1)～(3)に答えなさい。

(1)　次の英文(a)・(b)の意味が通るように，（　）に最も適するものを，それぞれ**ア～エ**から１つずつ選びなさい。

(a)　My sister likes curry and rice very much, (　　) I don't.

ア　so　　**イ**　or　　**ウ**　and　　**エ**　but

(b)　Mr. Brown often washes his car when he (　　) free time.

ア　has　　**イ**　feels　　**ウ**　saves　　**エ**　studies

(2)　次の対話文(a)～(c)を読んで，□　に最も適するものを，それぞれ**ア～エ**から１つずつ選びなさい。

(a) *A* : Are you using your dictionary now?
B : [　　　　] You can use it.
A : Oh, thank you. I forgot mine at home.
ア Yes, I am.　　　　イ Yes, I can.
ウ No, I'm not.　　　　エ No, I can't.

(b) *A* : Did you watch the weather report? It will be rainy this afternoon.
B : Oh, no. [　　　　]
A : Well, why don't we watch a movie at home?
B : OK. Then let's play tennis next Sunday.
ア We have to leave home soon.
イ We should play tennis at the park.
ウ We should cook at home.
エ We have to change our plans.

(c) *A* : I read a very exciting book last weekend.
B : Did you? [　　　　]
A : It's a true story about a doctor who saved a lot of people.
ア Where can you get it?　　　　イ Who wrote the book?
ウ What kind of book is it?　　　　エ Which one is your favorite?

(3) 次の対話が成り立つように，(　) の中のア～エを並べかえなさい。ただし，文頭の語も小文字で示してある。

A : From tomorrow, I have summer vacation for one week.
B : Great. (ア were　イ you　ウ if　エ I), I would go abroad.

5 中学生のたろう（Taro）さんは，総合的な学習の時間にあこがれの職業について発表するために，フィリピンに住む写真家のティム（Tim）さんに，話を聞くことにした。次の英文は，たろうさんとティムさんがオンラインで交わしている対話である。これを読んで，(1)～(3)に答えなさい。

Taro : Thank you for your time today.
Tim : You're welcome. I'm glad to hear that you are interested in my job.
Taro : Yes. I was really impressed by the pictures you took. Your pictures showed the insects' energy well.
Tim : Oh, thank you. Do you like insects, Taro?
Taro : Yes, very much. Why did you decide to take pictures of small insects?
Tim : Because I've loved insects since I was a child like you. Their colors, shapes, and movements are so attractive to me.
Taro : ①[　so　], too. They're amazing. How do you take such great pictures of them?
Tim : Well, I spend much time near insects and wait for my chance to take a

good picture.

Taro : I see. Actually, I want to be a photographer like you because I want more people to become interested in insects through my pictures. And I want to protect their environment.

Tim : Great! Pictures give everyone strong messages. I'll support your dream, Taro. Please let me know if you have any questions.

Taro : Thank you. ②[I] my best.

(注) was impressed 感動した　insect(s) 虫　attractive 魅力的な

(1) 対話が成り立つように，①[so]・②[I]にそれぞれ不足している語を補って，正しい語順で英文を完成させなさい。

(2) たろうさんとティムさんの対話の内容と合うものをア～エから１つ選びなさい。

ア Tim loves to draw pictures of interesting insects for children.

イ Taro feels the insects' energy in Tim's pictures, so he likes them.

ウ Tim is interested in Taro's dream, so he wants to ask questions.

エ Taro hopes that many people can get Tim's strong messages.

(3) 右の【メモ】は，たろうさんがティムさんとの対話に向けて事前に用意したものである。【メモ】に書かれていることのうち，たろうさんとティムさんの対話でふれられていないことがある。あなたがたろうさんなら，そのふれられていないことについてティムさんに何と尋ねるか，英文１文で書きなさい。

【メモ】

～ティムさんに質問すること～

☐ 撮る対象を決めた理由

☐ これまでに撮った写真の数

☐ 良い写真を撮る方法

6 次の英文は，中学生のほのかさんが，英字新聞のウェブサイトに投稿した文章の一部である。これを読んで，(1)～(3)に答えなさい。

To create a better life

Yesterday I found an article about the opening ceremony of the museum in our town. When I read it, I felt happy. So let me share it with you. [ア]

Our town had a plan to build a new museum. Then young, old, foreign people, and people using wheelchairs were chosen as members to think about it. [イ] Their ideas were needed to make the museum comfortable for everyone. Some of their ideas were used. [ウ] For example, we can get information in many languages. Also, some works of art are put in lower places for children or people using wheelchairs. [エ] So, the new museum became friendly for everyone. From this article, I learned important things about creating a better life.

Thinking about each other is wonderful. We are all different, so we can share various ideas to live together. Look around. There are many things we can change to make each life more comfortable.

(注) article 記事 share ～を共有する comfortable 心地よい

(1) 次の英文は，本文中から抜き出したものである。この英文を入れる最も適切なところを，本文中の ア ～ エ から選びなさい。

Do you know why?

(2) ほのかさんが本文中で一番伝えたいことはどのようなことか，最も適するものを，ア～エから選びなさい。

ア It's important to talk with various people to get ideas to make life better.
イ It's necessary to know various differences to make our world cleaner.
ウ It's important to help each other to create the new museum in our town.
エ It's necessary to look around each place to find the people who need help.

(3) 下のようなほのかさんの投稿の続きを読んだあなたは，返事を投稿することにした。質問に対するあなたの答えを，**15語以上30語以内**の英語で書きなさい。ただし，数を書く場合は数字ではなく英語で書くこととし，文の数はいくつでもよい。また，符号は語数に含めない。

Now I want various people who visit my school to feel comfortable. How about you? What can you do to change your school like this museum? Tell me about your ideas.

〈解答欄の書き方について〉

次の（例）に従って ＿＿ に１語ずつ記入すること。

（例） Really ? I'm from America , too .

7 次の英文は，高校生のたくみ（Takumi）さんが，ある留学生との出会いを通して考えたことについて英語の授業中に発表したものである。これを読んで，(1)～(6)に答えなさい。

One day in February, I joined a study tour. It was planned for high school students to visit different places in Tokushima and learn about its culture. When I was getting on the bus, a boy came to me. He smiled at me and said, "Good morning. Is this bus for the study tour?" in English. I said, "Yes," and got on the bus with him. We soon became friends, and enjoyed the tour together.

His name was Adam. He was a student from Malaysia studying at a high school in Tokushima. I was interested and wanted to know about him. So I asked Adam, "Why did you join this tour?" He said, "Because I wanted to find out more about Tokushima and make more friends before going home next month."　Then I asked, "［　①　］"　He answered, "Yes, of course!　People are kind and friendly here.　The fish and vegetables are fresh and delicious.　You have beautiful mountains and rivers.　Tokushima is wonderful!"　I was very glad to hear that, but also surprised because he knew more good sides of Tokushima than I did.

When Adam found something new during the tour, he asked me many questions.　I knew how to say some of the places, traditional things, or food in English, such as a vine bridge for *Kazura-bashi*, indigo dye for *Aizome*, or Naruto sweet potatoes, but I couldn't explain them well.　That's because I didn't know much about Tokushima.　However, Adam was different.　He had ［　②　］ information about Malaysia.　For example, he talked about famous islands, popular dishes, and exciting festivals we can enjoy there.　Though I knew almost nothing about his country, listening to him was fun and I understood Malaysia well.　I found I should learn more about Tokushima and various things around me.　If I had enough information, communication would be more interesting.

I was also surprised because Adam was using Japanese when he talked to the local people at each place.　His Japanese was not perfect, but he was never afraid of making mistakes.　Both Adam and the local people enjoyed communicating with each other by using not only Japanese and English but also gestures.　I asked Adam, "How can you talk to people like that?　Sometimes I stop talking in English because I don't want to make mistakes."　He answered, "When you are learning a foreign language, making mistakes is OK.　I think it's more important to use the language.　Talking to people is an especially good way to improve it.　If you try hard to communicate with people, they will also try to understand you, and you can become friends with them."　Since I met Adam, I've been trying to use English more without worrying about mistakes.　I believe a foreign language can be helpful to communicate with more people in the world and understand them better.

Adam's dream is to become a bridge between Japan and Malaysia.　I think that's so cool.　So I want to be more active like him to build friendships with people from different countries in the future.

（注）　study tour　スタディツアー，研修旅行　　Malaysia　マレーシア　　fresh　新鮮な
vine　かずら　　bridge　橋，懸け橋　　indigo dye　藍染め　　was afraid of　～を恐れた
communicate　意思を伝える　　gesture(s)　ジェスチャー　　active　積極的な，活発な

(1)　次の(a)・(b)の問いに対する答えを，それぞれ**3語以上の英文1文**で書きなさい。ただし，符号は語数に含めない。

(a)　Did Takumi start talking to Adam when he was getting on the bus?

(b)　What did Adam do when he saw new things during the tour?

(2) たくみさんとアダム (Adam) さんの対話が，自然なやり取りになるように，[①] に4語以上の英語を入れて，質問文1文を完成させなさい。ただし，符号は語数に含めない。

(3) 本文の内容に合うように，[②] に最も適する3語の英語を書きなさい。

(4) 本文の内容に合うように，次の英文の [　] に最も適するものをア～エから選びなさい。

Takumi was surprised because [　　　　].

ア the local people told Adam how to say traditional things in English
イ Adam knew more good points of Tokushima than the local people did
ウ the local people enjoyed listening to Adam's perfect Japanese
エ Adam tried to communicate with the local people in Japanese

(5) 次の英文は，たくみさんと ALT のソフィア (Sophia) 先生の対話の一部である。対話が成り立つように，[ⓐ] には最も適するものをア～エから選び，[ⓑ] には最も適する1語の英語を本文中から抜き出して書きなさい。

> *Sophia* : I really liked your speech. You've learned some important things from your new friend, right?
> *Takumi* : Oh, yes. First, I should [　ⓐ　] to make communication more interesting. Second, I should [　ⓑ　] worrying about making mistakes. So, I've been trying to check local news every day and use English more to improve it.
> *Sophia* : Sounds great!

ア visit different countries　　イ answer many questions
ウ know various things　　エ speak several languages

(6) 本文の内容と合うものをア～カから2つ選びなさい。

ア There were some junior high school students in the study tour in February.
イ Adam wanted to make more friends before leaving Tokushima in March.
ウ Takumi knew much about Malaysia, so he enjoyed listening to Adam.
エ Only the local people used gestures when they were talking to Adam.
オ Thanks to Adam, Takumi got some hints about learning a foreign language.
カ Takumi wants to be like Adam and become friends with people in Malaysia.

＜理科＞

時間　45分　　満点　100点

1　次の(1)～(4)に答えなさい。

(1)　次の文を読み，(a)・(b)に答えなさい。

> 生きていくために必要な栄養分を，ほかの生物から得ている生物を消費者とよぶ。消費者のうち，生物の遺骸やふんなどから栄養分を得ている生物を（　　　）者とよぶ。

(a)　文中の（　）にあてはまる言葉を書きなさい。

(b)　文中の下線部の例として最も適切なものはどれか，**ア**～**エ**から選びなさい。

ア　カタクチイワシ　　**イ**　モグラ　　**ウ**　ゾウリムシ　　**エ**　ダンゴムシ

(2)　台風について，(a)・(b)に答えなさい。

(a)　次の文は，台風について述べたものである。正しい文になるように，文中の①・②について，**ア**・**イ**のいずれかをそれぞれ選びなさい。

> 台風は，最大風速が17.2m/s をこえるようになった①[**ア**　温帯低気圧　**イ**　熱帯低気圧]であり，中心に向かって強い風がふきこんで激しい②[**ア**　上昇気流　**イ**　下降気流] を生じるため，鉛直方向に発達した積乱雲が分布している。

(b)　夏から秋にかけて発生した台風は，日本付近の上空でふいている風によって，東に押し流され，小笠原気団のふちに沿って北東に向かって進む傾向がある。このように台風の進路に影響を与える，日本付近の上空で1年中ふいている風を何というか，書きなさい。

(3)　図1のように，水とエタノールの混合物を枝つきフラスコに入れて加熱し，出てくる気体を冷やして生じた液体を順に3本の試験管A～Cに約3 cm^3ずつ集め，加熱をやめた。(a)・(b)に答えなさい。

図1

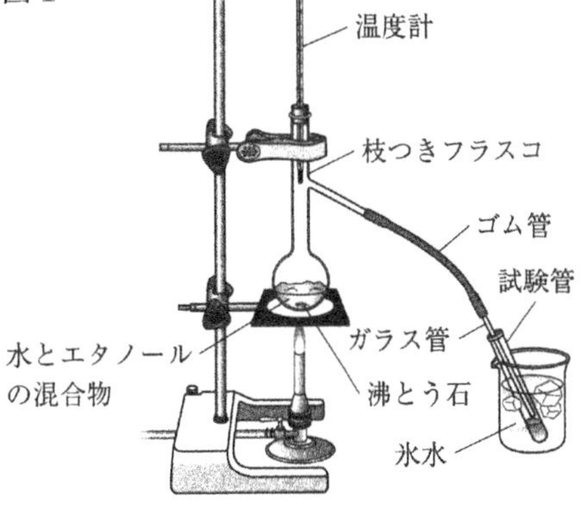

(a)　液体を加熱して沸とうさせ，出てくる気体を冷やして再び液体にして集める方法を何というか，書きなさい。

(b)　エタノールと水の沸点および最初の試験管Aと最後の試験管Cに集められた液体に含まれるエタノールの割合について述べた文として正しいものはどれか，**ア**～**エ**から1つ選びなさい。

ア　エタノールの沸点は水より高いので，エタノールの割合は試験管Aの方が高い。

イ　エタノールの沸点は水より低いので，エタノールの割合は試験管Aの方が高い。

ウ　エタノールの沸点は水より高いので，エタノールの割合は試験管Cの方が高い。

エ　エタノールの沸点は水より低いので，エタノールの割合は試験管Cの方が高い。

(4)　図２は，鍋に入れた水をコンロで加熱したときのようすであり，矢印は，このときの水の動きを示したものである。(a)・(b)に答えなさい。

図２

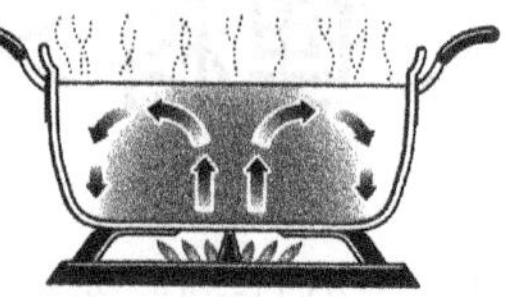

(a)　図２のように，場所により温度が異なる液体や気体が流動して，熱が運ばれる現象を何というか，書きなさい。

(b)　液体や気体の温度が場所によって異なると，温度が高い部分は上に，低い部分は下に移動する。温度が高い部分が上に移動するのはなぜか，その理由を書きなさい。

2　ヒトの反応について実験を行った。(1)～(5)に答えなさい。

実験１

①　図１のように，Aさん，Bさん，Cさん，Dさん，Eさんの５人がそれぞれの間でたるまないようにひもを持ち，背中合わせに輪になった。

②　Aさんは，ストップウォッチをスタートさせると同時に，右手でひもを引いた。左手をひもで引かれたBさんは，すぐに右手でひもを引いた。これを手を見ないようにしてCさん，Dさん，Eさんの順に，次々と行っていった。

③　Aさんは，自分の左手がひもで引かれたら，すぐにストップウォッチを止め，かかった時間を記録した。

④　この実験を３回繰り返し，平均値を求めた。表はこのときの結果をまとめたものである。

図１

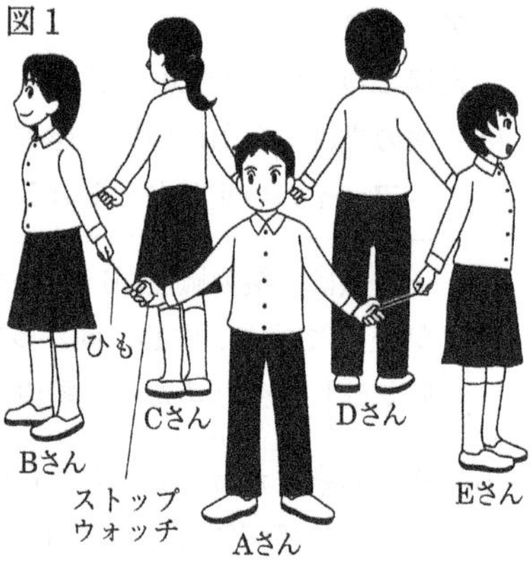

表

１回目	２回目	３回目	平均値
1.33秒	1.38秒	1.34秒	1.35秒

実験２

①　実験１ の終了後，予告なしにDさんの左手に突然氷を当てた。

②　Dさんは氷を当てられると，ほぼ同時に左手を引っこめた。

(1)　実験１ で，「ひもを引く」という命令の信号を右手に伝える末しょう神経を何というか，書きなさい。

(2)　実験１ で，１人の人が，左手をひもで引かれるという刺激を受けてから，右手で反応するまでにかかった平均の時間は何秒か，求めなさい。

(3)　実験１ で，Bさんが手をひもで引かれてから，Cさんをひもで引くまでに，Bさんの体の中では刺激や命令の信号はどのように伝わったか。図２のW～Zから必要な記号を選び，伝わった順に左から並べて書きなさい。ただし，同じ記号を２度使ってもよい。

図２

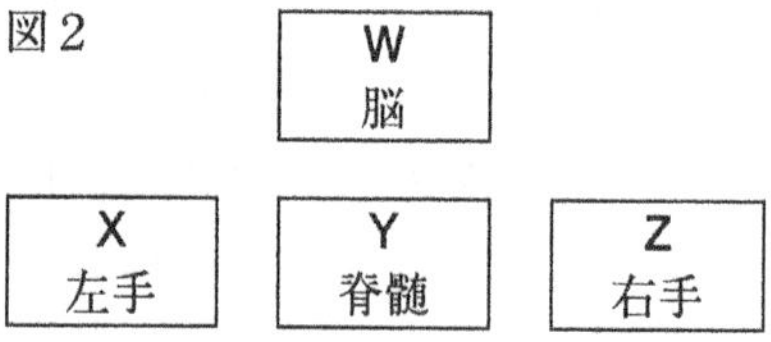

(4) 実験２ のＤさんと同様の反応として最も適切なものはどれか，**ア**～**エ**から選びなさい。

ア　自転車に乗っているとき，信号が黄色に変わったのでブレーキをにぎった。

イ　こげくさいにおいがしたので，台所に確認しに行った。

ウ　梅干しを見ると，口の中に唾液が出てきた。

エ　暗い場所に移動すると，瞳の大きさが大きくなった。

(5) 次の文は，実験１，実験２ の結果からわかったことについて述べたものである。正しい文になるように，文中の（**あ**）にあてはまる言葉を書きなさい。また，（**い**）には「脊髄」という語句を用いて，その理由を書きなさい。

> 実験１ と 実験２ の反応を比較すると，実験２ の方が，刺激を受けてから反応するまでの時間が（　**あ**　）。その理由は，左手からの刺激の信号が（　**い**　）からである。このことは，ヒトが危険から体を守ったり，体のはたらきを調節したりするのに役立っている。

3　塩化銅水溶液に電流を流したときの変化を調べる実験を行った。(1)～(5)に答えなさい。

実験

① 図のように，10％塩化銅水溶液100ｇが入ったビーカーに，２本の炭素棒の電極Ｘ・Ｙを入れ，電源装置につないだ。

② 電源装置の電圧を６Ｖにし，スイッチを入れて電流を流し，２本の電極Ｘ・Ｙで起こる変化と水溶液の色の変化を観察した。電極Ｘからは気体Ａが発生し，電極Ｙの表面には，赤色の固体Ｂが付着していた。５分間電流を流した後，スイッチを切った。

③ 発生した気体Ａがとけていると考えられる電極Ｘ付近の水溶液をスポイトでとり，赤インクで着色した水の入った試験管にその液を入れ，色の変化を調べた。

図

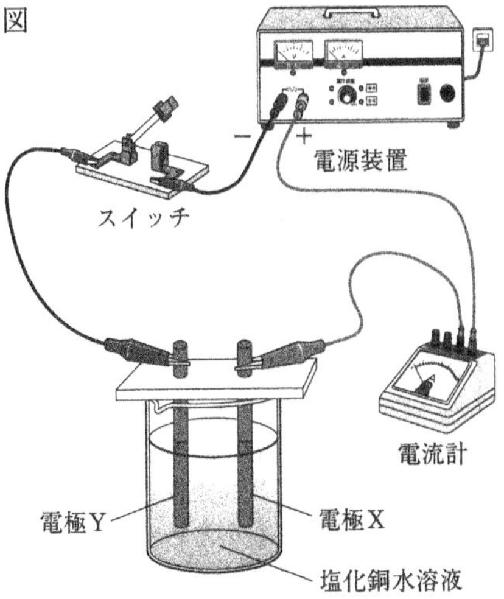

④ 電極Ｙの表面に付着した固体Ｂをとり出して乾燥させ，薬さじで強くこすった。

⑤ スイッチを切ったときの水溶液の色を観察した。

⑥ 新たに10％塩化銅水溶液100ｇとあらかじめ質量を測定した電極Ｙを用意し，①・②を行った。その後，電極Ｙをとり出して，付着した赤色の固体Ｂがとれないように注意して水で洗い，十分に乾燥させ，質量を測定した。

(1) 塩化銅のように，水にとけると水溶液に電流が流れる物質を電解質といい，水にとけても水溶液に電流が流れない物質を非電解質という。非電解質はどれか，**ア**～**エ**から**１つ**選びなさい。

ア　塩化水素　　**イ**　クエン酸　　**ウ**　砂糖　　**エ**　塩化ナトリウム

(2) 実験 ③では，発生した気体Aを含む水溶液によって赤インクの色が脱色され，実験 ④では，固体Bを薬さじで強くこすると金属光沢が見られた。気体Aと固体Bの化学式をそれぞれ書きなさい。

(3) 電極Xについて述べた文として正しいものはどれか，**ア～エ**から**1つ**選びなさい。

ア 電極Xは陽極であり，陰イオンが引きつけられた。

イ 電極Xは陰極であり，陰イオンが引きつけられた。

ウ 電極Xは陽極であり，陽イオンが引きつけられた。

エ 電極Xは陰極であり，陽イオンが引きつけられた。

(4) 実験 ⑤で，電流を流した後の塩化銅水溶液の色は，最初よりうすくなっていた。色がうすくなっていたのはなぜか，その理由を書きなさい。

(5) 実験 ⑥で，電流を流した後の電極Yの質量は，電流を流す前より1.0g増加していた。電流を流した後の塩化銅水溶液の質量パーセント濃度は何％か，小数第2位を四捨五入して，小数第1位まで求めなさい。ただし，塩化銅に含まれる銅と塩素の質量の比は，10：11である。

4 凸レンズのはたらきを調べる実験を行った。(1)～(5)に答えなさい。

実験

① 図1のように，光学台に電球，物体，凸レンズ，スクリーンを置いた。

② 物体から凸レンズまでの距離をA，凸レンズからスクリーンまでの距離をBとし，スクリーンにはっきりした像が映ったときのそれぞれの距離を記録した。表は，このときの記録をまとめたものである。

図1

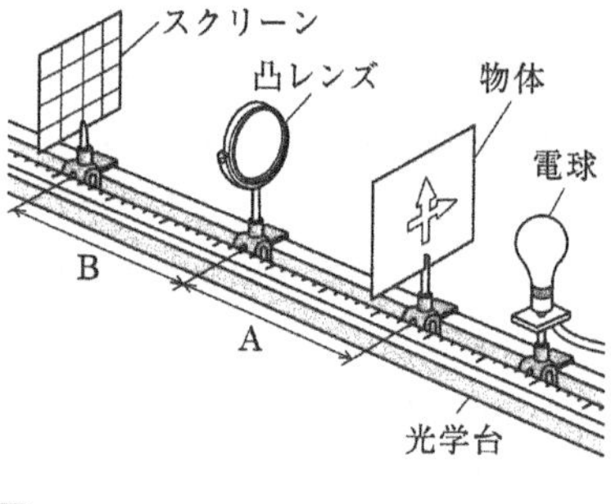

表

距離A〔cm〕	15.0	20.0	25.0	30.0
距離B〔cm〕	30.0	20.0	16.7	15.0

(1) スクリーンに映った像を電球を置いた側から観察したとき，どのように見えるか，正しいものを**ア～エ**から**1つ**選びなさい。

ア

イ

ウ

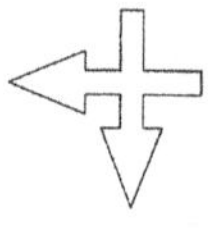

エ

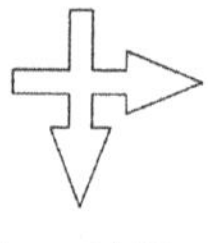

(2) 光が空気中から凸レンズの中に入るときのように，光が異なる物質どうしの境界へ進むとき，境界の面で光は曲がる。このことを光の何というか，書きなさい。

(3) 実験 ②で，物体と同じ大きさの像がスクリーンに映ったのは，距離Aが何cmのときか，正しいものを**ア～エ**から**1つ**選びなさい。

ア 15.0cm **イ** 20.0cm **ウ** 25.0cm **エ** 30.0cm

(4) 図２は，ある位置に物体を置き，スクリーンに物体の像が映ったときの物体，凸レンズ，スクリーンの位置を模式的に示したものである。この凸レンズの焦点の位置を「●」でかきなさい。ただし，作図のあとは消さずに残すこと。

図２
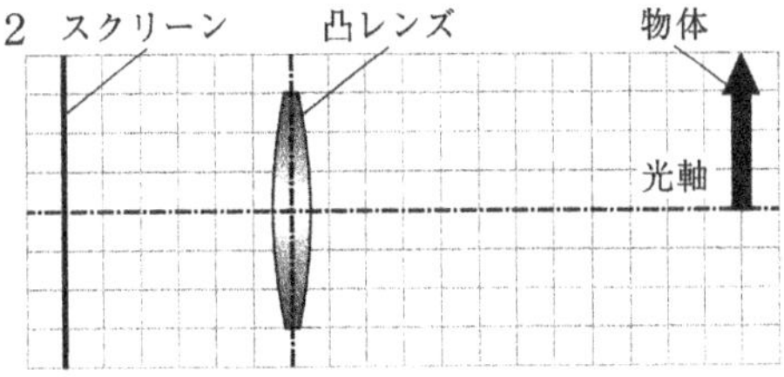

(5) あきよさんは，実験 で使った凸レンズとさらに別の凸レンズを用い，望遠鏡をつくって物体を観察した。図３は，あきよさんが望遠鏡で物体を観察したときの，物体，対物レンズ，望遠鏡で見る像，対物レンズによる像，接眼レンズを模式的に示したものである。次の文は，このときのそれぞれの位置関係を考察したものである。正しい文になるように，文中の①・②について，**ア**・**イ**のいずれかをそれぞれ選びなさい。

図３
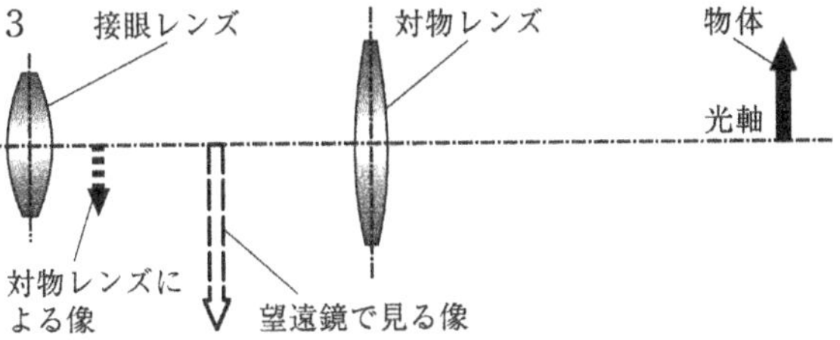

望遠鏡は，焦点距離の長い対物レンズと，焦点距離の短い接眼レンズの２つの凸レンズからできている。物体が対物レンズの焦点よりも①[**ア**　外側　**イ**　内側]にあるとき，対物レンズによる像ができ，さらに，対物レンズによる像が接眼レンズの焦点の②[**ア**　外側　**イ**　内側] にあるとき，対物レンズによる像が拡大される。私たちは，この拡大された像を望遠鏡で見る像として観察している。

5 れいじさんたちは，ある地域の地層について調べた。この地域の地層は，それぞれの層の厚さが一定で，平行に積み重なっており，同じ向きに傾いている。また，地層の上下が逆転するような大地の変化は起きておらず，断層やしゅう曲はないものとする。(1)～(6)に答えなさい。

図１のＡ～Ｃ地点で，地層の観察を行い，**観察記録**と次のページの図２の柱状図を作成した。Ｄ地点へは，通行止めになっていたため進むことができなかった。なお，図１の------線は，すべて等間隔である。

観察記録

① タブレット端末で，各地点の標高を調べると，Ａ地点は265m，Ｂ地点は273m，Ｃ地点は274mであった。

② Ａ～Ｃの各地点でいろいろな高さに砂の層が見られた。これらの層は，丸みを帯びた砂の粒でできていた。

③ Ａ～Ｃの各地点に黒っぽい泥の層があり，泥の手

図１
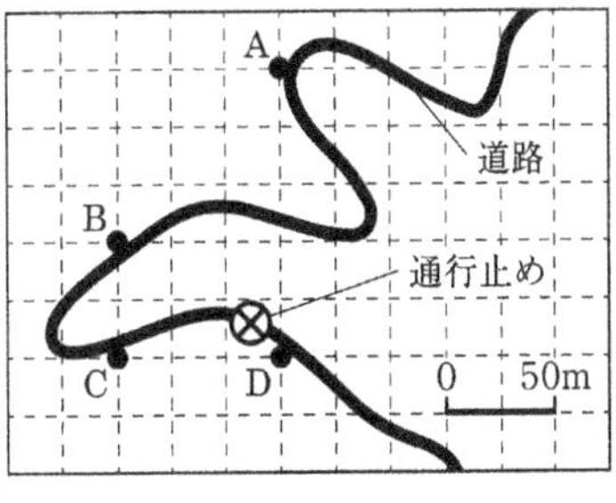

ざわりはなめらかであった。

④　B地点とC地点のれきの層には，丸い形のれきが多く，れきには色の違いが見られた。

⑤　A～Cのすべての地点に，泥の層の間にはさまるように白っぽい石の層があり，どの地点も見た目がよく似ていた。石の種類がわからなかったため，地層Pとした。

図2
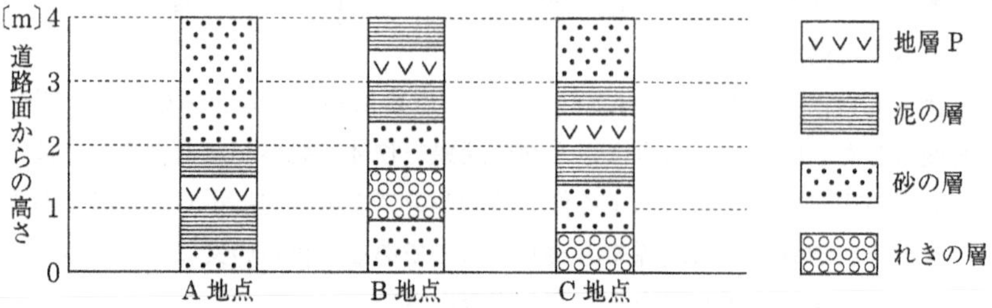

れいじさん　A地点の泥の層から，植物と恐竜の歯の化石が見つかったと聞きました。

かずみさん　その植物が限られた環境でしか生存できないものだったとしたら，ⓐ地層ができた当時の環境がわかりますね。

先　生　A地点では，泥の層の上に重なっている砂の層から，二枚貝の化石も見つかっているそうです。その二枚貝は，恐竜と同じ時代に生存していたそうですよ。

れいじさん　地層Pの石は，教科書の写真の凝灰岩とよく似ているように思います。

かずみさん　石を採取して，博物館で調べていただいてもいいでしょうか。凝灰岩であれば，ⓑ泥の層が堆積した期間に起こったできごととして（　**あ**　）が考えられますね。

(1)　A地点の泥の層から発見される可能性のある化石として最も適切なものはどれか，**ア**～**エ**から選びなさい。

ア　アンモナイト　　**イ**　サンヨウチュウ　　**ウ**　ビカリア　　**エ**　マンモス

(2)　下線部ⓐについて，地層ができた当時の環境を推定することができる化石を何というか，書きなさい。

(3)　下線部ⓑについて，地層Pが凝灰岩の層であった場合，この期間に起こったできごとは何か，（**あ**）にあてはまる言葉を書きなさい。

A～C地点の各層から石を採取して理科室へ持ち帰り，観察を行った。

かずみさん　B地点で採取したれきのうち，白っぽい灰色で石灰岩のように見えるものがありました。でも，れきをルーペで観察しても，サンゴやフズリナなどの化石は含まれていませんでした。

れいじさん　くぎでこすると，れきの表面に簡単に傷がついたので，おそらく石灰岩だと思います。

かずみさん　では，ⓒこのれきが石灰岩であることを調べる実験をしてみますね。

(4)　下線部ⓒについて，石灰岩であることを調べる実験にはどのようなものがあるか，その実験で得られる結果とあわせて書きなさい。

観察記録，図1，図2から，A～C地点の地層が堆積した当時のようすと，観察できなかったD地点の地層の重なりについて考察した。

れいじさん　B地点とC地点では，下から順に，れきの層，砂の層，泥の層が重なっているようすが観察できました。これらの層が堆積した期間に，どのようなことがあったと考えられるでしょうか。

かずみさん　れき，砂，泥が川の水に運ばれて海底に堆積したとすると，ⓓれきの層が堆積してから泥の層が堆積するまでの期間に，この地域では，海がしだいに（　い　）と考えられます。その理由は，（　う　）からです。

先　生　ほかに，れき，砂，泥を運んだ水の力の強さが変化したことも考えられますね。

れいじさん　博物館で調べていただいた結果，地層Pの石は凝灰岩でした。A～C地点の凝灰岩は，すべて同じ時期に堆積したものだそうです。

かずみさん　では，進めなかったD地点にも，A～C地点で見られた地層が広がっていると考えられるのではないでしょうか。

れいじさん　調べてみると，D地点の標高は275mでした。ⓔD地点の柱状図を作成すると，凝灰岩の層がどの位置にあるか，推測できますね。

かずみさん　長い時間をかけて，水底でできた地層が，大地の変動によって陸上に現れていることや，この地域一帯に広範囲に広がっていることを想像すると，時間や空間のスケールの大きさに感動しますね。

(5)　下線部ⓓについて，れきの層が堆積してから泥の層が堆積するまでの期間に，この地域の海の深さはどのように変化したと考えられるか，**（い）**にあてはまる言葉を書きなさい。また，**（う）**には，そう考えた理由を書きなさい。ただし，れきの層と泥の層に着目し，れきと泥が堆積しやすい場所をふまえて書くこと。

(6)　下線部ⓔについて，A～C地点と同じ時期に堆積した凝灰岩の層（地層P）は，D地点ではどの位置にあると考えられるか。凝灰岩の層（地層P）を，図2に示した地層を表す記号を用いて，柱状図としてかきなさい。

＜社会＞

時間　45分　　満点　100点

1　次の年表は，わが国の古代から近世までのできごとをまとめたものである。(1)～(7)に答えなさい。

年代	できごと
645	①大化の改新が始まる
743	（　A　）が定められる
794	②平安京へ都が移される
1192	③源頼朝が征夷大将軍に任命される
1428	④正長の土一揆が起こる
1467	⑤応仁の乱が起こる
1603	⑥徳川家康が征夷大将軍に任命される

(1)　下線部①は，中大兄皇子らによって始められた政治の改革である。この改革の中心人物であった中大兄皇子はのちに即位して天皇となった。この天皇を何というか，**ア～エ**から**1つ**選びなさい。

ア　推古天皇　　**イ**　天智天皇

ウ　天武天皇　　**エ**　聖武天皇

(2)　年表中の（A）は，新たに開墾した土地であれば，永久に自分の土地にしてもよいことを認めた法令である。この法令を何というか，書きなさい。

(3)　下線部②ののち，約400年間を平安時代という。資料Ⅰは，阿弥陀如来（座）像が納められた平安時代を代表する建物である。この建物を何というか，**ア～エ**から**1つ**選びなさい。

資料Ⅰ

ア　法隆寺五重塔　　**イ**　中尊寺金色堂

ウ　平等院鳳凰堂　　**エ**　東大寺南大門

(4)　下線部③が開いた鎌倉幕府には，荘園・公領の管理や年貢の取り立てを行う職がおかれていた。この職を何というか，**ア～エ**から**1つ**選びなさい。

ア　守護　　**イ**　地頭　　**ウ**　六波羅探題　　**エ**　侍所

(5)　下線部④について，資料Ⅱは，奈良市にある岩に刻まれた正長の土一揆の成果を記した碑文と，その現代語であり，次の文は，資料Ⅱについて述べたものである。〰〰で示した「ヲヰメ（負い目）」の意味を明らかにし，（　）にあてはまる言葉を書きなさい。

資料Ⅱ

正長《しょうちょう》元年ヨリ
サキ者《は》、カンヘ《（べ）》四カン
カウ《（こう）》ニヲヰ《い》メアル
ヘ《（べ）》カラス《（ず）》

農民たちは（　　　）を要求し，酒屋や土倉などを襲った。

(6)　次のページの資料Ⅲは，下線部⑤によって一時中断したが，都市の豪商や京都の富裕な商工業者らによって復興した祇園祭のようすである。これらの人々は，町の自治を行い，町内の争いごとの解決などを行っていたが，これらの人々を何というか，あとの**ア～エ**から**1つ**選びな

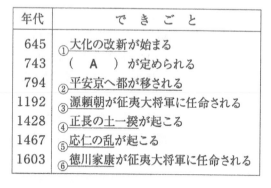

さい。

ア　町衆　　　**イ**　馬借

ウ　問（問丸）　**エ**　五人組

(7)　下線部⑥は，外国と貿易をする商人や大名に海外へ渡ることを許可する書状を与えて貿易をすすめた。この貿易がさかんになると，東南アジアに移住する日本人が増え，各地に日本町（日本人町）ができた。この貿易を何というか，**漢字**で書きなさい。

資料Ⅲ

2　次の表は，たかしさんが，社会科の授業で，興味をもった江戸後期から昭和までの外交や政治の動きを，A～Cの三つの時期に分け，まとめたものである。(1)～(5)に答えなさい。

時期	外交や政治の動き
A　江戸後期	・①間宮林蔵が樺太を島であると確認する ・ペリーが浦賀に来航する
B　明治	・樺太・千島交換条約が結ばれる ・②日清戦争の講和条約が結ばれる
C　大正・昭和	・③第一次世界大戦の講和条約が結ばれる ・（　　ⓐ　　）が結ばれる

(1)　次の**ア**～**ウ**は，A～Cのいずれかの時期に起こったできごとである。**ア**～**ウ**が起こった時期を，それぞれA～Cから1つずつ選びなさい。

ア　米の安売りなどを求める騒動が，米騒動となって全国に広がった。

イ　蝦夷地を北海道と改称し，開拓使をおいて統治や開拓を進めた。

ウ　多くの外国船が日本に近づくようになり，異国船（外国船）打払令を出した。

(2)　資料Ⅰは，下線部①が幕府の命令で樺太を調査していたころ，同じく幕府の命令で全国の沿岸を歩いて測量した人物が作成した日本地図の一部である。西洋の測量術を用いて正確な日本地図を作成したこの人物は誰か，書きなさい。

資料Ⅰ

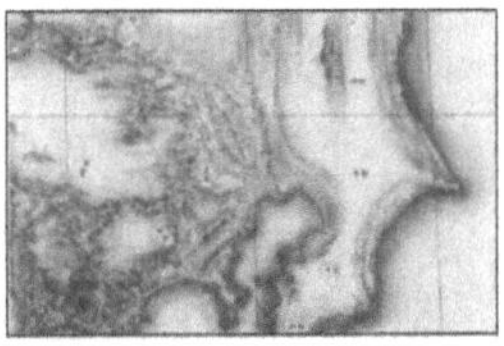

(3)　下線部②の前後の時期に関して，資料Ⅱは，わが国の紡績工場数の推移を表したものであり，次のページの資料Ⅲは，1885年と1899年における品目別の輸入割合を表している。資料Ⅲにおいて，輸入品の第1位の品目がかわった理由として考えられることを，資料Ⅱと関連づけ，「原料」，「生産」という語句を用いて，次のページの文の（　）に入れる形で書きなさい。

資料Ⅱ

年	紡績工場数
1885	511
1890	510
1895	3,842
1900	4,298

（「数字でみる日本の100年」改訂第6版より作成）

資料Ⅲ

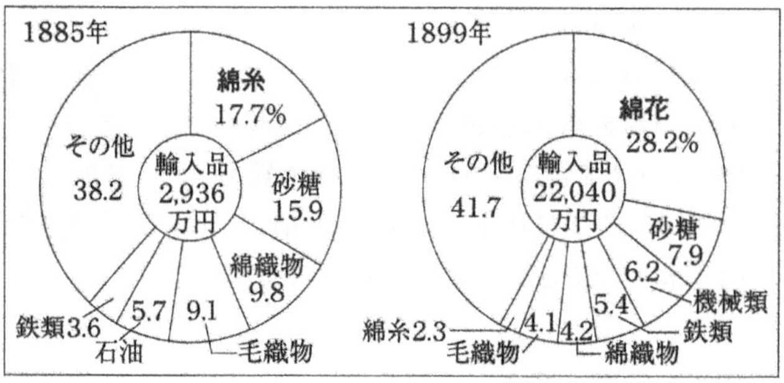

（「日本貿易精覧」ほかより作成）

> 下線部②の前後の時期は，わが国において主に軽工業の分野で産業革命がおこった時期である。1885年には綿糸を多く輸入していたが，その後，わずか10年あまりのうちに紡績工場が多く設立されたことで，（　　　）からと考えられる。

(4) 下線部③の後に起こったできごととして誤っているものはどれか，**ア**～**エ**から**1つ**選びなさい。

ア　ニューヨークの株式市場で，株価が大暴落したことをきっかけに，世界恐慌が始まった。
イ　アメリカの提案で，海軍の軍備の制限などについて話し合うワシントン会議が開かれた。
ウ　オーストリアの皇太子夫妻が，サラエボでセルビアの青年に暗殺される事件が起こった。
エ　ドイツがそれまで対立していたソ連と不可侵条約を結んだのち，ポーランドへ侵攻した。

(5) 表中の（ⓐ）には1951年，吉田茂内閣がアメリカなど48か国と結んだ条約の名称が入る。この条約の発効により，日本は独立を回復した。（ⓐ）にあてはまる語句を書きなさい。

3　次の略地図や資料を見て，(1)～(5)に答えなさい。

(1) 次の文は，略地図中の関東地方について述べたものの一部である。正しい文になるように，文中の①は，**ア**・**イ**のいずれかを選び，②にはあてはまる語句を書きなさい。

> 北関東を中心とする内陸の地域は，夏と冬の気温差が大きく，降水量が少ないという特徴がある。一方，南関東を中心とする海沿いの地域は，①［ **ア** 親潮　**イ** 黒潮 ］が近海を流れるため冬でも温暖なのが特徴である。
> ビルや商業施設が集中する東京の中心部では，気温が周辺地域よりも高くなる（　②　）現象がみられる。

略地図

（「データでみる県勢」2022年版より作成）

(2) 資料Ⅰは，略地図中の愛知県を中心とする中京工業地帯の2018年における工業出荷額等の割合を表している。資料Ⅰ中のⓐ～ⓒにあてはまる工業は何か，その組み合わせとして正しいものを**ア～エ**から１つ選びなさい。

ア　ⓐ金属工業　ⓑ機械工業　ⓒ食料品工業
イ　ⓐ機械工業　ⓑ食料品工業　ⓒ金属工業
ウ　ⓐ金属工業　ⓑ食料品工業　ⓒ機械工業
エ　ⓐ機械工業　ⓑ金属工業　ⓒ食料品工業

資料Ⅰ

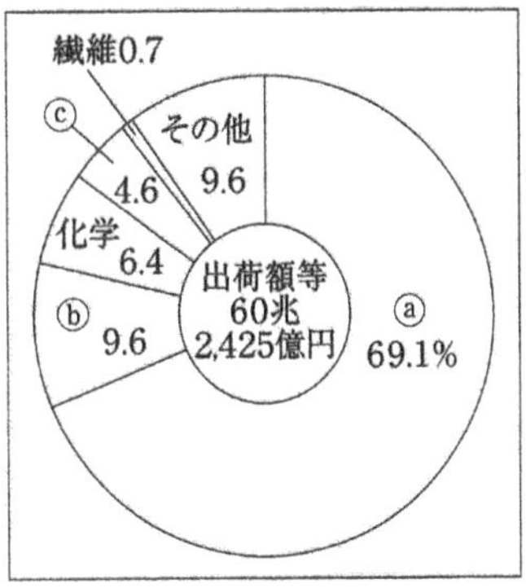

（「日本国勢図会」2021/22年版より作成）

(3) わが国では，特色ある伝統的工芸品が各地で生産されている。略地図中の岩手県で生産されている伝統的工芸品として最も適切なものを**ア～エ**から選びなさい。

ア　南部鉄器　　**イ**　西陣織　　**ウ**　会津塗　　**エ**　天童将棋駒

(4) 略地図中の ● は，2020年度のわが国における，ある発電方式による発電量の上位３県を示している。ある発電方式とは何か，次の文を参考にして，書きなさい。

> 資源の少ない日本では，自然の恵みをエネルギーに生かす再生可能エネルギーを利用した発電の拡大が期待されており，この発電方式も再生可能エネルギーを活用した発電の一つである。国内の発電所の４割が九州地方に集中しており，大分県にはこの発電方式としては日本最大級の発電所がある。

(5) 資料Ⅱは，略地図中の成田国際空港，関西国際空港，福岡空港を2019年に利用した，各空港ごとの訪日外国人の国・地域別割合を表している。福岡空港にあてはまるものはどれか，資料Ⅱ中の**ア～ウ**から１つ選び，さらに，そのように判断した理由を，アジアに着目して書きなさい。

資料Ⅱ　　単位（%）

空港	アジア				その他の国や地域
	中国	（台湾）	韓国	その他	
ア	22.0	12.2	10.4	25.9	29.5
イ	10.4	14.9	49.4	20.9	4.4
ウ	39.4	13.1	18.0	20.6	8.9

（「法務省資料」より作成）

4　次の略地図や資料を見て，(1)～(5)に答えなさい。

略地図

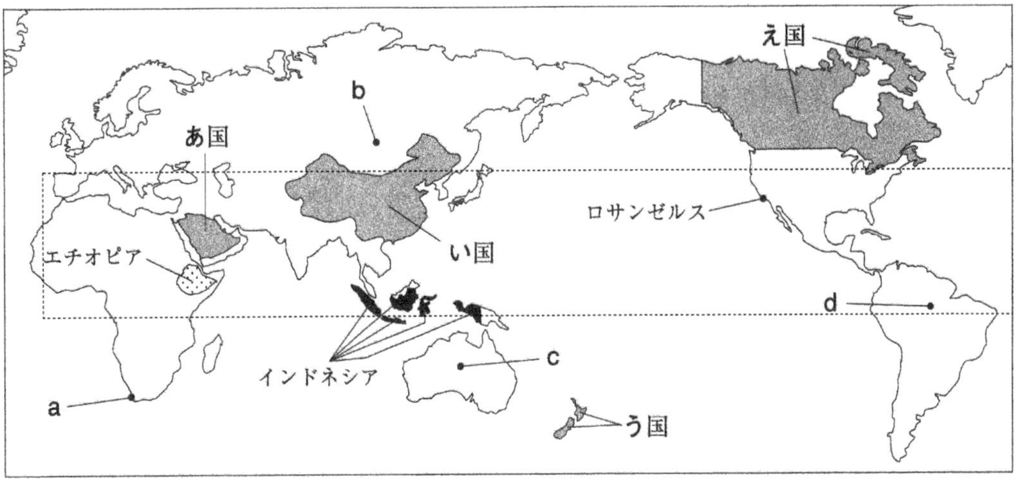

(1)　前のページの略地図中のロサンゼルスは，西経120度を標準時子午線としている。現地時間の12月２日の午後４時は，日本時間では何月何日の何時になるか，午前か午後をつけて書きなさい。

(2)　資料Ⅰは，略地図中のエチオピアと日本における2019年の人口ピラミッドであり，次の文は資料Ⅰについて述べたものである。正しい文になるように，文中の①・②について，**ア・イ**のいずれかをそれぞれ選びなさい。

資料Ⅰ

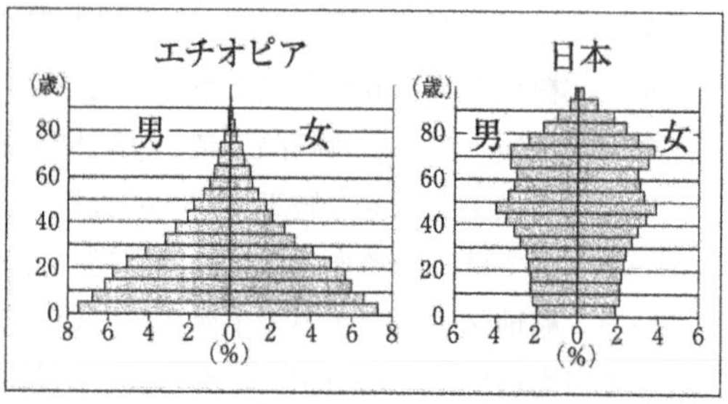

（「国連人口統計」2020ほかより作成）

　エチオピアの人口ピラミッドは，発展途上国に多くみられる①［ **ア**　富士山型　**イ**　つぼ型 ］となっている。そのため，エチオピアは日本より，出生率，死亡率とも②［ **ア**　低い　**イ**　高い ］といえる。

(3)　世界の気候は，熱帯・乾燥帯・温帯・亜寒帯（冷帯）・寒帯の五つの気候帯に分けられる。略地図中のａ～ｄの都市のうち，温帯に属する都市はどれか，ａ～ｄから１つ選びなさい。

(4)　資料Ⅱは，略地図中のインドネシアで撮影された写真である。インドネシアでは，1日の天気は変わりやすく，午後から夕方にかけて一時的に強風をともなった強い雨が毎日のように降る。資料Ⅱに見られるような，一時的な強い風をともなう大つぶの雨を何というか，カタカナで書きなさい。

資料Ⅱ

(5)　資料Ⅲは，略地図中の**あ～え**国の2019年の人口密度，2019年の羊の頭数，2018年の一次エネルギー自給率，2019年の１人あたりの国内総生産を表したものである。**う**国にあてはまるものはどれか，資料Ⅲ中の**ア～エ**から１つ選びなさい。

資料Ⅲ

国	人口密度（人/km²）	羊の頭数（千頭）	一次エネルギー自給率（％）	１人あたりの国内総生産（ドル）
ア	16	9,420	311.4	23,140
イ	4	828	177.9	46,550
ウ	149	163,490	80.2	10,004
エ	18	26,822	75.7	43,229

（「世界国勢図会」2021/22年版ほかより作成）

5　次の(1)～(5)に答えなさい。

(1)　日本国憲法で保障されている権利の一つに参政権がある。参政権のうち，選挙権は，国民が選挙を通じて政治に参加する権利である。日本の選挙の原則のうち，性別や財産などに関係なく，18歳以上のすべての国民に選挙権を保障する原則を何というか，**ア～エ**から１つ選びなさい。

ア　平等選挙　　**イ**　普通選挙　　**ウ**　秘密選挙　　**エ**　直接選挙

(2) 政治について同じ考え方や政策をもつ人々が，考えや政策を実現するためにつくる団体を政党という。政党のうち，政権を担当せず，政権を監視したり，自分たちの政策が実現するように次の選挙で多数の議席を獲得するため，国会で活動を続けたりする政党を何というか，書きなさい。

(3) 資料Ⅰは，2020年９月１日現在の小選挙区制における，ある選挙区Ａと選挙区Ｂのそれぞれの有権者数を表している。この二つの選挙区の間にみられる選挙の問題点は何か，小選挙区制のしくみにふれて，「格差」という語句を用いて書きなさい。

資料Ⅰ

選挙区	有権者数
A	481,534人
B	233,060人

(「総務省資料」より作成)

(4) 資料Ⅱは景気の変動を模式的に表したものである。(a)・(b)に答えなさい。

資料Ⅱ

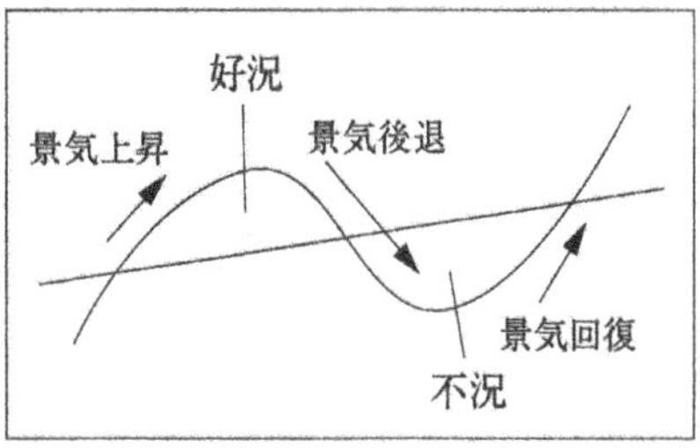

(a) 次の文は，好況（好景気）の時期にみられる社会のようすについて述べたものである。正しい文になるように，文中の①・②について，**ア**・**イ**のいずれかをそれぞれ選びなさい。

> 経済の状態は，好況（好景気）と不況（不景気）を繰り返す。一般に，好況の時期には，生産や雇用が①[**ア** 拡大　**イ** 縮小] したり，物価が②[**ア** 上昇　**イ** 下落] したりする。

(b) 景気を安定させるために日本銀行は金融政策を行っている。日本銀行が行う金融政策に関して説明した文として正しいものを，**ア**～**エ**から**１つ**選びなさい。

ア 好況のとき，日本銀行は国債などを買って通貨量を減らそうとする。
イ 好況のとき，日本銀行は国債などを売って通貨量を増やそうとする。
ウ 不況のとき，日本銀行は国債などを売って通貨量を減らそうとする。
エ 不況のとき，日本銀行は国債などを買って通貨量を増やそうとする。

(5) 国際連合の機関の一つに安全保障理事会がある。安全保障理事会は，平和の維持を担当し，常任理事国と非常任理事国から構成されるが，常任理事国にあてはまらない国を，**ア**～**エ**から**１つ**選びなさい。

ア ドイツ　　**イ** フランス　　**ウ** 中国　　**エ** ロシア

6 中学生のひろきさんのクラスでは，総合的な学習の時間に「環境」をテーマとして学習し，その後，まとめのレポートを作成することになった。次は，ひろきさんたちの班が，これまでの学習を振り返りながら，レポートの構想について話し合っている場面の一部である。(1)～(5)に答えなさい。

ひろきさん　　私たちの班は「環境」の中でも，「生きるために必要な水」という視点から，一人一人がレポートを作成しようと思います。今日は，この視点について，みなさんの考えを聞きたいと思います。それでは，発表をお願いします。

ももこさん　はい。私は，身近な生活の中で使われている水に関心があります。特に，各家庭に，どのようにして水が届いているのかを調べ，まとめたいと思います。

ひろきさん　私たちが，生活の中で使っている水の多くは，山や川などに降った雨が水源となり，私たちの暮らしに供給されているので，各地域の降水量に注目するといいですね。

かずやさん　そういえば，同じ日本でも，地域によって降水量に違いがあることを，地理の授業で学習しましたね。

ゆりこさん　そうでしたね。①瀬戸内の降水量は，日本の平均的な年間降水量より少なく，水不足になることがあるので，古くからため池をつくって，かんがいに利用してきたことを学びました。

先　生　降水量が少ないなどの理由から水が得にくかった地域では，人々が水を求めて争ったことがあるんですよ。

ひろきさん　用水路の維持や管理を共同で行っていた②室町時代には，用水路や水の利用をめぐって，争いが起きた地域があったと聞いたことがあります。

かずやさん　そうなんですね。私は，人々が水をめぐって争った歴史について興味がわいてきました。ただ，今の日本の多くの地域では，生活の中で安定して水を利用することができていますよね。

ゆりこさん　はい，その理由の一つとして，③水道の整備が進んだことがあげられます。水道の整備によって，各家庭では，安定して水を手に入れることができるようになりました。

ももこさん　ただ最近では，ペットボトルに入った水を飲料用などとして購入している人が増えてきているようですね。

ゆりこさん　そうなんです。ペットボトルに入った飲み物は手軽に飲むことができます。一方で飲んだ後の④ペットボトルなどのプラスチック製品が原因となるごみの問題が世界規模で起こっているそうです。私は，この問題に興味があるので詳しく調べてみたいと思います。

先　生　ごみとして排出されたペットボトルなどは回収され，新たなペットボトルなどにリサイクルされることがあります。1995年に制定された容器包装リサイクル法という⑤法律は，リサイクルの促進などによって，ごみの減量化と資源の有効利用の実現を目ざしています。

ももこさん　「生きるために必要な水」という視点は，これまでに学習してきたさまざまな内容と関連していることがわかりますね。

かずやさん　そうですね。学習している内容と普段の生活とのつながりを考えながら，これからも学んでいきたいと思います。

（話し合いは続く）

(1)　下線部①について，瀬戸内の降水量が，日本の平均的な年間降水量より少ないのはなぜか，「季節風」という語句を用いて書きなさい。

(2)　下線部②に関して，次の文は，室町時代にみられた農民の暮らしについて述べたものである。正しい文になるように，文中のⓐ・ⓑについて，**ア**・**イ**のいずれかをそれぞれ選びなさい。

> 村では，農民が，地域を自分たちで運営する動きがあった。そこでは，有力な農民を中心として村ごとにまとまり，ⓐ[**ア**　惣　　**イ**　座] と呼ばれる自治組織がつくられた。また，猿楽や田楽などの芸能からは能が生まれた。さらに能の合間に演じられ，民衆の生活や感情をよく表した喜劇であるⓑ[**ア**　連歌　　**イ**　狂言] も広まり，農民などの民衆も楽しんだ。

(3)　下線部③のように，地方公共団体がさまざまな仕事を行っていくには，十分な財源が必要である。地方公共団体の財源のうち，義務教育や公共事業など，特定の行政活動に使うことを目的に国から支払われる財源を何というか，書きなさい。

(4)　下線部④について，ゆりこさんは，近年，ペットボトルなどの大量のプラスチックごみが海に流れ出し，それを生き物が誤ってえさとして体内に取り込んで犠牲となったり，海に流れ出したプラスチックごみが海岸に漂着して景観を損ねたりするなどの問題が起こっていることを知った。そこで，ゆりこさんは，このような海に流れ出したプラスチックごみの問題について，もっと詳しく知りたいと思い，タブレット端末を使って，次の三つの資料を集めた。資料Ⅰは，日本の海岸に漂着したごみの種類別割合について表し，資料Ⅱは，新聞・ダンボール・レジ袋・ペットボトルが，ごみとして海に流れ出した場合に，自然分解されるまでの期間を表している。また，次のページの資料Ⅲは，海岸で撮影されたプラスチックごみの問題に関係する写真である。あとの(a)・(b)に答えなさい。

資料Ⅰ

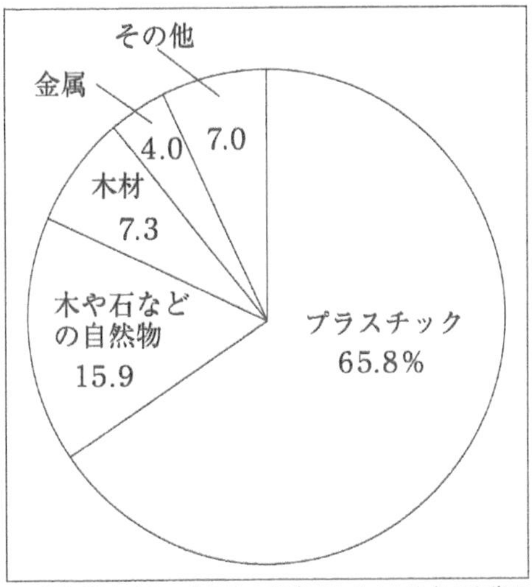

(注) 調査方法：全国から選定された10地点の海岸において，調査範囲にある2.5㎝以上の漂着ごみを回収・分類。

（環境省「海洋ごみをめぐる最近の動向」ほかより作成）

資料Ⅱ

材質	種類	ごみとして海に流れ出した場合に自然分解されるまでの期間
紙	新聞	6週間
	ダンボール	2か月
プラスチック	レジ袋	1年～20年
	ペットボトル	400年～450年

(注) 自然分解とは，自然環境の中で，分子レベルまで分解されること。

（WWFジャパン「海洋プラスチック問題について」ほかより作成）

資料Ⅲ

プラスチックの容器をくわえる幼いカモメ

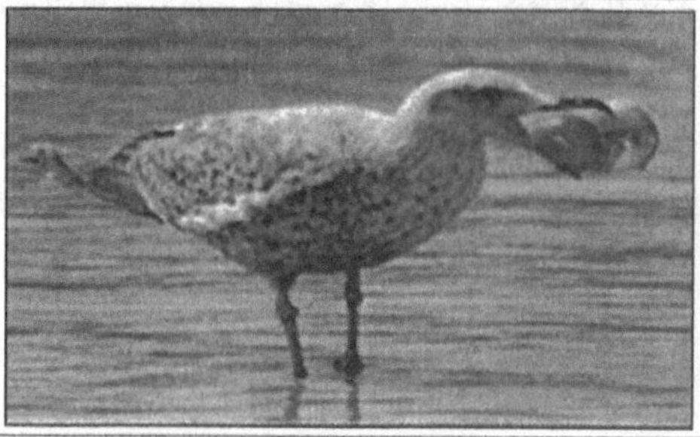

海岸で回収されたプラスチックごみ

（環境省「海洋ごみ学習用教材」ほかより作成）

(a) 次の文は，ゆりこさんが前のページの資料Ⅰと資料Ⅱを見て，海に流れ出したプラスチックごみの問題についてまとめたものである。文中の（　）にあてはまる言葉を書きなさい。

> プラスチックごみに着目して資料Ⅰと資料Ⅱを見ると，（　　　）ことがわかる。

(b) ゆりこさんは，海に流れ出したプラスチックごみの問題に対し，社会科の授業で学習した３Ｒ（リデュース，リユース，リサイクル）の一つであるリサイクルの考え方と関連づけて，自分にできることを考え，次のようにまとめた。海に流れ出したプラスチックごみの問題に対し，あなたなら，どのようなことに取り組んでいきたいか，資料Ⅰ～Ⅲや〈ゆりこさんが取り組んでいきたいこと〉を参考にして，（①）・（②）に書きなさい。ただし，①には，リデュース，リユース，リサイクルのうち１つを選んで書き，②には，選んだ考え方と関連づけて，取り組んでいきたいことを書きなさい。また，〈ゆりこさんが取り組んでいきたいこと〉の具体例はのぞくこと。

> 〈ゆりこさんが取り組んでいきたいこと〉
> 考え方：リサイクル
> 具体例：ペットボトルのラベルやキャップを外し，容器とラベルとキャップを分別して，資源ごみとして回収ボックスに入れる。

> 〈あなたが取り組んでいきたいこと〉
> 考え方：（　①　）
> 具体例：（　②　）

(5) 下線部⑤について(a)・(b)に答えなさい。

(a) 次の文は，平等権を保障した日本国憲法第14条の一部である。これに関して，1999年に，家庭，地域，政治など，社会のあらゆる場面で男女の人権が尊重され，男女が責任をもって対等に役割をになうことを定めた法律が制定された。この法律を何というか，書きなさい。

> すべて国民は，法の下に平等であつて，人種，信条，性別，社会的身分又は門地により，政治的，経済的又は社会的関係において，差別されない。

(b)　法律案の議決など，いくつかの決定については，衆議院に強い権限が認められている。法律案の議決において，衆議院で可決し，参議院でこれと異なった議決をした法律案は，どのようなときに法律となるか，正しいものを**ア**～**エ**から**1つ**選びなさい。

ア　両院協議会を開き，それでも意見が一致しない場合は，衆議院の議決により，法律となる。

イ　内閣総理大臣とすべての国務大臣が出席する閣議によって決定され，法律となる。

ウ　衆議院が出席議員の3分の2以上の賛成で再可決した場合は，法律となる。

エ　内閣の助言と承認により，天皇の国事行為として法律となる。

ことも大切ですね。

たまきさん　高校のアピール動画を観たときに、制作側は、先に完成イメージを具体的に考えていたのだろうと思いました。だから、あのような、よくわかる動画ができたのだと思います。

しおりさん　では、これから、ふるさとのアピール動画の完成イメージを具体的に文章で書いていきましょう。

よしほさん　それに合うタイトルも考えましょう。タイトルが興味深いと、動画を視聴してくれる人も増えると思います。

〈条件〉

(A)　解答用紙の□には、あなたの考える動画にふさわしいタイトルを書き、本文を一行目から書き始めること。

(B)　二段落構成とし、前の段落では、ふるさとのよさについて、どのようなことをアピールしたいのか、また、アピールの対象はだれでその理由は何かを書き、後の段落では、動画の完成イメージを具体的に書くこと。

(C)　タイトルに合うような内容で、全体が筋の通った文章になるようにすること。

(D)　漢字を適切に使い、原稿用紙の正しい使い方に従って、十～十三行の範囲におさめること。

という比喩が独特だと思います。空が低くなってくるように感じているのでしょうか。はるか遠くにある月を「人に近し」、つまり、自分に近いと表現しているのも興味深いですね。

ひかるさん　私は、これは作者が空とともに月が近づいてくるように感じていることを表現していると考えましたが、どう思いますか。

ゆうきさん　私は、最後の句は作者の視点が近くに移っているので、空にある月ではなくて、（　**い**　）を見ているのだと思いました。

ひかるさん　なるほど、そういう捉え方もできますね。この漢詩は、目の前の情景描写を工夫することで、作者の（　**う**　）を表現しているのだと感じました。

(a)　〰〰線部「辺りが暗くなる時刻を迎えたこと」がわかる言葉を、漢詩中から**漢字二字**で抜き出して書きなさい。

(b)　**（あ）**にあてはまるのは第何句か、書きなさい。

(c)　**（い）**にあてはまる適切な言葉を**五字以上十字以内**で書きなさい。

(d)　**（う）**にあてはまる最も適切なものを**ア**～**エ**から選びなさい。

ア　自然の中でくつろぎ、旅に出た喜びを実感している気持ち

イ　大空を見ることで、孤独を忘れ去って無心になっていく気持ち

ウ　月をそばに感じ、孤独な心が癒やされていくような気持ち

エ　原野が広がった光景を前に、雄大な自然に恐れを感じる気持ち

五

しおりさんの班は、「総合的な学習の時間」にふるさとのよさについて考え、ふるさとのアピール動画を制作することにした。次は、しおりさんの班の話し合いの一部である。あなたがしおりさんなら、どのようなアピール動画を制作するか。あなたの考えを〈条件〉(A)～(D)に従って書きなさい。

話し合いの一部

しおりさん　ふるさとのアピール動画の制作について、どのような内容にしたらよいかお互いに考えを出し合いましょう。

たまきさん　先日、ある高校のアピール動画を観たので、その内容を説明してもいいですか。

よしほさん　何か参考になる点があるかもしれません。ぜひ、お願いします。

たまきさん　はい、校門から校舎の全貌を映し、続いて中庭のベンチ、池や渡り廊下など学校のいろいろな場所が映し出されていました。次に、生徒が活動している様子や学校の特徴の説明などが、映像とともに映し出されていきました。この高校には、どのようなコースがあり、何を学ぶことができるのか、将来についても考えることができるような内容でした。

しおりさん　今のたまきさんの話を聞いて、だれに、何をアピールしたいのかを明らかにしておくことは大切だと思いました。

よしほさん　そうですね。それと、制作側が具体的にどのような内容の動画にしたいのか、完成イメージをもっておく

ウ 感動 → イメージを広げる → 制作 → 発見 → 考察 → 気づき
エ 感動 → 情報を整理する → 制作 → 推敲 → 考察 → 気づき

(4) 次は、みつきさんが話し合ったことをもとに、本の一部、補足資料1、補足資料2を関連させながら、表現することについてまとめたものである。ⓐ～ⓒにあてはまる適切な言葉を書きなさい。ただし、ⓐは本の一部から**十五字**で、ⓑは補足資料2から**八字**でそれぞれ抜き出し、ⓒは、本の一部と補足資料1とを関連させて、「良さ」と「壁」という言葉を用いて、**十五字以上二十字以内**で書くこと。

人間の無意識の中には（ ⓐ ）があり、頭の中では（ ⓑ ）状態だといえる。それを、絵や言葉、歌などいろいろな方法で再現することが表現するということである。その表現されたものから「自分にあるもの」を見つけだすことができる。絵であるならば、「これは自分の色や形ではない」というようにそぎ落としていくことで、最後に残ったものが「自分にあるもの」といえる。「自分にあるもの」を見つけ増やしていくという態度は（ ⓒ ）生き方で、正直さや時間が要求されることではあるが、最も求められていることだといえる。

四 次の文章を読んで、(1)～(3)に答えなさい。

建徳江《けんとくかう》に宿《やど》る　孟浩然《まうかうねん》

移シテレ舟ヲ泊マルニ煙《えん》渚《しよ》ニ一　舟を移して□
日暮レテ客《かく》愁《しう》新タナリ　日暮れて客愁新たなり
野曠《ひろ》クシテ天ハ低《た》レレ樹ニ　野曠くして天は樹に低れ
江清クシテ月ハ近シレ人ニ　江清くして月は人に近し

【口語訳】
舟をこぎ寄せて靄《もや》けぶる砂辺に泊まる。日は暮れて旅の愁《うれ》いが新たにわきおこる。原野が広がり大空は木々に垂れ、川は澄み切って月はわが近くにある。

（注）建徳江＝建徳県（浙江省《せっこうしょう》建徳市）を流れる河川。
孟浩然＝唐を代表する詩人の一人。
曠＝何もなくがらんと開けているさま。
靄＝かすみ。

(1) この詩のように四句からなる漢詩の形式を何というか、**漢字二字**で書きなさい。

(2) □には、――線部の書き下し文が入る。――線部「泊マルニ煙渚ニ一」を書き下し文になおし、全てひらがなで書きなさい。

(3) 次は、ひかるさんとゆうきさんが、この漢詩について調べた後、話し合った内容の一部である。(a)～(d)に答えなさい。

ひかるさん　作者は故郷を離れて孤独を感じているようです。この思いは辺りが暗くなる時刻を迎えたことでわきおこっていますね。

ゆうきさん　唐の時代の詩人は、定まった形式の中で工夫を凝らして表現しています。この漢詩は、（ **あ** ）で内容が変化していて、表現としては、「天は樹に低れ」

まひるさん　忘れていたことも映し出されるという意味で、「[B]」という言葉が使われているのですね。ところで、どんどんそぎ落としていくことで「宝物」が見つかると書かれていますが、「宝物」というぐらいだから、なかなか見つからないものなのですね。

みつきさん　きっと、そうだと思います。いつもは無意識の中にあるけれども、夢中で表現することで表されるということだと思います。

まひるさん　「補足資料2」の、体験を通して感じたことを再現することが表現であるということと結びつきますね。

つかささん　はい。この「補足資料2」の「感動をよびおこす形で表現する」は、「本の一部」の「絵は憧れを描くもの」と通じますね。

みつきさん　感動するということで「こう表現したい」、つまり、「憧れを描きたい」という気持ちがわきおこるのでしょう。ところで、心を動かされたことを絵で描くだけではなく、詩や文章で表したり、歌やダンスで表したりすることも表現することですね。

まひるさん　実は、私の表現方法は詩を創ることなんです。小学生のころから詩を創りためています。今の話し合いで思い出したことがあります。ある夏の雨上がり、友達と学校から帰っていて、突然、大きな虹が空にかかり始め、心が震えるような感動を覚えました。その情景を詩にしたいと考えた私は、夏の雨上がり、鮮やかな虹が突然現れたその瞬間に出会えた喜び、それを友達と分かち合っているような詩にしようと思い、夢中で創りました。そして、何度も言葉を練り直し、仕上げていきました。

みつきさん　その詩の中に、まひるさんらしさを見つけることはできましたか。

まひるさん　はい。詩を完成させるために、何度もその詩を読み返してみると、素直な自分に出会えたように思いました。

(1)　話し合いの一部の[A]・[B]にあてはまる適切な言葉を書きなさい。ただし、[A]は本の一部の言葉を用いて、**十五字以上二十字以内**で書き、[B]は本の一部から**五字以内**で抜き出してくること。

(2)　話し合いの一部について書かれたものとして、最も適切なものを**ア**～**エ**から選びなさい。

ア　出された考えに対して共通点や相違点を出し合い、多様な価値観を共有している。

イ　出された考えに対して共感や反論をすることで、話し合いの方向を決定づけている。

ウ　出された問いに対して具体例や体験談を交え意見を出し合い、捉えた話題の理解を深めている。

エ　出された問いに対して調べたことをもとに意見を出し合うことで、推論を確かなものにしている。

(3)　話し合いの一部で、まひるさんの詩が完成するまでの過程を説明したものとして、最も適切なものを**ア**～**エ**から選びなさい。

ア　感動 ↓ イメージをもつ ↓ 制作 ↓ 推敲《すいこう》 ↓ 分析 ↓ 気づき

イ　感動 ↓ 情報を収集する ↓ 制作 ↓ 発見 ↓ 分析 ↓ 気づき

と、何を感じて描こうとしたのか、という本当に言いたいところまで到達しない場合もあります。いまの目の前に並ぶ状況を図解説明するだけで終わってしまったら残念です。そうではなくて、私はこういうところにひかれた、そしてこういうふうだったらいいなという、その、こうありたいというのが絵なのです。これを忘れてはいけません。

そして自分の絵をしっかり見てみる。するとそこから世界が開けていく。なるほど私はこういうものが好きだったんだ、と絵は教えてくれる。だから、怖《おそ》れずにどんどん描いてみる。変になってもかまわない。とにかくやってみる。描かないより描いたほうがいい。

（千住《せんじゅ》　博《ひろし》「千住博の美術の授業　絵を描く悦《よろこ》び」より。一部省略等がある。）

（注）　吐露＝心の中に思っていることを隠さず述べ表すこと。

補足資料1

絵を描くということは、自分にないものを付け加えていくことではなくて、自分にあるものを見つけて磨いていくこと。自分の良さを磨いていくことです。

（千住　博「千住博の美術の授業　絵を描く悦び」より。一部省略等がある。）

補足資料2

人間は、さまざまな体験を通して感じとったものを心の中にたくわえ持っている。はっきりと意識的に学びとったものもあるが、ほとんどは日常生活の中で無意識のうちに感じとる。感じたという事実は確かでも、それが何であるか、なぜそう感じたのかは説明できないことが多い。人との出会い、自然の中での発見、いろいろの状況の下で、あるときは強烈な実感として、あるときはぼんやりと抽象された感想として受けとめる。喜び、悲しみ、美しいもの善いものに対する感動。計り知れないほど多くの体験が頭の中で象徴化され、抽象化され、類似と関連を繰り返して成長していく。それは、そのままにしておけば極めて漠然としたものだが、それをよりはっきりと意識できる形で、つまり、自分にも、他の見る人、聞く人にも感動をよびおこす形で、もう一度再現してみせるのが「表現」である。

（広中《ひろなか》　平祐《へいすけ》「広中平祐　若い日本人のための12章」より。一部省略等がある。）

話し合いの一部

みつきさん　「本の一部」では、「いま描いている作品の中にすでに答えがある」とありますが、どういうことだと思いますか。

つかささん　絵の中に自分らしさを見つけることができるということだと思いました。例えば、同じ風景を描いても、だれ一人同じ絵にはなりませんよね。つまり、絵の中にそれを描いた人の内面がそれぞれ表現されているのだと思います。

まひるさん　人の内面を、どうやってその絵から見つけるのですか。

つかささん　自分の絵を［　A　］ことができると筆者は書いています。つまり、そうすることで自分に何があるのかに気づき、自分をわかることになるのだと思います。

いることなのです。

作品の中で、これは先生からの課題だからと描いたもの、この端のほうに場所があいたので好きなものを何となく描いたもの、描いた動機にはいろいろあると思いますが、意外と後者のほうに、自分の本心を無意識に吐露《とろ》している場合もあります。

人物画でも、人物がなければ良い絵なのに、と思うことがあります。人物の背景に、いろいろなものを描いてみたくなる、どうしても色をモノトーンに抑えたくなった、というように絵を描いていくうちにいろいろな想念が起き、それを描いていく。描いている最中というのは、それにどういう意味があるかなどとは考えませんよね。一歩身を引いて、自分の描いたものを見る。そして分析をしていくと、自分でも気づいていなかった自分を知るということができるのです。描いてみて、見る。その繰り返しで自分に何があるのか、ないのかがわかってきます。

無意識ということには意識や経験をはるかに超えた情報が眠っている、ということなのでしょう。幼い日からの記憶などさまざまなものがそこに埋もれていると思ってみてはどうでしょう。

学生の皆さんも、生まれて今日まで、いろんなことを経験しているわけです。大切なことも忘れていたり、大切なことではなくても何となく覚えていたりすることもあります。絵はいわば心の鏡です。忘れていたことも、そこには映し出されているのかもしれません。

自分の描いた、いま描いている作品の中にすでに答えがあると私は考えています。

たとえば私は、自分の作品を徹底的に直視することによって、なるほど余白とはこういうことか、なるほどこれが日本の文化か、と生命の記憶にさかのぼったような、遥《はる》か遠い懐かしさをたぐりよせたような体験をしたことがあります。

すべての答えはすでに自分の絵の中にある。自分の絵の中から、いわば不純物をどんどん取り除いてゆく。これは私の「形」ではない。これは私の「色の組み合わせ」ではない。そう思ったら思い切って捨ててゆくべきです。どんどんそぎ落としてゆくこと、勇気を持ってやってみることです。

そしてたった一つでもかけがえのない「何か」が残ったら、それは皆さんの「宝物」です。一生手放さずに、同じように宝物を一つ、また一つと増やしていく。それが自分を広げていくということなのです。時間がかかります。絶対の正直も要求されます。でも、自分にうそをつかずやっていくしかないのです。それが結果的には一番近道なのです。

描いているときにはわからないことなのですが、絵というのは、結局夢中で描いていたところだけがその絵を面白くさせているものなのです。結果的に画面が少々汚くても、そのようなことはまったく問題ではなく、夢中になって描いたことが人の目をひきつける。

描いていくうちにさらに夢中になっていく、そして描く。意外とそういう部分が知らぬ間に自分を広げていることが多い。そうやって自力で壁を乗り越えていくのです。

絵は、憧れを描くものです。わあ、いいな、と思える風景、素敵な人物、おいしそうな果物、そこには人々の夢があふれています。夜の不思議、朝のまぶしさ、昼のけだるさ、そして夕方のせつなさ――。自分が憧れる世界を最初からイメージしながら、自分の絶対の近道を手掛かりに丁寧に描いていくことが大事なのです。ひとときだけの感情のたかまりをぶちまけるようなものではないのです。

たとえば人物画を描くにしても、写実的な描写にだけ集中しているうつむいてしまった駿馬を、すばるが気味悪そうに見る。

「ばっかやろう、恥ずかしいわけないじゃん。」

夢。……夢。

胸が熱い。足に火が灯《とも》る。

鼻をこすりながら、草の原に置いてきた夢の破片を思いだす。

それは砕け散ったいまでも、駿馬のこころの中で強い光を放っている。

夢は怖い。失敗するのは怖い。一度望んでしまったら……。うまくいかないのに、あきらめられなかったら……。

（それでも、もう一度走ってみたい。）

最後でもいい。もう一度、あの向かい風を感じることさえできるなら。

（黒川《くろかわ》　裕子《ゆうこ》「天を掃け」より。一部省略等がある。）

（注）　ゲンちゃん＝駿馬の幼なじみ。

(1)　――線部①「けっしてゼロにならない友だち」とあるが、駿馬が欲しいと思っている友だちとはどのような存在か、本文中から抜き出して書きなさい。ただし、答えの末尾が「ような存在」に続く形になるように、**十八字**で書くこと。

(2)　――線部②「息をのんで」とあるが、これは駿馬のどのような様子を表しているか、本文中の言葉を用いて書きなさい。ただし、答えの末尾が「様子」に続く形になるように、**二十字以上二十五字以内**で書くこと。

(3)　――部③「こんなうつくしいことって、ほかにあるかよ」とあるが、次の文は、ある生徒が、飛翔する国際宇宙ステーションの存在を、すばるが「うつくしい」と感じた理由について、考えたことをまとめたものである。(ⓐ)・(ⓑ)にあてはまる適切な言葉を書きなさい。ただし、(ⓐ)は本文中の言葉を用いて**五字以上十字以内**で書き、(ⓑ)は**漢字二字**で書くこと。

> すばるは、人類が命がけで組み立てた国際宇宙ステーションを（　ⓐ　）が形となったものだと思っている。さらに宇宙ステーションが打ちあげられ、人類の偉業を多くの人が実感したことで、打ちあげた人たちがいなくなったとしても、その人々の思いは後世の人たちの心の中に（　ⓑ　）に生き続けるということにロマンを感じているから。

(4)　本文について述べたものとして、最も適切なものを**ア～エ**から選びなさい。

ア　すばると駿馬の会話が中心となり、言葉とは裏腹な思いが駿馬の表情により鮮明に描かれている。

イ　すばると駿馬の関係性をテンポのよい会話で表現し、二人の友情の深まりが丁寧に描かれている。

ウ　すばるの夢を聞いたことによる駿馬の感情の高まりが、すばるの視点から印象的に描かれている。

エ　すばるの駿馬に対するさまざまな思いや感謝が、夢を語る場面の描写により詳細に描かれている。

三　みつきさんは、表現方法の一つである「絵を描くこと」について書かれた本を読み、班で話し合うことにした。次は、みつきさんが話し合いのために読んだ本の一部、話し合いのために準備をした補足資料1、補足資料2と、話し合いの一部である。(1)～(4)に答えなさい。

本の一部

自分にあるものを描く、この態度こそ生き方として最も求められて

「はあ!?」

すばるが声を荒らげた。ほっぺたがほんのり赤くなってる。

「そんなって何だよ。あんた、前置きなさすぎ。そんなも何も、あんたと友だちになったおぼえ、ないんだけど。」

「細かいこと言うなって。」

「あんたは、もうちょっと細かくなった方がいい。いろんな意味で……。」

わりと真顔で言われたが、スルーしてスマホをいじるふりをする。すばるが横からひょいっとのぞきこんで、目にもとまらぬ速さで電源ボタンを押した。20時42分50秒。待ち受けに表示されたランナー仕様のデジタルウォッチを確認してつぶやく。

「そろそろだな。南西の空をしっかり見てろ。あと二十秒だ。」

「だから、何がだよ!?」

すばるは駿馬を無視して、スマホを見ながらカウントをはじめる。

「10、9、8、7、6……。」

駿馬はしぶしぶ言われたとおりに南西の空を見上げた。5、4、3、2……。「ショータイムだ。」とすばるがつぶやいた。

その瞬間、夜空に、こうこうと輝く星があらわれた。

しかもすごいスピードで南東の方角に向かって移動している。

流れ星にしては遅すぎる。飛行機と同じか、それよりも速い。でも飛行機の灯火にしては明滅《めいめつ》していないし、色もちがう。何だろう。

「すごいだろ。ISS――国際宇宙ステーションだ。」

得意げに言ったすばるに、駿馬は思わず、えっと声をあげてしまった。

ISSは地上から約四〇〇キロメートル上空の軌道を周回している有人の実験施設だ。つい先日まで日本人も搭乗していた。駿馬は②息をのんで、高速で飛翔《ひしょう》する輝きを見つめた。

「……すげぇ。あれが、人工の天体だって?」

「そう。あの光の中に人がいる。こっちに手をふってくれたかも。」

「すごすぎる。おれも飛びてぇ――。」

「何だそれ。」

すばるがくすっと笑う。

あとは二人、無言で空を見上げる。ISSの軌跡は南東から北東に続き、あるとき突然消失した。地球の陰に入ったのだ。

「ISSの外側ってアルミニウム合金でできてるんだって。」

「何だよいきなり。」

「人工衛星やスペースシャトルの素材に興味があってさ。いつかそっちの勉強をしたいと思ってる。航空宇宙工学。まずは中学を卒業しないとだけど。」

気まずそうな表情を浮かべるすばるに、駿馬は唇だけで笑った。

「見ただろ。宇宙にくらべればちっぽけな人類が組み立てた宇宙ステーションが、地球の上を回ってる。太陽の光を受けてきらきら光りながら、地球の軌道に乗って、宇宙の一部になってる。③こんなうつくしいことって、ほかにあるかよ。いま人類が滅んでも、ISSはずっとあそこを回ってる。遠い小惑星に探査機を送ることに命をかけている人たちがいる。人間の力は夢見る力だとおれは思う。宇宙ステーションもいつかは廃棄されるけど……あれを打ちあげた人たちの夢は死なないよ。おれもそんな夢の一部になりたいんだ。……言うなよ、おれだって恥ずかしいってわかってんだから。」

夜目にも顔が赤い。

……立山《たてやま》すばるというやつは、じつはひどくロマンチストだ。

「何であんたが泣きそうになってんの。」

〈国語〉

時間 五五分 満点 一〇〇点

一 次の(1)～(4)に答えなさい。

(1) 次の(a)～(d)の各文の――線部の読み方を、ひらがなで書きなさい。

(a) 感性を研ぎ澄まして作品を制作する。
(b) 清らかな川のほとりで蛍が舞う。
(c) 豊かなフルートの音色が琴線に触れる。
(d) 遠くで貨物船の汽笛が響く。

(2) 次の(a)～(d)の各文の――線部のカタカナを漢字になおし、楷書《かいしょ》で書きなさい。

(a) 新しい時代のマクが上がる。
(b) 淡い桜色の布がオり上がる。
(c) 地図のシュクシャクを確認する。
(d) 私の夢はハイユウになることだ。

(3) 行書の特徴の一つに筆順の変化がある。次の行書で書かれた漢字のうち、部首の部分が、楷書で書いた場合と比べて、筆順が変化しているものはどれか、ア～エから一つ選びなさい。

ア 進　イ 絹　ウ 窓　エ 熟

(4) 次の文の――線部「の」と同じ働きをしているものを、ア～エから一つ選びなさい。

私は友人の誕生日に本を贈った。

ア この白い花はスズランです。
イ そこにある自転車は私のです。
ウ 彼の提案したテーマに決定した。
エ 読書と映画鑑賞が私の趣味です。

二 次の文章を読んで、(1)～(4)に答えなさい。

全国大会で注目を集めた駿馬《しゅま》は負傷してしまい、回復はしたものの思うように走れず、陸上部に復帰できずにいる。そんな駿馬に対して陸上部の友だちの態度が急変し、駿馬は友だちという存在に不信感を抱くようになる。その一方で、小惑星を探すという夢を抱いているすばると出会い、天体観測に興味をもちはじめる。次は、すばるに誘われて夜空を見るために山に登った場面である。

友だちとはふしぎなもので、エレベーターの階数みたいに、ひっきりなしにふえたり減ったりするらしい。少し前まで最上階でたくさんの友だちにかこまれていたはずが、気がつけば地下一階にぽつんといることもある。逆に、ゼロだと思ってもその次の日には一人、ふえているかもしれない。

――そして、世の中には、①けっしてゼロにならない友だちもいるらしい。

たとえばそいつは北極星みたいに位置を変えず、いつもそこにいて、こっちをじっと見つめている。そこにいてくれるだけで心の支えになる、そんな友だち。

ゲンちゃん。そして……。

駿馬は小さくため息をつくと、言った。

「おれ、おまえとそんな友だちになりてぇなあ。」

2022年度

解　答　と　解　説

《2022年度の配点は解答用紙集に掲載してあります。》

＜数学解答＞

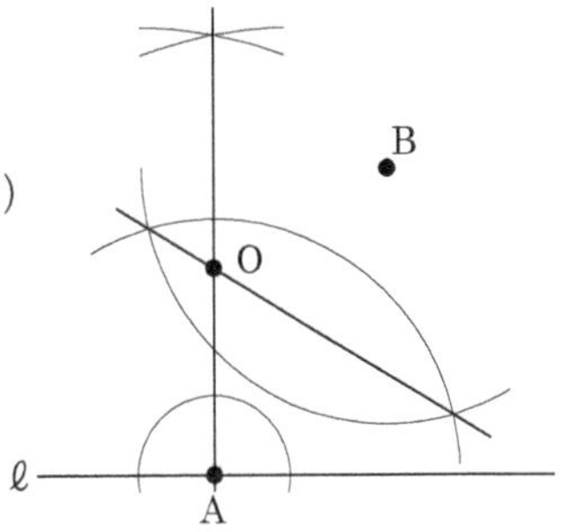

1　(1)　-4　(2)　$15x-6y$　(3)　5　(4)　$x=\pm2\sqrt{3}$
(5)　$6a+b<800$　(6)　$y=\frac{5}{x}$　(7)　$a=7$，$b=16$
(8)　$x=6$　(9)　$\frac{5}{12}$　(10)　右図(作図の方法は解説参照)

2　(1)　10(通り)　(2)　(a)　4(cm)，5(cm)
(b)　$4x+12$(cm)　(c)　$x=8$

3　(1)　ア　13000　イ　$1500x+3500$　ウ　$\frac{35}{3}$
(2)　(a)　39000(円)　(b)　エ　平行　オ　上
カ　30　キ　31

4　(1)　$(4,\ -6)$　(2)　$6\sqrt{2}$　(3)　(a)　24　(b)　$-3+\sqrt{33}$

5　(1)　(a)　70(度)　(b)　$\frac{9}{4}$(cm)　(2)　(a)　解説参照　(b)　$\frac{21}{5}$(倍)

＜数学解説＞

1　(数・式の計算，平方根，二次方程式，不等式，比例関数，資料の散らばり・代表値，線分の長さ，確率，作図)

(1)　**正の数・負の数をひくには，符号を変えた数をたせばよい。**$-7-(-3)=-7+(+3)=(-7)+(+3)=-(7-3)=-4$

(2)　$18\times\frac{5x-2y}{6}=\frac{18(5x-2y)}{6}=3(5x-2y)=15x-6y$

(3)　$\sqrt{25}<\sqrt{30}<\sqrt{36}$　すなわち，$\sqrt{5^2}<\sqrt{30}<\sqrt{6^2}$より，$5<\sqrt{30}<6$だから，$a<\sqrt{30}$となる自然数$a$のうち，最も大きいものは5。

(4)　二次方程式$3x^2-36=0$より，$x^2=12$　よって，xは12の平方根だから，$x=\pm\sqrt{12}=\pm2\sqrt{3}$

(5)　1個agのゼリー6個の重さは，$a\times6=6a$(g)　これをbgの箱に入れたときの全体の重さは，$6a+b=(6a+b)$(g)　これが800g未満，つまり800gより軽いということだから，この数量の関係は$6a+b<800$

(6)　**yはxに反比例する**から，xとyの関係は$y=\frac{a}{x}$と表せる。$x=4$のとき$y=\frac{5}{4}$であるから，$\frac{5}{4}=\frac{a}{4}$　$a=\frac{5}{4}\times4=5$　xとyの関係は$y=\frac{5}{x}$と表せる。

(7)　**箱ひげ図**とは，右図のように，**最小値**，**第1四分位数**，**第2四分位数(中央値)**，**第3四分位数**，**最大値**を箱と線(ひげ)を用いて1つの図に表したものである。また，**四分位数**とは，全てのデータを小さい順に並べて4つに等しく分けたときの3つの区切りの値を表し，小さい方から第1四分位数，第2四分位数，第3四分位数と

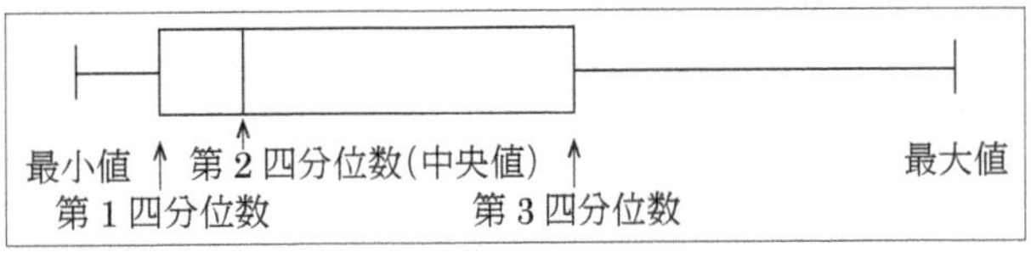

いう。クイズ大会に参加した11人の得点を低い順に並べると，5，7，7，8，10，11，13，14，16，19，20。これより，第1四分位数は得点の低い方から3番目の7点，第3四分位数は得点の高い方から3番目の16点であり，$a=7$，$b=16$

(8)　**平行線と線分の比の定理**を用いると，$9:x=(20-8):8=12:8=3:2$　$x=\frac{9\times2}{3}=6$

(9)　大小2つのさいころを同時に投げるとき，全ての目の出方は$6\times6=36$(通り)。このうち，出る目の数の和が**素数**，つまり，2，3，5，7，11のいずれかになるのは，大きいさいころの出る目の数をa，小さいさいころの出る目の数をbとしたとき，$(a,\ b)=(1,\ 1)$，$(1,\ 2)$，$(1,\ 4)$，$(1,\ 6)$，$(2,\ 1)$，$(2,\ 3)$，$(2,\ 5)$，$(3,\ 2)$，$(3,\ 4)$，$(4,\ 1)$，$(4,\ 3)$，$(5,\ 2)$，$(5,\ 6)$，$(6,\ 1)$，$(6,\ 5)$の15通り。よって，求める確率は$\frac{15}{36}=\frac{5}{12}$

(10)　(作図の方法)　(例)①　点Aを中心とする円をかき，直線ℓとの2交点をそれぞれ中心として，等しい半径の円をかく。この2円の交点と点Aを通る直線をひく。　②　点A，Bをそれぞれ中心として，等しい半径の円をかき，この2円の交点を通る直線をひく。　③　①，②でひいた2直線の交点が中心Oである。

2 (場合の数，因数分解，方程式の応用)

(1)　5色から3色を選ぶ選び方は，3色を選んだあとの残る2色の選び方に等しい。5色から残る2色の選び方は全部で，(赤，青)，(赤，白)，(赤，黄)，(赤，緑)，(青，白)，(青，黄)，(青，緑)，(白，黄)，(白，緑)，(黄，緑)の10通り。よって，5色から3色を選ぶ選び方も全部で10通り。

(2)　(a)　$x=3$のとき，図形Aを1枚，図形Bを3枚，図形Cを2枚の合計6枚の面積の合計は，$3\times3+3\times1\times3+1\times1\times2=20(\text{cm}^2)$　これより，この6枚を組み合わせてできる長方形の面積も20cm^2に等しく，その2辺の長さは，それぞれ図形Aの1辺の長さ(3cm)以上の整数値であることを考慮すると，$4\times5=20$より，4cmと5cmである。

(b)　図形Aを1枚，図形Bを6枚，図形Cを8枚の合計15枚の面積の合計は，$x\times x+x\times1\times6+1\times1\times8=(x^2+6x+8)(\text{cm}^2)$。これより，この15枚を組み合わせてできる長方形の面積も$(x^2+6x+8)\text{cm}^2$に等しく，その2辺の長さは，それぞれ図形Aの1辺の長さ($x$cm)以上であることを考慮すると，$x^2+6x+8=(x+2)(x+4)$より，$(x+2)$cmと$(x+4)$cmであり，周の長さは$\{(x+2)+(x+4)\}\times2=(4x+12)(\text{cm})$である。

(c)　みさきさんがつくった1辺の長さが$(x+7)$cmの正方形の面積は，かずきさんがつくった図形Aを1枚，図形Bを6枚，図形Cを8枚の合計15枚を組み合わせてつくった長方形の面積($(x^2+6x+8)\text{cm}^2$)より105cm^2大きかったから，$(x+7)^2=(x^2+6x+8)+105$　これを解いて，$x=8$

3 (関数とグラフ)

(1)　ア　5枚注文するときの代金は，B社の場合は，$7000+800\times5+400\times5=13000$(円)より，合計13000円　イ　Tシャツを$x$枚注文するときの代金を$y$円としたとき，A社について$x$と$y$の関係を式に表すと，$y=3500+900\times x+600\times x=1500x+3500$…①　ウ　B社についても同様に$x$と$y$の関係を式に表すと，$y=7000+800\times x+400\times x=1200x+7000$…②　A社とB社のグラフの交点の$x$座標は，①を②に代入して，$1500x+3500=1200x+7000$　これを解いて，$x=\frac{3500}{300}=\frac{35}{3}$

(2)　(a)　$11000+800\times25+400\times20=39000$(円)

(b)　C社についてxとyの関係を式に表すと，$0\leqq x\leqq20$で，$y=11000+800\times x+400\times x=1200x+11000$…③　$x>20$で，$y=11000+800\times x+400\times20=800x+19000$…④　これより，図2

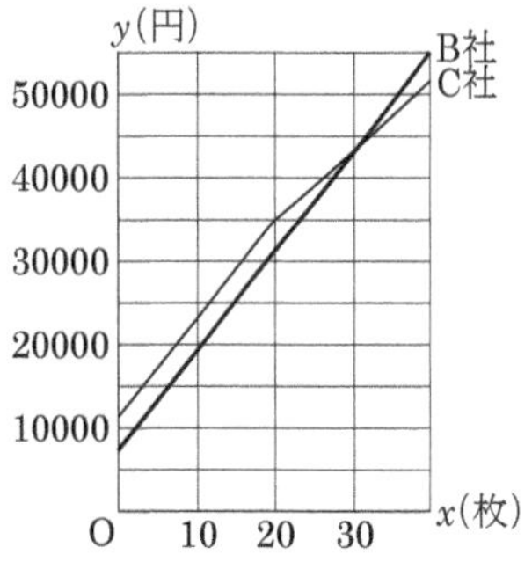

にC社のグラフをかくと右図のようになる。B社についてのxとyの関係は(1)より$y=1200x+7000$…⑤　だから，$0 \leqq x \leqq 20$では，③，⑤より，2つのグラフの傾きは1200で等しく平行(エ)で，右図に示すようにC社のグラフがB社のグラフより常に上側(オ)にある。⑤を④に代入して，$1200x+7000=800x+19000$　これを解いて，$x=30$　これより，$x>20$では，2つのグラフはx座標が30(カ)である点で交わるので，$20 \leqq x<30$のとき，C社のグラフはB社のグラフより上側にあり，$x>30$のとき，C社のグラフがB社のグラフより下側にある。したがって，31(キ)枚以上注文するとC社の方がB社より代金が安くなるといえる。

4 (図形と関数・グラフ，点の点対称移動，線分の長さ，面積)

(1)　**図形を180°だけ回転移動させることを，点対称移動という。**点を，点Oを回転の中心として点対称移動すると，移動後の点の座標は，移動前の点のx座標，y座標の符号をそれぞれ変えたものだから，点Oを回転の中心として，点A$(-4,\ 6)$を点対称移動した点の座標は$(4,\ -6)$

(2)　$a=\frac{1}{2}$のとき，点A，Bは$y=\frac{1}{2}x^2$上にあるから，そのy座標はそれぞれ$y=\frac{1}{2}\times(-4)^2=8$，$y=\frac{1}{2}\times 2^2=2$　よって，A$(-4,\ 8)$，B$(2,\ 2)$　**三平方の定理**より，線分ABの長さは2点A，B間の距離だから，$\sqrt{\{2-(-4)\}^2+(2-8)^2}=\sqrt{36+36}=\sqrt{72}=6\sqrt{2}$

(3)　(a)　$a=1$のとき，点A，Bは$y=x^2$上にあるから，そのy座標はそれぞれ$y=(-4)^2=16$，$y=2^2=4$　よって，A$(-4,\ 16)$，B$(2,\ 4)$　直線ABの傾き$=\frac{4-16}{2-(-4)}=-2$　直線ABの式を$y=-2x+b$とおくと，点Bを通るから，$4=-2\times 2+b$　$b=8$　直線ABの式は$y=-2x+8$　これより，C$(0,\ 8)$　$\triangle$OAB$=\triangle$OAC$+\triangle$OBC$=\frac{1}{2}\times$OC$\times$(点Aのx座標の絶対値)$+\frac{1}{2}\times$OC$\times$(点Bのx座標の絶対値)$=\frac{1}{2}\times 8\times 4+\frac{1}{2}\times 8\times 2=24$

(b)　**2点$(x_1,\ y_1)$，$(x_2,\ y_2)$の中点の座標は，$\left(\frac{(x_1+x_2)}{2},\ \frac{(y_1+y_2)}{2}\right)$で求められる**ので，点Pの座標はP$\left(\frac{-4+0}{2},\ \frac{16+8}{2}\right)=P(-2,\ 12)$　直線ABとx軸との交点をDとすると，点Dのx座標は，直線ABの式に$y=0$を代入して，$0=-2x+8$　$x=4$　よって，D$(4,\ 0)$　三平方の定理より，AB$=\sqrt{\{2-(-4)\}^2+(4-16)^2}=6\sqrt{5}$，PD$=\sqrt{\{4-(-2)\}^2+(0-12)^2}=6\sqrt{5}$　よって，AB$=$PD…①　$\triangle$OABと$\triangle$OPDで，**高さが等しい三角形の面積比は，底辺の長さの比に等しい**から，①より$\triangle$OAB$=\triangle$OPD…②　点Dを通り，線分POに平行な直線と関数$y=x^2$…③　との交点をQとすると，**平行線と面積の関係**より，$\triangle$OPD$=\triangle$OPQ…④　②，④より，$\triangle$OAB$=\triangle$OPQが成り立ち，点Qは問題の条件を満たす。線分POの傾きは$\frac{12}{-2}=-6$より，直線DQの傾きも-6だから，直線DQの式を$y=-6x+c$とおくと，点Dを通るから，$0=-6\times 4+c$　$c=24$　直線DQの式は$y=-6x+24$…⑤　これより，点Qのx座標は③と⑤の連立方程式の解。③を⑤に代入して，$x^2=-6x+24$　$x^2+6x-24=0$　**解の公式**より，
$x=\frac{-6\pm\sqrt{6^2-4\times 1\times(-24)}}{2\times 1}=-3\pm\sqrt{33}$　ここで点Qのx座標は正だから，$x=-3+\sqrt{33}$

5 (平面図形，角度，線分の長さ，合同の証明，面積比)

(1)　(a)　$\angle$FBC$=\angle$ABC$-\angle$ABF$=90-50=40$(°)　折り返しているから，$\angle$FBE$=\frac{1}{2}\angle$FBC$=\frac{1}{2}\times 40=20$(°)　$\triangle$BEFの内角の和は180°だから，$\angle$BEF$=180-\angle$BFE$-\angle$FBE$=180-$

$90-20=70(°)$

(b) DE：EC＝7：9より，$EC=DC\times\frac{EC}{DC}=4\times\frac{9}{7+9}=\frac{9}{4}$(cm) 折り返しているから，$EF=EC=\frac{9}{4}$(cm)

(2) (a) (証明) (例)△ABQと△PDQで，四角形ABCDは長方形であり，対角線BDで折り返しているから，AB＝PD…① ∠BAQ＝∠DPQ…② **対頂角は等しい**ので，∠AQB＝∠PQD…③ **三角形の内角の和が180°である**ことと②，③より，∠ABQ＝∠PDQ…④ ①，②，④から，1組の辺とその両端の角が，それぞれ等しいので，△ABQ≡△PDQ

(b) **長方形では，対角線はそれぞれの中点で交わる**から，点Rは対角線BDとACの交点でもある。折り返しているから，∠QBD＝∠DBC…① AD//BCより，**平行線の錯角は等しい**から，∠QDB＝∠DBC…② ①，②より，∠QBD＝∠QDBで，△QBDはQB＝QDの二等辺三角形 これより，AQ＝$x$cmとおくと，$QB=QD=AD-AQ=(12-x)$cm △ABQに三平方の定理を用いると，$QB^2=AQ^2+AB^2$より，$(12-x)^2=x^2+4^2$ $144-24x+x^2=x^2+16$ $x=\frac{16}{3}$ 平行線と線分の比の定理を用いると，$QS:SB=AQ:BC=\frac{16}{3}:12=4:9$ $SB=QB\times\frac{SB}{QB}=\left(12-\frac{16}{3}\right)\times\frac{9}{4+9}=\frac{60}{13}$(cm) $SB:BP=\frac{60}{13}:12=5:13$ △PBD＝S(cm^2)とおくと，高さが等し三角形の面積比は，底辺の長さの比に等しいことから，$\triangle PBR=\triangle PBD\times\frac{BR}{BD}=S\times\frac{1}{2}=\frac{1}{2}S$ $\triangle BRS=\triangle PBR\times\frac{SB}{BP}=\frac{1}{2}S\times\frac{5}{13}=\frac{5}{26}S$ 以上より，(四角形RDPSの面積)：△BRS＝(△PBD−△BRS)：$\triangle BRS=\left(S-\frac{5}{26}S\right):\frac{5}{26}S=\frac{21}{26}S:\frac{5}{26}S=21:5$ 四角形RDPSの面積は△BRSの面積の$\frac{21}{5}$倍である。

＜英語解答＞

1 (1) 場面A ア 場面B イ (2) 質問1 エ 質問2 ア (3) イ→ウ→ア

2 ウ

3 (例)I usually practice badminton with my friends.

4 (1) (a) エ (b) ア (2) (a) ウ (b) エ (c) ウ (3) ウ→エ→ア→イ

5 (1) ① I think so ② I will do (2) イ (3) (例)How many pictures have you taken?

6 (1) イ (2) ア (3) (例)I think that small children and foreign people can't read difficult kanji. So, we should make our school map with pictures and easy Japanese.

7 (1) (a) No, he didn't. (b) He asked Takumi many questions.
(2) (例)Do you like Tokushima? (3) a lot of (4) エ (5) ⓐ ウ ⓑ stop (6) イ，オ

＜英語解説＞

1・2・3 (リスニング)

放送台本の和訳は，47ページに掲載。

4 **(短文・会話問題：語句の問題，文の挿入，語句の並べ換え，接続詞，進行形，助動詞，関係代名詞，仮定法)**

(1)　(a)　「私の姉[妹]はカレーライスがとても好きだ。エでも[but]，私は好きではない。」逆接の**but**「しかし」。他の選択肢は次の通り。　ア「だから」　イ「あるいは」　ウ「そして」

(b)　「ブラウン氏は自由時間アがある[has]と，しばしば彼の車を洗う」他の選択肢は次の通り。イ「感じる」　ウ「救う，たくわえる，節約する」　エ「勉強する」

(2)　(a)　(全訳)「A：あなたは今辞書を使っていますか？／B：ウいいえ，使っていません。あなたは使うことができます。／A：あっ，ありがとうございます。自分のものを家に忘れてしまいました」　辞書を使っているか尋ねられて，空所直後に，相手に辞書を使うことができる，と答えていることから考える。**進行形<be動詞＋ -ing>「～しているところだ」の疑問文**には，**進行形で答える**こと。**<Yes, 主語＋ be動詞.／No, 主語＋ be動詞＋ not.> can「～できる」**他の選択肢は次の通り。　ア「はい，使っています／Yes, I am.」　イ「はい，私は使うことができます／Yes, I can.」　エ「いいえ，私は使うことができません／No, I can't.」

(b)　(全訳)「A：あなたは天気予報を見ましたか？午後は雨が降ります。／B：えっ，なんてこと。エ私たちの計画を変えなければならないね。／A：えーと，家で映画をみるのはどうかなあ？／B：いいね。それじゃあ，次の日曜日にテニスをしよう。」　文脈から，テニスをする予定だったが，午後から雨予報であることを聞いて，予定変更を余儀なくされている状況にある，ということから，考えること。**should「～すべきである／するはずだ」Why don't we＋原形～？「～してはどうか，しませんか」**(自分も含めて提案・申し出)＝**<Let's ＋原形>**他の選択肢は次の通りだが，いずれも文脈に合わない。　ア「すぐに家を出なければならない」**<have ＋ to不定詞>「～しなければならない／するにちがいない」**　イ「私たちは公園でテニスをするべきだ」　ウ「自宅で料理を作るべきだ」　(c)　(全訳)「A：私は先週とてもおもしろい本を読んだよ。／B：そうなの？　ウどのような類の本なのかしら？／A：多くの人々を救ったある医師に関する実話だよ。」空所を受けた応答文から，質問を予測すること。 a doctor who saved a lot of people ← **<先行詞＋主格の関係代名詞 who ＋動詞>「～[動詞]する先行詞」**他の選択肢は次の通り。　ア　「どこでそれを入手することができるの」　イ「誰がその本を書いたの」　エ　「どちらの本があなたのお気に入りなの」one「(同じ種類のもののうちの)1つ，(～の)もの」

(3)　(正解)　If I were you(, I would go abroad.)　(全訳)「A：明日から，1週間夏休みがあります。／B：素晴らしいですね。私(があなたの立場)だったら，外国へ行くでしょう。」**<if ＋主語＋過去形 ～, 主語＋過去の助動詞＋原形>仮定法過去「もし～ならば…でしょう」**

5 **(会話文問題：語句の補充・記述，内容真偽，メモなどを用いた問題，条件英作文，不定詞，接続詞，受け身，関係代名詞，比較，前置詞，現在完了)**

(全訳)　たろう(以下A)：本日，時間を割いていただき，ありがとうございました。／ティム(以下I)：どういたしまして。あなたが私の仕事に興味を抱いていることを聞き，私はうれしいです。／A：はい。私はあなたが撮影した写真に非常に感銘を受けました。あなたの写真は，昆虫のエネルギーをとらえていました。／I：あっ，ありがとうございます。たろう，あなたは昆虫が好きですか？／A：はい，とても好きです。なぜ，あなたは小さな昆虫の写真を撮影することを決意したのですか？／I：その理由は，あなたのように小さいころから，私は昆虫が大好きだったからです。その色，形，そして，動きが，わたしにとってはとても魅力的なのです。／A：①私もそう思います。それらは驚嘆すべきものですね。どのようにしてあなたは昆虫のそのような素晴らしい写真を撮影されるのですか？／I：えーと，昆虫の近くで多くの時間を費やし，良い写真を撮る機会を待つのです。／A：なるほど。実は，私はあなたのような写真家になりたいのです。私の写真を通じて，もっと多くの人々に昆虫に興味をもってもらいたいからです。そして，昆虫の環境を保護したいのです。／I：素晴らしいですね！写真はすべての人に力強いメッセージを与えます。たろう，私はあなたの夢を支援します。もし質問があれば，どうか私に言ってください。／A：ありがとうございます。②私は全力を尽くそうと思います。

(1)　①「ティム：昆虫の色，形，動きが私にとってはとても魅力的です。／たろう：① so , too. それらは驚くべきです」文脈と与えられた語 so, too から，「私もそう思います(I think so, too.)」という英文を完成させることになる。　②「ティム：私はあなたの夢を支援します。質問があれば教えてください。／たろう：ありがとうございます。② I my best.」文脈と与えられた語から，「私は最善を尽くす(I will do my best.)」という英文を完成させることになる。do one's best「全力を尽くす」

(2)　ア「ティムは子供たちにとって興味深い昆虫の絵画を描くことが大好きだ」(×)　ティムは写真家である。draw pictures「絵を描く」take pictures「写真を撮る」<love ＋ to不定詞>「～することが大好きである」**不定詞[to＋原形]の名詞的用法「～すること」**　イ「たろうはティムの写真において昆虫のエネルギーを感じるので，それらの写真が好きだ」(○)　たろうの第2番目のせりふに一致。**～, so …「～であるので，…だ」**<be動詞＋ impressed by>「～により感銘を受ける・感動する」the pictures▼you took　← **<先行詞(＋目的格の関係代名詞)＋主語＋動詞>「～[主語]が……[動詞]する先行詞」目的格の関係代名詞の省略**　ウ「ティムはたろうの夢に興味をもっていたので，彼は質問をしたいと思っている」(×)　ティム最後のせりふで Please let me know if you have any questions. と述べており，たろうに質問したいわけではない。**<be動詞＋ interested in>「～に興味がある」**　エ「たろうは，多くの人々がティムの強いメッセージを受け取ることができるように，と願っている」(×)　たろうの人々に対する願いは以下のように述べられている。I want more people to become interested in insects through my pictures.（たろうの第5番目のせりふ）**more ← many／much の比較級「より多く(の)」interested in「～に興味がある」**　through「前置詞；～を取り抜けて，じゅう，を終えて，を通じて」

(3)　対話でふれられていないのは，これまで撮った写真の数なので，「これまで何枚の写真を撮ったことがあるか」という英文を完成させればよいことになる。**<数を尋ねる表現><How many ＋複数名詞～?>　これまでの経験 → 現在完了<have ＋過去分詞>「写真を撮る」** take pictures

6 (短文読解問題：文の挿入，内容真偽，自由・条件英作文，不定詞，文の構造・目的語と補語，比較，動名詞，接続詞，関係代名詞)

(全訳)　より良い生活を築くためには

昨日，私たちの町における博物[美術]館の開会式に関する記事を見つけた。それを読んで，私はうれしくなった。そのことをみなさんと共有させてください。

私たちの町には，新しい博物[美術]館を建設する計画があった。それで，そのことについて考えるメンバーとして，若者，お年寄り，外国の人々，車いすを使っている人たちが選ばれた。ィなぜだかおわかりだろうか？誰にとっても，その博物[美術]館が心地よいものにするためには，彼らの考えが必要だったからだ。彼らの考えのいくつかが，実際に採用された。例えば，多くの言語で，情報を得ることができる。また，子供たち，あるいは，車いすを使っている人々のために，美術品の中には，低い位置に置かれるものがある。従って，新しい博物[美術]館は，すべての人々にとって親しみやすいものとなった。この記事から，より良い生活を作り上げることについて，いくつか重要なことを学んだ。

互いのことを考えるのは，素晴らしいことだ。私たちはみな異なっているので，共存するためには，さまざまな考えを分かち合うことができる。周囲を見回してみよう。おのおのの生活をより快適にするために，私たちが変えることができるものはたくさんある。

(1)　挿入文は Do you know why?「なぜだか，(その理由が)わかるか」。挿入箇所の前に述べられていることの理由が，挿入文後に記されていて，文意が通じる箇所を選ぶこと。

(2)　ア「生活をより良くする考えを得るためには，さまざまな人々と話をすることが重要である」(○)　第2段落最終文に I learned important things about creating a better life とあり，その具体的内容に触れられている最終[第3]段落と一致している。＜**It is** ＋形容詞＋ **to**不定詞＞「～［不定詞］することは…［形容詞］である」make life better／make each life more comfortable ← **make A B**「AをBの状態にする」／better ← **good**／**well** の比較級「よりよい[よく]」長い語の比較級＜**more** ＋原形＞　thinking about ～ ← 動名詞[原形＋ **-ing**]「～すること」～, **so**…「～だ，だから[それで]…である」There are many things▼we can change ← 目的格の関係代名詞の省略＜先行詞(＋目的格の関係代名詞)＋主語＋動詞＞「～［主語］が…［動詞］する先行詞」他の選択肢は次の通りだが，すべて，筆者の伝えたいことに反する。　イ「私たちの世の中をよりきれいにするためには，様々な違いを知ることは必要だ」(×)　言及ナシ。make our world cleaner ← **make A B**「AをBの状態にする」／cleaner ← cleanの比較級　ウ「私たちの町にその新しい博物[美術]館を作るためには，互いに手助けすることが重要だ」(×)　ほのかさんの伝えたいことは，第3段落に書かれているが，そのことと不一致。each other「互いに」　エ「手助けを必要とする人々を見つけるためには，各場所を見回す必要がある」(×)　手助けを必要としている人々を見つける必要性に触れていないし，Look around.(第3段落第3文)に関しては，「様々な意見を持つ周囲の人々を見回せ」の意味で述べられている。the people who need help ← ＜先行詞[人]＋主格の関係代名詞 **who** ＋動詞＞「～［動詞］する先行詞[人]」

(3)　(指示文全訳)「さて，私の学校を訪れる様々な人々に，快適であって欲しい，と私は思っています。あなたはいかがですか？この博物[美術]館のように，あなたの学校を変えるには何をすることができますか？あなたの考えを私に教えてください」(模範解答例和訳)「幼い子供や外国の人々は難しい漢字を読むことができないと思います。そこで，私たちの学校地図を，絵や簡単な日本語が付記されたものにすべきです」本文の内容を踏まえて，すべての人々にとって快適な学校の改革案を15語以上30語以内の英語で表わす自由・条件英作文。

7 (長文読解問題・エッセイ：英問英答・記述，文の挿入・記述，語句補充・記述，対話文などを用いた問題，内容真偽，動名詞，進行形，受け身，不定詞，比較，助動詞，文の構造・目的語と補語)

(全訳)　2月のある日に，私は学習ツアーに加わった。それは，徳島のさまざまな場所を訪問して，その文化を学ぶために，高校生のために立案されたものだった。私がバスに乗車しようとすると，ある少年が私の元にやって来た。彼は笑って，「おはようございます。このバスは学習ツアーのためのものですか」と英語で言った。私は「はい」と答えて，彼と一緒にバスに乗った。私たちは瞬く間に友人となり，一緒にツアーを楽しんだ。

彼の名前はアダムだった。彼は徳島の高校で勉強をしているマレーシアからの学生だった。私は興味を抱き，彼について知りたいと思った。そこで，私はアダムに「なぜこのツアーに参加したのですか」と尋ねた。彼は「来月帰国する前に，もっと徳島について知りたくて，もっと多くの友達を作りたかったからです」と答えた。それから私は「①あなたは徳島が好きですか」と尋ねた。彼は，「ええ，もちろんです！ ここの人々は親切で人なつこいです。魚や野菜は新鮮でおいしいです。美しい山々や川があります。徳島は素晴らしいです！」と答えた。それを聞いて，私はうれしかったが，彼が私よりも徳島の良い面をもっと知っていたので，私は驚きもした。

アダムはツアー中に何か新しいことを見つけると，私に多くの質問をした。かずら橋のつる草の橋，藍染め《あいぞめ》の染料の藍《あい》，あるいは，鳴門金時さつまいもなど，私はある場所や伝統的事象，食べ物を英語で何と表現したらよいかを知っていたが，それらを上手く説明することができなかった。というのは，私が徳島についてそれほど知らなかったからである。でも，アダムは違っていた。彼はマレーシアに関する多くの情報を有していた。例えば，彼は有名な島々，人気のある食べ物，そこで私たちが楽しむことができるワクワクするような祭りについて，話してくれた。彼の国に関して，私はほとんど何も知らなかったが，彼の話を聞くと楽しくて，マレーシアに関して，よく理解した。私は，徳島や私の周囲の様々な事柄についてもっと学ぶべきであることに，気づいた。もし私に十分な情報が備わっていれば，意思疎通がもっと楽しいものとなることだろう。

各場所で，地元の人々に話しかけるときに，アダムが日本語を使ったので，そのことでも私は驚いた。彼の日本語は完全ではなかったが，彼は間違えることを決して恐れていなかった。アダムと地元の人々は共に，日本語や英語ばかりでなくて，手振り身振りも使って，互いに意思疎通を楽しんでいた。私はアダムに「どうしたらそのように人々に話しかけることができるのですか？間違いたくないので，時には，私は英語で話すことを止めてしまいます」と尋ねた。彼は「外国語を学ぶ時には，間違いをすることは問題ないのです。私はその言語を使うことの方がより重要だと思っています。人々に話しかけることは，その言語を上達させるために特に良い方法なのです。懸命に人々と意思疎通をしようとするのであれば，彼らもあなたのことを理解しようとして，あなたは彼らと友人になることができるでしょう」と答えた。私がアダムと会って以来，失敗を恐れずに，もっと英語を使おうとしてきた。外国語は，世界のより多くの人々と意思疎通をして，彼らをより良く理解する手助けになりうる，と私は信じている。

アダムの夢は，日本とマレーシア間の橋になることだ。それは素敵なことだと思う。だから，将来，違った国々の人たちと友情を育むために，私は彼のようにもっと積極的になりたいと思っている。

(1) (a) 「たくみがバスに乗る時に，たくみはアダムに話しかけ始めたか」話しかけたのはアダムからだったので，否定で答えること。start talking ← 動名詞[原形＋ -ing]「～すること」was getting ←<be動詞＋ -ing>進行形「～しているところだ」get on「～に乗る」

(b) 「ツアー中にアダムが新しいものを見かけると，彼は何をしたか」第3段落第1文に When Adam found something new during the tour, he asked me many questions. とあるのを参考にする。

(2) ① の質問を受けて，“Yes, of course !”と肯定で答えた後に，徳島の良い点を列挙して，“Tokushima is wonderful ! ”と締めくくっていることから考えること。

(3) 「彼にはマレーシアに関して ② 情報があった」後続文で，for exampleとあり，例として，アダムがマレーシアについて詳しく語っていることから，当てはまる語句3語を推測する。正解は，a lot of「多くの」。

(4) 「たくみは驚いた。というのは，エアダムが日本語で地元の人々と意思疎通をしようとしたから」第4段落第1文と一致。<be動詞＋ **surprised**>「**驚いている**」他の選択肢は次の通り。

ア 「地元の人々が，アダムに対して，英語による伝統的な事柄の伝え方を告げたから」アダムと地元民との意思伝達法は，日本語，英語，ジェスチャーを混ぜた形式であることは述べられているが(第4段落第3文)，英語による伝統的事象の伝え方を地元民がアダムに教えた，というくだりはない。<**how + to**不定詞>「いかに～するか，～する方法」　イ 「アダムは地元の人々よりも，もっと多くの徳島の良い点を知っていたから」アダムと地元民のどちらの方が，徳島の良い点を多く知っているかに関して，言及されていない。**more ← many／much**の比較級「より多く(の)」　ウ 「地元の人々はアダムの完ぺきな日本語を聞いて楽しんだ」第4段落第2文に His Japanese was not perfect と述べられている。<enjoy ＋動名詞>「～して楽しむ」

(5) (全訳)「ソフィア：私はあなたのスピーチがとても気に入りました。あなたは，あなたの友人からいくつかの重要な事柄を学んだのですね？／たくみ：あっ，はい。まず，意思疎通をより楽しくするためには，ⓐウさまざまなことを知るべきなのです。次に，間違えるのを心配することⓑを止める[stop]べきです。ですから，私は毎日地元のニュースをチェックして，上達のために，もっと英語を使おうとしてきました。／ソフィア：素晴らしいです！」　ⓐ **should**「～すべきである／するはずだ」make communication more interesting ← **make A B**「AをBの状態にする」／more interesting ← interesting の比較級　他の選択肢は次の通りだが，本文の内容のたくみさんの言動や文脈にそぐわない。　ア「異なった国々を訪れる」イ「多くの質問に答える」　エ「いくつかの言語を話す」　ⓑ <stop ＋動名詞>「～することを止める」第4段落第5文に Sometimes I stop talking in English ～ とある。

(6) ア 「2月の学習ツアーでは何名かの中学生がいた」(×)　第1段落第2文に，It was planned for high school students とあり，この企画は高校生のためのものなので，不適。<There ＋ be動詞＋ S ＋場所>「Sが～にいる[ある]」　イ 「アダムは3月に徳島を去る前に，もっと多くの友人を作りたかった」(○)　第2段落第5文に一致。**more ← many／much**の比較級「より多く(の)」before leaving[going]← <前置詞＋動名詞>　ウ 「たくみはマレーシアについて詳しかったので，アダムの話を聞くのが楽しかった」(×)　第3段落の最後から第3文目で，たくみは I knew almost nothing about his country と述べている。<enjoy ＋動名詞>「～することを楽しむ」　エ 「アダムと話している時に，地元の人々のみがジェスチャーを使った」(×)　第4段落第3文に Both Adam and the local people enjoyed communicatng with each other by using not only Japanese and English but also gestures. とある。were talking ← <be動詞＋ -ing>進行形「～しているところだ」both A and B「AとB共に」<enjoy ＋動名詞>「～することを楽しむ」each other「互いに」by using ← <前置詞＋動名詞> not only A but also B「AばかりでなくてBもまた」　オ 「アダムのおかげで，たくみは外国語を学ぶヒントを得た」(○)　第4段落の内容に一致。thanks to「～のおかげで」　カ 「たくみはアダムのようになり，マレーシアの人々と友達になりたいと思っている」(×)　言及なし。

2022年度英語　リスニングテスト

〔放送台本〕

(1) 場面A

F: Excuse me. Is there a flower shop around here?

M: Yes. Can you see that small shop over there?
F: Oh, the building between the station and the hospital?
M: Yes. It's new and they sell many kinds of flowers.
Question　Where does the woman want to go?
場面B
M: Are you looking for your bike key again, Kate?
F: No. I can't find my comic book. I think I put it in my bag.
M: You left it on the sofa last night after reading it.
F : Oh, now I remember! Thanks, Dad.
Question　What is Kate looking for?

(2) 質問1
You don't look well. What's the matter?
ア　That's good.　イ　My mother is well.
ウ　How nice!　エ　I have a headache.
質問2
May I borrow your pen?
ア　Sure.　イ　Yes, I can.
ウ　That's right.　エ　You're welcome.

(3) Look at the first pictogram. You can see a person and something like a box. This shows that you can buy a ticket there. Next, if you see this pictogram, you can enjoy a great view from that place. In the last one, two people are sitting. This means that you can rest or wait for someone there. When you travel next time, try to find these pictograms. Thank you for listening.

〔英文の訳〕
(1) 場面A
女性：すみません。この近くに花屋はありますか？
男性：はい。向こうにある小さな店が見えますか？
女性：あっ，駅と病院の間のあの建物ですね？
男性：はい。あの店は新しくて，多くの種類の花を売っています。
質問：女性はどこへ行きたいですか？
場面B
男性：ケイト，君はまた自転車の鍵を探しているのかい？
女性：いいえ。マンガ本が見つからないの。私はそれを私のかばんに入れたと思う。
男性：あなたはそれを読んだ後に，昨夜，ソファーの上に置いていたよ。
女性：あっ，思い出したわ！　ありがとう，お父さん。
質問：ケイトはなにを探していますか？

(2) 質問1
体調が悪そうですね。どうかしましたか？
ア　それは良かった。　イ　私の母は体調がよいです。
ウ　何てすばらしいのでしょう！　㋓　頭痛がします。
質問2

あなたのペンをお借りできますか？

㋐　もちろんです。　　イ　はい，私はできます。

ウ　その通りです。　　エ　どういたしまして。

(3)　最初のピクトグラムを見てください。人と箱のようなものが見えます。これは，そこで切符を買うことができる，ということを示しています。次に，もしこのピクトグラムを見かけたら，その場所から素晴らしい景色を見て楽しめます。最後のものでは，2人の人が座っています。これは，そこで休息して，誰かを待つことができる，ということを意味しています。次に旅行をする際には，これらのピクトグラムを探そうとしてみてください。ご清聴，ありがとうございました。

〔放送台本〕

Hello, everyone. The English club is going to have a special week from December 6th to 10th. We're planning to teach you how to write Christmas cards in English. We have pens and paper you can use, so after school, please come to the English room when you are free. We will also listen to Christmas songs. Why don't you send Christmas cards to your friends and family this year? We hope many people come. Thank you.

〔英文の訳〕

みなさん，こんにちは。英語部では，12月6日から10日まで特別週間を開催します。私たちは，英語によるクリスマスカードの書き方をみなさんに教えようと，企画しています。使用するペンと紙は私たちが用意するので，放課後，自由な時に，英語教室へ来てください。私たちは，クリスマスソングも聞きます。今年，みなさんの友達や家族へクリスマスカードを送ってみるのは，いかがでしょうか？多くの人が来ることを願っています。ありがとうございます。

〔設問の訳〕

ア　彼女はクリスマスカードの作り方を学びたいと思っている。

イ　彼女は英語でクリスマスソングを歌いたいと思っている。

㋒　彼女は生徒に彼女らの特別活動に参加して欲しいと願っている。

エ　彼女は生徒にクラブのメンバーになって欲しいと願っている。

〔放送台本〕

I go straight home from school and walk my dog almost every day. What do you usually do after school?

〔英文の訳〕

私はほぼ毎日学校からまっすぐに帰宅すると，自分の犬を散歩に連れて行っています。あなたは通常，放課後，何をしますか？

〔模範解答例の訳〕

私は通常，友達とバドミントンを練習します。

<理科解答>

1 (1) (a) 分解(者) (b) エ (2) (a) ① イ ② ア (b) 偏西風
(3) (a) 蒸留 (b) イ (4) (a) 対流 (b) 密度が小さくなるから。

2 (1) 運動神経 (2) 0.27(秒) (3) XYWYZ (4) エ (5) あ 短い
い 感覚神経を経て脊髄に伝えられると，脊髄から直接，命令の信号が出される

3 (1) ウ (2) 気体A Cl_2
固体B Cu (3) ア
(4) 色のもとになる銅イオンが減ったから。 (5) 8.1%

図1

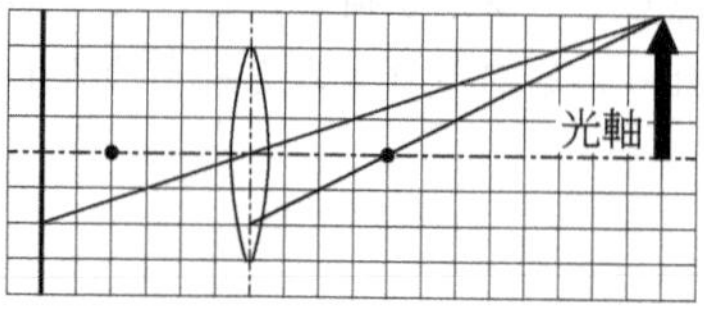

4 (1) ウ (2) 屈折
(3) イ (4) 図1 (5) ① ア ② イ

5 (1) ア (2) 示相化石 (3) 火山の噴火 (4) うすい塩酸をかけると二酸化炭素が発生する。 (5) い 深くなった う 岸に近く浅いところにれきが，岸から離れた深いところに泥が堆積しやすい
(6) 右図2

図2

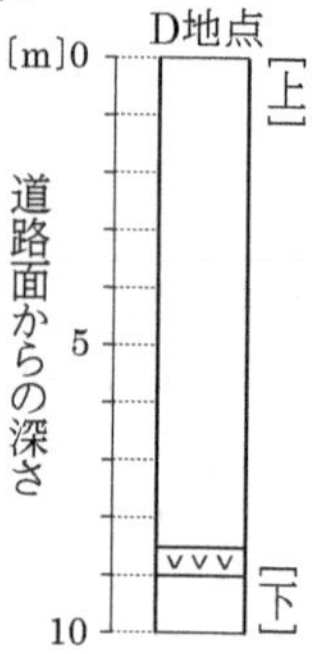

<理科解説>

1 (小問集合 — 自然界のつり合い，台風，蒸留，熱の伝わり方)

(1) (a) **光合成**を行って有機物をつくり出している生物は**生産者**，ほかの生物を食べることで有機物を得る生物は**消費者**とよばれる。生産者がつくり出した有機物は，最終的には無機物にまで分解される。この過程で生物の死がいや排出物を食べ，分解に関わっている生物を**分解者**という。このような自然界での，生物どうしの食べる，食べられるの一連の関係を**食物連鎖**という。 (b) 陸上の**生態系**における分解者としては，ダンゴムシやミミズなどの土壌動物と，カビやキノコなどの菌類，乳酸菌や大腸菌などの細菌類が知られている。ダンゴムシなどの土壌動物は，落ち葉などを食べて細かくすることで，微生物による有機物の分解を助ける。

(2) (a) 夏から秋に日本列島にやってくる台風は，**熱帯低気圧**があたたかい海上で発達したものである。台風の中心は気圧の傾きが大きく，強い風が吹いてあたたかく湿った空気が台風の中心に集まり，強い上昇気流が生じる。 (b) 中緯度地域の上空では，**偏西風**とよばれる西から東へ吹く風が地球を1周している。この大気の循環の影響によって，日本列島付近の天気は，西から東へ変わることが多い。

(3) (a) 液体を熱してある温度になると沸騰が始まり，液体から気体に**状態変化**する。このときの温度を**沸点**という。この気体を集めて冷やすと，再び液体にもどる。 (b) 液体の混合物を熱すると，沸点の低い物質から沸騰して蒸気(気体)になって出てくる。エタノールの沸点は78℃，水の沸点は100℃である。

(4) (a) 熱の伝わり方には，固体の物質の熱した部分から温度の低い周囲へ熱が伝わる**伝導**，太陽の発する熱が地球にとどくように熱源から離れたところまで熱が直接移動して伝わる**放射**，気体や液体のあたためられた物質そのものが移動して全体に熱が伝わる**対流**がある。 (b) いっぱんに，液体や気体の**密度**は温度が高いほど小さくなるため，上に移動する。

2 (刺激と反応－運動神経，刺激や命令の伝わり方，反射)

(1)　脳や脊髄《せきずい》は判断や命令などを行う役割をもつ**中枢神経**とよばれ，中枢神経から枝分かれして広がる神経を末しょう神経という。**末しょう神経**は，感覚器官から中枢神経へ信号を伝える感覚神経と，中枢神経から運動器官へ信号を伝える運動神経などに分けられる。

(2)　1.35(秒)÷5＝0.27(秒)

(3)　左手の皮膚《ひふ》(感覚器官)で刺激を受けとり，信号が感覚神経を通って脊髄からさらに脳へ伝わると，手をひもで引かれたという感覚が生じる。さらに，脳からは「右手でひもを引く」という命令の信号が，脊髄を通って運動神経によって右手(運動器官)に送られる。

(4)　Dさんはつめたい氷を当てられて，意識せずにとっさに左手を引っこめた。このように，刺激を受けて意識とは無関係に決まった反応が起こることを**反射**という。アは信号の色を判断した反応，イはにおいの原因を調べる反応，ウは梅干しに対する印象からくる反応である。

(5)　反射では，たとえば手の皮膚で刺激を受けとると，信号は感覚神経から脊髄に伝わるが，この信号が脳に伝わる前に，脊髄から命令の信号が運動神経を通って手に伝わり，反応が起こる。この反応における命令の信号は，意識に関係した脳から出されたものではない。

3 (電気分解－電解質と非電解質，化学式，イオン，水溶液の濃度)

(1)　水にとかしたときに電流が流れる物質を**電解質**，電流が流れない物質を**非電解質**という。電解質は水にとけて陽イオンと陰イオンに**電離**するため，水溶液中には原子が電気を帯びたイオンが存在し，水溶液に電流が流れる。

(2)　塩化銅水溶液に電流を流すと，次のように塩化銅($CuCl_2$)の**電気分解**によって陽極の表面から塩素(Cl_2)が発生し，陰極の表面には金属の銅(Cu)が付着する。$CuCl_2 \rightarrow Cu + Cl_2$

(3)　電源装置の＋側に接続された電極Xは陽極なので，－の電気を帯びた陰イオンである塩化物イオン(Cl^-)が引きつけられる。

(4)　塩化銅は水にとけると，次のように電離する。$CuCl_2 \rightarrow Cu^{2+} + 2Cl^-$　塩化銅水溶液が青色を示すのは，銅イオン(Cu^{2+})が水溶液中にあるからである。

(5)　10％塩化銅水溶液100gに含まれる塩化銅は10.0g。銅1.0gが付着したとき，発生した塩素は1.1gなので，電流を流した後の水溶液中に含まれる塩化銅は，10.0－(1.0＋1.1)＝7.9(g)。このときの塩化銅水溶液の濃度は，$\dfrac{7.9}{100-2.1} \times 100 \fallingdotseq 8.1$(％)

4 (光－凸レンズ，実像，屈折，焦点)

(1)　凸レンズを通った光が，1点に集まってできた像を**実像**という。このとき光が集まったスクリーン上には，実物とは上下左右が逆向きの像ができる。

(2)　光が異なる物質どうしの境界へ進むとき，境界面に垂直に入射した光はそのまま直進するが，ななめに入射した光は境界面で進む向きが変わる。これを光の**屈折**という。

(3)　光源が**焦点**より外側にあるとき，実像ができる。光源が焦点距離の2倍の位置にあるとき，凸レンズから焦点距離の2倍の位置にあるスクリーン上に，光源と同じ大きさの実像が映る。

(4)　光軸に平行に進む光は，凸レンズに入るときと出るときに屈折して1点に集まる。この点を焦点といい，凸レンズの両側に凸レンズの中心から同じ距離の位置にある。この距離を**焦点距離**という。作図では，光軸に平行に入射する光は焦点を通るように，焦点を通って凸レンズに入射する光は光軸に平行に進むように線を引く。図2では，まず物体の上端からレンズの中心を通ってスクリーンと交わる点を求め，そこから光軸に平行に入射した光は物体の先端まで進み，このとき光軸と交わる点が焦点になる。

(5)　対物レンズでは，その焦点より外側の位置にある物体の実像を結び，その像が接眼レンズの焦点の内側にできることで，接眼レンズによる物体より大きい**虚像**を見ることができる。

5　**(地層－示準化石，示相化石，火山，堆積，柱状図)**

(1)　ある時期にだけ栄え，広い範囲にすんでいた生物の化石から，地層が堆積した地質年代を知ることができる。このような化石を**示準化石**という。恐竜やアンモナイトは中生代の化石で，サンヨウチュウは古生代，ビカリアとマンモスは新生代の化石である。

(2)　サンゴのなかまは，あたたかくて浅い海にすみ，シジミのなかまは主に河口や湖にすむなど，現在でも限られた環境にしかすめない生物の化石は，その地層が堆積した当時の環境を知る手がかりになる。このような化石を**示相化石**という。

(3)　堆積物が，重みでおし固められてできた岩石を**堆積岩**という。サンゴや貝殻が集まったものは石灰岩になり，海水中の小さな生物の骨格や殻が堆積するとチャートになる。火山灰が集まったものは，凝灰岩になる。

(4)　石灰岩にうすい塩酸をかけると二酸化炭素が発生するが，チャートはうすい塩酸にとけることはなく，非常にかたい岩石である。

(5)　流れる水のはたらきで海まで運搬された土砂は，粒の大きいものほど海岸に近いところに堆積し，粒の小さいものは沖まで運ばれて堆積する。そのため海岸から沖にかけて，粒の大きさが異なる層が堆積する。

(6)　図2より，各地点の地層Pの上端の標高は，A地点が265＋1.5＝266.5(m)，B地点が273＋3.5＝276.5(m)，C地点が274＋2.5＝276.5(m)である。D地点の標高が275mなので，ここでの地層Pの上端は，275－266.5＝8.5(m)より道路面から8.5mの深さにある。

＜社会解答＞

1　(1)　イ　(2)　墾田永年私財(法)　(3)　ウ　(4)　イ　(5)　借金の帳消し　(6)　ア　(7)　朱印船(貿易)

2　(1)　ア　C　イ　B　ウ　A　(2)　伊能忠敬　(3)　綿糸の原料である綿花を輸入し，紡績工場で綿糸を大量に生産するようになった　(4)　ウ　(5)　サンフランシスコ平和条約

3　(1)　①　イ　②　ヒートアイランド(現象)　(2)　エ　(3)　ア　(4)　地熱(発電)　(5)　記号　イ　理由　韓国の割合が最も高いから。

4　(1)　12(月)3(日)午前9(時)　(2)　①　ア　②　イ　(3)　a　(4)　スコール　(5)　エ

5　(1)　イ　(2)　野党　(3)　小選挙区制では，1名しか当選しないため，選挙区Aと選挙区Bの間には，約2倍をこえる一票の格差が生じるという問題点がある。　(4)　(a)　①　ア　②　ア　(b)　エ　(5)　ア

6　(1)　四国山地と中国山地にはさまれた瀬戸内は，夏と冬の季節風が山地にさえぎられるから。　(2)　ⓐ　ア　ⓑ　イ　(3)　国庫支出金　(4)　(a)　日本の海岸に漂着したごみは，プラスチックが多く，プラスチックは自然分解されるまでに長い期間が必要である　(b)　考え方　①　(例)リユース　具体例　②　(例)シャンプーなどの中身をつめ替えて，プラスチック製の容器を繰り返し使う。　(5)　(a)　男女共同参画社会基本(法)　(b)　ウ

<社会解説>

1 (歴史的分野—日本史時代別－古墳時代から平安時代・鎌倉時代から室町時代・安土桃山時代から江戸時代，—日本史テーマ別－政治史・文化史・法律史・経済史・社会史・外交史)

(1) **蘇我蝦夷・入鹿**父子を打倒した645年の**乙巳の変**に始まる一連の国政改革を，**大化の改新**という。この改革を，**中臣鎌足**の助力を得て主導したのが，**中大兄皇子**である。中大兄皇子は，皇太子のまま政治の実権を握り，668年に**天智天皇**として即位した。

(2) 奈良時代中期の**聖武天皇**の治世に，**口分田**の不足を補うために743年に発布されたのが，**墾田永年私財法**である。新しく開墾した耕地の永年私財化を認めたため，大寺社や貴族の私有地である**荘園**が増えることになった。

(3) 平安時代中期は**末法思想**の流行から，**浄土信仰**が全盛を迎えた。**摂関政治**の全盛期である11世紀半ばに，浄土信仰に基づいて，**関白藤原頼通**により1053年に建立されたのが，写真ウの**平等院鳳凰堂**である。

(4) **鎌倉幕府**により，荘園・公領ごとに配置された役職が**地頭**である。地頭は軍事警察権を持ち，治安維持や**年貢の徴収**にあたった。

(5) 鎌倉幕府は，**元寇**や分割相続で窮乏した**御家人**たちが売り払った土地を，買主から無償で取り戻せるようにし，御家人たちの**借金を帳消し**にする**徳政令**を出した。その後もこうした法令はたびたび出され，室町時代には農民が借金の帳消しを求めて**徳政一揆**を起こすこともあった。

(6) 室町時代には京都で自治が行われ，**町衆**と呼ばれる有力な商工業者によって，町が運営されていた。1467年から1477年の**応仁の乱**で中断していた**祇園祭**を復活させたのも，町衆である。

(7) **豊臣秀吉**は16世紀の末に，**徳川家康**は17世紀の初めに，安南・シャム・ルソンなど東南アジアの各国に貿易船を送ることを奨励した。**大名**や，京都・堺・長崎などの**商人**には，「**異国渡海朱印状**」という許可書が与えられたので，**朱印船貿易**という。この朱印船貿易の拠点となった地域には**日本町**が多数つくられた。

2 (歴史的分野—日本史時代別－安土桃山時代から江戸時代・明治時代から現代，—日本史テーマ別－社会史・政治史・文化史・外交史)

(1) ア　**シベリア出兵**を機に，1918年に富山県から起こったのが**米騒動**である。民衆が米の安売りを求めて米穀商を襲う騒動は全国に広がった。Cの時期に起こったできごとである。　イ　五稜郭の戦いで**戊辰戦争**が終わった1869年に，北海道の開発のために，政府は**開拓使**を設置し，**屯田兵**らによる大規模な開墾などを行った。開拓使は1882年まで置かれた。Bの時期に起こったできごとである。　ウ　幕府は，**異国船**の来航への対応を迫られ，1825年に**異国船打払令**を出した。各藩はそれに従った異国船への対応策をとった。1825年の異国船打払令では，異国船を見かけたら，二念なく(迷わず)打ち払うよう記されていた。Aの時期に起こったできごとである。

(2) **11代将軍徳川家斉**は，**伊能忠敬**らに**蝦夷地**の調査を進めさせた。伊能忠敬の作成した地図の正式名称は，「**大日本沿海輿地全図**」(だいにほんえんかいよちぜんず)である。この地図は，忠敬の死後，弟子によって1821年に完成した。

(3) 幕末から**日清戦争**までは**綿糸**は輸入品であった。軽工業を中心とする**産業革命**が進行する中で，**紡績業**が発展し，日清戦争後は原料である**綿花**を大量に輸入し，綿糸に加工生産して，輸出できるようになった。資料Ⅲから以上のことを読み取り，簡潔にまとめて解答する。

(4) ア　**世界恐慌**が始まったのは，1929年である。　イ　**ワシントン会議**が開かれ，海軍の**軍縮**について決定されたのは，1921年から1922年である。　エ　ドイツがポーランドに侵攻し，**第二次世界大戦**が始まったのは，1939年である。ア・イ・エのどれも**第一次世界大戦**の終結後である。ウのオーストラリアの皇太子がサラエボで暗殺されたのは，1914年であり，このことが第一次世界大戦のきっかけとなった。第一次世界大戦後のできごととして誤っている。

(5) 日本は，1951年に**アメリカ**など48か国の**資本主義**(西側)諸国とサンフランシスコ平和条約を結び，独立を回復した。**ソ連**など**社会主義**(東側)諸国との平和条約は結ばれなかったため，**片面講和**であるとの批判もなされた。

3 (地理的分野―日本地理－地形・気候・工業・資源・エネルギー・交通)

(1) ① 東シナ海を北上して，九州と奄美大島の間のトカラ海峡から太平洋に入り，日本の南岸に沿って流れ，房総半島沖を東に流れる**暖流**を，**黒潮**という。黒潮は，**日本海流**ともいう。これとぶつかるように北から南下してくる**寒流**を，**親潮**という。親潮は，**千島海流**ともいう。 ② 都市の気温が周辺の郊外に比べて高くなる現象を**ヒートアイランド現象**といい，地表面の人工化や人工排熱の増加などが原因と考えられている。都市部におけるヒートアイランド現象では，中心部の気温が周辺部より高い。東京都心部では，過去100年間の間に，約3℃気温が上昇している。

(2) 愛知県・岐阜県・三重県に広がる工業地帯を，**中京工業地帯**という。中京工業地帯は，国内最大の自動車メーカーの本拠地を含んでいるため，出荷額のうち**輸送機械工業**が約7割である。次に多いのが金属工業であり，選択肢のエが中京工業地帯である。

(3) アの**南部鉄器**が，江戸時代以来の**岩手県**の伝統的工芸品である。なお，西陣織は京都府の，会津塗は福島県の，天童将棋駒は山形県の伝統的工芸品である。

(4) 主に火山活動による地熱や，地下にある高温の熱水などを用いて行う発電のことを，地熱発電という。**再生可能エネルギー**の一種として期待されている。大分県玖珠郡九重町にある八丁原発電所は，国内最大の地熱発電所である。

(5) 記号 以下の理由で，イが**福岡空港**であると判断される。 理由 日本にある国際空港のうち，福岡空港がアジアの国々の中で最も**韓国**に近いので，韓国からの来日者の割合が最も高いイが福岡空港である。福岡空港と釜山金海国際空港間の飛行機による所要時間は約55分である。

4 (地理的分野―世界地理－地形・人口・気候・人々のくらし)

(1) 地球は24時間で360度自転するので，**15度で1時間の時差**となる。日本の**標準時子午線**は，**東経135度**であるから，西経120度のロサンゼルスとの経度差は，255度となり，時差は17時間となる。したがって，ロサンゼルスが12月2日午後4時なら，日本時間は12月3日午前9時となる。

(2) ① エチオピアでは，**人口爆発**といわれるほどの**人口増加**が起こっており，アの富士山型の**人口ピラミッド**になっている。 ② エチオピアの**出生率**は高く，0歳から14歳までの**年少人口**が最も多い。そしてエチオピアは**死亡率**も高く，**高齢化**の進んでいる日本とは対照的である。

(3) まず，aからdの都市を確定する。aは南アフリカ共和国のケープタウン，bはモンゴルのウランバートル，cはオーストラリアのアリススプリングス，dはブラジルのマナウスである。**温帯**に属する都市は，**地中海性気候**のケープタウンである。

(4) **熱帯**地方特有の激しいにわか雨を**スコール**という。強風が突然吹き出し，激しい雨が降り，短時間で雨がやむ。雷を伴うことが多いのが特徴である。

(5) はじめに，国を確定する。あ国はサウジアラビア，い国は中国，う国はニュージーランド，え国はカナダである。資料Ⅲ中のア～エから，ニュージーランドを選べばよい。4国のうち**人口密度**が最も高いのは中国で世界59位であり，ニュージーランドは169位，サウジアラビアは175位，カナダは187位である。中国はウである。1人あたりの**GDP**は，カナダは15位，ニュージーランドは21位，サウジアラビアは42位，中国は63位である。カナダはイであり，サウジアラビアはアである。**羊の頭数**では，中国が1位，ニュージーランドが7位であり，ニュージーランドはエである。ニュージーランドでは人口1人あたりの羊の頭数が6頭になる。

5 (公民的分野―国の政治の仕組み・三権分立・経済一般・国際社会との関わり)

(1) **納税額**等により選挙権が制限される**制限選挙**に対して，一定の年齢以上のすべての国民に選挙権が与えられるのが**普通選挙**である。

(2) 政府を構成せず，行政を担当しない政党のことを**野党**という。「政府から離れた在野の政党」からきている。対義語は**与党**である。

(3) **小選挙区制**では，1名しか当選しない。A選挙区では48万人の有権者で1人の議員を選出し，B選挙区では23万人の有権者で1人の議員を選出する。両選挙区の間では，議員一人あたりの有権者数の差が2倍以上にも開いており，**一票の価値**が2倍をこえる**一票の格差**が生じるという問題点がある。**日本国憲法**第14条では，**法の下の平等**を定めており，国政選挙において，選挙区により一票の格差があるのは，法の下の平等に反し，**違憲状態**であるとの**裁判所**の判断が下された。

(4) (a) ① **好景気**のときには，**商品**がよく売れて**企業**の生産活動が活発になり，**雇用**も拡大されるため**失業者**が減少する。　② また，好景気の時には，**物価**が**上昇傾向**になるが，個人の所得が増えるため，消費活動も活発に行われる。　(b) **日本銀行**は，景気の良いときには，**国債**などを一般銀行に売る**公開市場操作**を行い，一般の銀行が保有する資金量を減らす。これを**売りオペレーション**という。一般の銀行は貸し出し金利を引き上げ，**市場**に通貨が出回りにくくなる。これによって景気を抑制することができる。逆に不景気の時には，一般銀行が持つ国債などを買い上げ，一般の銀行が保有する資金量を増やす。これを**買いオペレーション**という。このような日本銀行の働きが，日本銀行の金融政策である。

(5) **国際連合**の**安全保障理事会**は，アメリカ合衆国・イギリス・フランス・ロシア・中国の5か国の**常任理事国**と，10か国の**非常任理事国**からなっている。常任理事国でないのは，ドイツである。非常任理事国は2年の任期で選挙で選ばれるが，日本は2022年6月時点で非常任理事国に12回選ばれ続けている。

6 (地理的分野―環境問題，―日本地理－気候，歴史的分野―日本史時代別―鎌倉時代から室町時代，―日本史テーマ別－社会史・文化史，公民的分野―地方自治・国の政治の仕組み)

(1) **瀬戸内地方**は，北側になだらかな中国山地が，南側に険しい四国山地があるため，夏と冬の**季節風**がさえぎられて，湿った空気が届きにくい。そのため，温暖で冬に晴天が多く，1年を通して降水量が少なめである。これを**瀬戸内気候**と呼ぶ。

(2) ⓐ 室町時代の農民の自治組織を**惣**という。惣では，**寄合**を開き，乙名・沙汰人などと呼ばれる代表者や**掟**を定めて，自治を行っていた。　ⓑ 日本の古典芸能で，主として科(しぐさ)と白(せりふ)によって表現される喜劇が**狂言**である。狂言は室町初期以来，**能**の合間に演ぜられる滑稽な芸能として定着した。

(3) 国が使途を特定して，**地方公共団体**に交付する支出金を総称して，**国庫支出金**という。特定される使途とは，例えば義務教育や道路整備などである。これに対し，同じく国が地方公共団体に交付するものでも，**地方交付税交付金**は使途が特定されない。

(4) (a) 資料Ⅰによれば，日本の海岸に漂着したごみは，**プラスチック**でできた物が7割を占め，資料Ⅱによれば，プラスチックは**自然分解**されるまでに長い期間がかかる。上記を簡潔にまとめ解答する。　(b) 考え方：① **リユース**の考え方が必要である。　具体例：② 洗剤やシャンプーなどの**詰め替え用**のものを使用すれば，プラスチック製の容器を一度ごとに廃棄するのではなく，繰り返し使うことができる。解答例を参考に簡単な例をあげるとよい。

(5) (a) **男女**が，社会の**対等な構成員**として，社会のあらゆる分野における活動に参画する機会が確保され，男女が均等に政治的・経済的・社会的および文化的利益を享受することができ，かつ，ともに責任を担うべき社会を，**男女共同参画社会**という。**男女共同参画社会基本法**は，1999年に施行された。 (b) **日本国憲法**第59条2項では，以下のように定められている。「**衆議院**で可決し，**参議院**でこれと異なつた議決をした**法律案**は，衆議院で出席議員の三分の二以上の多数で再び可決したときは，法律となる。」いわゆる，**衆議院の優越**の一例である。したがって，ウが正しい。なお，**予算案**については，日本国憲法第60条に「予算について，参議院で衆議院と異なつた議決をした場合に，法律の定めるところにより，両議院の協議会を開いても意見が一致しないとき，又は参議院が，衆議院の可決した予算を受け取った後，国会休会中の期間を除いて三十日以内に，議決しないときは，衆議院の議決を国会の議決とする。」との規定がある。

＜国語解答＞

一 (1) (a) と (b) ほたる (c) きんせん (d) きてき (2) (a) 幕
(b) 織(り) (c) 縮尺 (d) 俳優 (3) イ (4) エ

二 (1) そこにいてくれるだけで心の支えになる(ような存在) (2) (例)輝く星が人工の天体であることを知って驚いている(様子) (3) ⓐ (例)人間の夢を見る力
ⓑ (例)永遠 (4) イ

三 (1) A (例)よく見ることで気づかなかった自分を知る B 心の鏡 (2) ウ
(3) ア (4) ⓐ 意識や経験をはるかに超えた情報 ⓑ 極めて漠然とした
ⓒ (例)自分の良さを磨き自分を広げ壁を乗り越える

四 (1) 絶句 (2) えんしよにとまる (3) (a) 日暮 (b) 第三句
(c) (例)川の水面に映った月 (d) ウ

五 (例)タイトル ふるさとを思い，ふるさとに生きる

悠久の自然。豊かな幸。そこに誇り高く生きる人々。そんなふるさとをアピールしたい。伝えたい相手は，同世代の人たちである。映像を観て，私たちのふるさとに興味をもち，将来，観光や仕事で訪れてほしいからである。

上空から急降下し，風景や食べ物，人々を映し出していくイメージである。迫力の滝や新緑の山々。海や山の幸。歴史を語る寺や，町並み。熱気に満ちた夏祭り。田植えや漁をする人々。さりげない日々の風景は，そこに人がいて確かに息づく。そして笑顔を次々と映し出しながら，映像を締めくくる。観る側に，魅力あふれるふるさとをアピールしたい。

＜国語解説＞

一 **(漢字の読み書き，品詞・用法，書写)**

(1) (a) するどくなっている。 (b) 「蛍」の訓読みは「ほたる」，音読みは「ケイ」。「蛍光(ケイコウ)ペン」。 (c) 人の心の奥にひそんでいる，人情などを感じやすい心情。 (d) 「汽」は，「気」としない。「メ」は不要。

(2) (a) 「幕」の部首は，はば。 (b) 「織」は，部首が違うが，「識」「職」などの似た字がある。混同しない。 (c) 実物をずっと小さくしたもの。 (d) 演技することを職業とする人。

(3)「糸」の下の部分は，行書にすると左から順に書いていくので，筆順が変わる。

(4)「友人の」の「の」は，連体修飾語になることを示す格助詞の「の」。　ア「この」は，一語で連体詞。　イ「私の」の「の」は，準体言の「の」。「～のもの」に言い換えられる。ウ「彼の」の「の」は，主語になることを示す格助詞の「の」。　エ「私の」は，連体修飾語になることを示す格助詞。

二 (小説―情景・心情，内容吟味，脱文・脱語補充)

(1) 傍線①のあとに「たとえばそいつは……」と，具体的にどんな友だちかを述べており，そのなかに「そこにいてくれるだけで心の支えになる」友だちという記述があるので，それを抜き出す。

(2)「息をのむ」は，驚きや緊張でいっしゅん息をするのも忘れたようになること。駿馬は，輝く星が人工の天体だということを知って驚いたのだ。これを，文末を「様子」にしてまとめる。

(3) ⓐ すばるは，宇宙ステーションは夢を見るという人間の力によって作られたと語っている。　ⓑ すばるは，宇宙ステーションを打ちあげた人たちの夢は死なないと語っていることから，ⓑには「永遠」や「永久」などという二字熟語が適切である。

(4) すばると駿馬の会話がテンポ良く進み，だんだん親密になっていくことから二人の関係性も濃く親密になっていることが読み取れる。アは「言葉とは裏腹な思い」という記述，ウは「すばるの視点」とした点，エはすばるの心境の描写とした点が不適切である。

三 (論説文，会話・議論・発表―大意・要旨，内容吟味，文脈把握，脱文・脱語補充)

(1)「人物画でも」で始まる段落内に「そして分析をしていくと，自分でも気づいていなかった自分を知るということができるのです。描いてみて，見る。その繰り返しで自分に何があるのか，ないのかがわかってきます。」とあるので，［A］には，自分の絵を分析する(よく見る)ことで自分でも気づいていなかった自分を知ることができるといった内容を補うことができる。また，「学生の皆さんも」で始まる段落内に「絵はいわば心の鏡です」とある。忘れたことを映し出すという働きを述べたこの「心の鏡」を［B］に補えばよい。

(2) 話し合うことで，本の内容と補足資料との関連を見出し，本の内容理解が進んだ。また，まひるさんが自分の体験を示すなどし，理解したことがさらに深まっている。

(3) まず虹の光景に感動した。その感動のイメージを膨らませ，詩を夢中で創作した。そして用いる言葉を練り直す推敲を進め，完成した詩を何度も読み返して分析することで，素直な自分を発見したのである。

(4) ⓐ 本の一部に「無意識ということには意識や経験をはるかに超えた情報が眠っている」とあるのでここから抜き出す。　ⓑ 補足資料2に「それは，そのままにしておけば極めて漠然としたものだ」とある。「それ」とは(a)に該当するようなたくさんの情報や体験をいう。「そのまま」とは，無意識の中におしこめたままということだから，頭の中では「極めて漠然とした」状態だと導けよう。　ⓒ「自分の中にあるものを見つけ増やしていく」とは，「自分の良さを磨いていく」こと，「自力で壁を乗り越えていく」こと，「自分を広げていく」ことだと三つの資料から読み取れる。この三つを，「良さ」「壁」の語を用いて指定字数でまとめる。

四 (漢文―内容吟味，脱文・脱語補充，仮名遣い，表現技法・形式)

(1) 四句は絶句。八句は律詩。

(2) 漢字の読む順は「煙」→「渚」→「泊」。

(3)　(a)　文中に「日暮」とある。　(b)　前の二句は，場面設定。後の二句は情景描写に伴う心情を詠っている。　(c)　どこにある月を見ていると思ったのかを考えよう。**川が澄み切っていることによって月が近く見えるのだから，川面に映った月を見ている**という解釈が可能なのだ。(d)　この詩は作者が，孤独を感じていることから始まり，川面に映った月を見て，自分の近くに月があることを感じたという文脈になっている。**月を感じることで孤独感が柔らぎ，癒やされている**ことが読み取れよう。

五　(作文)

書くべき内容が細かく指定されているので，必須事項を織り込みながら書き進めるようにする。まず第一段落で書くべき内容は，**ふるさとのどんなところを，誰にアピールしたいのか**を示す。そして**その理由**も添える。字数制限があるのでアピールポイントはできるだけ簡潔にまとめられるようにしたい。次に，第二段落では，動画の完成イメージを書く。自分がイメージしたものを，わかりやすく伝えることが大切だ。書き終えた後で，**再度読み直し，自分のイメージが相手に適切に伝わるのかを確認**しておきたい。

2021年度

★★★★★★★★★★★★★★★★★★★★★★★

入　試　問　題

●くわしい解説……41ページ

2021年　徳島県公立高校入試　出題範囲縮小内容

令和2年5月13日付け2文科初第241号「中学校等の臨時休業の実施等を踏まえた令和3年度高等学校入学者選抜等における配慮事項について（通知）」を踏まえ，出題範囲について以下通りの配慮があった。

○以下の内容は出題しない。

数学	・標本調査
英語	・開隆堂「SUNSHINE ENGLISH COURSE 3」p92-96 ・東京書籍「NEW HORIZON English Course3」p100-111 で学習する新出英単語 及び 新出熟語
理科	○第2分野 ・自然と人間
社会	○公民的分野 ・私たちと国際社会の諸課題
国語	・光村図書「国語3」p197-214 で学習する新出漢字及び漢字の新出音訓

＜数学＞

時間　45分　　満点　100点

【注意】 1　答えは，特に指示するもののほかは，できるだけ簡単な形で表し，それぞれ解答用紙に書きなさい。ただし，※の欄には記入しないこと。

2　答えに無理数が含まれるときは，無理数のままで示しなさい。

1　次の(1)～(10)に答えなさい。

(1)　$12 \div (-4)$ を計算しなさい。

(2)　$\sqrt{3} \times \sqrt{8}$ を計算しなさい。

(3)　$(x-4)(x-5)$ を展開しなさい。

(4)　二次方程式 $x^2-5x+3=0$ を解きなさい。

(5)　ジョーカーを除く1組52枚のトランプをよくきって，そこから1枚をひくとき，1けたの偶数の札をひく確率を求めなさい。ただし，トランプのどの札をひくことも，同様に確からしいものとする。

(6)　右の表は，ある中学校の生徒30人が1か月に読んだ本の冊数を調べて，度数分布表に整理したものである。ただし，一部が汚れて度数が見えなくなっている。この度数分布表について，3冊以上6冊未満の階級の相対度数を求めなさい。

読んだ本の冊数

階級（冊）	度数（人）
0以上～3未満	7
3～6	
6～9	5
9～12	3
12～15	2
15～18	1
計	30

(7)　右の図のように，五角形ABCDEがあり，∠BCD＝105°，∠CDE＝110°である。また，頂点A，Eにおける外角の大きさがそれぞれ70°，80°であるとき，∠ABCの大きさを求めなさい。

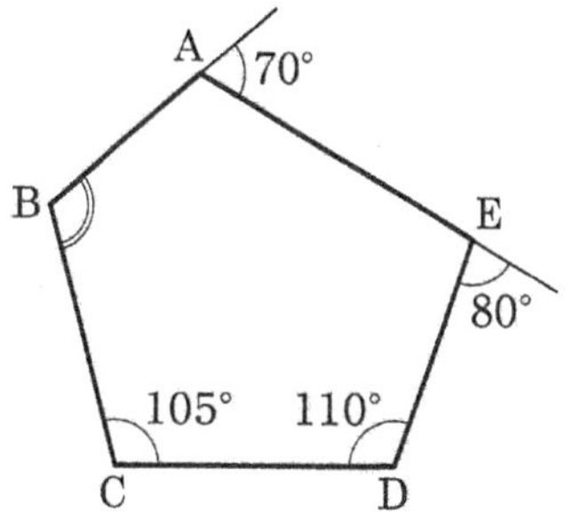

(8)　一次関数 $y=\frac{5}{2}x+a$ のグラフは，点(4, 3) を通る。このグラフと y 軸との交点の座標を求めなさい。

(9)　右の図は，正四角錐の投影図である。この正四角錐の体積を求めなさい。

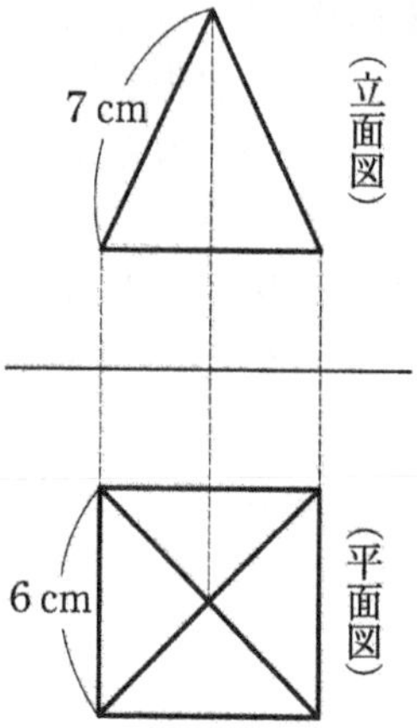

(10)　$\frac{336}{n}$ の値が，ある自然数の２乗となるような自然数 n のうち，最も小さいものを求めなさい。

2　中学生のみきさんたちは，職場体験活動を行った。みきさんは，ゆうさんと一緒にスーパーマーケットで活動することになり，野菜売り場の特設コーナーで袋詰め作業や販売の手伝いをした。その日，特設コーナーでは，玉ねぎ３個を１袋に入れて190円，じゃがいも６個を１袋に入れて245円で販売した。次は，活動後の２人の会話の一部である。(1)・(2)に答えなさい。ただし，消費税は考えないものとする。

みきさん	今日，特設コーナーでは，玉ねぎとじゃがいもが合わせて91袋売れ，その売上金額の合計は19380円だった，と店長さんが言っていましたね。
ゆうさん	はい。91袋売れたということですが，玉ねぎとじゃがいもは，それぞれ何個売れたのでしょうか。
みきさん	数量の関係から連立方程式をつくって求めてみましょう。

(1)　玉ねぎとじゃがいもが，それぞれ何個売れたかを求めるために，みきさんとゆうさんは，それぞれ次のように考えた。【みきさんの考え方】の ア ・ イ ，次のページの【ゆうさんの考え方】の ウ ・ エ にあてはまる式を，それぞれ書きなさい。

【みきさんの考え方】

玉ねぎ３個を入れた袋が x 袋，じゃがいも６個を入れた袋が y 袋売れたとして，連立方程式をつくると，

$$\begin{cases} \boxed{\quad ア \quad} = 91 \\ \boxed{\quad イ \quad} = 19380 \end{cases}$$

これを解いて，問題にあっているかどうかを考え，その解から，玉ねぎとじゃがいもが，それぞれ何個売れたかを求める。

【ゆうさんの考え方】

玉ねぎが x 個，じゃがいもが y 個売れたとして，連立方程式をつくると，

$$\begin{cases} \boxed{\quad ウ \quad} = 91 \\ \boxed{\quad エ \quad} = 19380 \end{cases}$$

これを解いて，問題にあっているかどうかを考え，玉ねぎとじゃがいもが，それぞれ何個売れたかを求める。

⑵　玉ねぎとじゃがいもは，それぞれ何個売れたか，求めなさい。

3　あゆみさんの中学校では，体育祭で学年ごとにクラス対抗の応援合戦が行われる。⑴・⑵に答えなさい。

⑴　３年生の応援合戦は，Ａ組，Ｂ組，Ｃ組，Ｄ組の４クラスが１クラスずつ順に行う。応援合戦を行う順序のうち，Ａ組がＢ組より先になるような場合は何通りあるか，求めなさい。

⑵　あゆみさんのクラスでは，図１のように，おうぎ形に切った厚紙を応援合戦で使うことにした。これは，図２のように，半径24㎝，中心角120°のおうぎ形OABの厚紙に，おうぎ形OABから半径12㎝，中心角120°のおうぎ形OCDを取り除いた図形ABDCを色画用紙で作って貼ったものである。(a)・(b)に答えなさい。

(a)　あゆみさんたちは，図２の $\overset{\frown}{AB}$ に沿って飾りをつけることにした。$\overset{\frown}{AB}$ の長さは何㎝か，求めなさい。ただし，円周率は π とする。

図１

図２

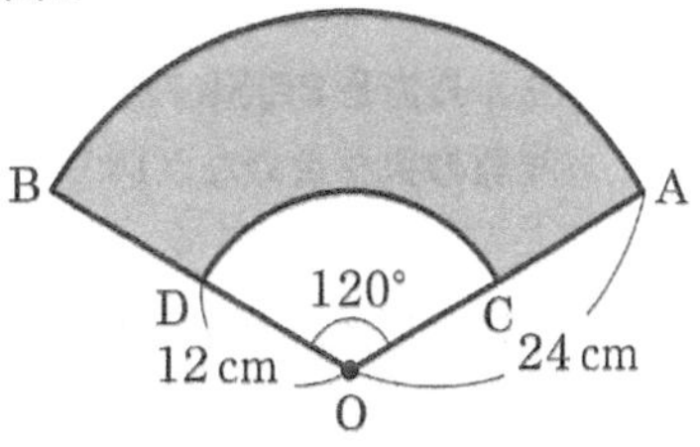

(b)　あゆみさんたちは，図形ABDCをぴったり切り抜くことができる長方形の大きさを調べてみることにした。図３のように，図形ABDCの $\overset{\frown}{AB}$ が辺EHに接し，点Ａが辺HG上，点Ｂが辺EF上，２点Ｃ，Ｄが辺FG上にそれぞれくるように，長方形EFGHをかくとする。長方形EFGHのEF，FGの長さは，それぞれ何㎝か，求めなさい。

図３

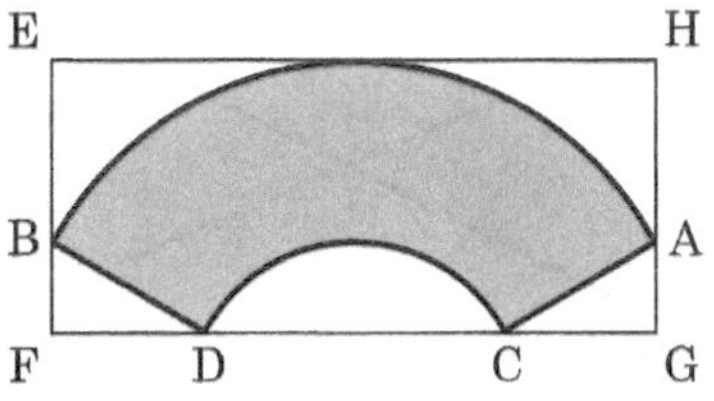

4 図1，図2のように，2つの関数 $y=\frac{1}{2}x^2$ と $y=x+12$ のグラフが2点A，Bで交わっている。点Aの x 座標は -4，点Bの x 座標は6である。(1)・(2)に答えなさい。

(1) 図1について，(a)・(b)に答えなさい。

(a) 点Aの y 座標を求めなさい。

(b) 関数 $y=x+12$ のグラフと x 軸について線対称となるグラフの式を求めなさい。

図1

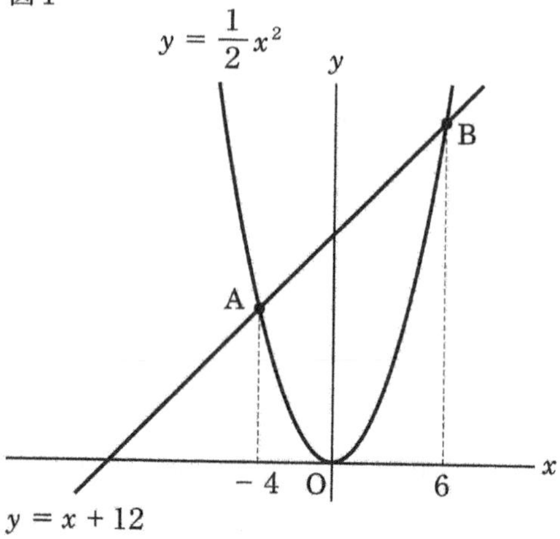

(2) 図2のように，関数 $y=\frac{1}{2}x^2$ のグラフ上を点Aから点Bまで動く点Pをとり，点Pから x 軸に平行な直線をひき，関数 $y=x+12$ のグラフとの交点をQとする。また，点P，Qから x 軸へ垂線をひき，x 軸との交点をそれぞれR，Sとする。(a)・(b)に答えなさい。

(a) 点Pの x 座標が2のとき，原点を通り，長方形PQSRの面積を2等分する直線の式を求めなさい。

(b) 長方形PQSRが正方形になるときのPRの長さを**すべて**求めなさい。

図2

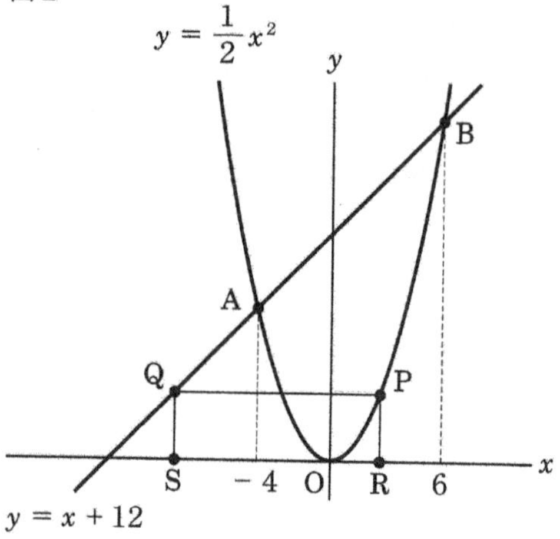

5 下の図のように，AB＝2㎝，AD＝4㎝の長方形ABCDがある。線分BCを延長した直線上に，∠BDE＝90°となるように点Eをとり，2点D，Eを結ぶ。線分AEと線分BDとの交点をF，線分AEと線分CDとの交点をGとするとき，次のページの(1)～(4)に答えなさい。

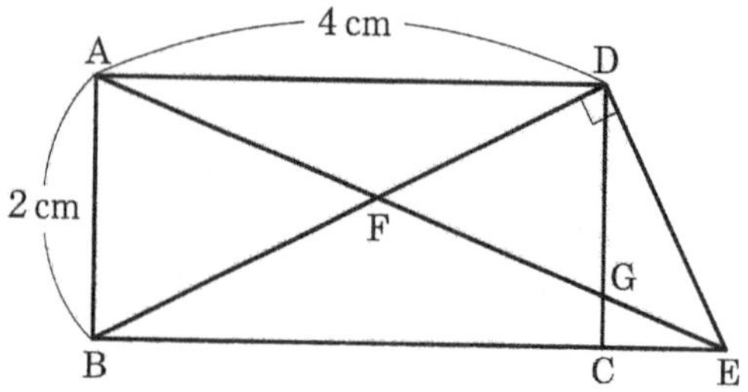

(1)　∠AFD＝a°とする。∠DEGの大きさをaを用いて表しなさい。

(2)　△ABD∽△DEBを証明しなさい。

(3)　頂点Dから線分AEにひいた垂線と線分AEとの交点をHとする。線分DHの長さを求めなさい。

(4)　四角形BCGFの面積を求めなさい。

＜英語＞

時間　50分　　満点　100点

1　次の⑴～⑶に答えなさい。

⑴　場面Ａ・Ｂにおける対話を聞いて，それぞれの質問に対する答えとして最も適するものを，**ア～エ**から１つずつ選びなさい。

（場面Ａ）　**ア**　卵　　**イ**　オレンジ　　**ウ**　トマト　　**エ**　チーズ

（場面Ｂ）　**ア**　理科　　**イ**　数学　　**ウ**　国語　　**エ**　音楽

⑵　質問１・質問２のそれぞれにおいて，英語の短い質問とその後に読まれる**ア～エ**を聞いて，質問に対する答えとして最も適するものを，**ア～エ**から１つずつ選びなさい。

⑶　次のグラフは，日本の高校生が海外へ留学したい理由を表したものである。あきこさんの英語の授業での発表を聞いて，留学したい理由のうち「海外で生活すること」にあたるものを，グラフの**ア～エ**から１つ選びなさい。

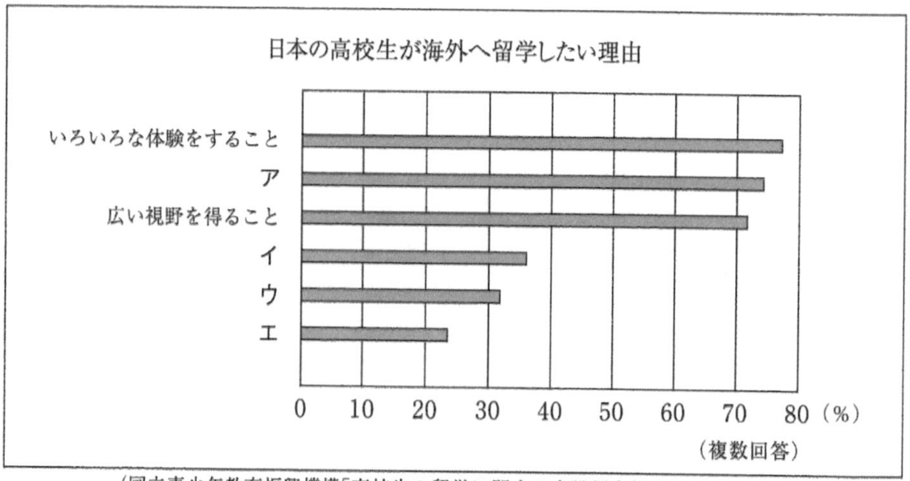

（国立青少年教育振興機構「高校生の留学に関する意識調査報告書」令和元年６月より作成）

2　次の英文は，ALT の先生による指示を聞いた後の，まさお（Masao）さんと留学生のリサ（Lisa）さんの対話の一部である。ALT の先生による指示を聞いて，［　　］に最も適するものを，**ア～エ**から選びなさい。

Masao:　What should I do when I have finished writing?

Lisa　:　You should ［　　］

Masao:　OK, thank you.

ア　learn how to write an e-mail in class.

イ　write about what you're going to do this weekend.

ウ　ask him your questions about our homework.

エ　put it in the box on the desk in the classroom.

3 留学生のメアリーさんからの質問を聞いて，あなたの答えを英文１文で書きなさい。

4 次の(1)～(3)に答えなさい。

(1) 次の英文(a)・(b)の意味が通るように，(　)に最も適するものを，それぞれア～エから１つずつ選びなさい。

(a) In Japan, winter is usually from (　　) to February.

ア July　イ April　ウ December　エ September

(b) My brother is a good chef, and he (　　) at a famous restaurant.

ア uses　イ works　ウ invites　エ writes

(2) 次の対話文(a)～(c)を読んで，□に最も適するものを，それぞれア～エから１つずつ選びなさい。

(a) *A* : I like this singer. Do you know her name?

B : □

A : Her name is Takako. She is popular in Japan right now.

ア Yes, I do.

イ Yes, she is.

ウ No, I don't.

エ No, she is not.

(b) *A* : Good morning, Atsushi. Oh, you look tired.

B : Yes, my family visited my grandfather by car yesterday. He lives in Kyoto.

A : By car? That's a long way! So, □

B : 11 p.m., so I didn't have much time to sleep.

ア when did you get home?

イ what did you buy there?

ウ what time did he leave home?

エ why did he live there?

(c) *A* : Excuse me. Do you need any help?

B : Yes, please. I want to go to this park. Where am I on this map?

A : Let's see. □ It takes only five minutes from here.

ア I don't know where it is.

イ I should go down this street.

ウ You can ask anyone else.

エ We are near this temple.

(3) 次の対話が成り立つように，(　)の中のア～エを並べかえなさい。

A : Wow! There are a lot of CDs in your room. Are they all yours?

B : Yes, (ア to　イ makes　ウ listening　エ music) me happy.

5　次の表は，市のタウンガイドに書かれている催し物の一部である。また，英文は，中学生のなみ（Nami）さんと，クラスメートのりょうた（Ryota）さんが，なみさんの家にホームステイをしている中学生のジュディ（Judy）さんと，このタウンガイドを見ながら交わしている会話の一部である。これを読んで，⑴～⑶に答えなさい。

～さくら町で古き良き日本の生活体験～
日　　時：8月7日（土）午前10時から
集合場所：さくら駅前
参 加 費：500円
内　　容：古民家訪問とそば打ち体験
＊昼食にはみなさんが作ったそばを召し上がっていただきます。

Nami : Look! This event held in Sakura Town in our city next Saturday looks interesting.
Judy : Really? What does it say?
Ryota : You can try making *soba*. Sakura Town is famous for it.
Judy : Oh, I've wanted to try some things that I can only experience in Japan during my homestay.
Nami : And ① [can] a traditional Japanese house.
Ryota : I've been there once with my parents. We enjoyed local dishes there.
Judy : It looks fun. Is there anything I should know?
Ryota : Well, you don't have to ② [lunch]. You can eat the *soba* you make. Also, you need 500 yen to join the event.
Judy : Great. Will you join me?
Ryota : I'd like to, but I can't. I have an important tennis game on August 7.
Nami : I can go with you. I want to learn some new and interesting things about our city.
Ryota : Please tell me about it when you come back.
Judy : Of course we will, Ryota.

（注） local　地元の

⑴　会話が成り立つように，① [can] には2語，② [lunch] には1語の英語を補って，正しい語順で英文を完成させなさい。

⑵　なみさん，りょうたさんとジュディさんの会話の内容と合うものを**ア**～**エ**から**1つ**選びなさい。

ア　Judy is interested in studying about Japanese art in Japan.
イ　The town is popular because people can enjoy tennis there.
ウ　Ryota already has a plan to go to the town to eat local dishes.
エ　Nami thinks she'll learn more about her city through this event.

⑶　表に書かれていることのうち，なみさん，りょうたさんとジュディさんの会話でふれられていない情報がいくつかあった。ふれられていない情報を1つ選び，あなたがジュディさんなら，その情報を知るために，なみさんに何と尋ねるか，英文**1文**で書きなさい。

6　次の英文は，カナダに住む中学生のブライアンさんが，国際交流協会のウェブサイトに投稿した文章である。これを読んで，(1)～(3)に答えなさい。

> **The Things I Learned at Camp**
>
> Last summer, I joined this international exchange program. This program gave me a chance to change myself. [ア]
>
> During this program, I planned parties and camps with people from other countries and of different ages. I was afraid of expressing myself, and I didn't know what to do. One older member told me, "Everyone has something special they can do. [イ] Why don't you try to find the thing that makes you special?" I like music, so I decided to play the guitar for everyone. At one of the camps, I played the guitar. Then everyone started singing. It was really amazing, and I was very glad to see their happy faces. [ウ] After the camp, we enjoyed talking about the things we like.
>
> By showing everyone the things I like, I could express myself and talk with the others. I was able to change my world a little. I think you have something special too. Why don't you try to find it? [エ]

（注） camp(s)　キャンプ　　exchange　交流　　myself　私自身　　age(s)　年齢
express　～を表現する

(1) 次の英文は，本文中から抜き出したものである。この英文を入れる最も適切なところを，本文中の [ア] ～ [エ] から選びなさい。

You will have a lot of fun experiences.

(2) ブライアンさんが本文中で一番伝えたいことはどのようなことか，最も適するものを，ア～エから選びなさい。

ア　Don't be afraid of expressing yourself.
イ　Don't be afraid of meeting new people.
ウ　Let's try to make new friends.
エ　Let's try to play an instrument.

(3) ウェブサイトの文章を読んで興味をもったあなたは，ブライアンさんのブログを見た。そこで，ブライアンさんの右のような質問を見つけたあなたは，返事を投稿することにした。２つの質問に対するあなたの答えを，**15語以上25語以内**の英語で書きなさい。ただし，数を書く場合は数字ではなく英語で書くこととし，文の数はいくつでもよい。また，符号は語数に含めない。

> Your friends from abroad will come to your town. What do you want to do with them? What do you want them to learn from the experience?

〈解答欄の書き方について〉
次の（例）に従って＿＿に１語ずつ記入すること。
（例）　Really ?　I'm　from　America ,　too .

7 次の英文は，高校生のみえ（Mie）さんが，英語の授業で食品ロスをテーマに発表したものである。これを読んで，(1)～(6)に答えなさい。

When you eat something, can you eat all of it? What do you do when you aren't able to eat everything? Do you throw it away? Today I'd like to talk about the problem of food waste.

One day in summer, when I came back home from school, my grandmother was cooking something. "What are you doing, Grandmother?" I asked. She said, "Oh, Mie. I'm trying to make a dish from these vegetables. Yesterday we couldn't eat all of these vegetables for dinner. If we can use them to make another dish, we don't have to waste them." I said, "That's a lot of work. Throwing them away is [①] than that." She said, "Throwing them away is *mottainai*! We have to stop food waste."

"Food waste?" I learned about it in class, but I wasn't interested. My grandmother continued, "Japanese people throw away more than 6,000,000 tons of food that can still be eaten every year, but there are a lot of people who don't have enough food in Japan and around the world. We also waste a lot of energy and water to produce food." I asked, "I'm trying to be careful, but I sometimes buy too much food. [②]" She answered, "Oh, you can do a lot of things. Many people have already started doing something about this problem. For example, do you know about food banks? How about visiting one together?"

The next Sunday, my grandmother and I visited a food bank in our city. I asked the people there, "What are food banks doing about the problem of food waste?" A woman told me, "One of our goals is to stop food waste. We should not throw away food when there are people who don't have enough food. Also, burning the food we waste is bad for the Earth. If you give food you don't need to us, we will give it to other people. Then you don't have to throw it away." I asked her, "Are there any other ways to stop wasting food?" She answered, "Some volunteers visit restaurants in their cities and ask them to stop wasting food. Others hold cooking events in their towns to show people how to cook without wasting food. We have the same goals and are doing a lot of things."

I am now more interested in the problem of food waste. My grandmother and I make dishes from the parts of vegetables that we often throw away. Look at this poster. This shows how to make some dishes. I hope you'll make and enjoy them.

I'll tell you some things you can try when you buy and eat food. First, you can stop buying too much food. You should check how much food you have at home before going shopping. Second, you can stop cooking too much food.

Third, you can try to learn how to make many kinds of dishes to enjoy food in different ways. You can start with easy things. Let's enjoy eating, and let's enjoy eating without wasting food.

（注）throw ～ away　～を捨てる　food waste　食品ロス　vegetable(s)　野菜
waste　～を無駄にする　ton(s)　トン　food bank(s)　フードバンク　burn　～を燃やす
poster　ポスター

(1) 次の(a)・(b)の問いに対する答えを，それぞれ**3語以上の英文1文**で書きなさい。ただし，符号は語数に含めない。

(a) Did Mie become interested in food waste when she first learned about it?

(b) What do the volunteers do when they hold cooking events in their towns?

(2) 本文の内容に合うように，［①］に最も適する**1語**の英語を書きなさい。

(3) みえさんとおばあさんの対話が，自然なやり取りになるように，［②］に**4語以上**の英語を入れて，質問文**1文**を完成させなさい。ただし，符号は語数に含めない。

(4) 本文の内容に合うように，次の英文の［　］に最も適するものを**ア～エ**から選びなさい。

At the food bank, Mie found that people ［　　］ to stop food waste.

ア were trying to produce food to cook and eat at home

イ were visiting and talking to restaurants in their communities

ウ wanted to learn how to sell the food that they did not eat at home

エ wanted to burn the food that they did not eat in a better way

(5) 次の英文は，みえさんと留学生のダニエル（Daniel）さんの対話の一部である。対話が成り立つように，［ⓐ］には最も適するものを**ア～エ**から選び，［ⓑ］には最も適する**3語**の英語を本文中から抜き出して書きなさい。

Daniel: Your story was interesting. I'll try to make the dishes on your poster, and I want to learn ［　ⓐ　］.

Mie: I'm very glad to hear that. I talked about this problem because I wanted more people to think about it and start doing something.

Daniel: Right. If we want to have the power to change something in our communities, it's important to make friends who have ［　ⓑ　］ and work together.

Mie: I think so, too. Thank you, Daniel.

ア how to stop wasting food

イ where to throw away food

ウ which food store to visit

エ what food to produce

(6) 本文の内容と合うものを**ア～カ**から**2つ**選びなさい。

ア When Mie got home, her grandmother was cooking for people at food banks.

イ Mie heard that a lot of food which was still good to eat was wasted in Japan.

ウ A woman at the food bank was worried about the problem of energy and water.

エ Mie's friends asked her to make a poster about the problem of food waste.

オ Mie thought that students were too young to do anything good for the Earth.

カ Knowing many different ways of cooking food is a way to stop food waste.

＜理科＞

時間　45分　　満点　100点

1　次の(1)～(4)に答えなさい。

(1)　生物の移り変わりと進化について，(a)・(b)に答えなさい。

(a)　脊椎動物のなかまのうち，魚類と同様に「卵を水中に産む」という特徴をもつものはどれか，**ア**～**エ**から**1つ**選びなさい。

ア　両生類　　**イ**　は虫類　　**ウ**　鳥類　　**エ**　哺乳類

(b)　図1は，カエルの前あし，ハトの翼，イヌの前あしの骨格を模式的に示したものである。これらは見かけの形やはたらきは異なっていても，基本的なつくりが同じで，起源は同じと考えられる器官である。このような器官を何というか，書きなさい。

図1

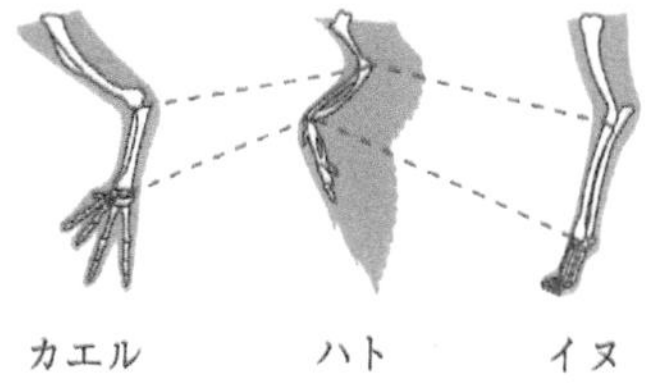

(2)　水酸化物イオンやアンモニウムイオンは，複数の原子からできたイオンである。(a)・(b)に答えなさい。

(a)　水酸化物イオンは，アルカリ性の性質を示すもとになるものである。水酸化物イオンのイオン式を書きなさい。

(b)　1個のアンモニウムイオンNH_4^+について述べた文として正しいものはどれか，**ア**～**エ**から**1つ**選びなさい。

ア　窒素原子4個と水素原子4個からできており，電子1個を受けとっている。

イ　窒素原子4個と水素原子4個からできており，電子1個を失っている。

ウ　窒素原子1個と水素原子4個からできており，電子1個を受けとっている。

エ　窒素原子1個と水素原子4個からできており，電子1個を失っている。

(3)　まっすぐな導線に電流を流したときにできる磁界について調べた。(a)・(b)に答えなさい。

(a)　次の文は，まっすぐな導線を流れる電流がつくる磁界について述べたものである。正しい文になるように，文中の①・②について，**ア**・**イ**のいずれかをそれぞれ選びなさい。

　まっすぐな導線を流れる電流がつくる磁界の強さは，電流が①［**ア**　小さい　**イ**　大きい］ほど，また，②［**ア**　導線に近い　**イ**　導線から遠い］ほど強くなる。

(b)　図2は，電流を流す前の導線ａｂを，ａが北，ｂが南になるようにし，その真上に方位磁針を置いたときのようすを表したものである。ａからｂの向きに電流を流したときの方位磁針の針がさす向きとして，最も適切なものを**ア**～**エ**から選びなさい。

図2

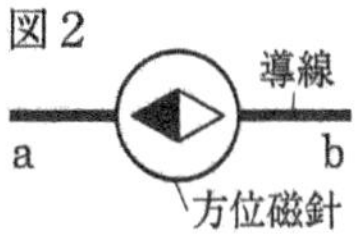

ア

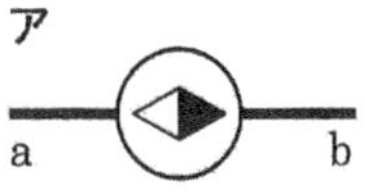

イ

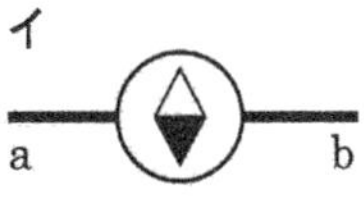

ウ

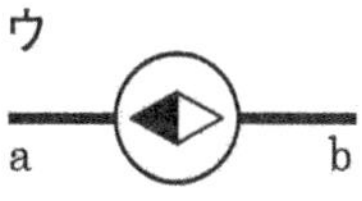

エ

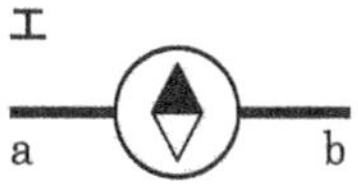

(4)　図3（次のページ）はれき岩を，図4（次のページ）は凝灰岩をルーペで観察したときの写

真である。(a)・(b)に答えなさい。

(a) れき岩や凝灰岩のように，地層をつくっている土砂などが押し固められてできた岩石を何というか，書きなさい。

(b) れき岩と凝灰岩を比較すると，凝灰岩に含まれている粒と比べて，れき岩に含まれている粒は丸みを帯びた形になっている。丸みを帯びているのはなぜか，その理由を書きなさい。

図3

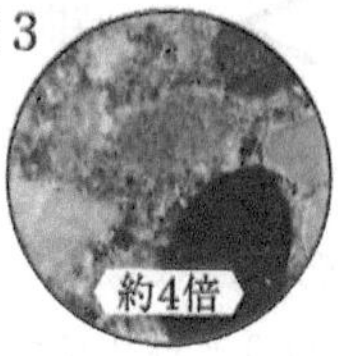

図4

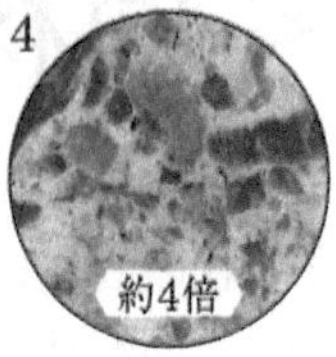

2 植物の光合成について実験を行った。(1)～(5)に答えなさい。

実験

① ふ入りの葉をもつ植物の鉢植えを用意し，暗室に1日置いた。

② その後，図1のように，この植物の葉の一部をアルミニウムはくでおおい，図2のように，この植物全体にポリエチレンの袋をかぶせ，ポリエチレンの袋に息を十分に吹き込んだあと，茎の部分でしばって密閉し，袋の中の気体の割合について調べた。

③ この植物に数時間光を当てたあと，再び袋の中の気体の割合について調べ，ポリエチレンの袋をはずした。

④ アルミニウムはくでおおった葉を茎から切りとり，アルミニウムはくをはずして，熱湯につけた。

⑤ 熱湯からとり出した葉を，90℃の湯であたためたエタノールにつけた。その後，エタノールからとり出した葉を水でよく洗った。

⑥ 水で洗った葉をヨウ素溶液につけて色の変化を調べると，図3のようになった。表は，このときの結果をまとめたものである。

図1

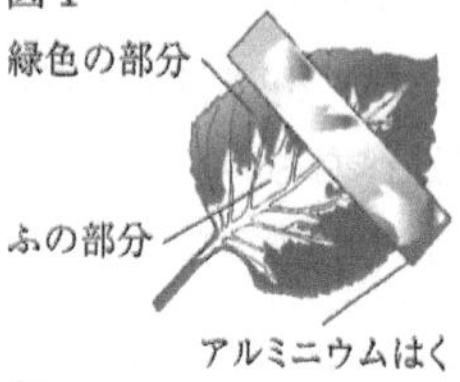

図2

図3

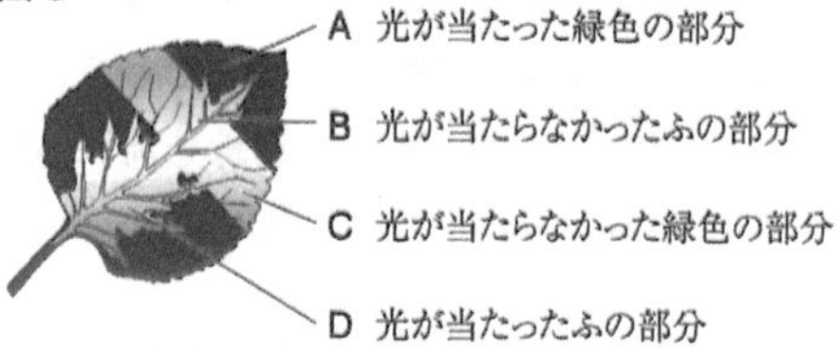

表

図3の葉の部分	A	B	C	D
色の変化	青紫色になった	変化なし	変化なし	変化なし

(1) 実験 ②・③で，ポリエチレンの袋の中の気体のうち，数時間光を当てたあと，割合が減少したものはどれか，最も適切なものを**ア**～**エ**から選びなさい。

ア 酸素 **イ** 水素 **ウ** 窒素 **エ** 二酸化炭素

(2) 実験 ⑤で，葉をエタノールにつけたのはなぜか，その理由を書きなさい。

(3) 表において，Aの部分が青紫色になったのは，この部分にヨウ素溶液と反応した物質があったためである。この物質は何か，書きなさい。

(4) 次の文は，実験 の結果からわかったことについて述べたものである。正しい文になるように，文中の（ⓐ）～（ⓓ）にあてはまるものを，A～Dからそれぞれ選びなさい。ただし，同じ記号を何度使ってもよい。

表の（ ⓐ ）と（ ⓑ ）の色の変化を比べることで，光合成は葉の緑色の部分で行われることがわかった。また，表の（ ⓒ ）と（ ⓓ ）の色の変化を比べることで，光合成を行うためには光が必要であることがわかった。

(5) 実験 ①で暗室に１日置くかわりに，十分に明るい部屋に１日置き，実験 ②～⑥を行ったとき，表とは違う結果となった。違う結果となったのはどの部分か，A～Dから選びなさい。また，その部分はどのような結果となったか，書きなさい。

3 徳島県で，ある年の４月から５月にかけて月の形と位置の変化を観測した。(1)～(4)に答えなさい。

月の形と位置の変化の観測

４月25日から５月７日までの間に，同じ場所で午後７時に月の観測を行い，月の形と位置の変化を調べて，図１のようにスケッチした。４月26日，５月２日，５月３日，５月５日，５月６日については，天気がくもりや雨であったため，月を観測することができなかった。

図１

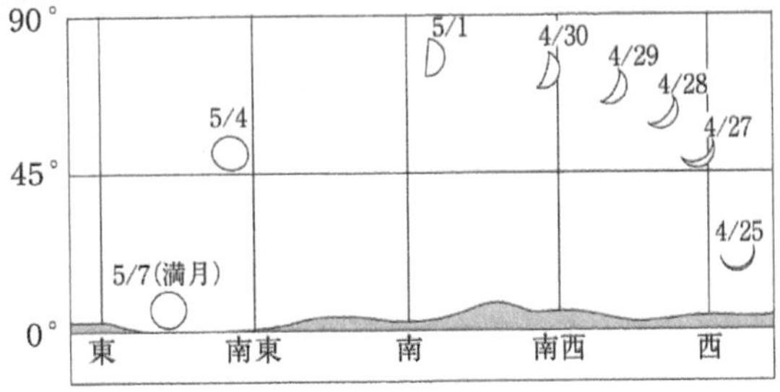

(1) 月のような，惑星のまわりを公転している天体を何というか，書きなさい。

(2) 図２は，地球上の観測者の位置と太陽の光を模式的に表したもので，A～Dは，同じ観測者が，明け方，真昼，夕方，真夜中のいずれかに地球上で観測を行ったときの位置を示している。夕方に観測を行ったときの観測者の位置として，最も適切なものはどれか，A～Dから選びなさい。

図２

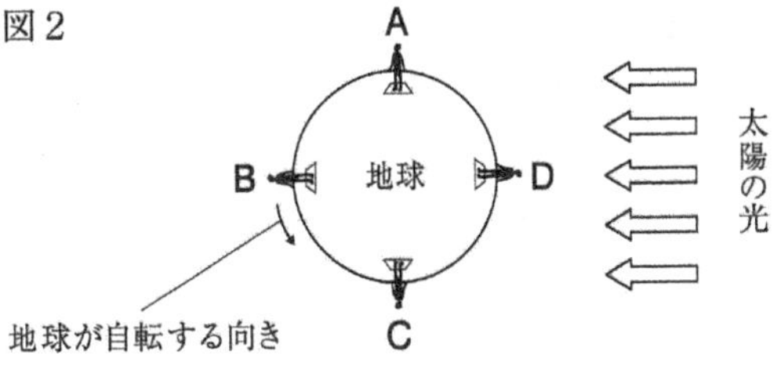

(3) 図３は，地球，月の位置，太陽の光を模式的に表したもので，ア～クは，それぞれ月の位置を示している。図１の５月４日の月が観測されたときの，図３における月の位置として，最も適切なものはどれか，ア～クから選びなさい。

図３

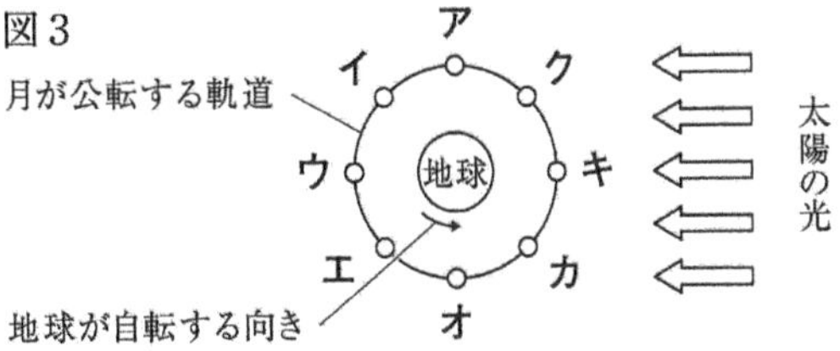

⑷　図１の観測記録から，同じ時刻に観測すると，月は１日に，およそ12°ずつ西から東に動いて見えることがわかった。(a)・(b)に答えなさい。

(a)　図４は，地球のまわりを公転する月のようすを模式的に表したもので，月が公転する向きは**a**・**b**のいずれかである。次の文は，月が南中する時刻の変化と，月が地球のまわりを公転する向きについて述べたものである。正しい文になるように，文中の①・②について，**ア**・**イ**のいずれかをそれぞれ選びなさい。

図４

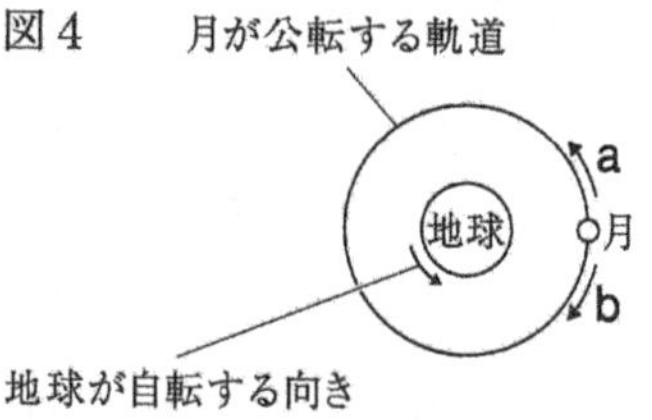

> 図１の観測記録から考えると，月が南中する時刻は，前日より①［**ア**　早く　　**イ**　遅く］なることがわかる。これは，月が地球のまわりを，図４の②［**ア**　a　　**イ**　b］の向きに公転しているためである。

(b)　同じ時刻に見える月の位置が，１日に12°ずつ西から東に動いて見えるとしたとき，月が南中する時刻は，１日につき何分変化するか，求めなさい。

4　鉄と硫黄の混合物を加熱する実験を行った。⑴～⑸に答えなさい。

実験

①　図１のように，鉄粉3.5 gと硫黄2.0 gを，乳ばちでよく混ぜ合わせ，試験管**A**にその$\frac{1}{4}$を，試験管**B**に残りの分をそれぞれ入れた。

②　図２のように，試験管**B**の口に脱脂綿でゆるく栓をしてから，試験管の中の混合物の上部を加熱し，鉄粉と硫黄を反応させた。赤く色が変わり始めたら，加熱をやめて，変化のようすを観察した。変化が終わったら，加熱後の試験管**B**を金網の上に置き，温度が下がるのを待った。加熱後の試験管**B**の中には，黒い物質が生じていた。

③　試験管**A**と加熱後の試験管**B**のそれぞれにフェライト磁石を近づけ，中の物質のつき方を比べた。

④　試験管**A**の中身を試験管**C**に，加熱後の試験管**B**の中身を試験管**D**に，それぞれ少量ずつとり出して入れた。その後，試験管**C**・**D**のそれぞれに，５％塩酸を２，３滴ずつ入れ，発生する気体のにおいを調べた。

図１

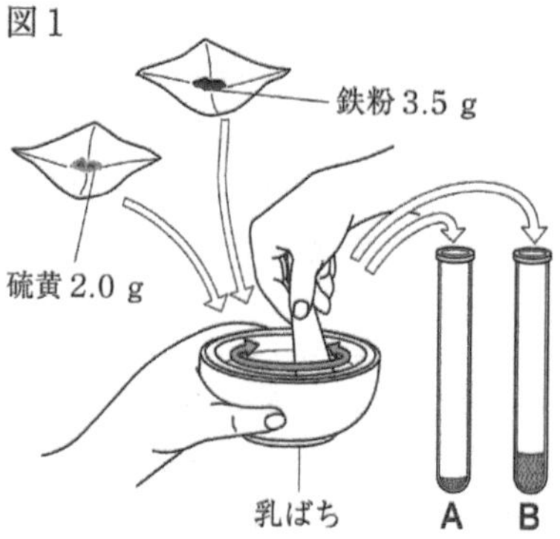

図２

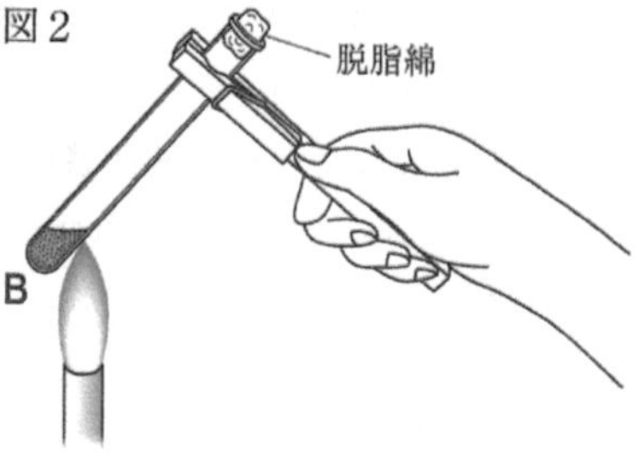

⑴　鉄や硫黄は１種類の原子がたくさん集まってできている。このように，１種類の原子だけからできている物質を何というか，書きなさい。

(2) 実験 ②では，加熱をやめても，しばらく反応が続いた。このとき，加熱をやめても反応が続いた理由として正しいものはどれか，**ア**～**エ**から１つ選びなさい。

ア　この反応は吸熱反応であるため，反応によって温度が上がり，連続的に反応がおこるため。

イ　この反応は吸熱反応であるため，反応によって温度が下がり，連続的に反応がおこるため。

ウ　この反応は発熱反応であるため，反応によって温度が上がり，連続的に反応がおこるため。

エ　この反応は発熱反応であるため，反応によって温度が下がり，連続的に反応がおこるため。

(3) 実験 ③の結果を，試験管**A**と加熱後の試験管**B**のそれぞれについて書きなさい。また，その結果からいえることを書きなさい。

(4) 実験 ④では，試験管**C**・**D**からそれぞれ異なる性質の気体が発生した。次の文は，このとき試験管**C**・**D**から発生した気体について述べたものである。正しい文になるように，文中の(ⓐ)・(ⓑ)にあてはまるものを，**C**・**D**からそれぞれ選びなさい。また，ⓒについて，**ア**・**イ**のいずれかを選びなさい。

> 試験管（　ⓐ　）から発生した気体は，においがなかったが，試験管（　ⓑ　）から発生した気体は，ⓒ［**ア**　プールの消毒のにおい　　**イ**　卵の腐ったようなにおい］がした。

(5) 実験 において，鉄と硫黄の混合物を加熱したときの変化を，化学反応式で書きなさい。

5　物体の運動についての実験を行った。(1)～(5)に答えなさい。ただし，空気の抵抗や摩擦，記録テープの質量は考えないものとする。

かなでさん　　ジェットコースターは，斜面をものすごいスピードで下りていきますね。
まさるさん　　いちばん下まで下りたら，一気にのぼっていくのもわくわくします。
かなでさん　　ジェットコースターに乗っていると，大きな力を受けているように感じます。物体にはたらく力と運動のようすについて，実験で確かめてみましょう。

実験１

①　水平面に形と大きさが同じ３個の木片を積み，平らな板を置いて斜面Xとし，斜面上に点a，点b，点cをとった。

②　図１のように，力学台車に糸でつないだばねばかりを斜面Xに平行になるように持ち，力学台車の前輪を点aに合わせ，力学台車が静止したときのばねばかりの値Aを調べた。

③　②と同じように，力学台車の前輪を点bに合わせたときのばねばかりの値B，点cに合わせたときのばねばかりの値Cを調べた。

図１
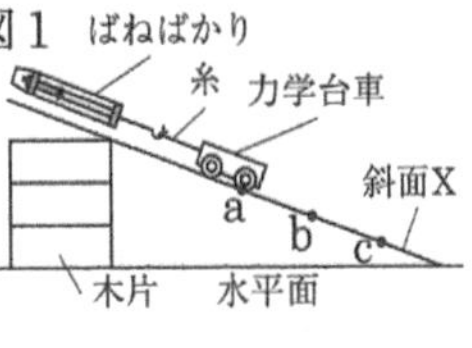

実験２

①　図２のように，１秒間に60回打点する記録タイマーを斜面Xの上部に固定し，記録テープを記録タイマーに通して力学台車につけ，力学台車を手で支えて前輪を斜面X上の点Pに合わせた。なお，斜面Xは点Qで水平面になめらかにつながっていることとする。

図２
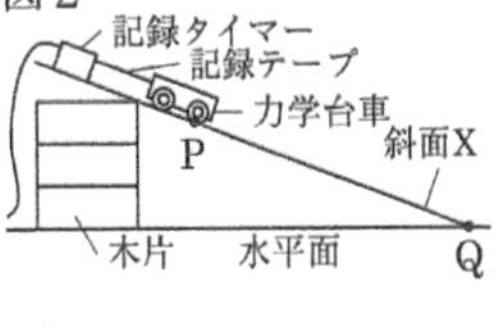

② 記録タイマーのスイッチを入れて，力学台車を支える手を静かに離し，力学台車を運動させた。

③ 記録テープを6打点ごとに切り，左から時間の経過順に下端をそろえてグラフ用紙にはりつけた。図3は，この結果を示したものである。ただし，打点は省略している。

図3
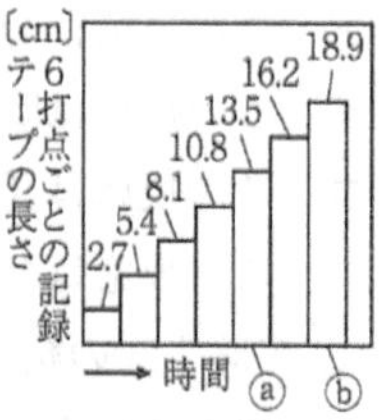

(1) 実験1 で調べたばねばかりの値A～Cの大きさの関係として，正しいものはどれか，**ア～エ**から1つ選びなさい。

ア A＝B＝C　**イ** A＜B＜C　**ウ** A＞B＞C　**エ** A＜B，A＝C

(2) 図4は， 実験1 ②で力学台車にはたらく重力を矢印で示したものである。ばねばかりが糸を引く力を，矢印でかきなさい。ただし，作用点を「•」で示すこと。

図4
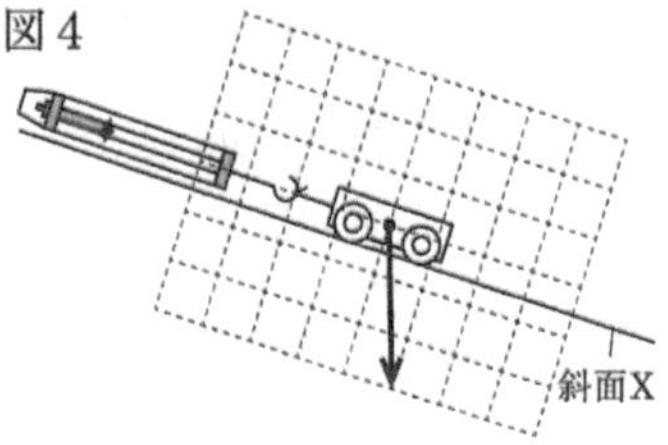

(3) 実験2 について，(a)・(b)に答えなさい。

(a) 図3の記録テープⓐの打点を省略せずに示した図として正しいものはどれか，**ア～エ**から1つ選びなさい。ただし，⟶は力学台車が記録テープを引く向きを示している。

ア
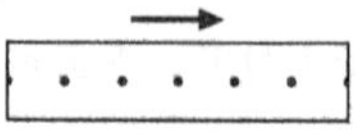
イ
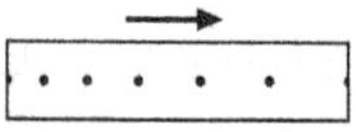
ウ
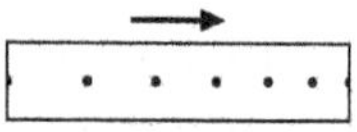
エ
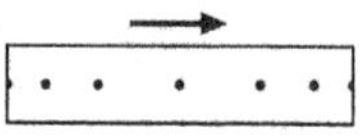

(b) 図3の記録テープⓑについて，この区間における力学台車の平均の速さは何cm/sか，求めなさい。

まさるさん　斜面をのぼるときの物体の運動は，どうなっているのでしょうか。急な斜面とゆるやかな斜面ではジェットコースターの進み方も違いますね。

かなでさん　斜面をのぼる運動について，斜面の傾きをいろいろ変えて調べてみましょう。

実験3

① 図5のように， 実験2 の斜面Xと同様の平らな板を点Rで水平面になめらかにつなぎ，斜面Yとした。斜面Xと同様の木片3個で斜面Yを支え，斜面Xと同じ傾きになるように調整し，PQとRSが同じ長さになるように点Sをとった。

図5
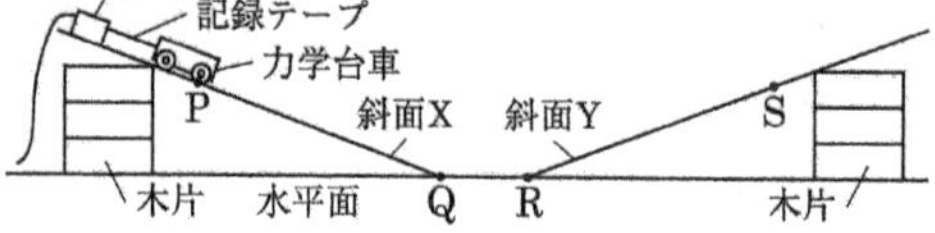

② 記録テープをつけた力学台車を手で支えて前輪を点Pに合わせた。記録タイマーのスイッチを入れて力学台車を支える手を静かに離し，力学台車を運動させた。

③ 斜面Yの木片が2個，1個のときについて， 実験3 ②と同じようにして調べた。

④　斜面Y上の力学台車の運動について，力学台車の後輪が点Rを通過してから点Sを通過するまでの記録テープを6打点ごとに切り，左から時間の経過順に下端をそろえてグラフ用紙にはりつけた。図6は，この結果を示したものである。ただし，打点は省略している。また，最後の記録テープは6打点に足りない場合がある。なお，斜面をのぼるとき，記録テープは浮き上がらないものとする。

図6
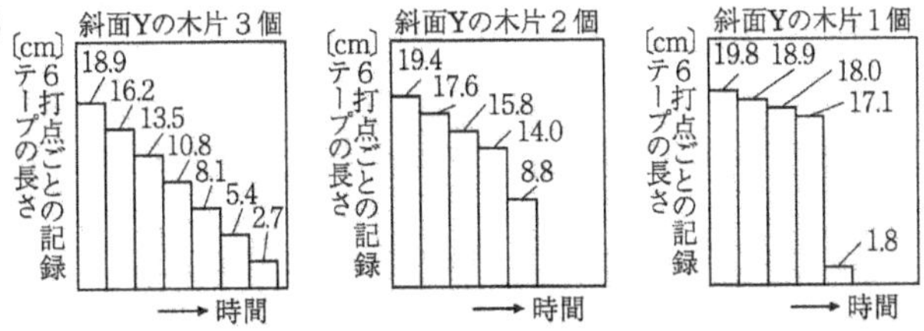

かなでさん　図6ではわかりませんが，点Pから同じ傾きの斜面を同じ距離だけ下りてくるので，点Rを通過するときの速さはどれも同じです。

まさるさん　斜面Yの木片が3個のときは，力学台車は点Sで止まりましたが，木片が2個と1個のときは，力学台車は点Sを通り過ぎました。

かなでさん　斜面Yの木片が3個，2個，1個と少なくなると，斜面の傾きは小さくなります。ⓒ斜面Yの傾きが小さくなると，点Sでの力学台車の速さは（　あ　）なりました。その理由は，斜面Yの傾きが小さいほど，（　い　）からです。

まさるさん　もし，ⓓ力学台車の運動がこのまま続けば，どこまで進むことができるでしょうか，斜面Yが十分に長いとして，実験結果をもとに，考えてみましょう。

かなでさん　上りの斜面の傾きによって，ジェットコースターを楽しむことができる長さが変わってくるようですね。

⑷　下線部ⓒについて，点Rで同じであった力学台車の速さが，点Sではどのようになったのか，(あ) にあてはまる言葉を書きなさい。また，(い) には，力学台車にはたらく力に着目して，その理由を書きなさい。

⑸　下線部ⓓについて，かなでさんたちは，斜面Yの木片が1個のとき，力学台車がどこまで進むことができるのかを考えることにした。斜面Yと記録テープは十分に長いものとして，実験3 と同じように実験を行ったとき，力学台車が自然に止まるまでに，6打点ごとに切り離した記録テープは何本できると考えられるか。ただし，最後の記録テープが6打点に足りない場合も1本と数えるものとする。

＜社会＞

時間　45分　　満点　100点

1　次の表は，なおきさんが，社会科の授業で，興味をもった時代のできごとをまとめたものの一部である。(1)～(6)に答えなさい。

時代	で　き　ご　と
縄文	①縄目の文様がついた土器がつくられ，食料の保存や煮たきに使われた。
奈良《なら》	朝廷は農民の成人男子を中心に，②税や労役《ろうえき》などを負担させた。
平安	③阿弥陀仏にすがる浄土信仰が広まり，藤原頼通は宇治に平等院鳳凰堂をつくった。
鎌倉《かまくら》	④北条泰時が幕府の第３代の執権となった。
室町	幕府は正式な貿易船に，明から与えられた（　　　）を持たせた。
江戸	元禄のころを境に⑤幕府の財政が悪化していった。

(1)　下線部①のころ，チグリス川とユーフラテス川の流域では，メソポタミア文明がおこった。この文明で発明された文字と暦の組み合わせとして正しいものを，**ア**～**エ**から１つ選びなさい。

ア　くさび形文字，太陰暦　　**イ**　くさび形文字，太陽暦
ウ　甲骨文字，太陰暦　　**エ**　甲骨文字，太陽暦

(2)　資料Ⅰは，下線部②のうち，平城京跡から発掘された木簡に記された内容であり，阿波国から都に税が納められたことを示したものである。このように律令制度において，海産物など地方の特産物を納める税を何というか，書きなさい。

資料Ⅰ

阿波国進上御贄若《わか》海藻《め》壱籠板野郡牟屋海

(3)　下線部③のころ，アラビア半島から中央アジア，北アフリカ，イベリア半島にかけて，イスラム勢力が広がっていた。次の文は，そのイスラム勢力へのヨーロッパ諸国の対応について述べたものである。正しい文になるように，文中のⓐ・ⓑについて，**ア**・**イ**のいずれかをそれぞれ選びなさい。

11世紀ごろ，ローマ教皇を首長とするⓐ［**ア**　プロテスタント　　**イ**　カトリック］教会の勢いが大きくなった。11世紀末，教皇が聖地であるⓑ［**ア**　エルサレム　　**イ**　メッカ］からイスラム勢力を追い払うために，十字軍の派遣を呼びかけ，諸国の王はそれに応じた。

(4)　資料Ⅱは，下線部④が武家社会の慣習に基づき，公正な裁判を行うためにつくった武士独自の法を要約したものの一部である。この法を何というか，書きなさい。

資料Ⅱ

諸国の守護の職務は，国内の御家人を京都の御所の警備にあたらせること，謀反や殺人などの犯罪人を取りしまることである。

(5) 表中の（　）は，室町幕府が明と貿易するために，倭寇を取りしまる一方，正式な貿易船の証明として，日本の船に持たせたものである。（　）にあてはまる語句を書きなさい。

(6) 下線部⑤を解決するために，徳川吉宗が行った政策はどれか，**ア～エ**から１つ選びなさい。

ア 座をなくし，自由な営業を認めて，商工業を活発にさせた。

イ 江戸などに出かせぎに来ていた者を農村に返し，村ごとに米を蓄えさせた。

ウ 商工業者の株仲間に特権を与えるかわりに税を取りたてた。

エ 大名から参勤交代を軽減するかわりに米を献上させた。

2 次の年表は，わが国の近代から現代のできごとをまとめたものである。(1)～(6)に答えなさい。

<table>
<tr><th>年代</th><th>で　き　ご　と</th><th></th></tr>
<tr><td>1868</td><td>（　　　　　）が示される</td><td rowspan="2">A</td></tr>
<tr><td>1877</td><td>西南戦争が起こる</td></tr>
<tr><td>1885</td><td>内閣制度ができる</td><td rowspan="2">B</td></tr>
<tr><td>1895</td><td>下関条約が結ばれる</td></tr>
<tr><td>1905</td><td>①ポーツマス条約が結ばれる</td><td rowspan="2">C</td></tr>
<tr><td>1911</td><td>②不平等条約の改正が実現する</td></tr>
<tr><td>1925</td><td>治安維持法が制定される</td><td rowspan="2">D</td></tr>
<tr><td>1931</td><td>③満州事変が起こる</td></tr>
<tr><td>1941</td><td>④太平洋戦争が始まる</td><td></td></tr>
</table>

(1) 資料Ⅰは，年表中の（　）にあてはまる明治新政府の政治の方針を表したものの一部である。この政治の方針の名称を，書きなさい。

資料Ⅰ

一　広ク会議ヲ興《おこ》シ万機《ばんき》公論《こうろん》ニ決スヘシ

一　上下《しょうか》心ヲ一《いつ》ニシテ盛《さかん》ニ経綸《けいりん》ヲ行フヘシ

(2) 資料Ⅱは，年表中**A～D**のいずれかの期間の東アジアの国際関係について，ビゴーが描いた風刺画である。資料Ⅱに描かれた国際関係は，年表中**A～D**のどの期間のことを表しているか，最も適切なものを**A～D**から選びなさい。

資料Ⅱ

(3) 下線部①について，この条約が結ばれた後，国民が激しく政府を非難し，東京では日比谷焼き打ち事件などの暴動も発生した。このように国民から政府に対して強い不満の声が上がったのはなぜか，日本とこの条約を結んだ国の国名にふれながら書きなさい。

(4) 下線部②について，このときの外務大臣の名前と，改正に成功した交渉の内容の組み合わせとして正しいものを，**ア～エ**から１つ選びなさい。

ア 小村寿太郎，関税自主権の回復

イ 小村寿太郎，治外法権の撤廃

ウ 陸奥宗光，関税自主権の回復

エ 陸奥宗光，治外法権の撤廃

(5) 下線部③に関して，資料Ⅲ（次のページ）は，イギリス人のリットンを団長とする５か国の代表からなる調査団が，中国からの訴えを受けて，南満州鉄道の線路が爆破された地点で調査を行っているようすである。この調査団を満州に派遣した組織を何というか，書きなさい。

資料Ⅲ

⑹　次の**ア**〜**エ**は，下線部④より後に起こったできごとである。起こった順に**ア**〜**エ**を並べなさい。

ア　日中共同声明に調印し，中国との国交が正常化した。
イ　日本とアメリカの間で日米安全保障条約が結ばれた。
ウ　連合国側が発表したポツダム宣言を，日本が受諾した。
エ　民主教育の基本を示す教育基本法が公布された。

3　次の略地図や資料を見て，⑴〜⑸に答えなさい。

⑴　次の文は，略地図中の中部地方の地域区分や農業の特色について述べたものの一部である。正しい文になるように，文中の①・②について，**ア**・**イ**のいずれかをそれぞれ選びなさい。

> 中部地方は，東海，中央高地，北陸という三つの地域からなる。
> 三つの地域のうち，冬に雪がひじょうに多い①［**ア**　東海　　**イ**　北陸］における農業の特色は，春になると大量の雪がとけて，水を豊富に得ることができるため，②［**ア**　稲作《いなさく》　**イ**　畑作］の割合が高いことである。

略地図

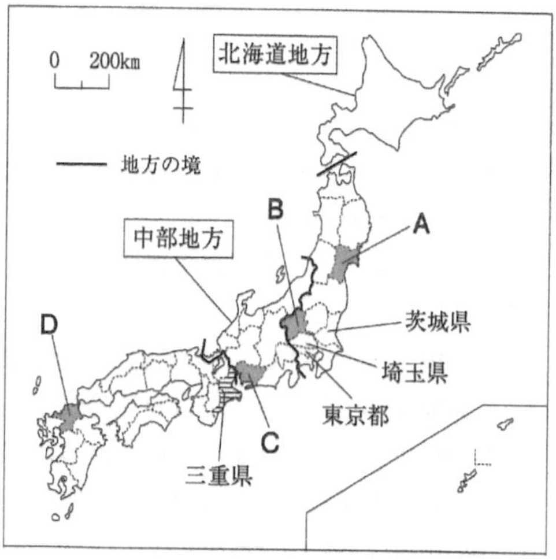

⑵　資料Ⅰは，略地図中の三重《みえ》県の雲出川の河口を上空から撮った写真である。資料Ⅰに見られるような，川の流れによって運ばれた細かい砂や泥が，川の河口付近に積もってできる平らな地形を何というか，書きなさい。

資料Ⅰ

⑶　略地図中の北海道地方では，さけを人工的に卵からかえして川へ放流する漁業がさかんに行われている。このように，稚魚や

稚貝を放流したり，海底に魚が集まる漁場をつくったりして沿岸の漁業資源を増やそうとする漁業を何というか，書きなさい。

(4) 資料Ⅱは，略地図中の茨城《いばらき》県，埼玉《さいたま》県，東京都における2015年の昼夜間人口比率，2018年から2019年までの人口増減率，2019年の年齢別人口割合を表している。茨城県，埼玉県，東京都にあてはまるものはどれか，資料Ⅱ中のⓐ～ⓒからそれぞれ１つずつ選びなさい。

資料Ⅱ

都県	昼夜間人口比率(%)	人口増減率(%)	年齢別人口割合(%)		
			0～14歳	15～64歳	65歳以上
ⓐ	88.9	0.27	12.0	61.3	26.7
ⓑ	117.8	0.71	11.2	65.7	23.1
ⓒ	97.5	−0.59	11.9	58.6	29.5

(注)昼夜間人口比率＝$\frac{\text{昼間人口}}{\text{夜間人口}}$×100

(「日本国勢図会」2020/21年版より作成)

(5) 資料Ⅲは，略地図中のＡ～Ｄ県における2019年のキャベツの収穫量，2018年の鉄鋼業製造品出荷額等，2019年の大学数を表したものである。Ｄ県にあてはまるものはどれか，資料Ⅲ中のア～エから１つ選びなさい。

資料Ⅲ

県	キャベツの収穫量(t)	鉄鋼業製造品出荷額等(億円)	大学数(校)
ア	268,600	25,210	50
イ	275,300	2,814	14
ウ	7,040	1,915	14
エ	27,000	9,889	34

(「データでみる県勢」2021年版より作成)

4 次の略地図や資料を見て，(1)～(4)に答えなさい。

略地図Ⅰ

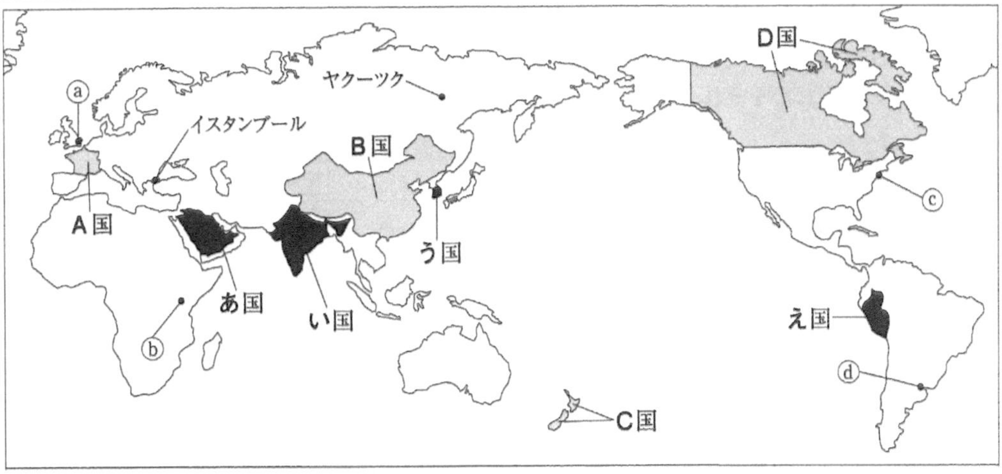

(1) 略地図Ⅰ中のⓐ～ⓓは，都市の位置を示している。また，略地図Ⅱ（次のページ）は，東京を中心とし，中心からの距離と方位が正しい地図である。(a)・(b)に答えなさい。

(a) 東京からの距離が最も近い都市を，略地図Ⅰ中のⓐ～ⓓから選びなさい。

(b) 東京から見たイスタンブールの方位を，八方位で書きなさい。

略地図Ⅱ

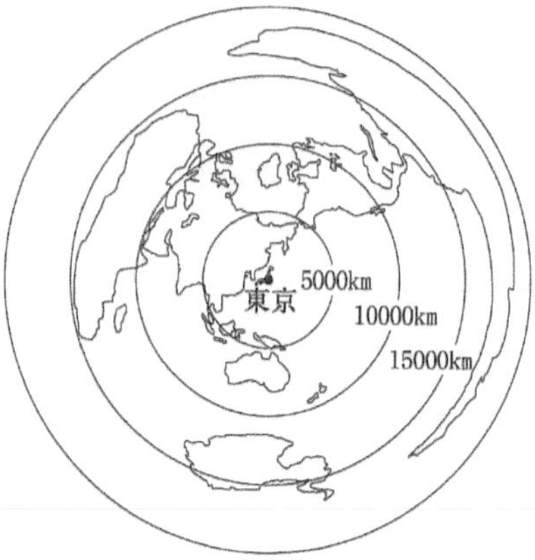

(2) 次の文は，略地図Ⅰ中の**あ～え**国のうち，いずれかの国の伝統的な衣装について説明したものである。どの国の衣装か，略地図Ⅰ中の**あ～え**国から**1つ**選びなさい。

> アルパカの毛でつくった衣服を重ね着して帽子をかぶり，高地の寒さと強い紫外線を防ぐ工夫をしている。

(3) 資料Ⅰは，略地図Ⅰ中のヤクーツクで撮影された集合住宅の写真であり，次の文は，資料Ⅰについて述べたものである。文中の（　）にあてはまる語句を，**漢字4字**で書きなさい。

資料Ⅰ

> この地域の建物の多くは高床になっている。これは，建物から出る熱が（　　　）をとかし，建物がかたむいてしまうのを防ぐための工夫である。

(4) 資料Ⅱは，略地図Ⅰ中の**A～D**国の2018年における輸出総額，輸出上位3品目とその品目が輸出総額にしめる割合を表したものである。**A**国にあてはまるものはどれか，資料Ⅱ中の**ア～エ**から**1つ**選びなさい。

資料Ⅱ

国	輸出総額(億ドル)	輸出上位3品目とその品目が輸出総額にしめる割合(%)
ア	24,942	機械類(43.8)，衣　類(6.3)，繊維品(4.8)
イ	4,502	原　油(14.9)，自動車(13.1)，機械類(10.7)
ウ	5,685	機械類(20.0)，自動車(9.6)，航空機(9.1)
エ	398	酪農品(25.0)，肉　類(13.4)，木　材(8.0)

(「世界国勢図会」2020/21年版より作成)

5　次の(1)～(6)に答えなさい。

(1)　次の文は，民主政治について説明したものの一部である。(**あ**)・(**い**) にあてはまる語句として正しいものを，**ア～エ**からそれぞれ**1つ**ずつ選びなさい。

> 現在，日本を含めて多くの民主主義国家の政治は，自分たちの意見を代表する人を選び，選ばれた人が議会という場で，物事を決定していく（　**あ**　）がとられている。しかし，代表者が話し合いをしても，意見がまとまらないこともある。そこで，物事を決定するための最終的な方法として（　**い**　）がとられている。

ア　直接民主制　　**イ**　間接民主制　　**ウ**　全会一致　　**エ**　多数決の原理

(2)　日本国憲法では，労働者に保障されている労働基本権（労働三権）がある。そのうち，団結権とはどのような権利か，書きなさい。

(3)　資料Ⅰは，ある刑事裁判の法廷の座席位置を模式的に表したものであり，ⓐ席～ⓒ席は，弁護人，裁判官，検察官のいずれかの座席位置である。ⓐ～ⓒの組み合わせとして正しいものを，**ア～エ**から**1つ**選びなさい。

ア　ⓐ－検察官　　ⓑ－裁判官　　ⓒ－弁護人
イ　ⓐ－検察官　　ⓑ－弁護人　　ⓒ－裁判官
ウ　ⓐ－弁護人　　ⓑ－裁判官　　ⓒ－検察官
エ　ⓐ－弁護人　　ⓑ－検察官　　ⓒ－裁判官

資料Ⅰ

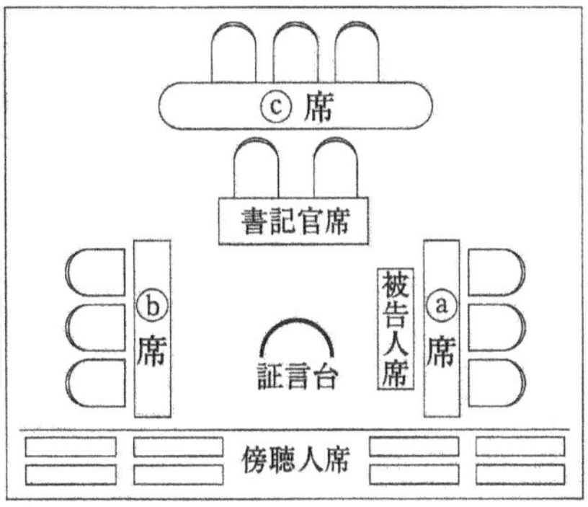

(4)　市場メカニズムにおいて，生産者どうしで相談をして競争を避ける取り決めなどを行うことは，独占禁止法によって禁じられている。この法律を運用し，企業間での価格や数量などの協定，不当な商品表示などを取りしまり，ルールある競争社会の実現を目ざしている機関を何というか，書きなさい。

(5)　企業に関して述べた文として誤っているものを，**ア～エ**から**1つ**選びなさい。

ア　企業は，財やサービスをつくり出す活動を，専門的・組織的に行っている。
イ　企業は，資本をもとに，原材料や道具・機械，労働力を準備する。
ウ　企業は，私企業・公企業ともに，生産を通じて利益の追求を目的としている。
エ　企業は，労働を通じて人と人とが，互いに協力し合いながら営む経済主体である。

(6)　資料Ⅱは，ある病院で受診した際に受け取った請求書の一部である。資料Ⅱから，かかった医療費と実際に支払う金額には違いがあることがわかる。これは，日本のある社会保障制度によるものであるが，この制度の名称を1つあげて，かかった医療費と実際に支払う金額の大小関係がどのようになるか，書きなさい。

資料Ⅱ

初・再診料	医学管理等	投薬
123点	225点	135点
検査	合計点数	負担率
510点	993点	3割
	負担金	請求金額
	2,980円	2,980円

(注1) 請求書の様式は，医療機関によって異なる。
(注2) 点数1点を10円として計算する。

6　いずみさんのクラスでは，社会科の授業で興味をもった日本社会の成長と課題について，各班ごとに考え，クラスで発表することになった。次は，各班で考えた内容をまとめたものである。⑴～⑸に答えなさい。

日本社会の成長と課題について考えてみよう！

	1班	2班	3班
成長	【産業の発展と経済の成長】 1960年代に政府は，「所得倍増」政策を進めた。①工業においては，技術革新が進み，1968年，日本の国民総生産は，資本主義国のなかで第2位になった。	【社会保障の充実】 日本の社会保障は，国民から集めた③税金等をもとに，1960年代では失業対策や生活保護などを中心に，現在では，社会福祉や介護等を中心に支援の幅を広げている。	【表現の自由の保障】 言論・出版などの表現の自由については，④大日本帝国憲法下では，十分に保障されなかったが，現憲法下では，個人の思想や主張を外に向かって表せるようになった。
課題	【経済における国際競争】 1990年代以降，ソ連や東ヨーロッパ諸国，中国やインドなど多くの国々が市場経済に参入したことにより，国際競争が激しくなった。	【消費税増税と社会保障】 2019年より消費税率が10％となった。このことについて，世論の半数は賛成している。また，世論の8割は増える社会保障費への対策にあてる必要性を感じている。	【インターネット上の表現の自由】 誰でも気軽に伝えたいことを表現できるようになる一方で，その表現により嫌な思いをする人がいたり，個人の生活などの情報が流出したりするおそれもある。
考えたこと	【これからの成長産業】 今後，日本経済を支える産業には，ＩＴ，ＡＩなどに関連する産業が期待される。その他，②日本の排他的経済水域には天然ガスなどの鉱産資源が豊富にあると予測されその活用が期待される。	【社会に対応する税のあり方】 これからの社会は，少子高齢化がさらに進み，これまで以上に支え合っていくことが大切になる。また，日本はもちろん，諸外国の消費税率にも関心をもたなければならない。	【法律とインターネット】 情報セキュリティに関する法律のあり方を考えたり，人権相談を気軽に行えるようにしたりする。また，アンケートや⑤投票など，インターネットのさまざまな活用方法を考えていきたい。

⑴　1班は，下線部①の移り変わりについて発表するために，次のページの資料Ⅰを作成した。資料Ⅰは，わが国の主な輸入品と輸出品の推移を表している。資料Ⅰから読み取れることとして誤っているものを，**ア～エ**から**1つ**選びなさい。

ア　1930年の主な輸出品は，繊維工業などの軽工業にかかわるもの，1970年の主な輸出品は，金属工業などの重化学工業にかかわるものとなっている。

イ　1970年は，鉄鉱石や原油を原料や燃料として輸入し，鉄鋼や金属製品などを製造して輸出する加工貿易による工業が行われている。

ウ　1970年の主な輸入品には，電力や動力のエネルギー資源となる鉱産資源があり，2010年の主な輸入品には，レアメタルと呼ばれる鉱産資源がある。

エ　2010年の主な輸出品には，ＩＣ（集積回路）などを生産する先端技術産業にかかわるものが含まれている。

資料Ⅰ

	主な輸入品	主な輸出品
1930年	綿花　石油　機械類 鉄鋼　羊毛	生糸　綿織物　絹織物 衣類　人絹織物
1970年	原油　木材　鉄鉱石 石炭　石油製品	鉄鋼　船舶《せんぱく》　自動車 金属製品　ラジオ受信機
2010年	原油　液化天然ガス 衣類　事務用機械　石炭	自動車　半導体等電子部品　鉄鋼 自動車部品　プラスチック

（注）1930年の石油は原油と石油製品のことである。
（「数字でみる 日本の100年」改訂第６版より作成）

⑵　１班はさらに，下線部②に関して調べ，資料Ⅱを作成した。資料Ⅱは，オーストラリア，ブラジル，インドネシア，日本について，領海を含む排他的経済水域の面積と国土面積をそれぞれ表したものである。領海を含む排他的経済水域の面積と国土面積の関係は，インドネシアと日本の場合，他の２国と比べるとどのようになっているか，書きなさい。また，そのような関係になっているのは，インドネシアと日本の国土にどのような特徴があるからか，書きなさい。

資料Ⅱ　　単位（万km^2）

国	領海を含む排他的経済水域の面積	国土面積
オーストラリア	701	769
ブラジル	317	851
インドネシア	541	191
日本	447	38

（海洋政策研究財団「海洋白書2015」ほかより作成）

⑶　下線部③に関して，(a)・(b)に答えなさい。

(a)　次の文は，下線部③の種類について述べたものである。正しい文になるように，文中のⓐ・ⓑについて，**ア**・**イ**のいずれかをそれぞれ選びなさい。

> 税金は，政府の活動にとって中心的な資金源である。特に中央政府の資金源にあたるのが，ⓐ［**ア**　国税　　**イ**　地方税］であり，ⓑ［**ア**　住民税や固定資産税　　**イ**　法人税や相続税］などの種類がある。

(b)　消費税と所得税に関して説明した文として正しいものを，**ア**～**エ**から１つ選びなさい。

ア　消費税は，税金を納める人と実際に負担する人が同じである。

イ　消費税は，低所得者も高所得者も購入するときの税負担の額は同じである。

ウ　所得税は，高所得者の税負担を軽くする分，低所得者が多く負担する。

エ　所得税は，消費税と比べて効率的に税金を集めることができる。

⑷　下線部④に関して，(a)・(b)に答えなさい。

(a)　資料Ⅲ（次のページ）は，大日本帝国憲法下で開催された，ある集会の写真である。資料

Ⅲの集会は，多くの警察官の監視の中で行われている。言論・集会の自由などの自由権は，大日本帝国憲法では，どのような制限の中で認められていたか，書きなさい。

資料Ⅲ

(b) 日本国憲法においては，精神活動の自由が保障されており，その中に集会・結社・表現の自由が保障されている。次の**ア～エ**のうち，精神活動の自由にあてはまるものを**2つ**選びなさい。

ア　信教の自由

イ　職業選択の自由

ウ　居住・移転の自由

エ　学問の自由

(5) 3班は，下線部⑤に関してインターネットを使って調べていると，資料Ⅳを見つけた。資料Ⅳは，第22回（1946年）から第48回（2017年）までの衆議院議員総選挙における投票率の推移を表している。いずみさんは，資料Ⅳを根拠にして，日本の選挙の課題について，次のページのように考えた。(①)・(②) にあてはまる言葉を，それぞれ書きなさい。ただし，(①) は，「投票率」，(②) は，「有権者」という語句を用いて，書きなさい。

資料Ⅳ

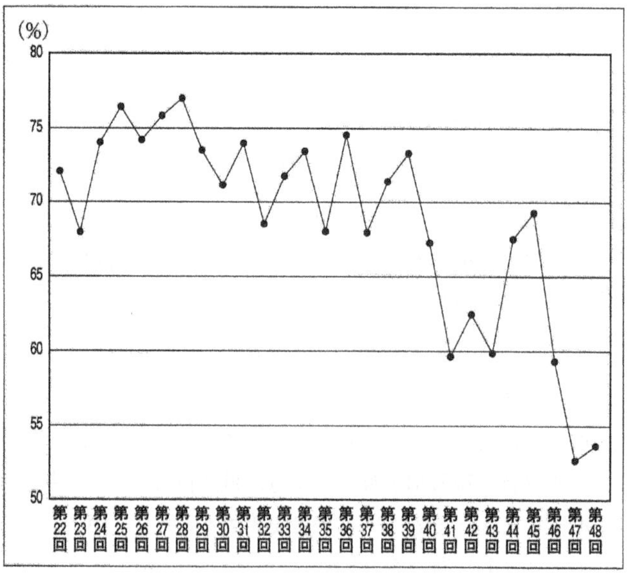

（公益財団法人「明るい選挙推進協会」資料より作成）

資料Ⅳからは，第22回から第48回にかけて上下の変動はあるが，（　①　）という課題がうかがえる。このような状況が進むとすると，議会で（　②　）した決定が行われるということになり，当選した議員や選挙，議会での決定に対する信頼性を低下させてしまうのではないかという課題もある。

これらの課題を解決するには，選挙の意義を再確認したり，期日前投票制度や不在者投票制度など選挙権を保障する制度を活用したりすることが私たち国民に必要だと考える。また，私たちは18歳になると，選挙権をもつようになる。私たちが投票することで，私たちの意見を政治に反映し，よりよい社会をつくっていきたい。

＜条件＞

(A) 題名などは書かないで、本文を一行目から書き始めること。

(B) 二段落構成とし、前の段落では、その言葉を選んだ理由とその言葉をどのように日常生活で使うか、その場の状況が想像できるような文例を書き、後の段落では、前の段落の文例を踏まえて、和語（大和言葉）に対するあなたの考えを書くこと。なお、文例は一文でなくてもよい。また、和語（大和言葉）は、和語あるいは大和言葉と表してもよい。

(C) 全体が筋の通った文章になるようにすること。

(D) 漢字を適切に使い、原稿用紙の正しい使い方に従って、十～十三行の範囲におさめること。

5 何事も、たださし向かひたるほどの情《なさけ》ばかりにてこそはべる《ただ向かい合っている間の感情だけですが》に、これは、ただ昔ながら《全く昔のまま》、つゆ《少しも》変はることなきも、いとめでたきことなり。

(1) 〰〰線部「あらはし」を、現代仮名遣いに改めて、全てひらがなで書きなさい。

(2) 次は、わたるさんとさやかさんが、本文を読んで対話をした内容の一部である。(a)～(c)に答えなさい。

わたるさん　この文章は手紙について書かれたものです。手紙については、拝啓を頭語とする場合、（　**あ**　）を結語とするといった形式とともに、心を込めて書くことの大切さを授業で学びましたね。

さやかさん　ええ。本文では、遠く離れて長い間会っていない相手でも、その人の手紙を見ると、（　**い**　）ときの気持ちに決して劣らないとあります。この文章から、心を込めて書いた手紙のすばらしさを感じますね。

わたるさん　そうですね。現代に生きる私たちも参考にできそうですね。

(a) （**あ**）にあてはまる言葉を、**ア**～**エ**から**一つ**選びなさい。

ア　敬具　**イ**　以上　**ウ**　草々　**エ**　謹白

(b) （**い**）にあてはまる適切な言葉を**五字以上十字以内**の**現代語**で書きなさい。

(c) さやかさんの言う「心を込めて書いた手紙」とはどのようなものか、その内容が書かれているまとまりを、本文中の1～5から**一つ**選びなさい。

(3) 次は「枕草子」の内容の一部であるが、「無名草子」の文章からこの内容に相当する部分を一文で抜き出し、最初の**五字**を書きなさい。

しみじみと心にしみた手紙を、雨などが降り一人やるせない日に探し出したものというのは、過ぎ去った昔が恋しいと思うものである。

五　次の資料にある言葉は、日本の和語（大和《やまと》言葉）である。これらの中から、日常生活で使ってみたい言葉を一つ選び、文例を用いて和語（大和言葉）についてのあなたの考えを＜条件＞(A)～(D)に従って書きなさい。

資料

あけぼの
意味　夜がほのぼのと明けはじめる頃。

五月雨《さみだれ》
意味　旧暦五月頃に降る長雨。梅雨。

花ぐもり
意味　桜が咲く頃の曇り空。

(1) はるのさんのパネルの **A** ・ **B** にあてはまる適切な言葉を書きなさい。ただし、**A** は**五字以上十字以内**、**B** は**十一字**でそれぞれ本文中の言葉を用いて書くこと。

(2) 本文において、創造的発想が生まれようとしているとき、人間の思考はどのような状態だと述べられているか、本文中の言葉を用いて答えの末尾が「状態」に続く形になるように**二十五字以上三十字以内**で書きなさい。

(3) はるのさんは、パネルの「**3 ひらめき期**」に関する補足資料を準備している。はるのさんが、補足資料を準備した意図は何か、最も適切なものを**ア～エ**から選びなさい。

ア 創造的発想の生まれる瞬間について具体的な異論を示すことで、聞き手に質問させようとした。

イ 創造的発想の生まれる瞬間について新たな説明を加えることで、聞き手に納得させようとした。

ウ 創造的発想の生まれる瞬間について客観的な検証を示すことで、聞き手に賛同させようとした。

エ 創造的発想の生まれる瞬間について異なる見解を加えることで、聞き手に反論させようとした。

(4) 次の文は、はるのさんが、本文の――線部「時間の無駄だったと思われていた作業が『検証期』を通して一つにつながる」について、発表のためにまとめたものである。（ⓐ）～（ⓒ）にあてはまる適切な言葉を書きなさい。ただし、（ⓐ）は**五字以上十字以内**、（ⓒ）は**十五字以上二十字以内**で本文中の言葉を用いてそれぞれ書き、（ⓑ）は補足資料から**五字以上十字以内**で抜き出して書くこと。

> 自分のもっていた課題が「検証期」に解決されるためには、「準備期」において無駄と思える努力をしておくことである。つまり、あらゆることに（ ⓐ ）ことが大切だということである。また、ひらめいた直感に気づくためには、（ ⓑ ）が必要である。そして、その気づきを確信に変えるためには、（ ⓒ ）ことが重要である。

四 次の文章は「無名草子《むみょうぞうし》」の一部である。(1)～(3)に答えなさい。
（[1]～[5]は内容のまとまりを示す。）

[1]この世に、いかでかかることありけむ（どうしてこんなことがあったのだろう）と、めでたくおぼゆる（すばらしく思われる）ことは、文《ふみ》こそはべれな（手紙ですよ）。[2]遥《はる》かなる世界にかき離れて、幾年《いくとせ》あひ見ぬ人なれど、文といふものだに（さえ）見つれば、ただ今さし向かひたる心地（今、直接向かい合っている気持ち）して、[3]なかなか（かえって）、うち向かひては思ふほども続けやらぬ心（直接向かい合っては思っているほども言い続けられない心のうち）の色もあらはし、言はまほしきこと（言いたいこと）をもこまごまと書き尽くしたるを見る心地は、めづらしく、うれしく、あひ向かひたるに劣りてやはある（面と向かっているのに比べて決して劣ってはいない）。[4]つれづれなる折、昔の人の文見出《い》でたるは、ただその折の心地して、いみじく（ひどく）うれしくこそおぼゆれ。

かった解決策が突然意識に上がってくるため強い喜びと確信を伴い、「アハ体験」ともいわれています。

最後の第四段階である「検証期」では、ひらめいた解決策が実際に正しいかどうかを確認する作業が行われます。これにより、「ひらめき期」では曖昧だった案がより明確になり、直感が確信に変わるのです。「検証期」で行う作業の多くは論理的思考に基づきます。

ここで、より正確な検証を行うためには、第一段階の「準備期」で問題解決に向けて様々な思考を巡らせていた方が良いと思われます。つまり、「準備期」では満足のいく解決策が見つからなくて諦めかけ、時間の無駄だったと思われていた作業が「検証期」を通して一つにつながるのです。よく「無駄なことなんてない」なんていいますが、これはまさにこのことを指しているでしょう。一生懸命取り組んだけどダメだった時、それを単なる時間の無駄にするかどうかは、いかに「準備期」で無駄と思える努力をするか、そしていかに「ひらめき期」で突然降ってくる解決案に注意を払い自ら気づくか、そして「検証期」にて注意深く検証をすることができるかだと思います。

（大黒《だいこく》　達也《たつや》「芸術的創造は脳のどこから産まれるか？」より。一部省略等がある。）

（注）　ブックス関数＝関数の一種。

はるのさんのパネル

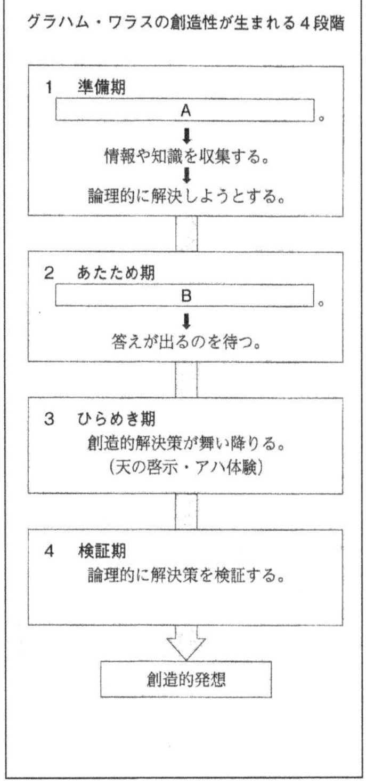

補足資料

偶然の出会いというと、原理的に制御不可能なもののように思われる。しかし、その偶然を必然に化する錬金術に長《た》けた人たちがいる。十九世紀のフランスの数学者、ポアンカレの「偶然はそれを受け入れる準備ができた精神のみに訪れる」という言葉は有名である。いつ、どのような偶然が起きるかということ自体はコントロールできなくても、偶然の幸運を生かす能力は、自分の心掛け次第で鍛えることができる。この能力は、脳の偶有性の知覚と関連している。それまでの流れを変えてしまうような偶然の機会は、多くの場合、一生に一度しか起こらない。この一回性の機会を生かすためには、世界に対して開かれた、しなやかな精神が必要である。

（茂木《もぎ》　健一郎《けんいちろう》「脳と創造性『この私』というクオリアへ」より。一部省略等がある。）

（注）　偶有性＝不確実な部分が世の中には存在し、確実なものと混在していること。

三　はるのさんは、国語の時間に「創造的発想」について発表することになった。次は、はるのさんが参考にした文章と、はるのさんが発表するために作ったパネル、補足資料である。⑴～⑷に答えなさい。

「創造的発想はどこからやってくるのか」という問いは、長い歴史を通して人類の最大の問題といえるかもしれません。現在我々が生きている社会や科学の進歩も、様々な創造的発明や発見が根底にあります。

創造的発想が生まれる過程に関する研究は長きにわたって行われており、その研究は心理学や脳科学だけにとどまらず、経済学や教育学など様々な視点から仮説が唱えられています。ノースカロライナ大学のキース・サウヤー教授は、このような五十年以上にもわたる創造性に関する研究をまとめた著書の中で、創造的な発想を生み出すためには、ある共通的なプロセスが必要であると報告しています。このプロセスをよく表しているモデルとして、社会心理学者グラハム・ワラスによる「創造性が生まれる４段階」が特に用いられています。

グラハム・ワラスによる、創造性が生まれる４段階

①　準備期　　②　あたため期

③　ひらめき期　　④　検証期

まず、第一段階の「準備期」では創造性を生み出すための下準備をします。最終的に何を解決したいか、先にあるゴールや意欲がなく何も思考せずにただぼやっとしているだけでは創造的な解決法も生まれません。つまり最初に、達成するべき目標や解決すべき問題を設定する必要があります。また、ここでは必要な情報や知識を集め、論理的思考に基づいて問題解決に熱中する期間も含まれます。この第一段階で主役を担《にな》っているのは「論理的思考」であり、様々な知識を駆使して、論理的に解決しようと努力をします。

第一段階では満足のいく解決策が見つからないことが多く、時には半分諦めかけたような状態で問題から意識的に離れます。この期間を第二段階の「あたため期」と呼びます。「煮詰まったから一旦リフレッシュしよう」というような感覚です。つまり、ここでは一度問題から離れて休息したり無関係なことをしたりしています。

しかしこの期間では、ただ単に「もう無理だからやめた！」といって別のことをするわけではありません。本人は、意識的に問題から離れているので問題に対して何も思考をしていないつもりでも、脳内では潜在的に思考が熟しつつあり、何らかの解決策が自然に出てくるのを無意識的に待っている期間になります。それゆえこの期間は「孵化《ふか》期」とも呼ばれています。

第三段階の「ひらめき期」にて、いよいよ創造的発想が生まれます。ここでは、前段階の「あたため期」で問題から離れ、意識上では解決に向けて何も取り組んでいなかったので、突然、創造的な解決策が降ってきたような感覚に陥ります。また、どのように解決策が導かれたのか本人にもわからないので「天の啓示」などと呼ばれることもあります。

このような例は過去に大発見をした研究者の話でもよく耳にします。例えば、ポアンカレ予想で有名な数学者アンリ・ポアンカレは、ブックス関数発見の経緯について、一度煮詰まった問題から離れて散歩に出かけるため、乗合馬車の踏板に足をかけた瞬間に天の啓示がひらめき問題が解けたといいます。ここでは、探し求めて見つからな

ほんとうは刺繍が完成するところを見たかったけどな、となぜか僕の額のあたりを意味ありげに一瞥《いちべつ》してから、くるみは出ていった。

「あれ、帰ったん？　あの子。夕飯食べていってもらおうと思ったのに。」

　台所から出てきた姉が残念そうに鼻を鳴らす。

　宝石でもなんでもないただの石なのだろうけど、ものすごいものをもらってしまった気がする。大切にポケットにしまって、布地ごしにそっと押さえた。

「キヨあんた、おでこに糸くずついてる。」

　指摘されてようやく、さっきのくるみの視線の意味を知った。

（寺地《てらち》　はるな「水を縫う」より。一部省略等がある。）

（注）襟足＝襟くびの髪のはえぎわ。
　　一瞥＝ちらりと見ること。

(1) ——線部「針をすすめるごとに心はふつふつと熱くなっていくのに、頭は冬の朝に深呼吸をした時みたいに、すっきり、きっぱり冴えていく」とあるが、清澄のどのような様子を表しているのか、最も適切なものを**ア～エ**から選びなさい。

ア　くるみの言動に戸惑っている様子。
イ　眠気が覚めはじめている様子。
ウ　刺繍に集中していく様子。
エ　心が沈んでいく様子。

(2) Aの部分のくるみと清澄の対話について、次の文は、ある生徒が、二人の気持ちの変化を踏まえて考えたことをまとめたものである。(a)・(b)に答えなさい。

> 将来についてくるみが清澄に問いかけたとき、「仕事でなくても好きなことをずっと続けたい」という清澄の返答を聞き、くるみは彼の考えに同意した。その後、語り始めたくるみを見て清澄は、自分との対話というよりも、くるみの、（　ⓐ　）という思いを感じている。つまり、ここでの対話には、くるみが、（　ⓑ　）ことは悪いことではないと自分で不安を拭いさったこと、そして、「僕がそうだったから」と本文にあるように、清澄が、くるみの様子に（　ⓒ　）ことで自らを客観的に把握することができたこと、以上のような二人の気持ちの変化が描かれているといえる。また、この対話で、二人が将来に対する互いの考えに気づいたことも含まれている。

(a) ⓐ・ⓑにあてはまる適切な言葉を、それぞれ本文中の言葉を用いて**十五字以上二十字以内**で書きなさい。

(b) ⓒにあてはまる最も適切なものを**ア～エ**から選びなさい。

ア　自分を鼓舞する　　**イ**　自分を肯定する
ウ　自分を恥ずかしく思う　　**エ**　自分を重ね合わせる

(3) 本文について述べたものとして、最も適切なものを**ア～エ**から選びなさい。

ア　くるみが清澄の「ツボ」を押す場面を描き、清澄の消極的な性格を暗示している。
イ　「マーマレードの色」の光で照らすことで、情景や人物の心情を印象づけている。
ウ　水によって磨かれた「石」を宝石にたとえ、水がもつ浄化の力を象徴している。
エ　「糸くず」について描くことで、もの寂しい場面を明るい雰囲気にしている。

に、すっきり、きっぱり冴《さ》えていく。休まずに針を動かし続けた。

「キヨくんは将来、洋服をあつかう人になるんかな。」

くるみの声は、ひどく遠くから聞こえてきた。同じ部屋にいるのに、とても遠い。遠いけれども、でも、ちゃんと聞こえる。しばらく考えて「わからん」と答えた。

くるみのひんやりとつめたい指がそっと僕の首筋に触れた。目を閉じると、指は僕の目と目のあいだに移動してきた。続いて、こめかみをぎゅうぎゅうと押される。かなり痛いのだが、これは効いているということなのだろうか？

「でもずっと続けられたらええな、と思ってる。やっぱ、刺繍好きやから。」

ずっと刺繍だけをしていられるような、それで食べていけるような仕事が存在するのかどうか、それは今の僕にはわからない。でも仕事じゃなくてもずっと続けたい。そう言ってからようやく目を開けて、くるみを振り返った。

くるみが大きく頷《うなず》く。マーマレードの色をまとった、きれいな顔で。

「私もそう。」

だって好きって大切やんな、と続けて、照れたように肩をすくめる。

「大切なことやから、自分の好きになるものをはやってるとかいないとか、お金になるかならないかみたいなことで選びたくないなと、ずっと思ってきた。」

石ころなんか磨いてなにが楽しいの？　それってなんかの役に立つの？　もしかしたらくるみは今までに何度もそんな言葉をぶつけられてきたのかもしれない。いやきっとそうだ。だって、僕がそうだったから。

「あのさ、好きなことを仕事にするとかって言うやん。でも『好きなこと』がお金に結びつかへん場合もあるやろ。私みたいにさ。でも好きは好きで、仕事に関係なく持っときたいなと思うねん、これからも。好きなことと仕事が結びついてないことは人生の失敗でもなんでもないよな、きっとな。」

な、と力強く言ったが、同意を求めているわけでもなさそうだった。言葉にすることで心が決まることはあるから、くるみは僕に話すことでなにか自分を納得させたかったのかもしれない。

ふう、と満足げに息を吐いたくるみは、ポケットをごそごそとさぐりはじめる。

「これ、キヨくんにあげる。」

平たくて楕円形《だえんけい》の石が、目の前に差し出された。すべすべとつめたくて、手のひらのくぼみにぴったりおさまる。真ん中に走っている細く白い筋を、そうっと指先でなぞった。

「ここまですべすべにするのに、どれぐらい研磨すんの。」

「あー、それ私が研磨したんちゃうで。」

「え、そうなん？」

「拾った時のまんま。」

想像もできないほどの長い時間をかけて、流れる水によってかたちを変えた石だという。

「すごいやろ、水の力って。」

じゃあ、そろそろ帰るね。くるみがいきなり立ち上がった。すたすたと玄関まで歩いていく背中をあわてて追う。

「送っていくよ。」

「いい。ひとりで来たし、ひとりで帰る。」

＜国語＞

時間　五五分　満点　一〇〇点

一　次の⑴～⑷に答えなさい。

⑴　次の(a)～(d)の各文の――線部の読み方を、ひらがなで書きなさい。

(a)　西の空に宵の明星が輝く。
(b)　水面で勢いよく小魚が跳ねる。
(c)　雑誌に写真が掲載される。
(d)　相手の要望に柔軟に応じる。

⑵　次の(a)～(d)の各文の――線部のカタカナを漢字になおし、楷書《かいしょ》で書きなさい。

(a)　木のミキにセミがとまる。
(b)　稲《いね》が実って穂を夕れる。
(c)　ガイロジュが色鮮やかに紅葉する。
(d)　紅茶にサトウを入れて飲む。

⑶　「祝」の部首と同じ部首をもつ漢字を行書で書いたものを、**ア**～**エ**から**一つ**選びなさい。

⑷　次の文の――線部と動詞の活用形が同じものを、**ア**～**エ**から**一つ**選びなさい。

毎朝、新聞を読みます。

ア　本屋に行くときに友達に会った。
イ　冬の夜空には多くの星が見える。
ウ　市役所を経由してバスが来た。
エ　雨がやめば外は明るくなるだろう。

二　次の文章を読んで、⑴～⑶に答えなさい。

裁縫が好きな高校一年生の松岡清澄《まつおかきよすみ》（キヨ）は、まもなく結婚する姉のために、ウェディングドレスに刺繍《ししゅう》を入れている。次は、小・中学校の同級生で、石の収集と研磨を好む高杉《たかすぎ》くるみが、清澄の家まで訪ねてきた場面である。

ふいに首に強い刺激を感じた。いつのまにか背後にまわりこんでいたくるみが親指で僕の襟足のあたりをぎゅうぎゅう押しているのだ。

「え、え、なに？」

「ここな、目の疲れに効くツボやねんて。」

「あ……そうなんや、ありがとう。」

「後でまた目が疲れてきたら押したげる。今からまた刺繍するんやろ？」

後で、ということはまだしばらくここにいるつもりなのだろうか。もう帰ってくれと言うわけにもいかず、さっきまで枕にしていた座布《ざぶ》団《とん》を押しやった。困ったな、とは思ったけれども、部屋の中にくるみがいることに、じきに慣れた。というより針を持ったら忘れてしまっていた、のほうが正確だろうか。数時間眠ったのがよかったのか、身体が軽い。

西側の窓から見える空はマーマレードの色に変わっていた。畳やドレスの布地や僕の手をやわらかく染める。針をすすめるごとに心はふつふつと熱くなっていくのに、頭は冬の朝に深呼吸をした時みたい

MEMO

大切なことはメモしておこうネ！

2021年度

解　答　と　解　説

《2021年度の配点は解答用紙集に掲載してあります。》

＜数学解答＞

1　(1)　-3　(2)　$2\sqrt{6}$　(3)　$x^2-9x+20$　(4)　$x=\dfrac{5\pm\sqrt{13}}{2}$　(5)　$\dfrac{4}{13}$
(6)　0.4　(7)　115(度)　(8)　$(0,\ -7)$　(9)　$24\sqrt{10}$(cm^3)　(10)　21

2　(1)　ア　$x+y$　イ　$190x+245y$　ウ　$\dfrac{x}{3}+\dfrac{y}{6}$　エ　$\dfrac{190}{3}x+\dfrac{245}{6}y$
(2)　(玉ねぎ)　159(個)　(じゃがいも)　228(個)

3　(1)　12(通り)　(2)　(a)　16π(cm)　(b)　(EF)　18(cm)　(FG)　$24\sqrt{3}$(cm)

4　(1)　(a)　8　(b)　$y=-x-12$　(2)　(a)　$y=-\dfrac{1}{4}x$　(b)　$\dfrac{9}{2}$，8

5　(1)　$a-90$(度)　(2)　解説参照　(3)　$\dfrac{8\sqrt{29}}{29}$(cm)　(4)　$\dfrac{116}{45}$(cm^2)

＜数学解説＞

1　(数・式の計算，平方根，式の展開，二次方程式，確率，資料の散らばり・代表値，角度，一次関数，体積，数の性質)

(1)　**異符号の2数の商の符号は負で，絶対値は2数の絶対値の商**だから，$12\div(-4)=-(12\div4)=-3$

(2)　$\sqrt{8}=\sqrt{2^2\times2}=2\sqrt{2}$ だから，$\sqrt{3}\times\sqrt{8}=\sqrt{3}\times2\sqrt{2}=2\times\sqrt{3\times2}=2\sqrt{6}$

(3)　**乗法公式 $(x+a)(x+b)=x^2+(a+b)x+ab$** より，$(x-4)(x-5)=\{x+(-4)\}\{x+(-5)\}=x^2+\{(-4)+(-5)\}x+(-4)\times(-5)=x^2-9x+20$

(4)　**2次方程式 $ax^2+bx+c=0$ の解は，$x=\dfrac{-b\pm\sqrt{b^2-4ac}}{2a}$** で求められる。問題の二次方程式は，$a=1$，$b=-5$，$c=3$ の場合だから，$x=\dfrac{-(-5)\pm\sqrt{(-5)^2-4\times1\times3}}{2\times1}=\dfrac{5\pm\sqrt{25-12}}{2}=\dfrac{5\pm\sqrt{13}}{2}$

(5)　ジョーカーを除く1組52枚のトランプをよくきって，そこから1枚をひくとき，すべてのひきかたは52通り。このうち，1けたの偶数の札をひくのは，スペード，ハート，クラブ，ダイヤのそれぞれに2，4，6，8の4枚ずつあるから，$4\times4=16$(通り)。よって，求める確率は，$\dfrac{16}{52}=\dfrac{4}{13}$

(6)　3冊以上6冊未満の**階級の度数**をx人とすると，度数の合計の関係から，$7+x+5+3+2+1=30$　$x=12$　**相対度数$=\dfrac{\text{各階級の度数}}{\text{度数の合計}}$** より，3冊以上6冊未満の階級の相対度数は，$\dfrac{12}{30}=0.4$

(7)　**n角形の内角の和は $180°\times(n-2)$** だから，五角形ABCDEの内角の和は $180°\times(5-2)=540°$　よって，$\angle\mathrm{ABC}=540°-(\angle\mathrm{BCD}+\angle\mathrm{CDE}+\angle\mathrm{DEA}+\angle\mathrm{EAB})=540°-\{105°+110°+(180°-80°)+(180°-70°)\}=540°-425°=115°$

(8)　一次関数　$y=\dfrac{5}{2}x+a$…①　のグラフは，傾きが$\dfrac{5}{2}$，切片がaの直線である。また，**切片aは，グラフがy軸と交わる点$(0,\ a)$のy座標になっている。**①のグラフは，点$(4,\ 3)$を通るから，$x=4$，$y=3$を代入して　$3=\dfrac{5}{2}\times4+a$　$a=-7$　よって，①のグラフとy軸との交点の座標は$(0,\ -7)$

である。

(9)　点A，B，Cを右図のようにとる。底面の正方形の1辺の長さが6cmだから，$BC=\frac{6}{2}=3$(cm)　また，線分ACは正四角錐の高さに相当する。△ABCに**三平方の定理**を用いると，$AC=\sqrt{AB^2-BC^2}=\sqrt{7^2-3^2}=2\sqrt{10}$(cm)　以上より，求める正四角錐の体積は，$\frac{1}{3}\times 6^2\times 2\sqrt{10}=24\sqrt{10}$(cm^3)

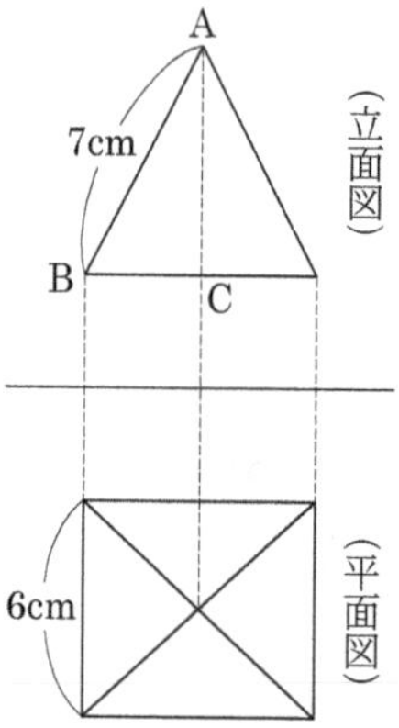

(10)　$336=2^4\times 3\times 7=2^2\times 2^2\times 3\times 7$より，$\frac{336}{n}\left(=\frac{2^2\times 2^2\times 3\times 7}{n}\right)$の値が，ある自然数の2乗となるのは，$\frac{2^2\times 2^2\times 3\times 7}{3\times 7}=2^2\times 2^2=4^2$，$\frac{2^2\times 2^2\times 3\times 7}{2^2\times 3\times 7}=2^2$，$\frac{2^2\times 2^2\times 3\times 7}{2^2\times 2^2\times 3\times 7}=1=1^2$の3通りあるから，最も小さい$n$は21

2　(方程式の応用)

(1)　【みきさんの考え方】　玉ねぎ3個を入れた袋がx袋，じゃがいも6個を入れた袋がy袋売れたとして，連立方程式をつくると，玉ねぎとじゃがいもが合わせて91袋売れたことから，$x+y=91$…ア　玉ねぎ1袋が190円，じゃがいも1袋が245円で，売上金額の合計が19380円だったことから，$190x+245y=19380$…イ　【ゆうさんの考え方】　玉ねぎがx個，じゃがいもがy個売れたとして，連立方程式をつくると，玉ねぎは1袋に3個，じゃがいもは1袋に6個入っているから，玉ねぎとじゃがいもの売れた袋の数はそれぞれ，$\frac{x}{3}$袋，$\frac{y}{6}$袋で，玉ねぎとじゃがいもが合わせて91袋売れたことから，$\frac{x}{3}+\frac{y}{6}=91$…ウ　玉ねぎ1袋が190円，じゃがいも1袋が245円だから，玉ねぎとじゃがいもの売上金額はそれぞれ，$190\times\frac{x}{3}=\frac{190}{3}x$円，$245\times\frac{y}{6}=\frac{245}{6}y$円で，売上金額の合計が19380円だったことから，$\frac{190}{3}x+\frac{245}{6}y=19380$…エ

(2)　【みきさんの考え方】より，ア，イの連立方程式を解く。イの両辺を5で割って，$38x+49y=3876$…オ　オ－ア×38より，$49y-38y=3876-91\times 38=418$　$y=38$　これをアに代入して，$x+38=91$　$x=53$　この解は問題にあっている。よって，玉ねぎの売れた個数は3(個)×53(袋)＝159(個)，じゃがいもの売れた個数は6(個)×38(袋)＝228(個)である。　【ゆうさんの考え方】より，ウ，エの連立方程式を解く。ウの両辺を6倍して，$2x+y=546$…カ　エの両辺を6倍して，$380x+245y=116280$　さらに，この両辺を5で割って，$76x+49y=23256$…キ　カ×49－キより，$2x\times 49-76x=546\times 49-23256$　$22x=3498$　$x=159$　これをカに代入して，$2\times 159+y=546$　$y=228$　この解は問題にあっている。よって，玉ねぎの売れた個数は159個，じゃがいもの売れた個数は228個である。

3　(場合の数，弧の長さ，線分の長さ)

(1)　例えば，(A組→B組→C組→D組)と(A組→B組→D組→C組)のように，1つのA組とB組の順番の組み合わせに対して，C組とD組の順番も考えると2通りずつある。A組がB組より先になるような場合は，A組が1番目のとき，B組は2番目，3番目，4番目の3通り。A組が2番目のとき，B組は3番目，4番目の2通り。A組が3番目のとき，B組は4番目の1通りだから，全部で3＋2＋1＝6(通り)あり，そのそれぞれに対して，C組とD組の順番も考えた2通りずつがあるから，A組がB組より先になるような場合は，ぜんぶで6×2＝12(通り)ある。

(2)　(a)　**半径r，中心角a°のおうぎ形の弧の長さは，$2\pi r\times\frac{a}{360}$**だから，半径24cm，中心角120°のおうぎ形の弧ABの長さは，$2\pi\times 24\times\frac{120}{360}=16\pi$(cm)

(b) 右図のように，弧ABと辺EHとの接点をPとすると，右図の図形は，線分OPを**対称の軸**とする**線対称な図形**である。よって，△OAQと△OCRは**30°，60°，90°の直角三角形で，3辺の比は2：1：$\sqrt{3}$** だから，$AQ=OA\times\frac{\sqrt{3}}{2}=24\times\frac{\sqrt{3}}{2}=12\sqrt{3}$(cm)　$OR=OC\times\frac{1}{2}=12\times\frac{1}{2}=6$(cm)　以上より，$EF=PR=OP-OR=24-6=18$(cm)　$FG=BA=2AQ=2\times12\sqrt{3}=24\sqrt{3}$(cm)

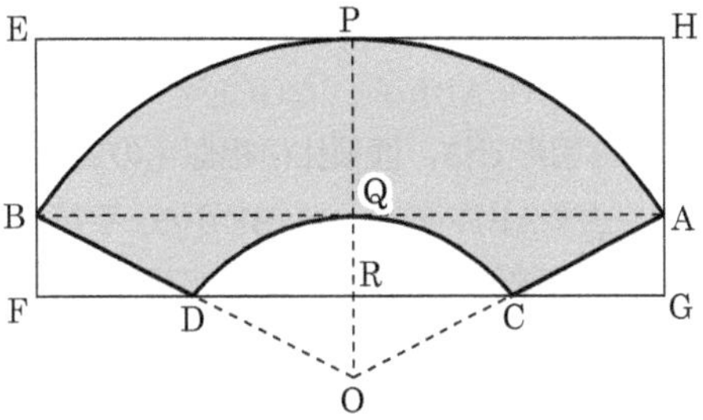

4 (図形と関数・グラフ)

(1) (a) 点Aは$y=x+12$上にあるから，そのy座標は　$y=-4+12=8$　よって，A$(-4,\ 8)$

(b) 関数$y=x+12$のグラフとx軸について線対称となるグラフの切片は-12だから，その直線の式は，$y=ax-12$と表される。この直線は，x軸について点Aと線対称となる点$(-4,\ -8)$を通るから，$-8=a\times(-4)-12$　$a=-1$　よって，関数$y=x+12$のグラフとx軸について線対称となるグラフの式は，$y=-x-12$

(2) (a) 点Pは$y=\frac{1}{2}x^2$上にあるから，そのy座標は　$y=\frac{1}{2}\times2^2=2$　よって，P$(2,\ 2)$　点Qは$y=x+12$上にあり，そのy座標は点Pのy座標と等しく2だから，x座標は$2=x+12$　$x=-10$　よって，Q$(-10,\ 2)$　これより，S$(-10,\ 0)$　**長方形は対角線の交点を対称の中心とする点対称な図形だから，図形の対称性より，長方形の対角線の交点を通る直線は，その長方形の面積を2等分する。**長方形PQSRの対角線の交点をCとすると，点Cは対角線PSの中点であり，**2点$(x_1,\ y_1)$，$(x_2,\ y_2)$の中点の座標は，$\left(\frac{x_1+x_2}{2},\ \frac{y_1+y_2}{2}\right)$**で求められるので，$C\left(\frac{2+(-10)}{2},\ \frac{2+0}{2}\right)=C(-4,\ 1)$　以上より，原点を通り，長方形PQSRの面積を2等分する直線の式を$y=ax$とおくと，それは点Cを通るから，$1=a\times(-4)$　$a=-\frac{1}{4}$　求める直線の式は　$y=-\frac{1}{4}x$

(b) 点Pのx座標をpとすると，前問(a)と同様に考えて，$P\left(p,\ \frac{1}{2}p^2\right)$，$Q\left(\frac{1}{2}p^2-12,\ \frac{1}{2}p^2\right)$，$S\left(\frac{1}{2}p^2-12,\ 0\right)$　これより，$PQ=p-\left(\frac{1}{2}p^2-12\right)=-\frac{1}{2}p^2+p+12$…①，$QS=\frac{1}{2}p^2-0=\frac{1}{2}p^2$…②　長方形PQSRが正方形になるのはPQ=QSになるときで，①，②より，$-\frac{1}{2}p^2+p+12=\frac{1}{2}p^2$が成り立つとき。整理して，$p^2-p-12=0$　$(p+3)(p-4)=0$　よって，$p=-3,\ 4$

以上より，長方形PQSRが正方形になるときのPRの長さは，$\frac{1}{2}\times(-3)^2=\frac{9}{2}$　と，$\frac{1}{2}\times4^2=8$

5 (平面図形，角度，相似の証明，線分の長さ，面積)

(1) △DEFの**内角と外角の関係**から，$\angle DEG=\angle AFD-\angle FDE=a°-90°$

(2) (証明)(例)△ABDと△DEBで，仮定より，$\angle BAD=\angle EDB=90°$…①　AD//BEから，**平行線の錯角は等しい**ので，$\angle ADB=\angle DBE$…②　①，②から，2組の角が，それぞれ等しいので，△ABD∽△DEB

(3) △ABDに三平方の定理を用いると，$BD=\sqrt{AB^2+AD^2}=\sqrt{2^2+4^2}=2\sqrt{5}$(cm)　△ABD∽△DEBより，AD：DB=BD：EB　$EB=\frac{DB\times BD}{AD}=\frac{2\sqrt{5}\times2\sqrt{5}}{4}=5$(cm)　△ABEに三平方の定理を用いると，$AE=\sqrt{AB^2+EB^2}=\sqrt{2^2+5^2}=\sqrt{29}$(cm)　AD//BEから，**平行線と面積の関係**より，△ADE=△ABD$=\frac{1}{2}\times2\times4=4$(cm^2)　△ADEの底辺と高さの位置を変えて面積を考えると，△ADE=

$\frac{1}{2}\times AE\times DH=\frac{1}{2}\times\sqrt{29}\times DH=\frac{\sqrt{29}}{2}DH=4(cm^2)$　よって，$DH=4\times\frac{2}{\sqrt{29}}=\frac{8\sqrt{29}}{29}(cm)$

(4)　GC//ABから，△GCE∽△ABEであり，相似比は，EC：EB＝(EB－BC)：EB＝1：5　相似な図形では，面積比は相似比の2乗に等しいから，$△GCE：△ABE=1^2：5^2=1：25$　$△GCE=\frac{1}{25}△ABE$…①　AD//BEから，平行線と線分の比についての定理より，AF：FE＝AD：EB＝4：5　△ABFと△ABEで，高さが等しい三角形の面積比は，底辺の長さの比に等しいから，△ABF：△ABE＝AF：AE＝AF：(AF＋FE)＝4：(4＋5)＝4：9　$△ABF=\frac{4}{9}△ABE$…②　①，②より，四角形BCGFの面積は　$△ABE-△GCE-△ABF=△ABE-\frac{1}{25}△ABE-\frac{4}{9}△ABE=\frac{116}{225}△ABE=\frac{116}{225}\times\frac{1}{2}\times AB\times EB=\frac{116}{225}\times\frac{1}{2}\times2\times5=\frac{116}{45}(cm^2)$

＜英語解答＞

1　(1)　場面A　ア　　場面B　ウ　　(2)　質問1　イ　　質問2　ウ　　(3)　イ

2　エ

3　(例)It is the lunch time because I enjoy eating with my friends.

4　(1)　(a)　ウ　　(b)　イ　　(2)　(a)　ウ　　(b)　ア　　(c)　エ
(3)　ウ→ア→エ→イ

5　(1)　①　you can visit　　②　bring lunch　　(2)　エ　　(3)　(例1)What time will the event start?　　(例2)Where should we go to join the event?

6　(1)　エ　　(2)　ア　　(3)　(例)I like anime, so I want to watch Japanese anime with them. I want them to learn about the good points of Japanese anime.

7　(1)　(a)　No, she didn't.　　(b)　They show people how to cook without wasting food.　　(2)　easier　　(3)　(例)What can I do about it?　　(4)　イ
(5)　ⓐ　ア　　ⓑ　the same goals　　(6)　イ，カ

＜英語解説＞

1・2・3　(リスニング)

放送台本の和訳は，49ページに掲載。

4　(短文・会話文問題：語句の問題，語句補充・選択，文の挿入，語句の並べ換え，不定詞，間接疑問文，助動詞，動名詞，文の構造・目的語と補語)

(1)　(a)　「日本においては，通常，冬はウ12月から2月である」冬に該当する月を選択すること。他の選択肢は以下の通りだが，いずれも冬には該当しない。　ア　7月　　イ　4月　　エ　9月
(b)　「私の兄[弟]は良い調理師で，彼は有名なレストランでイ働いている」文脈から「働く」に相当するworksを挿入すること。他の選択肢は次の通り。　ア「使っている」　ウ「招待する」　エ「書いている」

(2)　(a)　A：「私はこの歌手が好きです。あなたは彼女の名前を知っていますか」／B：「ウいいえ，知りません」／A：「彼女の名前はタカコです。現在，彼女は日本で人気があります」　Aが名前を尋ね，空所Bの応答を受けて，Aは具体的に名前を告げているので，Bは名前を知らなか

ったことになる。他の選択肢は次の通り。一般動詞の疑問文に対する応答文なので，イとエはbe動詞を含むから不可。ア「はい，知っています」 イ「はい，彼女はそうです」 エ「いいえ，彼女は違います」<Do you ＋ 原形 ?> → Yes, I do.／No, I don't.　(b) A：「アツシ，おはようございます。あっ，あなたは疲れているみたいですね」／B：「はい，昨日，私の家族は車で祖父宅を訪問しました。彼は京都に住んでいます」／A：「車で？　それは長距離ですね。それでは，アいつ自宅に戻ったのですか」／B：「午後11時だったので，眠る時間が十分にありませんでした」 空所の問いかけに対して，時間を答えていることから考えること。他の選択肢は次の通り。イ「そこで何を買ったか」 ウ「何時に彼は自宅を出発したか」ウも時間を尋ねる疑問文ではあるが，文脈上不適。 エ「なぜ彼はそこに住んでいたのか」 <look ＋ 形容詞>「～のように見える」 tired「疲れた／飽きた」 <by ＋ 乗り物>「～で」　(c) A：「すみません。あなたは援助が必要ですか[何かお困りですか]」／B「はい(，お願いします)。私はこの公園へ行きたいのです。この地図のどこにいるのでしょうか」／A：「ちょっと見せてください。エ(私たちは)この寺の近くにいます。ここからだとわずか5分です」 現在地が尋ねられていることから考えること。他の選択肢は次の通り。ア「それがどこかわかりません」／イ「私はこの道をまっすぐに進むべきです」／ウ「他の誰に対しても尋ねることができます」want to go ← 不定詞[to ＋ 原形]の名詞的用法「～すること」 Let's see.「えーと，はてな」 <It takes ＋ 時間>「時間が～かかる」 I don't know where it is. ← Where is it? 疑問文が他の文に組み込まれる際には(間接疑問文)，<疑問詞 ＋ 主語 ＋ 動詞>の語順になるので注意。**should**「～するべき／きっと～だろう」

(3) listening to music makes(me happy.)(和訳) A：「うあ！　あなたの部屋にはたくさんのCDがありますね。これらはすべてあなたのものですか」／B：「はい，音楽を聴くと私は楽しい気分になります」<**There ＋ is[are] ＋ S** ＋ 場所>「Sが～にある／いる」 listen to「～を聴く」 listening ← 動名詞[原形 ＋ -ing]「～すること」 **make A B**(Aは名詞)「AをBの状態にする」

5 (会話文読解問題：語句補充・記述，内容真偽，条件英作文，助動詞，現在完了，不定詞，関係代名詞，受け身，動名詞，未来，比較，前置詞)

(全訳) なみ(以下N)：見てください。今度の土曜日に，私たちの町で開催されるこの催しは，面白そうですね。／ジュディ(以下J)：本当ですか。何と書かれているのですか。／りょうた(以下R)：そば打ちの体験ができます。さくら町はそばで有名なのです。／J：えっ，ホームステイ期間中に，日本でのみ体験できることを，私はいくつか挑戦してみたかったのです。／N：それから，日本の古民家①を訪問することができます。／R：私はかって家族とそこへ行ったことがあります。私たちは，そこの郷土料理を食べて楽しみました。／J：それは面白そうですね。私が知っておくべきことは何かありますか。／R：そうですね，②昼食を持参する必要はありません。自分で作ったそばを食べることができます。そして，この催しに参加するには500円が必要です。／J：素晴らしいですね。あなたは私と一緒に来られますか。／R：行きたいですが，行くことはできません。8月7日には大切なテニスの試合があります。／N：私は一緒に行くことができます。私たちの町に関して，新しくて，興味深いことを学びたいのです。／R：帰ってきたら，私にそのことについて教えてくれますか。／J：もちろん，そうします，りょうた。

(1) ① ジュディの「ホームステイ期間中に，日本でのみ体験できることを挑戦してみたかった」という発言に応じたなみの返答であること，また，与えられた語句，あるいは，タウンガイドに書かれた情報より，「あなたは古民家を訪れることができる」(you can visit a traditional

Japanese house)という英文を完成させること。**<can + 原形>**「～できる」 I've wanted to try some things that I can only experience ～ **<have[has] + 過去分詞[規則動詞；原形 + -ed]> 現在完了(完了・継続・経験・結果)** <want + 不定詞[to + 原形]>「～したい」 **<先行詞(もの) + 目的格の関係代名詞 that + 主語 + 動詞>「主語が動詞する先行詞」** ② 後続文が「作ったそばを食べられる」とあるので，文脈と与えられた語句から「昼食を持ってくる必要がない」(you don't have to bring lunch)という意味の英文を完成させれば良いことになる。 You can eat the soba▼you make. 目的格の関係代名詞は省略可。**<have + 不定詞[to + 原形]>の否定形「～する必要はない」**

(2) ア 「ジュディは日本で日本の芸術について学ぶことに興味がある」(×) ジュディの興味対象が日本の芸術である，とは述べられていない。**<be動詞 + interested in>「～に興味がある」** in studying ← <前置詞 + 動名詞[原形 + -ing]> イ 「その町は人気がある。というのも，そこでテニスが楽しめるから」(×) 下線部の記述はない。 ウ 「郷土料理を食べるために，その町を訪れる計画が，りょうたにはすでにある」(×) りょうたの4番目のせりふで，さくら町の催しに行くことができない，と述べている。**不定詞[to + 原形]の目的「～するために」を表す副詞的用法 <名詞 + 不定詞[to + 原形]> 不定詞の形容詞的用法「～するための[するべき]名詞」** エ 「なみは，この催しを通して，もっと彼女の町について知ることになる，と考えている」(○) なみの最後のせりふに一致。she'll + 原形 = she will+原形「彼女は～だろう」(未来) more「より多い，より多く」much／manyの比較級 through「～を通り抜けて／じゅう／を終えて／通じて／ずっと」

(3) 表に書かれているものの中で，会話に触れられていないものは，催しの開始時間と集合場所である。従って，そのことを問う英文を答えること。(模範解答訳)(例1)「その催しは何時に始まるか」 (例2)「どこでその催しに参加するべきか」

6 (短文読解問題：文の挿入，条件英作文，関係代名詞，文の構造・目的語と補語)

(全訳) キャンプで学んだこと

この前の夏に，この国際交流プログラムに私は参加しました。このプログラムは自身を変える機会を私に与えてくれました。

このプログラムが実施されている間に，他の国々の人たちや異なった年齢の人たちと一緒に，私はパーティーやキャンプを企画しました。私は自分自身を表現することが恐くて，何をすればよいかがわかりませんでした。ある年長の参加者が，私に次のような話をしてくれました。「実行に移すことが可能な特別なことが，誰にでもあるはずです。あなたを特別な存在にするようなものを見つけようとしてみてはどうでしょうか」私は音楽が好きなので，みんなのためにギターを弾くことにしました。あるキャンプで，私はギターを演奏しました。すると，みんなが歌い出したのです。それは本当に驚くべきことで，彼らの幸せそうな表情を見て，私はとてもうれしくなりました。キャンプの後には，自身が好きなことについて話をして私たちは楽しんだのです。

好きなことをみんなに紹介することで，私は自己表現や他の人々と話をすることが可能となりました。私は自身の世界を少しだけ変えることができたのです。みなさんも特別なものを持っていると思います。それを見つけようとしてみたらいかがでしょうか。エあなたは多くの経験を得ることでしょう。

(1) 「自身にある特別なものを見つけてみると良い」→ エ「多くの経験を得るだろう」 アとウは前後が過去時制なので，未来時制の挿入文はそぐわない。以下に示すように，イの箇所の挿入文を当てはめても文意が通らず，論旨が破綻する。「実行に移しうる特別なことを誰もが持っている」→「あなたは多くの経験を得るだろう(挿入文)」→「あなた自身を特別な存在にするようなものを見つけてみたらどうか」 a lot of「多くの」 <**Why don't you** + 原形 ～ **?**>「～**してはどうか，してみませんか**」 something special▼they can do「彼らができる何か特別なもの」← 目的格の関係代名詞の省略 the thing that makes you special ← <**先行詞(もの)+ 主格の関係代名詞 that + 主語 + 動詞**>「**主語が動詞する先行詞**」 make A B「AをBの状態にする」

(2) ア 「自己表現をすることを恐れてはいけない」(○) 第2段落では，I was afraid of expressing myselfだった作者だが，参加者の助言を受けて，最終段落では I could express myself と述べられていることから，考えること。<**Don't** + 原形>「～してはいけない」 <be動詞 + afraid of>「～が恐い」他の選択肢は次の通り。 イ 「新しい人々に会うことを恐れてはいけない」 ウ 「新しい友人をつくろうと試みなさい」 エ 「楽器を演奏しようとしなさい」

(3) (質問和訳)「外国からあなたの友人があなたの町にやって来ることになっている。友人と何をしたいか。その経験から，あなたは友人に何を学んで欲しいか」質問に対して15語以上25語以内の英語で答える問題。(模範解答訳)「私はアニメが好きなので，彼らと日本のアニメを見たいと思う。日本のアニメの良い点を彼らに知ってほしい」

7 **(長文読解問題・エッセイ：英問英答・記述，語句補充・記述，文の挿入・記述，要約文などを用いた問題，内容真偽，受け身，不定詞，前置詞，動名詞，比較，進行形，関係代名詞)**

(全訳) みなさんは何かを食べた時に，それらを全て食べることができますか。全てを食べられない時には，どうしますか。それを捨ててしまいますか。今日は，食品ロスに関する問題について話したいと思います。

夏のある日に，学校から帰宅すると，私の祖母が何かを調理していました。「おばあちゃん，何をしているの」と私は尋ねました。彼女は次のように答えました。「あっ，みえ。これらの野菜から料理を一品作ろうとしていたの。昨日，夕食でこれらの野菜を全て食べることができなかったでしょう。もしこれらを使って，別の料理をつくることができれば，野菜は無駄にならないわ」私は「それでは手間がかかるわ。捨ててしまえば，それより①簡単でしょう」と言った。彼女は「捨てるのはもったいないでしょう。私たちは食品ロスを食い止めなければならないわ」と答えました。

「食品ロスですって？」私はそのことを授業で学びましたが，興味はわきませんでした。私の祖母は話を続けました。「日本人は，毎年まだ食べられる600万トン以上の食品を破棄しているけれど，日本や世界中で十分に食べ物を手にすることができない人々が多くいるの。同様に，食品をつくるうえで，多くのエネルギーや水も無駄になっているわ」私は尋ねました。「私は注意をするようにしているけれど，時には食品を買いすぎてしまうわ。②(このことに関して)何ができるのかしら」彼女は次のように答えました。「そうね，多くのことができるのよ。この問題に関して，すでに何かを実行し始めている人たちは少ないわ。例えば，フード・バンクについて知っているかしら。一緒に訪れてみるのはどう？」

次の日曜日に，祖母と私は，私たちの町のフード・バンクを訪れました。そこの人々に「食品ロスの問題について，フード・バンクは何をしていますか」と尋ねました。ある女性は私に告げました。「私たちの目標の1つが，食品ロスをなくすことです。十分に食品が行き届かない人々が存在している限り，私たちは食べ物を捨てるべきではないのです。また，私たちが無駄にした食品を燃やすのは，地球にとって良いことではありません。必要ない食べ物を私たちに頂ければ，それを他の人々へ与えることができます。そうすれば，食品を捨てる必要はなくなりますね」私は彼女に尋ねました。「食べ物の浪費を止める方法は他にありますか」彼女は答えました。「市中のレストランを訪ねて，食品ロスをやめるように呼び掛けているボランティアがいます。他の人たちは，食品を無駄にせずに，いかに食べ物を調理するかを人々に示す催しを，自身の地域で開催しています。私たちは共通の目標の元に，多くのことを実行しています」

今，私は食品ロス問題に関して，以前よりも興味をもつようになりました。しばしば捨てられる野菜の一部から，祖母と私はさまざまな料理をつくっています。このポスターを見てください。これはいくつかの料理の作り方を示しています。みなさんがこれらの料理をつくり，楽しんで欲しいと願っています。

食べ物を購入したり，食べたりする際に，みなさんが挑戦できることをいくつかお伝えしましょう。まず，食べ物の買いすぎを止めることができます。買い物へ行く前に，自宅にどのくらい食べ物があるかを確認すべきなのです。次に，食べ物を多く調理しすぎないようにすることもできます。3番目に，異なった方法で食べ物を楽しむために，多くの種類の料理の調理法を学ぼうとすることも可能です。簡単なことから始められます。食べること，あるいは，食べ物を無駄にせずに食事をすることを楽しみましょう。

(1)　(a)　質問：「みえが最初に食品ロスについて知ったときに，彼女は興味を抱いたか」第3段落1・2文と食い違っているので，否定形で答えること。become interested in「～に興味を持つ」　(b)　質問：「ボランティアが自分の住んでいる地域で料理の催しを開催する際に，彼らは何をするか」第4段落の最後から2文目を参考にすること。**＜how ＋ 不定詞[to ＋ 原形]＞「～する方法，どのように～するか」　＜without ＋ 動名詞[原形 ＋ -ing]＞「～することをしないで」**

(2)　「それ[残り物を使って別の料理をつくること]は多くの労力となる。それよりも捨ててしまった方が[　①　]」空所の後続語が than であること，また，文脈より，「よりたやすい，簡単」の意の easier が答えであることがわかる。

(3)　みえ：「注意はしているけれど，食品を買いすぎてしまうことがある。[　②　]」祖母：「多くのことができる」以上の文脈より，空所には，食品を買いすぎないようにするにはどうしたらよいか，を尋ねるせりふが当てはまることになる。正解例は　What can I do about it ?　である。

(4)　「食品ロスを阻止するために，フード・バンクでは人々が[　　]ということを，みえは知った」。フード・バンクで実施されている施策に関しては，第4段落の最後から第2・3文目に記されている。正解は，「食品ロスを阻止するために，フード・バンクでは，イ自分らの地域にあるレストランを訪問して，呼びかけている，ということをみえは知った」。were visiting and talking to ← **＜be動詞 ＋ 現在分詞[原形 ＋ -ing]＞「～しているところだ」進行形**　＜stop ＋ 動名詞[原形 ＋ -ing]＞「～することを止める」　他の選択肢は次の通り。　ア 「家で調理して食べるための食品をつくろうとしている」　ウ 「自宅で食べなかった食品の販売法を学びたい」how to sell ←**＜how ＋ 不定詞[to ＋ 原形]＞「～する方法」**　the food that they did not eat ← **＜先行詞(もの) ＋ 目的格の関係代名詞 that ＋ 主語 ＋ 動詞＞「主語が動詞する先行詞」**　エ 「食べなかった食品をより良い方法で燃焼したい」 **better「より良い，より良く」good／well の比較級**

(5)　(和訳)「ダニエル：あなたの話は興味深かったです。あなたのポスターに記載されていた料理をつくり，ⓐアいかに食品を無駄にすることを阻止するかについて学びたいと思います。／みえ：それを聞いて，とてもうれしいです。私がこの問題について話したのは，この件に関して，もっと多くの人々に考えてもらい，行動を起こしてもらいたかったからです。／ダニエル：その通りです。私たちの住んでいる地域で，何かを変える力を持ちたいと願うのであれば，ⓑ同じ目的[the same goals]を持ち，協力してくれる人たちの存在が重要ですね。／みえ：私もそう思います。ダニエル，ありがとう。　ⓐ ＜how ＋ 不定詞[to ＋ 原形]＞「いかに～するか」＜stop ＋ 動名詞[原形 ＋ -ing]＞「～することを止める」 他の選択肢は次の通りだが，文脈上当てはまらない。　イ 「どこに食べ物を捨てるか」＜where ＋ 不定詞[to ＋ 原形]＞「どこに～するか」 throw away「捨てる」　ウ 「どの食品店を訪れるか」　エ 「どの食べ物を生産するか」

(6)　ア 「みえが帰宅すると，彼女の祖母はフード・バンクで人々のために調理していた」(×)　下線部の記載は誤り。was cooking ← ＜be動詞 ＋ 現在分詞[原形 ＋ -ing]＞「～しているところだ」進行形　イ 「食べるにはまだ適している多くの食べ物が，日本では無駄になっているということを，みえは耳にした」(○)　第3段落3文の祖母のせりふに一致。a lot of food which was ～ ＜先行詞(もの)＋ which ＋ 動詞＞ 主格の関係代名詞 which「～する先行詞」 food was wasted ← ＜be動詞 ＋ 過去分詞＞ 受け身「～される，されている」　ウ 「フード・バンクにいた女性は，エネルギーや水問題について心配していた」(×)　フード・バンクの女性が関心を示しているのは，食品ロスである(第4段落)。＜be動詞 ＋ worried＞「心配である，悩んでいる」　エ 「みえの友人が，食品ロスの問題に関するポスターを作成するように，みえに依頼した」(×)　友人がポスターの作成を依頼したという事実はない。　オ 「学生は若すぎて，地球のために何か良いことをすることは不可能である，とみえは思った」(×)　最終段落で，みえが食品ロスをなくすための方策を級友に呼びかけているので，不適。＜too ＋ 形容詞・副詞 ＋ 不定詞[to ＋ 原形]＞「あまりにも～ [形容詞・副詞]すぎて…… [不定詞]できない，…… [不定詞]するにはあまりにも～ [形容詞・副詞]だ」　カ 「食品を調理する多くの異なった方法を知ることが，食品ロスをなくす1つの方法である」(○)　最終段落，特に5文に一致。動名詞[原形 ＋ -ing]「～すること」 不定詞の形容詞的用法 ＜名詞 ＋ 不定詞[to ＋ 原形]＞「～するための，するべき名詞」

2021年度英語　リスニングテスト

〔放送台本〕

(1)　場面A

M: I have tomatoes, cheese ... . Oh no!

F: What's the matter, James?

M: Well, Mari, I want to make some sandwiches for lunch, but I don't have enough eggs.

F: OK. I'll go to the store and buy some. I'm not doing anything right now.

Question What will Mari buy for James?

場面B

M: Hi, Susan. How were your classes in Japan today?

F: Hi, Kenji. Math and science were difficult, but I enjoyed Japanese. I wrote a *haiku* today.

M: Is Japanese your favorite subject?

F:　I'm very interested in it, but my favorite class is music.

Question　What class did Susan enjoy today?

(2)　質問1

How long have you lived in this town?

ア　Until five o'clock.　　イ　For seven years.

ウ　For the first time.　　エ　In ten minutes.

質問2

Can we start the interview now?

ア　That's true.　　イ　See you then.　　ウ　Of course.　　エ　I enjoyed it.

(3)　Look at this graph. It shows why Japanese high school students want to study abroad. The number one reason is to have many experiences, and about 74% of students want to learn a new language. I'm interested in making friends abroad, but it is in the fifth place. Making friends is not as high as living abroad. Thank you for listening.

〔英文の訳〕

(1)　場面A

M：トマト，チーズ……あっ，しまった。／F：ジェームズ，どうしたの。／M：うん，マリ，僕は昼食にサンドイッチを作りたいけれど，卵が十分にないんだ。／F：わかったわ。お店に行って，いくつか買ってくるわね。今，私は何もしていないので。

質問：ジェームズのためにマリは何を買うか。　答え　ア　卵

場面B

M：こんにちは，スーザン。今日の日本での授業はどうでしたか。／F：こんにちは，ケンジ。数学と科学は難しかったけれど，日本語[国語]は楽しみました。今日，俳句を書きました。／M：日本語[国語]はあなたの好きな教科ですか。／F：それにはとても興味があるけれど，私の好きな授業は音楽です。

質問：今日，どの授業をスーザンは楽しんだか。　答え　ウ　国語

(2)　質問1

あなたはこの町にどのくらい(長く)住んでいるのか。

ア　5時までです。　㋑　7年間です。　ウ　初めてです。　エ　10分後に。

質問2

さて，インタビューを始めても良いですか。

ア　それは本当です。　イ　それでは，また。

㋒　もちろんです。　エ　それを楽しみました。

(3)　このグラフを見てください。これは，なぜ日本人の高校生が留学したいかを示しています。第1の理由は，多くの経験を積みたいからで，約74%の学生は新しい言語を学びたいと考えています。私は外国で友達をつくることに興味がありますが，それは5番目です。友人を作ることは，海外に住むことほど高くはありません。ご清聴ありがとうございます。

答え　海外に住むことは4番目のイ。

〔放送台本〕

Now, I'll talk about your homework. In today's class, you learned how to write an e-mail. I want you to practice writing an e-mail on paper. In the e-mail, you should write about your plans for this weekend and ask me about my plans. When you have finished writing, put your paper into this box. This box will be on the desk in the classroom. You should put your homework in it before Friday. If you have any questions, you can ask me when I'm in the teachers' room.

〔英文の訳〕
さて，あなた方の宿題について話します。今日の授業では，電子メールの書き方について皆さんは学びました。みなさんには，紙に電子メールを書く練習をしてもらいたいと思っています。その電子メールには，みなさんの今週末の予定について書き，さらに，私の予定について尋ねるようにしてください。書き終えたら，この箱に用紙を入れてください。この箱は教室の机の上に置いておきます。金曜日までに宿題をここに入れてください。もし質問があれば，私が教員室にいる時に，私に尋ねるようにしてください。

〔設問の訳〕 まさお：書き終えたら，どうしたらよいですか。／リサ：エ教室の机にある箱に入れるべきです。／まさお：わかりました。ありがとうございます。　他の選択肢は次の通り。ア「授業で，電子メールの書き方を学ぶべきです」　イ「今週末に，何をすることになっているかについて，書くべきです」　ウ「私たちの宿題について，彼にあなたの質問を尋ねるべきです」

〔放送台本〕
What is your favorite time of the day? Why?

〔英文の訳〕
一日のうちで，あなたの好きな時は何ですか。その理由は何ですか。

〔解答例の訳〕 私は友人と一緒に食べることが楽しいので，昼食の時間が好きです。

＜理科解答＞

1 (1) (a) ア　(b) 相同(器官)　(2) (a) OH^-　(b) エ　(3) (a) ① イ　② ア　(b) イ　(4) (a) 堆積岩　(b) 流水で運ばれながら，角がけずれたから。

2 (1) エ　(2) 葉の緑色の部分を脱色するため。　(3) デンプン　(4) ⓐ A　ⓑ D　ⓒ A　ⓓ C　(5) (違う結果となった部分) C　(結果) 青紫色になった。

3 (1) 衛星　(2) A　(3) イ　(4) (a) ① イ　② ア　(b) 48(分)

4 (1) 単体　(2) ウ　(3) A 磁石についた。　B 磁石につかなかった。(結果からいえること) 加熱後の試験管Bにできた物質は，もとの鉄とは別の物質である。　(4) ⓐ C　ⓑ D　ⓒ イ　(5) $Fe + S \rightarrow FeS$

5 (1) ア　(2) 右図　(3) (a) ウ　(b) 189(cm/s)　(4) あ 大きく　い 力学台車の運動の向きと反対の向きにはたらく力が小さい　(5) 22(本)

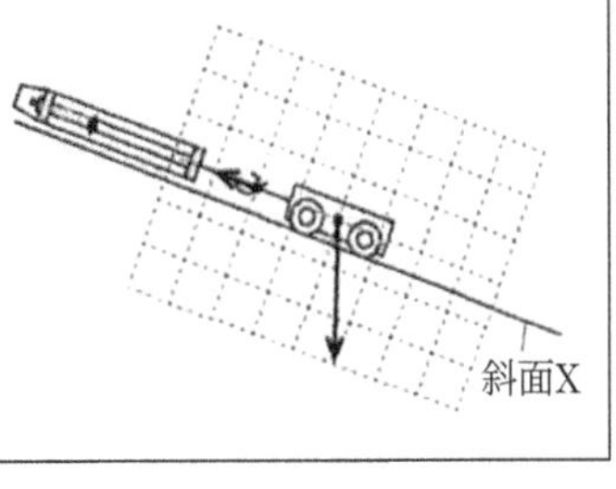

＜理科解説＞

1 (小問集合―動物の分類，イオン，電流と磁界，堆積岩)

(1) (a) 哺乳類以外は卵生であるが，は虫類と鳥類の卵には殻があり，陸上に卵を産む。

(b) 現在の形やはたらきは異なっていても，もとは同じ器官であったと考えられるものを**相同器官**という。カエルの前足，クジラの胸びれ，ヒトの手と腕，コウモリの翼，鳥の翼などは，形はちがっていても，どれも骨の数や位置はひじょうによく似ている。

(2) (a) **原子**はもともと電気を帯びていない状態にあるが，**電子**を失ったり受けとったりすることで，電気を帯びて**イオン**になる。水酸化物イオン(OH^-)は，異なる種類の原子が2個以上集まった原子の集団が，全体として電気を帯びたイオンのなかまである。 (b) 原子が電子を失って＋の電気を帯びたものを**陽イオン**，電子を受けとって－の電気を帯びたものを**陰イオン**という。

(3) (a) 棒磁石でも電流が流れる導線のまわりにできる**磁界**でも，そのようすを表した**磁力線**の間隔がせまいところほど，磁界は強い。 (b) 電流が流れる導線のまわりにできる磁界は，導線を中心として同心円状になっており，電流の向きをねじの進む向きとすると，ねじを回す向きが磁界の向きになる。方位磁針のN極が指す向きが，その点での**磁界の向き**にあたる。

(4) (a) れき，砂，泥などの堆積物が固まってできた岩石を**堆積岩**という。火山灰が集まってできた堆積岩が凝灰岩である。 (b) 岩石が気温の変化や風雨のはたらきによってもろくなることを**風化**という。これらの岩石は浸食され，川などの水の流れによって下流へと**運搬**される。その途中で粒の角がとれて，丸みを帯びた形になる。

2 (植物のはたらき－実験方法，光合成でできるもの，対照実験)

(1) 光が当たっている状態では，植物は二酸化炭素と水を材料に，光のエネルギーを使ってデンプンなどの養分と酸素をつくる**光合成**を行うが，同時に，酸素をとり入れて二酸化炭素を出す**呼吸**も行っている。しかし，光合成により使われる二酸化炭素の量の方が，呼吸によって出される量よりも多い。呼気に水素は含まれず，空気中の窒素は光合成にも呼吸にも使われない。

(2) ヨウ素溶液による色の変化を見やすいようにするため，あらかじめ葉の緑色を脱色しておく。

(3) デンプンはヨウ素溶液と反応して青紫色を示すため，デンプンの有無を調べることができる。

(4) AとDのちがいは**葉緑体**の有無で，AとCは葉緑体のある部分で光が当たるか当たらないかのちがいである。

(5) 実験で暗室に1日置くのは，葉緑体のある部分でそれまでにできたデンプンを，水にとけやすい糖に変えて，植物の他の部分に移動させることが目的である。明るい部屋に置いてあると，そのあとアルミニウムはくでおおっても，Cの部分に残っていたデンプンにより，青紫色になると考えられる。

3 (天体－衛星，地球の自転，月の見え方)

(1) 星座を形づくる星や太陽のように，自ら光や熱を出してかがやいている天体を**恒星**，地球や金星のように，太陽のまわりを公転している天体を**惑星**という。さらに，惑星のまわりを公転する月のような天体を**衛星**という。

(2) 図2で，太陽と反対の位置にあたるBが真夜中で，観測者が太陽の光と平行になっているDが真昼である。地球の**自転**の向きから考えて，Cは明け方，Aは夕方にあたる。

(3) 図3で，キは新月，ウは満月，アは上弦の月，オは下弦の月にあたる。5月4日の月は，5月1日の上弦の月から5月7日の満月の間にあたる。

(4)　(a)　同じ時刻の月の位置が西から東に動いていることから，**南中**する時刻はしだいに遅くなっている。地球を北極星側から見ると，月は地球のまわりを反時計回りに公転している。これは，地球が自転する向きと同じである。　(b)　$24(時間)\times60(分)\times\frac{12}{360}=48(分)$

4 (化学変化－単体，発熱反応，混合物と化合物，気体の性質，化学反応式)

(1)　1種類の原子だけでできている物質を**単体**といい，2種類以上の原子でできている物質を**化合物**という。

(2)　化学変化が起こるときには，熱の出入りがともなうが，熱を周囲に出して温度が上がる反応を**発熱反応**という。一方，化学変化が起こるときに周囲から熱をうばうために，温度が下がるものを**吸熱反応**という。

(3)　試験管Aには鉄と硫黄の**混合物**，試験管Bには鉄と硫黄が化合した硫化鉄が入っている。混合物の中の鉄は磁石につくが，硫化鉄は磁石にはつかない。

(4)　試験管Cでは鉄と塩酸が反応して水素が発生し，試験管Dでは硫化鉄と塩酸が反応して硫化水素が発生する。

(5)　鉄(Fe)と硫黄(S)が化合して硫化鉄(FeS)が生じた。

5 (物体の運動－力のつり合い，力の分解，平均の速さ)

(1)　斜面上の物体には，斜面下向きに**重力**の**分力**がはたらくが，斜面の傾きが変わらなければ，斜面上のどの位置ではかっても，この力は一定の大きさになる。

(2)　力学台車にはたらく重力を，斜面に垂直な分力と，斜面に平行で下向きの分力に**分解**する。この斜面に平行な分力とつり合う大きさの力で，斜面にそって上向きにばねばかりが糸を引いている。

(3)　(a)　斜面にそって下向きに重力の分力がはたらき続けるため，力学台車が斜面を下るにつれて，速さは一定の割合で増加する。　(b)　6打点のテープは$\frac{6}{60}$秒間に力学台車が移動した距離を示している。$18.9(cm)\div\frac{6}{60}(s)=189(cm/s)$

(4)　斜面Y上では，力学台車に重力の斜面下向きの分力がはたらくので，力学台車の運動する向きとは反対向きに一定の大きさの力がはたらくことになる。

(5)　木片1個のときのテープの長さが減少する割合は，木片3個のときの$\frac{1}{3}$になる。木片3個のときのテープの本数は7本なので，$7\times3+1=22$(本)

＜社会解答＞

1　(1)　ア　(2)　調　(3)　ⓐ　イ　ⓑ　ア　(4)　御成敗式目　(5)　勘合　(6)　エ

2　(1)　五箇条の御誓文　(2)　B　(3)　国民が多大な犠牲を払って戦争に協力したにもかかわらず，ロシアからの賠償金が得られなかったため。　(4)　ア　(5)　国際連盟　(6)　ウ→エ→イ→ア

3　(1)　①　イ　②　ア　(2)　三角州　(3)　栽培漁業　(4)　茨城県　ⓒ　埼玉県　ⓐ　東京都　ⓑ　(5)　エ

4　(1)　(a)　ⓐ　(b)　北西　(2)　え(国)　(3)　永久凍土　(4)　ウ

5 (1) あ イ い エ (2) 労働者が団結して労働組合を結成する権利。 (3) エ (4) 公正取引委員会 (5) ウ (6) 健康保険により，実際に支払う金額はかかった医療費より小さい。

6 (1) ウ (2) (面積の関係) インドネシアと日本は，国土面積よりも排他的経済水域の面積が大きい。 (国土の特徴) インドネシアと日本は島国だから。 (3) (a) ⓐ ア ⓑ イ (b) イ (4) (a) 法律の範囲内という制限の中で認められていた。 (b) ア，エ (5) ① 投票率が低くなっている ② 一部の有権者の意向のみを反映

＜社会解説＞

1 **(歴史的分野―日本史時代別－古墳時代から平安時代・鎌倉時代から室町時代・安土桃山時代から江戸時代，―日本史テーマ別－政治史・法律史・社会史・外交史，―世界史－文化史・政治史)**

(1) 中国で**殷**時代に亀甲や獣骨に刻まれた文字で，漢字のもととなった文字が**甲骨文字**である。**太陽暦**が発明されたのは，**エジプト**である。したがって，残る**くさび形文字**と**太陰暦**の組み合わせが，**メソポタミア文明**で発明されたものである。

(2) **律令制度**で，土地の特産物を都に納める税を**調**といった。納められる調には，**木簡**が添えられた。**大宝律令**では人頭税として課せられ，**庸**とともに都に運ばれ国家の財源となった。

(3) ⓐ 11世紀に**カトリック教会**の首長である**ローマ教皇**ウルバヌス2世が，聖地奪還の呼びかけをした。 ⓑ これに応えて，イスラム教徒からパレスチナの聖地**エルサレム**を奪還するために遠征したのが**十字軍**である。

(4) 資料Ⅱは，**鎌倉幕府**が**御家人**のために1232年に制定した**御成敗式目**の一部であり，**守護**の権限である**大犯三箇条**の規定が見られる。武家のための法典として，**道理と先例**を基準に整備したものである。**貞永式目**ともいう。これによって**律令**の掟は全く改まるものではないとされていた。

(5) **明**の皇帝に対して朝貢貿易を行い，明の皇帝から**日本国王**として認められたのが，**室町幕府**の3代将軍の**足利義満**である。この貿易にあたっては，**勘合符**が用いられたため**勘合貿易**といわれる。勘合貿易での日本の輸出品は，銅・金・刀剣・漆器などであり，日本が輸入したものは，**銅銭**・生糸・絹織物・陶磁器・書籍などであった。輸入された銅銭は日本の市で広く流通した。

(6) ア **楽市楽座**の説明である。市での商人の特権や独占を否定し，自由営業・課税免除を保証した戦国大名の商業政策を，楽市という。「楽市令」とは「楽市・楽座」を包括する法令である。**座**とは，特定地域での営業権を与えられた商人の組合である。**織田信長**の楽市・楽座が有名だが，**戦国大名の間**で，広く行われていた。なお，「楽」とは規制が緩和されて自由な状態となったことを表す言葉である。 イ 18世紀末に**老中松平定信**の行った**寛政の改革**で行われたものである。凶作やききんに備えて米を蓄えさせるという，**囲い米の制**である。寛政の改革では，その他に**棄捐令**・**旧里帰農令**などの政策が出された。 ウ **田沼意次**は，特定の商人集団を**株仲間**として積極的に奨励し，一定地域の特権的な営業独占を認め，**運上金**や**冥加金**という営業税を納めさせた。ア・イ・ウのどれも別の事項の説明であり，エが正しい。エは，徳川吉宗が幕府の財政難を脱するために行った上米令である。1722年に発せられたこの制度は一定の成果を挙げ，1730年までで停止された。

2 **(歴史的分野―日本史時代別－明治時代から現代，―日本史テーマ別－政治史・外交史)**

(1) 新政府は，旧幕府軍との**戊辰戦争**の最中の1868年3月に，「一 広ク会議ヲ興シ万機公論ニ決

スヘシ」で始まる新政府の方針を内外に示した。これが**五箇条の御誓文**である。なお，最近では五箇条の誓文ということが多い。

(2)　大きな魚は**朝鮮**，左側の武士の姿の人物が**日本**，右側の帽子をかぶっているのが**中国**，橋の上から見ているのが**ロシア**を，それぞれ表している。日本と中国が朝鮮を狙って対立し，すきをうかがっているのがロシアという風刺画である。**日清戦争**前の，日本と中国が競い合っている時代は，略年表のBである。**ビゴー**の有名な風刺画の一つである。

(3)　**日露戦争**の死者数と戦費が，**日清戦争**に比べてはるかに大きく，また，その戦費は外債と**大増税**によってまかなわれ，国民は大きな負担を強いられた。ところが，**ポーツマス条約**の内容に**賠償金**の支払いがなかったことから，弱腰の政府に対して国民の不満が爆発し，**日比谷焼き打ち事件**が起こったことを指摘する。

(4)　日本の**条約改正**には，多くの時間を要した。外務大臣の**陸奥宗光**が，1894年に**領事裁判権の撤廃**に成功し，その17年後の1911年に，外務大臣の**小村寿太郎**が，**関税自主権の回復**に成功した。条約改正は明治新政府の最優先課題の一つであったが，明治44年になってようやく完了したのである。

(5)　**関東軍**は，南満州鉄道の**柳条湖**で線路を爆破し，これをきっかけに中国の東北部にあたる**満州**で軍事行動を展開して，満州の大部分を占領した。これが1931年の**満州事変**である。**蔣介石**を首班とする中国政府は，満州事変以来の展開を日本軍の侵略行為であるとして**国際連盟**に提訴し，連盟は**リットン調査団**を派遣した。

(6)　ア　1972年に，田中角栄・周恩来の日中両首脳が**日中共同声明**を発表して，**国交を正常化**した。日本国と中華人民共和国は，その6年後，**日中平和友好条約**を結んだ。　イ　日本は，1951年の**サンフランシスコ講和条約**と同時にアメリカとの間に**日米安全保障条約**を締結した。これにより日本は**西側陣営**に組みこまれた。　ウ　**第二次世界大戦**末期の1945年7月に，米・英・ソの3か国の首脳がベルリン郊外のポツダムで会談を開き，中国の同意を得て，米・英・中の名で，日本に対し**無条件降伏**を求める文書を出した。これが**ポツダム宣言**である。　エ　**日本国憲法**の精神に則り，1947年に公布・施行されたのが**教育基本法**である。**人格の完成**を目指し，平和的な国家及び社会の形成者を育成することを，教育の目的として明示している。したがって，年代の古い順に並べると，ウ→エ→イ→アとなる。

3　(地理的分野―日本地理－気候・農林水産業・地形・人口・工業)

(1)　①　日本海側の**北陸地方**では，冬に大陸にあるシベリア気団から吹く，冷たい**北西の季節風**の影響で**降雪量**が多い。　②　**米の生産量**では，**新潟が1位**，石川，富山，福井もそれぞれ上位に入っている。これは，豊富な雪解け水を利用できるためである。

(2)　河川が運んできた土砂の堆積により**河口部**にできるのが，**三角州**(デルタ)である。河川が，山地から**平野や盆地**に移る所などに見られる，運んできた土砂の堆積によりできる**扇状地**との区別が必要である。

(3)　卵から稚魚や稚貝になるまでの期間を人間が守り育て，無事に外敵から身を守ることができるようになったら，その魚介類が成長するのに適した川や海に放流して，成長したものを漁獲する漁業を**栽培漁業**という。

(4)　東京都は，企業や学校が多いため，地価の安い近隣の県に居住し，東京都内に通勤や通学をしている人が多い。よって，昼間人口の方が夜間人口を大きく上回る。東京はⓑである。埼玉県は，昼間に東京都の企業や大学に通勤・通学し，夜に埼玉県に帰る人が多く，東京のベッドタウン化している。昼夜間人口比率の最も小さいⓐが，埼玉県である。人口減少が顕著な茨城県は，

ⓒである。

(5) まず，地図のA・B・C・D県を確定する。A県は宮城県，B県は群馬県，C県は愛知県，D県は福岡県である。**群馬県**では，冷涼な高地の気候を利用してキャベツが生産されている。群馬県は**キャベツの生産量日本第1位**である。群馬県はイである。**愛知県**は，**鉄鋼業製造品出荷額日本第1位**である。愛知県はアである。**大学の数**で，日本の上位7都道府県は，東京・大阪・愛知・兵庫・北海道・京都・福岡である。愛知はアであるから，次に多いエが福岡県である。

4 (地理的分野―世界地理－地形・人々のくらし・資源)

(1) (a) 略地図Ⅱは**正距方位図**なので，東京からの距離と方角が正しく示されている。正距方位図上で見て，一番距離の近いⓐが，東京から最も近い地点である。 (b) 略地図Ⅱは正距方位図なので，上が北，右が東，下が南，左が西である。イスタンブールは北西の方角になる。

(2) まず，あ・い・う・え国を確定する。あ国は，サウジアラビアである。い国は，インドである。う国は，大韓民国である。え国は，ペルーである。この中でペルーは最も標高が高く，**標高は100m高くなると，気温が0.6℃下がる**ので，標高3000m級のペルーは気温が大変低い。したがって，アルパカの毛でつくった衣服を重ね着し，寒さを防ぐ工夫をしている。

(3) ヤクーツクのあるシベリアに特有の土壌は，**永久凍土**である。建物の暖房などの熱によって永久凍土が融け，建物が傾くことのないように，**高床式住居**を建てて生活している。

(4) まず，地図のA・B・C・D国を確定する。A国はフランス，B国は中国，C国はニュージーランド，D国はカナダである。衣類が入っているのが特徴的なのは，中国である。中国はアである。酪農品が1位，肉類が2位に入っているのが特徴的なのは，ニュージーランドである。ニュージーランドはエである。残る2国のうち，カナダは原油生産量世界第4位，原油確認埋蔵量世界第3位で，アメリカなどに輸出している。カナダはイである。残るウがフランスである。フランスは，航空機の開発・生産で先進的な成果を上げている。

5 (公民的分野―国の政治の仕組み・経済一般・三権分立・国民生活と社会保障)

(1) あ **主権者**である**国民**が選挙を通じて間接的に代表者を選び，選ばれた代表者によって政治が行われているしくみを**間接民主制**という。 い 日本の閣議や，国際連合の安全保障理事会は，全会一致で物事が決まるが，国連総会や国会や地方議会では，効率を重視するため多数決で決定する。

(2) **労働者**が**経営者**に対し，対等の立場で**労働条件**の維持・改善を目的とする活動を行うために**労働組合**を結成したり，これへ加入したりするなど自主的に団結する権利を，**団結権**という。

(3) 犯罪を起こした疑いがあり，起訴された**被告人**が，本当に犯罪を行ったのか，もし行ったとしたらどの程度の刑罰を与えるのか，などを決める裁判が**刑事裁判**である。被告人の後ろには**弁護人**が，被告人の向かい側には**検察官**が座る。**裁判官**の座る位置は証言台の向かい側である。なお，2009年から実施されている**裁判員制度**では，殺人など重大な刑事事件の一審の裁判に，くじで選ばれた**市民**の裁判員が参加することが行われており，裁判員は裁判官と並んで座る。

(4) **資本主義**の市場経済において，**健全で公正な競争状態**を維持するために，1947年に制定されたのが**独占禁止法**である。その運用のために，同年設置されたのが**公正取引委員会**である。

(5) ア・イ・エは正しい。ウが誤りである。市営バスなど，**公共の目的**のために活動している企業は，**公企業**といい，**利益の追求を目的とはしない**。

(6) 国が**健康保険**を通じて負担することにより，資料Ⅱの場合，個人が実際に支払う金額はかかった医療費の**3割**となる。75歳以上の**後期高齢者**になると，さらに個人の負担は減る。

6 **(地理的分野─日本地理－資源・貿易・地形，─世界地理─地形，公民的分野─財政・基本的人権・国の政治の仕組み・国際社会との関わり)**

(1) ウが誤りである。2010年の主な輸入品には，**レアメタル**は含まれていない。なお，レアメタルとは，地球上に埋蔵量が少ないか，技術的に取り出すことが難しいなどの理由で，産業界での流通量が少ない，希少な金属のことをいう。プラチナ・クロム・マンガンなどがレアメタルである。レアメタルは，携帯電話・電池・液晶パネルなど身近なものでも使われている。ア・イ・エは正しく表を読み取っている。

(2) (面積の関係) インドネシアと日本は，**国土面積**よりも**排他的経済水域**の面積が大きい。インドネシアは，3倍弱，日本は10倍以上である。 (国土の特徴) インドネシアも日本も周りを海に囲まれた**島国**であるから，排他的経済水域が広いことを指摘すればよい。なお，インドネシアは世界第3位，日本は世界第6位の広さの排他的経済水域を持っている。第1位はアメリカである。

(3) (a) ⓐ 税の最終負担者が，直接・間接を問わず，納税義務者を通じて国庫に納付する税金のことを**国税**という。 ⓑ 国税には，**所得税・法人税**・相続税・贈与税・**消費税・酒税・たばこ税**・自動車重量税などがある。 (b) ア **消費税**は，税を納める人と実際に負担する人が異なる**間接税**である。 ウ 所得税は累進課税であり，ウの文は逆である。 エ 効率的に集めることができるのは，所得税ではなく，消費税である。ア・ウ・エには誤りがあり，イが正しい。消費税は間接税であり，所得の低い人ほど，所得に対する税負担の割合が高くなる傾向があり，**逆進性**のある税金だとされる。

(4) (a) **大日本帝国憲法**では，国民は**臣民**とされ，**法律の範囲内**という制限の中でのみ自由が認められていた。例えば大日本帝国憲法第29条では，「日本臣民ハ法律ノ範囲内ニ於テ言論著作印行集会及結社ノ自由ヲ有ス」と定められている。 (b) イの**職業選択の自由**は，**経済活動の自由**である。ウの**居住移転の自由**も，経済活動の自由である。アの**信教の自由**と，エの**学問の自由**が，**精神活動の自由**である。

(5) ① 第22回**総選挙**から第48回総選挙にかけて，**投票率**が低くなっていることを指摘すればよい。 ② 当選議員に投票した一部の有権者の意向が，議会での採決に反映されやすくなるなどの問題点があるといった趣旨のことを解答すればよい。

<国語解答>

一 (1) (a) よい (b) は (c) けいさい (d) じゅうなん (2) (a) 幹 (b) 垂 (c) 街路樹 (d) 砂糖 (3) エ (4) ウ

二 (1) ウ (2) (a) ⓐ (例)言葉にすることで自分を納得させたかった ⓑ (例)好きなことが仕事と結びついていない (b) ⓒ エ (3) イ

三 (1) A (例)目標や問題を設定する B (例)問題から意識的に離れる (2) (例)何も思考をしていないつもりでも潜在的に思考が熟しつつある (3) イ (4) ⓐ (例)思考を巡らせる ⓑ しなやかな精神 ⓒ (例)論理的思考に基づき，注意深く検証をする

四 (1) あらわし (2) (a) ア (b) (例)直接向かい合っている (c) [3] (3) つれづれな

五 (例) 「あけぼの」を選んだ理由は，豊かな感性から生まれた言葉だと思ったからだ。例えば，「あけぼのの光は，東の空を淡いオレンジ色に染め，やがてゆっくりと白さを増し，

山々を輝かせていった。」というように使える。
　ゆっくりと夜から朝に変わっていく情景は，短時間のことではあるが，劇的に変わる数分間だ。この「あけぼの」は，その数分間を見事に表している言葉だと思う。また，人々の気持ちや日常の風景を細やかに観察し，繊細に表現してきた昔の人々の感性の豊かさに驚く。受け継がれてきた和語を，これからも大切にして，日々の生活で使っていきたい。

＜国語解説＞

一 （漢字の読み書き，品詞・用法，筆順・画数・部首，書写）

(1)　(a)　夕方から夜になりかかるころ。　(b)　「跳」の訓読みは「は・ねる」，音読みは「チョウ」。「跳躍(チョウヤク)」。　(c)　新聞や雑誌に文章や写真を載せること。　(d)　決まった考えにとらわれず，その場の変化に応じて，適切に考えを変えること。

(2)　(a)　木で，そこから枝がのびる太い部分。　(b)　「垂」は，総画数が8画。　(c)　都市の道路沿いに植えてある樹木。　(d)　「砂」の音読みは「サ」や「シャ」。「土砂(ドシャ)」。

(3)　「祝」の部首は，しめすへん。エは楷書で書くと「祈」である。

(4)　「読みます」は，動詞「読む」＋丁寧の助動詞「ます」。**「～ます」に続く時，動詞は連用形**になる。アは**「とき」に続くので連体形**，イは**「。」に続くので終止形**，ウは**「た」に続くので連用形**，エは**「ば」に続くので仮定形**である。

二 （小説―情景・心情，内容吟味，文脈把握，脱文・脱語補充）

(1)　傍線①「ふつふつと熱く……すっきり，さっぱり冴えていく。」というのは，**物事に冷静かつ集中して取り組んでいること**を表している。清澄はくるみがいることに戸惑ったが，「針を持ったら忘れてしまっていた」し，その後も「休まずに針を動かし続けた」のだ。したがって，刺繍に集中する様子だと読み取れる。

(2)　(a)　くるみと清澄が対話になっていないことは，くるみの「同意を求めているわけでもなさそう」な様子から読み取れ，「くるみは僕に話すことで何か自分を納得させたかったのかもしれない。」という記述が，くるみの思いを察している部分となる。ここから(　a　)は抜き出せる。(　b　)には，くるみが悪くないと考えている内容を補う。くるみの言葉に「好きなことと仕事が結びついてないことは人生の失敗でもなんでもない」とあるが，“悪いこと＝人生の失敗”と捉えると，人生の失敗に該当しない内容である「好きなことと仕事が結びついていないこと」が補える。　(b)　「僕がそうだった」とは，**くるみと僕が同じ状態である**ことを示し，重ね合わせたのだ。

(3)　イは「マーマレードの色」が空の情景を彩っており，さらにくるみの顔を照らすことで彼女の強さを印象付けているとする点が適切だ。アは清澄が消極的とする点が不適切。ウのように水の力のすごさは描いているものの浄化作用の象徴とした文章とは言いがたい。エは「もの寂しい場面」としたのが不適切。

三 （論説文，会話・議論・発表―大意・要旨，内容吟味，文脈把握，脱文・脱語補充）

(1)　第一段階の準備期については「まず」で始まる段落から二段落に渡って説明されている。ここで行われる作業は3つある。**「最初に，達成するべき目標や解決すべき問題を設定する」こと，「必要な情報や知識を集め」ること，「論理的思考に基づいて問題解決に熱中」すること**だ。［　A　］に最初の「達成するべき目標や解決すべき問題を設定する」という内容を指定字数にまとめて入れる。第二段階のあたため期は，解決策が見つからないために**「意識的に問題から離れている」時期であり，「何らかの解決策が自然に出てくるのを無意識的にまっている」期間**だ。B には「意識的に問題から離れている」という内容を指定字数でまとめて入れる。

(2)「創造的発想が生まれようとしている」ときは，「あたため期」に当たる。この時の思考状態は「本人は，意識的に問題から離れているので問題に対して何も思考をしていないつもりでも，脳内では潜在的に思考が熟しつつあり」という状態だ。つまり，**何も思考をしていないつもりでも潜在的に思考が熟しつつある状態**だとまとめられる。

(3) 補足資料に挙げられた**「偶然の出会い」とは，創造的発想と同義**である。偶然の出会いがどう生まれるか，どう生み出すかについての説明を新たに示すことで，創造的発想の生まれ方の理解が進むので，これにより聞き手の納得を得ようとしたのだ。

(4)「準備期」にしておくべき大切なこと，しておいた方がいいと思えることは「問題解決に向けて様々な思考を巡らせておいた方が良い」という記述から見つかる。ここから(a)には「巡らせる」と同義の語句を補う。(b)は，「ひらめいた直感」つまり創造的発想に気づくために必要なことを補う。補足資料では**創造的発想の気付きを「偶然の出会い」と称し，「この偶然の出会いという一回性の機会を生かすためには，世界に対して開かれた，しなやかな精神が必要」と述べている**ので，(b)には，「しなやかな精神」が入る。また，(c)には，「気づきを確信に変える」段階の**「検証期」での重要な「注意深く検証すること」が入る。さらにこの検証作業は「論理的思考に基づき」行われるという要素も含める**ことが大切だ。

四 (古文―内容吟味，脱文・脱語補充，仮名遣い，表現技法・形式)

【現代語訳】 この世に，どうしてこんなことがあったのだろうとすばらしく思われることは手紙ですよ。はるか遠くの世界に離れ，何年も会っていない人でも，手紙というものさえ見れば，今，直接向かい合っている気持ちがして，かえって直接向かい合っては思っているほども言い続けられない心のうちを表現でき，言いたいこともこまやかに書きつくしているのを見る気持ちはすばらしく，うれしく，面と向かっているのに比べて決して劣ってはいない。何をすることもない時に，昔の人の手紙を見つけると，ただその当時の気持ちにになって，ひどくうれしく思われる。何事も，ただ向かい合っている間の感情だけですが，これは，全く昔のまま，少しも変わることがないのも，大変すばらしいことだ。

(1) 語中・語尾の「は・ひ・ふ・へ・ほ」は，現代仮名遣いでは「ワ・イ・ウ・エ・オ」に直す。

(2) (a) **頭語が「拝啓」**の場合，受ける**結語は「敬具」**である。 (b) 2に，しばらく会っていない人の手紙を見るだけで「ただ今さし向かひたる心地」するとある。 (c) 3に「うち向かひては……書き尽くしたるを見る心地」は，すばらしいとあり，こうした気持ちになるのは，その手紙が心を込めて書いた手紙だからだ。

(3)「一人やるせない日」とは，**することもなく退屈な日のことで「つれづれなる折」**だ。この4の文には「昔の人の文見出でたる」とも書かれている。

五 (作文)

第一段落で書くべき内容は，**その言葉を選んだ理由**だ。その言葉の何が印象深く，またすばらしく感じられたかを簡潔にまとめよう。そして，その言葉のよさが引き立つような文例を挙げる。次に，第二段落では，**和語についての考え**を述べる。どんな素晴らしさがあると考えるのか，また，今の言葉と比較して感じたり考えたことを書いたりする。どのように和語と付き合っていこうと考えているのかを述べるのも，頼もしい内容になってよいだろう。

MEMO

大切なことはメモしておこうネ！

徳島県公立高等学校

2020年度

★★★★★★★★★★★★★★★★★★★★★★★★★★

入 試 問 題

●くわしい解説……43ページ

＜数学＞

時間　45分　　満点　100点

【注意】 1　答えは，特に指示するもののほかは，できるだけ簡単な形で表し，それぞれ解答用紙に書きなさい。ただし，※の欄には記入しないこと。

2　答えに無理数が含まれるときは，無理数のままで示しなさい。

1　次の(1)～(10)に答えなさい。

(1)　$3\times(-5)$ を計算しなさい。

(2)　$2(3a-2b)-3(a-2b)$ を計算しなさい。

(3)　二次方程式 $x^2-3x-4=0$ を解きなさい。

(4)　右の図は立方体ABCDEFGHである。辺ABとねじれの位置にある辺はどれか，すべて書きなさい。

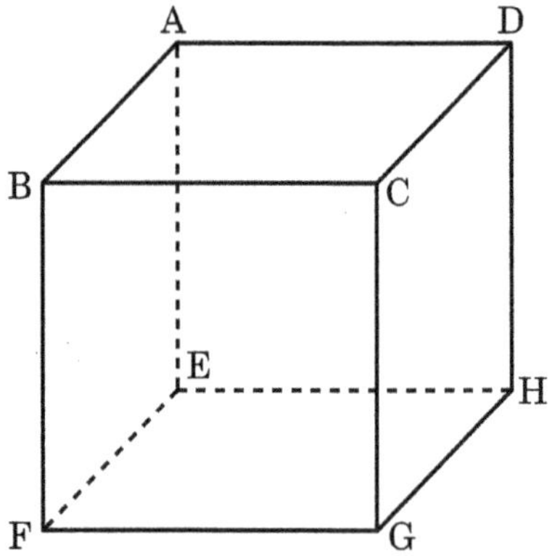

(5)　方程式 $x-y=-x+4y=3$ を解きなさい。

(6)　ある数 a の小数第1位を四捨五入した近似値が10であるとき，a の範囲を，不等号を使って表しなさい。

(7)　$x=\sqrt{2}+1$，$y=\sqrt{2}-1$ のとき，$x^2+2xy+y^2$ の値を求めなさい。

(8)　1往復するのに x 秒かかるふりこの長さを y mとすると，$y=\frac{1}{4}x^2$ という関係が成り立つものとする。長さ1 mのふりこは，長さ9 mのふりこが1往復する間に何往復するか，求めなさい。

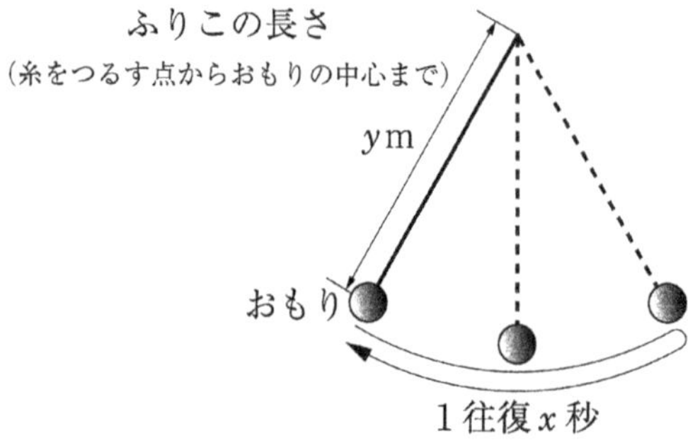

(9)　1から6までの目が出るさいころを2回投げて，最初に出た目の数を x，2回目に出た目の数を y とする。このとき，$2x-y-5=0$ が成り立つ確率を求めなさい。ただし，さいころはどの目が出ることも同様に確からしいものとする。

(10)　右の図は，おうぎ形OABである。$\overset{\frown}{AB}$ 上にあり，$\overset{\frown}{AP}$ の長さが，$\overset{\frown}{PB}$ の長さの3倍となる点Pを，定規とコンパスの両方を使って解答用紙に作図しなさい。ただし，作図に使った線は消さずに残しておくこと。また，定規やコンパスを持っていない場合は，作図の方法を文章で書きなさい。

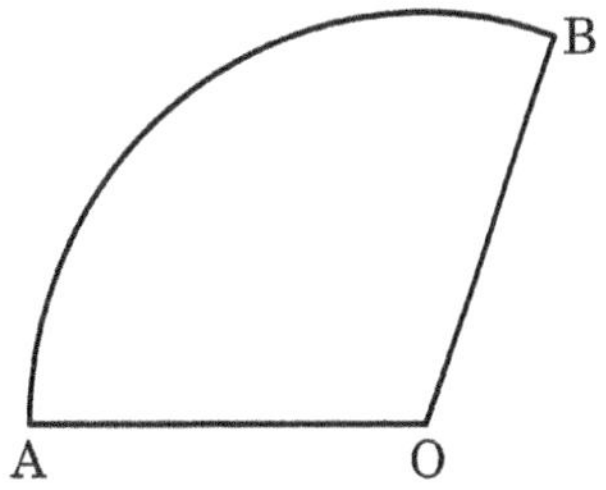

2　図1のような同じ大きさの正方形の白と黒のタイルがたくさんある。これらのタイルをすき間なく並べて，図2のように，1番目，2番目，3番目，4番目……と一定の規則にしたがって正方形をつくっていく。あゆむさんとかなでさんは，1番目，2番目，3番目，4番目……の正方形をつくるときに必要なタイルの枚数について話し合っている。2人の話し合いの一部を読んで，(1)・(2)に答えなさい。

図1

白のタイル　　黒のタイル

図2

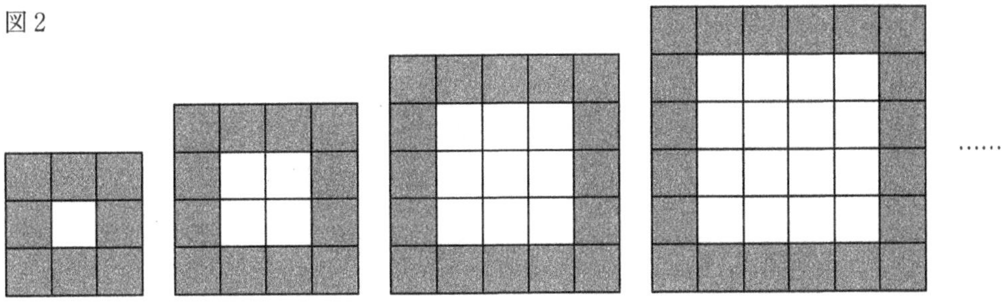

1番目　　2番目　　3番目　　4番目　　……

【話し合いの一部】

あゆむさん	1番目の正方形をつくるには，白のタイルが1枚と黒のタイルが8枚必要ですね。
かなでさん	そうですね。2番目の正方形をつくるには，白のタイルが4枚と黒のタイルが12枚必要です。それでは，5番目の正方形をつくるには，タイルが何枚必要なのでしょうか。
あゆむさん	5番目の正方形をつくるには，白のタイルが（　ア　）枚と黒のタイルが（　イ　）枚必要です。このような正方形をつくるときに必要な白と黒のタイルの枚数には，規則性がありますね。

かなでさん　なるほど。例えば，n 番目の正方形をつくるときに必要な黒のタイルの枚数は，n を用いて（ ウ ）枚と表すことができますね。

(1) 【話し合いの一部】の（ア）・（イ）にあてはまる数を， ウ にはあてはまる式を，それぞれ書きなさい。

(2) 白のタイルの枚数が，黒のタイルの枚数より92枚多くなるのは何番目の正方形か，求めなさい。

3 ゆうとさんは，１泊２日の野外活動に参加した。(1)～(3)に答えなさい。

(1) 野外活動に参加する40人で，テントと寝袋を借りることになった。１泊分のテントと寝袋の利用料金は，８人用テントが１張2000円，４人用テントが１張1200円，寝袋が１人分500円である。８人用テントを a 張，４人用テントを b 張，寝袋を40人分借り，それらの利用料金の合計を40人で均等に割って支払うとき，１人あたりの支払う金額を a，b を用いて表しなさい。ただし，消費税は考えないものとする。

(2) ゆうとさんは，図１のような８人用テントを使うことになった。８人用テントの底面のシートは，図２のように正八角形で，対角線ABの長さは５ｍである。テントの底面のシートを，図２のように対角線で分けて８人で使うとき，１人分の面積は何m^2か，求めなさい。

図１

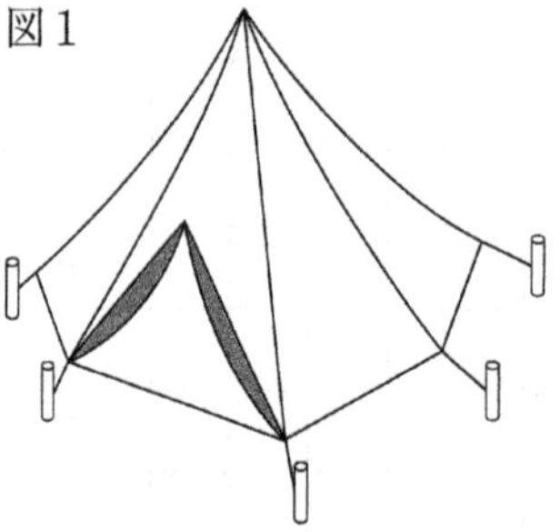

図２

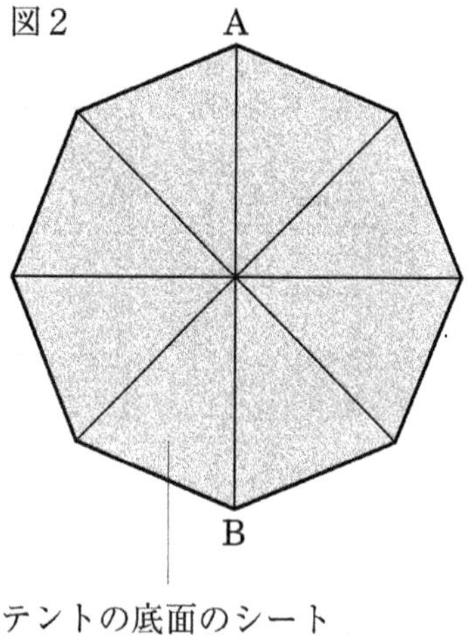

(3) ゆうとさんは，夕食の準備のときに計量カップの代わりに，次のページの図３のような自分の持っているコップを使うことにした。このコップは，図４のようなAD＝４㎝，BC＝３㎝，CD＝９㎝である台形ABCDを，辺CDを回転の軸として１回転させてできる立体であると考えると体積は何cm^3か，求めなさい。ただし，円周率はπとし，コップの厚さは考えないものとする。

図３

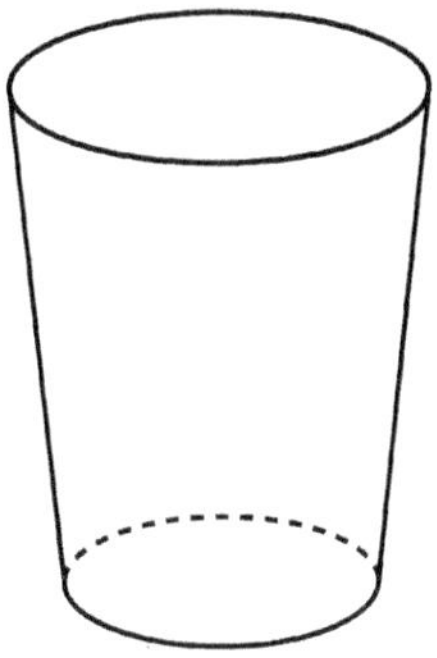

図４

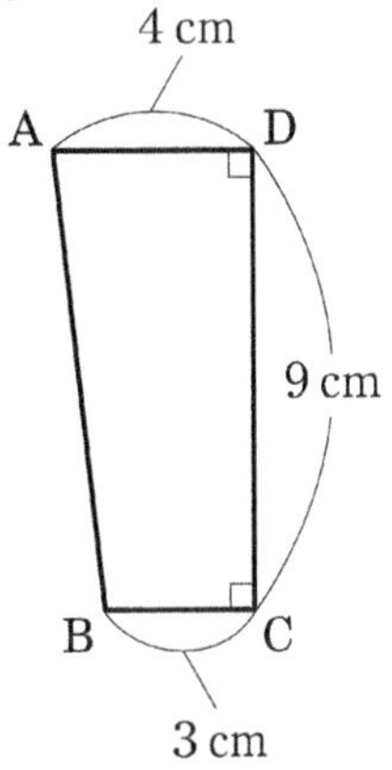

4　下の図のように，２つの関数 $y=-3x^2$ と $y=\dfrac{3}{x}$ のグラフが，x 座標が－１である点Aで交わっている。直線OAと，関数 $y=\dfrac{3}{x}$ のグラフとの交点のうち，点Aと異なる点をBとする。また，点Cの座標は（０，４）であり，点Pは線分OB上の点である。(1)～(4)に答えなさい。

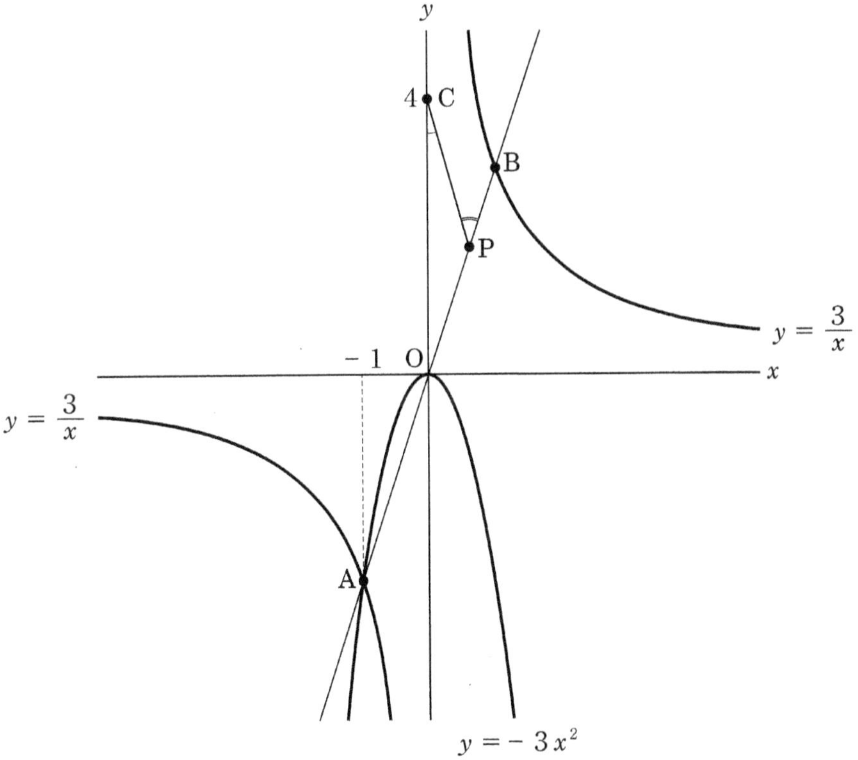

(1)　点Aの y 座標を求めなさい。

(2)　関数 $y=-3x^2$ について，x の変域が $-2 \leqq x \leqq 1$ のときの y の変域を求めなさい。

(3) 点Pが線分OBの中点のとき，2点C，Pを通る直線の式を求めなさい。

(4) ∠BPC＝2∠OCP のとき，点Pの座標を求めなさい。

5 右の図のように，半径が15cmの円Oの周上に4点A，B，C，Dがあり，AC＝AD である。また，弦ACは∠BADの二等分線であり，弦ACと弦BDの交点をEとする。(1)～(3)に答えなさい。ただし，円周率はπとする。

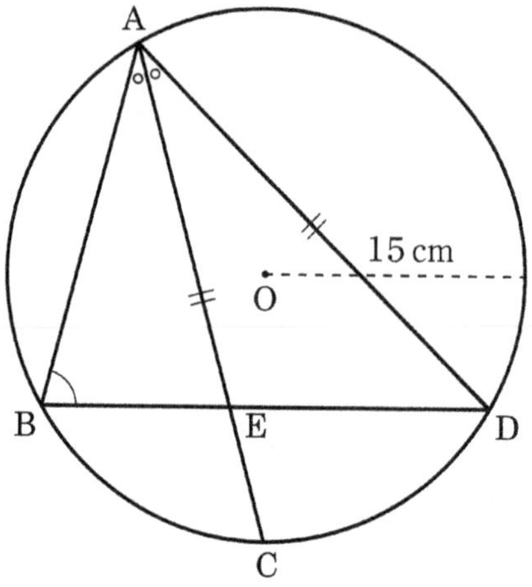

(1) ∠BAD＝80° のとき，(a)・(b)に答えなさい。

(a) ∠ABDの大きさを求めなさい。

(b) 点Aを含まないおうぎ形OBCの面積を求めなさい。

(2) △ABC≡△AED を証明しなさい。

(3) 点Cを含まない$\overset{\frown}{AB}$の長さが8πcmのとき，点Bを含まない$\overset{\frown}{AD}$の長さを求めなさい。

受 検 番 号

解 答 用 紙　　数 学

1

(1)	
(2)	
(3)	x =
(4)	
(5)	$(x,\ y) = ($　　　,　　　$)$
(6)	
(7)	
(8)	往復
(9)	
(10)	

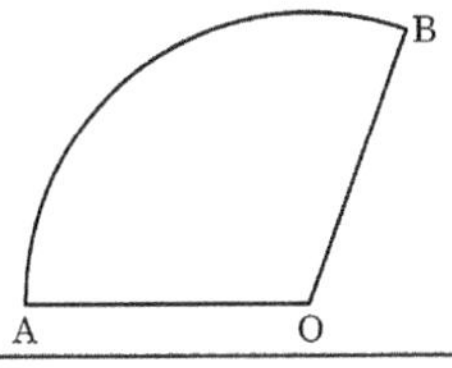

2

(1)	ア	
	イ	
	ウ	
(2)		番目

3

(1)	(　　　　　　　　) 円
(2)	m^2
(3)	cm^3

4

(1)	
(2)	
(3)	
(4)	P (　　　　,　　　　)

5

(1)	(a)	度
	(b)	cm^2
(2)	(証明)	
(3)		cm

※この解答用紙は156％に拡大していただきますと，実物大になります。

<英語> 時間 50分 満点 100点

1 次の(1)～(3)に答えなさい。

(1) 場面A・Bにおける対話を聞いて，それぞれの質問に対する答えとして最も適するものを，ア～エから1つずつ選びなさい。

(場面A)

ア	イ	ウ	エ

(場面B)

ア	イ	ウ	エ
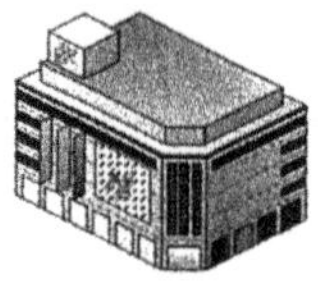	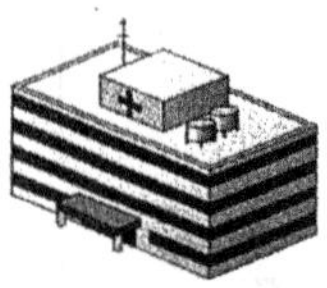		
デパート	病院	郵便局	レストラン

(2) 質問1・質問2のそれぞれにおいて，英語の短い質問とその後に読まれるア～エを聞いて，質問に対する答えとして最も適するものを，ア～エから1つずつ選びなさい。

(3) 次の絵は，夏休みに訪れた場所について，しずかさんがクラスの生徒に行ったアンケート調査の結果を，英語の授業で発表するために用意したものである。しずかさんの発表を聞いて，訪れた人数の多い順にア～ウを左から並べて書きなさい。

ア

イ

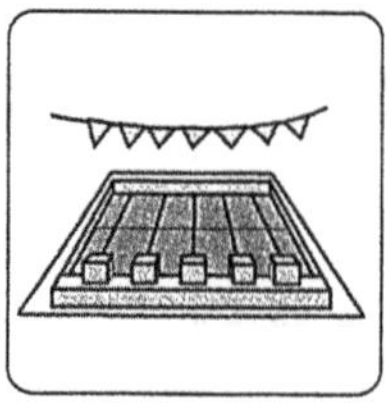

ウ

2 次の英文は，ALT の先生による校内放送を聞いた後の，ななこ (Nanako) さんと留学生のロビン (Robin) さんの対話の一部である。ALT の先生による校内放送の一部を聞いて，[ ] に最も適するものを，次のページのア～エから選びなさい。

Nanako : Let's go to the ALTs' show, Robin.

Robin : Yes, of course, Nanako. I'd like to see the comedy show.

Nanako : Sure, [ ] I think a lot of students will go there.

ア it's at Aono Town Hall on March 21.
イ it's at Aono Town Hall on April 5.
ウ it's at Midori City Hall on March 21.
エ it's at Midori City Hall on April 5.

3 ALT の先生が英語の授業中に話したことを聞いて，あなたの答えを英文１文で書きなさい。

4 次の(1)～(3)に答えなさい。

(1) 次の英文(a)・(b)の意味が通るように，（ ）に最も適するものを，それぞれア～エから１つずつ選びなさい。

(a) The chorus contest is my best (　　) of the year.
ア sport　イ memory　ウ language　エ subject

(b) Hiroki is (　　) by everyone because he is kind and interesting.
ア finished　イ listened　ウ changed　エ loved

(2) 次の対話文(a)～(c)を読んで，[　] に最も適するものを，それぞれア～エから１つずつ選びなさい。

(a) *A*： Excuse me. Does this bus go to the soccer stadium?
B： [　　　] That blue one goes to the soccer stadium.
A： Oh, I see. Thank you very much.
ア Yes, it does.　イ That's right.
ウ No, it doesn't.　エ Of course.

(b) *A*： Who is that boy playing basketball really well?
B： He is Goro. He has played since he was five.
A： Oh, [　　　]
B： Yes, we have been friends for ten years.
ア do you like it?　イ do you want to be his friend?
ウ do you know him?　エ do you practice after school?

(c) *A*： Betty, Kenta called you while you were out.
B： [　　　]
A： Yes. Please call him right now.
ア Will he call me back?
イ Does he want me to call him back?
ウ Can you call him back?
エ Did you ask him to call me back?

(3) 次の対話が成り立つように（ ）の中のア～エを並べかえなさい。

A： How are you going to spend your holidays?
B： Let's see. I will go fishing with my father (ア the weather　イ good　ウ if　エ is).

5 次の英文は，高校生のあきと（Akito）さんと，先週あきとさんの学校に留学してきたニナ（Nina）さんの対話の一部である。これを読んで，⑴～⑶に答えなさい。

Akito : We have a field trip next month.
Nina : Really? I didn't know that.
Akito : We are going to go to Kobe by bus and stay there for a day.
Nina : Kobe is a famous port city in Japan, right?
Akito : Yes. In the morning, we are going to visit the museum to learn about the history of Kobe. We can also enjoy the view from there.
Nina : That's wonderful. How about in the afternoon?
Akito : We are going to visit Chinatown and have lunch there. I'm going to enjoy eating and walking around there. After that, we can choose from two plans.
Nina : Two plans? ① [they] ?
Akito : The aquarium or the zoo. We can see animals at both places.
Nina : Oh, I'm interested in both of them. Where do you ② [go] , Akito?
Akito : Well, I don't know much about them, so I haven't decided yet.
Nina : I see. Then I'll check about them on the Internet at home!

㈱ port 港　aquarium 水族館

⑴ 対話が成り立つように① [they] ・② [go] にそれぞれ**2**語の英語を加え，正しい語順で英文を完成させなさい。

⑵ あきとさんとニナさんの対話の内容と合うものを**ア**～**エ**から**1**つ選びなさい。

ア Nina knew about the field trip because her teacher told her.
イ Akito is going to eat lunch and walk around Chinatown.
ウ Nina and Akito will enjoy the museum in the afternoon.
エ Nina and Akito have a lot of information about the zoo.

⑶ 次の英文は，対話をした次の日に，ニナさんがあきとさんに送ったメールの一部である。(　)に最も適する**1**語の英語を書きなさい。

Hi, Akito. Thank you for telling me about our field trip yesterday. I'm very interested in learning about Kobe with you. I can't wait. I found information about the aquarium and the zoo. At the aquarium, we can touch dolphins. At the zoo, we can see a panda and give some animals food. I've touched dolphins before in my country, but I've never seen a panda. I'd like to try something I've never done. So I'll choose the (　　). How about you?

6 次の英文は，中学生のみさき（Misaki）さんが，祖父のことについて英語の授業中に発表したものである。これを読んで，⑴～⑶に答えなさい。

Every Wednesday my grandfather goes to the community hall in our town. He learns how to draw *etegami* as a student there. *Etegami* is a letter with words and a picture that people draw themselves. He has practiced it for three years and improved a lot. [ア]

He likes to draw pictures of unique things and write some words. He finds the good points of things around him and draws them well. He always says, "Look around carefully. There are a lot of treasures here!" [イ] One day he had a chance to show his *etegami* at an exhibition. Many people came to the exhibition. Some of them said, "Your *etegami* is wonderful. It warms my heart." [ウ]

He sends his heart to everyone through his *etegami*. [エ] I respect him. Now I realize that I am surrounded by many important things. I want to share my treasures with everyone like him.

(注) unique 独特の　treasure(s) 宝物　exhibition 展覧会

(1) 次の英文は，本文中から抜き出したものである。この英文を入れる最も適切なところを，本文中の [ア] ～ [エ] から選びなさい。

He looked happy to hear that.

(2) 次は，みさきさんの発表の流れを表したものである。(ⓐ)・(ⓑ) それぞれに最も適するものを，ア～エから１つずつ選びなさい。

About *etegami* → (ⓐ) → (ⓑ)

ア Misaki's dream　　イ History of *etegami*

ウ Grandfather's wonderful *etegami*　　エ Grandfather's dream

(3) みさきさんは展覧会の会場を訪れた外国の人に，おじいさんの作品を紹介することになった。あなたがみさきさんなら，おじいさんの作品をどのように紹介するか，右の【１】・【２】のいずれかを選び，選んだ作品についておじいさんの気持ちが伝わる紹介となるように，**25語以上40語以内**の英語で書きなさい。ただし，【１】を選んだ場合は dog，【２】を選んだ場合は miso soup を用いて書き，数を書く場合は数字ではなく英語で書くこととし，文の数はいくつでもよい。また，符号は語数に含めない。なお，miso soup は２語と数える。

【１】

【２】

〈解答欄の書き方について〉

次の（例）に従って……に１語ずつ記入すること。

（例） Really ? I'm from America , too .

7 次の英文は，中学生のはるか（Haruka）さんが，地域の祭りに参加した体験を通して感じたことについて英語の授業中に発表したものである。これを読んで，(1)～(6)に答えなさい。

I moved to Tokushima from Tokyo with my family two years ago. I live in a small town now. There are a lot of green fields and mountains. I can enjoy the beautiful view here, so I like my town. I have another reason too. I'd like to tell you about this.

There is a traditional festival to show thanks for the harvest in my town. We can enjoy *shishimai* at the festival. It's called a lion dance in English. The word *shishi* means lion and *mai* means dance. I hear it started in my town in the Edo period. It has been popular among people and there is a group preserving this dance in my town.

I saw this dance with my family last year. I was surprised because Naoto, my classmate, was dancing as a lion. He moved the lion's head very well. His lion moved up and down and jumped. I said to him, "Your dance is great! I'd like to try it." He said, " [①] It's fun, Haruka. Our group has fifteen members who are elementary school students, junior high school students, and other people living in our town." Then I joined them in April. Some practiced playing the *taiko* drums, others practiced dancing. Naoto's father taught me how to dance. He said to me, "I was taught how to dance by my father when I was a child. Now I'm happy to teach you and my son in this group." I practiced with other members. It was very difficult, but very interesting.

Naoto's mother said to us, "The town's people stopped dancing fifteen years ago. We felt [②] , so we made this group to preserve our dance five years ago. At first only a few children joined us and we began to dance together. Then they asked their friends to join. Now our group enjoys dancing at the festival. Many people come to see our dance." Naoto said, "We also visit a lot of places such as elementary schools, and join some other events." I said to them, "I think that's great. We need to preserve our traditional dance. I want to do my best in this group."

I tried to practice a lot, but I couldn't dance well. I was so nervous. Then an old man in my town gave me advice. He encouraged me and we danced together. He said, "Children try to preserve this dance. I'm very happy to watch them." He smiled at me. I understood people's feelings for our dance. I wanted to dance well and then practiced more. I took a video and watched it again and again.

Finally, I danced at the festival with other members in October. I was able to dance better than before. When our dance finished, a lot of people clapped happily. I saw their happy smiles and heard their excited voices. I felt great. Practice is difficult, but I feel happy to be a member of this group. I'm also very happy to preserve our traditional dance. I became very friendly with the people in my town. I learned a lot about our community through this experience. Now I am a member of it. So I like my town. This is my other reason.

(注) harvest 収穫　preserve 保存する　advice 助言　clap 拍手する

(1) 次の(a)・(b)の問いに対する答えを，それぞれ**3語以上の英文1文**で書きなさい。ただし，符号は語数に含めない。

(a) Did Haruka live in Tokyo with her family before?

(b) When did Naoto's father start to learn how to dance from his father?

(2) 本文の内容に合うように次の英文の［　］に最も適するものを**ア～エ**から選びなさい。

Haruka likes her town because she can enjoy the beautiful view and［　　］.

ア she likes her school life with friends

イ she knows the history of her town

ウ she teaches the children how to dance

エ she is a member of the community

(3) 下線部のはるかさんの発言に対するなおと（Naoto）さんの発言が，自然なやり取りになるように，［①］に入る言葉を考えて**3語以上の英文1文**で書きなさい。ただし，符号は語数に含めない。

(4) 本文の内容に合うように，［②］に最も適する**1語**の英語を書きなさい。

(5) 次の英文は，はるかさんとALTのジェフ（Jeff）先生の対話の一部である。対話が成り立つように，［ⓐ］には適する**2語**の英語を，［ⓑ］には適する**1語**の英語をそれぞれ書きなさい。

Jeff : I liked your speech very much. I'd like to see your dance. I think we should preserve traditional things.

Haruka : ［　ⓐ　］ with your idea. I hear there are many other traditional dances in Tokushima. Maybe it is ［　ⓑ　］ to preserve them, but I want young people to continue them like in my town.

Jeff : I think so too. Traditional things aren't just old, but they teach us a lot of important things about the community.

(6) 本文の内容と合うものを**ア～カ**から**2つ**選びなさい。

ア There are a lot of groups to preserve *shishimai* in Haruka's town.

イ Naoto and his father practiced playing the taiko drums with Haruka.

ウ It was interesting for Haruka to practice dancing with other members.

エ Haruka wanted to do her best to preserve their traditional dance.

オ An old man in Haruka's town encouraged Naoto and smiled at him.

カ When Haruka danced at the festival, she felt nervous and got very tired.

受検番号

解答用紙 英語

1 ※

(1)	場面A	場面B	(2)	質問1	質問2
(3)					

2 ※

3 ※

4 ※

※	(1)	(a)	(b)			
※	(2)	(a)	(b)	(c)		
※	(3)	→	→	→		

5 ※

※	(1)	①	②
※	(2)		
※	(3)		

6 ※

※	(1)		
※	(2)	ⓐ	ⓑ
※	(3)		

5
10
15
20
25
30
35
40

7 ※

※	(1)	(a)	
		(b)	
※	(2)		
※	(3)		
※	(4)		
※	(5)	ⓐ	ⓑ
※	(6)		

※この解答用紙は179%に拡大していただきますと，実物大になります。

＜理科＞

時間　45分　　満点　100点

1　次の(1)～(4)に答えなさい。

(1)　は虫類と哺乳類について，(a)・(b)に答えなさい。

(a)　次の文は，は虫類のトカゲについて述べたものである。正しい文になるように，文中の①・②について，**ア**・**イ**のいずれかをそれぞれ選びなさい。

> は虫類のトカゲは，①［**ア**　変温　　**イ**　恒温］動物で，体表がうろこでおおわれており，②［**ア**　肺　　**イ**　えら］で呼吸する。

(b)　哺乳類のウサギは，子宮内で酸素や栄養分を子に与え，ある程度成長させてから子を産む。このようななかまのふやし方を何というか，書きなさい。

(2)　ある地震において，震央から離れた位置にある地点Xで，図のような地震計の記録が得られた。(a)・(b)に答えなさい。

図

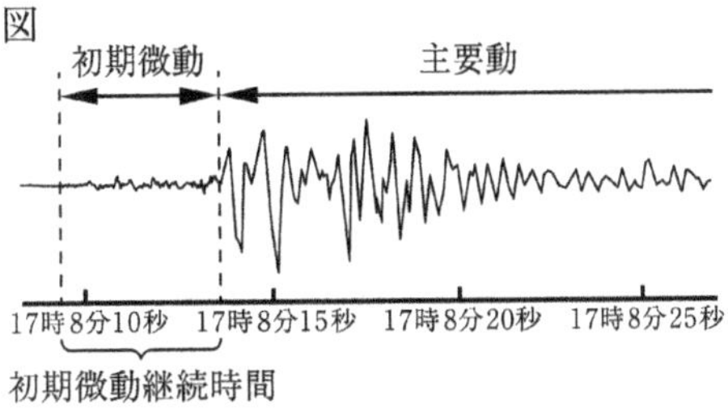

(a)　地震が起こったとき発生した２種類の地震の波のうち，初期微動をもたらした，伝わる速さが速い地震の波を何というか，書きなさい。

(b)　地点Xにおける初期微動継続時間からわかることとして正しいものはどれか，**ア**～**エ**から１つ選びなさい。

ア　地点Xから見た震源のおよその方向　　**イ**　地点Xから震源までのおよその距離
ウ　震源のおよその深さ　　**エ**　地震のおよその規模

(3)　プラスチックについて，(a)・(b)に答えなさい。

(a)　次の文は，プラスチックが有機物または無機物のいずれに分類されるかについて述べたものである。正しい文になるように，文中の（　）にあてはまる言葉を書きなさい。

> プラスチックは（　　　）を含むので，有機物に分類される。

(b)　身のまわりで使われている４種類のプラスチックA～Dの密度を測定した。表はその結果を示したものである。これらのうち，水に沈み，飽和食塩水に浮くものはどれか，A～Dから１つ選びなさい。ただし，水の密度は1.00 g／cm³，飽和食塩水の密度は1.19 g／cm³とする。

表

プラスチック	密度〔g/cm^3〕
A	1.06
B	0.92
C	1.38
D	0.90

(4)　放射線について，(a)・(b)に答えなさい。

(a)　放射線について述べた文として，誤っているものはどれか，**ア**～**エ**から１つ選びなさい。

ア　放射線は目に見えないが，霧箱等を使って存在を調べることができる。
イ　放射線は，農作物の殺菌や発芽の防止に利用されている。

ウ　放射線には共通して，物質を通りぬける能力（透過力）がある。

エ　放射線は自然には存在しないため，人工的につくられている。

(b)　次の文は，放射線の種類について述べたものである。正しい文になるように，文中の（　）にあてはまる言葉を書きなさい。

> 放射線にはα線，β線，γ線など多くの種類がある。医療診断で体内のようすを撮影するために用いられる（　　　）も放射線の一種であり，レントゲン線とよばれることもある。

2　図1は，自然界で生活している植物，草食動物，肉食動物の食べる・食べられるの関係のつながりを示したものである。図2は，地域Yにおける植物，草食動物，肉食動物の数量的な関係を模式的に示したものである。植物，草食動物，肉食動物の順に数量は少なくなり，この状態でつり合いが保たれている。(1)～(4)に答えなさい。

図1

→ の向きは，食べられるものから食べるものに向いている。

図2

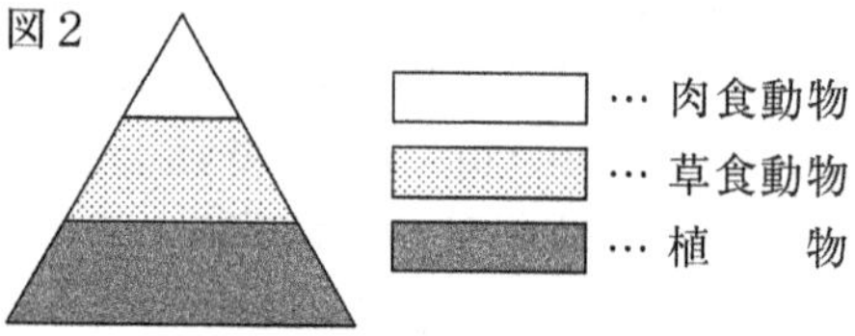

(1)　図1のような，食べる・食べられるの関係のつながりを何というか，書きなさい。

(2)　図1の 草食動物 にあたる生物の組み合わせとして，最も適切なものを**ア～エ**から選びなさい。

ア　チョウ，クモ　　**イ**　バッタ，カエル　　**ウ**　チョウ，バッタ　　**エ**　クモ，カエル

(3)　次の文は，図1の生物の生態系における役割について説明したものである。文中の（①）・（②）にあてはまる言葉を書きなさい。ただし，（②）にはあてはまるものを**すべて**書くこと。

> 生態系において，自分で栄養分をつくることができる生物を生産者とよぶ。これに対して，自分で栄養分をつくることができず，ほかの生物から栄養分を得ている生物を（　①　）とよび，図1の生物の中では（　②　）があたる。

(4)　生物の数量的なつり合いについて，(a)・(b)に答えなさい。

(a)　図3は，地域Yにおいて，なんらかの原因により肉食動物が一時的に増加したのち，再びもとのつり合いのとれた状態にもどるまでの変化のようすを示したものである。正しい変化のようすになるように，次のページの**ア～エ**を図3の(A)～(D)に1つずつ入れたとき，(B)・(C)にあてはまるものを，それぞれ書きなさい。ただし，数量の増減は図形の面積の大小で表している。また，図の------線は，図2で示した数量のつり合いのとれた状態を表している。

図3

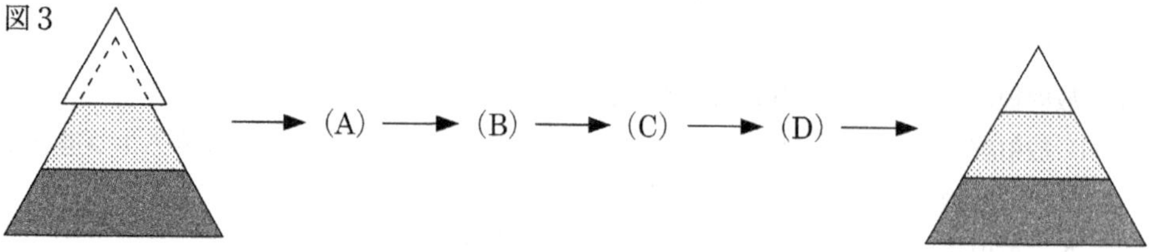

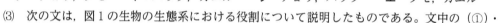

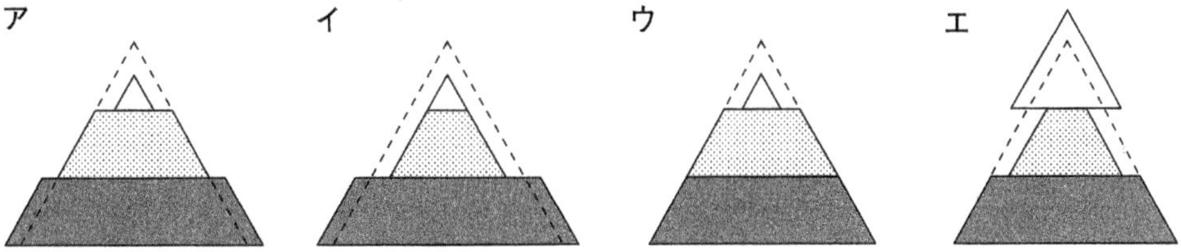

(b)　地域Yにおいて，なんらかの原因により肉食動物がすべていなくなったために，植物および草食動物も最終的にすべていなくなったとする。このとき，肉食動物がいなくなってから植物および草食動物がいなくなるまでの過程を，植物および草食動物の数量の変化にふれて書きなさい。

3　音についての実験を行った。(1)～(5)に答えなさい。

実験１

図１のように，モノコードの弦のXの位置をはじいて出た音を，オシロスコープで調べると，図２の波形が表示された。図２の縦軸は振幅を，横軸は時間を表している。

図１

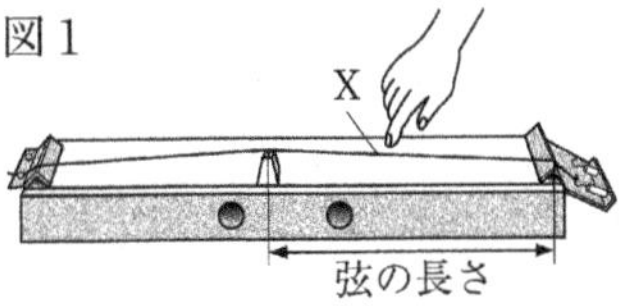

図２

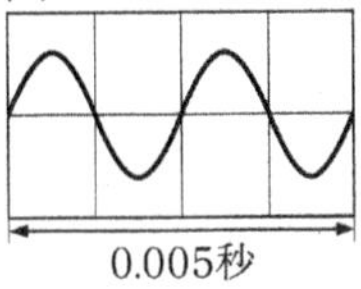

実験２

①　AさんとBさんが電話で話をしながらそれぞれの家から花火を見ていると，２人には同じ花火の音がずれて聞こえた。２人はこのことを利用して，音の伝わる速さを調べることにした。

②　AさんとBさんは，花火の打ち上げの合間にそれぞれの時計の時刻を正確に合わせ，花火が再開するのを待った。

③　AさんとBさんは，花火が再開して最初に花火の破裂する音が聞こえた瞬間，それぞれの時計の時刻を記録した。表はそのときの時計の時刻をまとめたものである。

表

	時計の時刻
Aさん	午後８時20分15秒
Bさん	午後８時20分23秒

④　地図で確かめると，花火の打ち上げ場所とAさんの家との直線距離は2200m，花火の打ち上げ場所とBさんの家との直線距離は4900mであった。

(1)　次の文は，音が発生するしくみについて述べたものである。正しい文になるように，文中の(　)にあてはまる言葉を書きなさい。

音は物体が振動することによって生じる。音を発生しているものを(　　　)，または発音体という。

(2)　実験１ のモノコードの弦を，Xの位置で 実験１ より強くはじいたときのオシロスコープに表示される波形として，最も適切なものを次の**ア**～**エ**から選びなさい。ただし，**ア**～**エ**の縦軸と横軸は，図２と同じである。

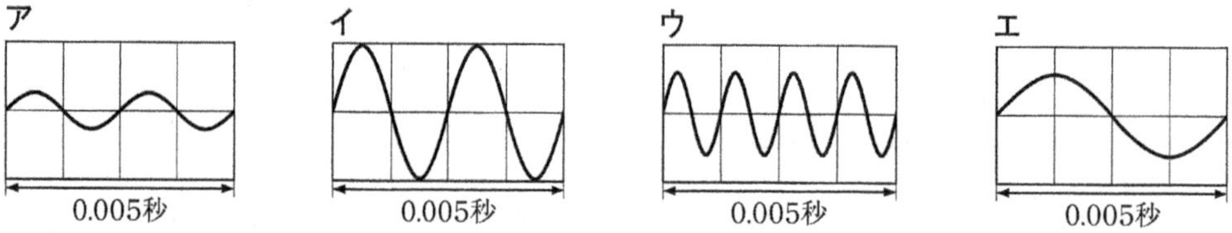

(3) 実験１ のとき，モノコードの弦の音の振動数は何Hzか，求めなさい。

(4) 実験１ で出た音より低い音を出す方法として正しいものを，**ア**～**エ**から**すべて**選びなさい。

ア　弦のはりの強さはそのままで，弦の長さを 実験１ より長くしてXの位置をはじく。

イ　弦のはりの強さはそのままで，弦の長さを 実験１ より短くしてXの位置をはじく。

ウ　弦の長さはそのままで，弦のはりを 実験１ より強くしてXの位置をはじく。

エ　弦の長さはそのままで，弦のはりを 実験１ より弱くしてXの位置をはじく。

(5) 実験２ でわかったことをもとに，音の伝わる速さを求めた。この速さは何m/sか，小数第１位を四捨五入して整数で答えなさい。ただし，花火が破裂した位置の高さは考えないものとする。

4　登山をしたときに，気温や湿度，周辺のようすなどを調べた。(1)～(4)に答えなさい。

観測

①　山に登る前に，ふもとに設置されていた乾湿計で気温と湿度を調べると，気温26℃，湿度（　　　）％であった。

②　山頂に着いたときには，山頂は霧に包まれていたが，しばらくすると霧が消えた。

③　山頂で水を飲み，空になったペットボトルにふたをした。そのとき，ペットボトルはへこんでいなかった。

④　ふもとに着いたとき，山に登る前に見た乾湿計で気温と湿度を調べると，気温28℃，湿度85％であった。

⑤　山頂から持ち帰った空のペットボトルを調べると，手で押すなどしていないのに少しへこんでいた。

⑥　ふもとでしばらく過ごしていると気温が下がり，周囲は霧に包まれた。ただし，ふもとに着いてからは，風のない状態が続いていた。

(1) 乾湿計について(a)・(b)に答えなさい。

(a) 乾湿計を設置する場所として正しいものを，**ア**～**エ**から**１つ**選びなさい。

ア　地上1.5mぐらいの風通しのよい日なた

イ　地上1.5mぐらいの風通しのよい日かげ

ウ　地上1.5mぐらいの風があたらない日なた

エ　地上1.5mぐらいの風があたらない日かげ

(b)　図1は，観測 ①で用いた乾湿計とその目盛りを拡大したものである。表は湿度表の一部である。図1と表をもとに，観測 ①の（　）にあてはまる数字を書きなさい。

図1

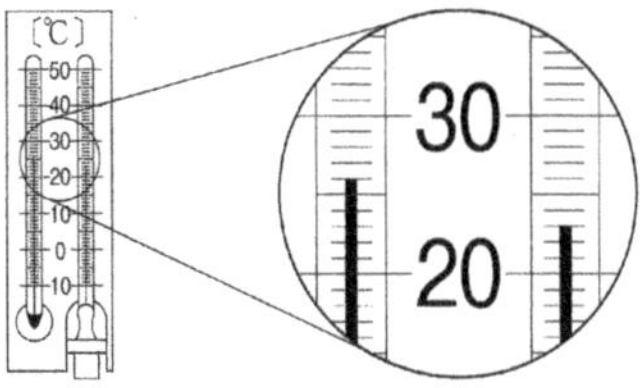

表

		乾球の示度と湿球の示度の差〔℃〕					
		1.0	2.0	3.0	4.0	5.0	6.0
乾球の示度〔℃〕	27	92	84	77	70	63	56
	26	92	84	76	69	62	55
	25	92	84	76	68	61	54
	24	91	83	75	68	60	53
	23	91	83	75	67	59	52
	22	91	82	74	66	58	50

(2)　次の文は，観測 ②の山頂の湿度と気温について考察したものである。正しい文になるように，文中の（**あ**）にあてはまる数字を書き，（**い**）にはあてはまる言葉を書きなさい。

山頂に着いたときの湿度は（　**あ**　）％であったと考えられる。その後，霧が消えたのは，山頂の気温が（　**い**　）より高くなったためであると考えられる。

(3)　観測 ⑤で，山頂から持ち帰ったペットボトルがへこんでいたのはなぜか，その理由を書きなさい。

(4)　図2は，温度と空気1 m^3中に含むことのできる水蒸気の最大量（飽和水蒸気量）との関係を表したグラフである。観測 ⑥で霧が生じ始めたときの気温は何℃か，求めなさい。ただし，気温は整数で答えること。

図2

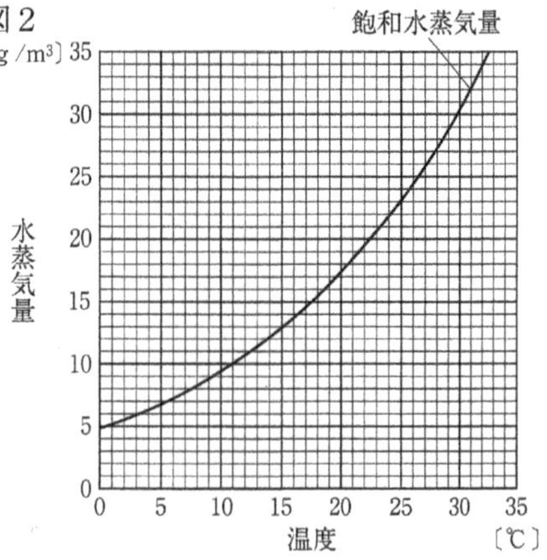

5　ひろきさんたちは，炭酸水素ナトリウムの利用について考えた。(1)～(5)に答えなさい。

ひろきさん　炭酸水素ナトリウムを使ってカルメ焼きをつくりましたが，炭酸水素ナトリウムは汚れを落とすときに使うこともあるという話を聞きました。どうして汚れを落とすときに使うことができるのでしょうか。

ちなつさん　炭酸水素ナトリウムを加熱して炭酸ナトリウムと二酸化炭素，水に変化させる実験をしましたね。そのときの実験結果と関係があるのかもしれません。

なおみさん　もう一度実験をして考えてみましょう。

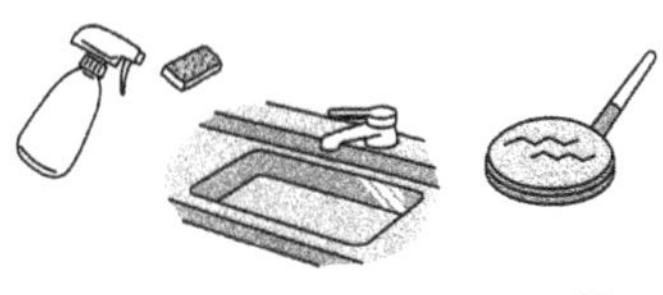

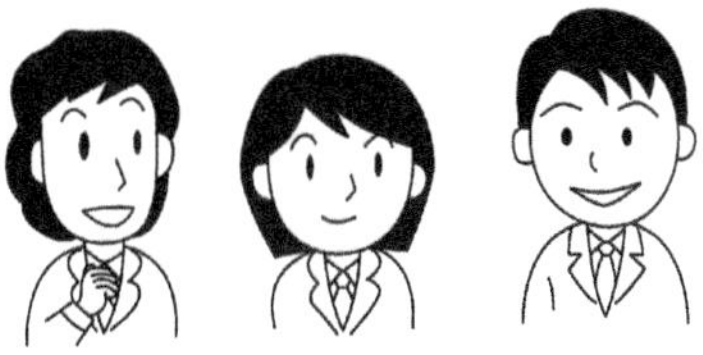

実験

① 図1のような装置で，炭酸水素ナトリウム2.0gを乾いた試験管Xに入れて加熱し，発生した気体を水上置換法で試験管に集めた。

② 発生した気体のうち，はじめに出てくる試験管1本分の気体は捨て，続いて発生する気体を3本の試験管A～Cに集め，ゴム栓をした。

③ さらに気体の発生が終わるまで加熱を続けた後，㋐ガラス管を水そうからぬき，火を消した。このとき，試験管Xの口のあたりには水滴がついていた。

④ 図2のように，3本の試験管A～Cに集めた気体の性質を調べた。

⑤ 試験管X中の加熱後の炭酸ナトリウムをとり出し，十分に乾燥させて質量を測定したところ1.3gであった。

図1

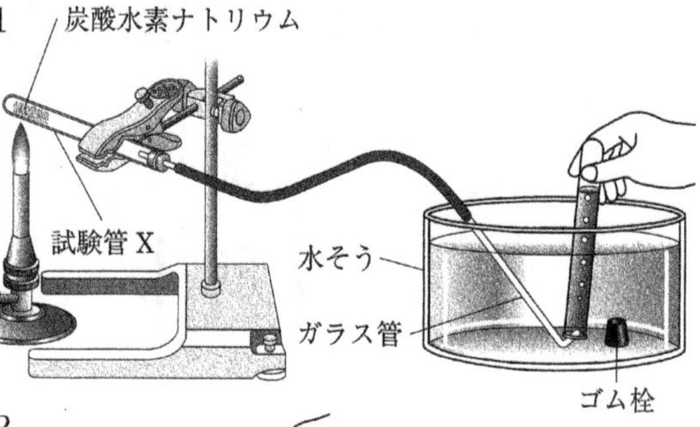

図2

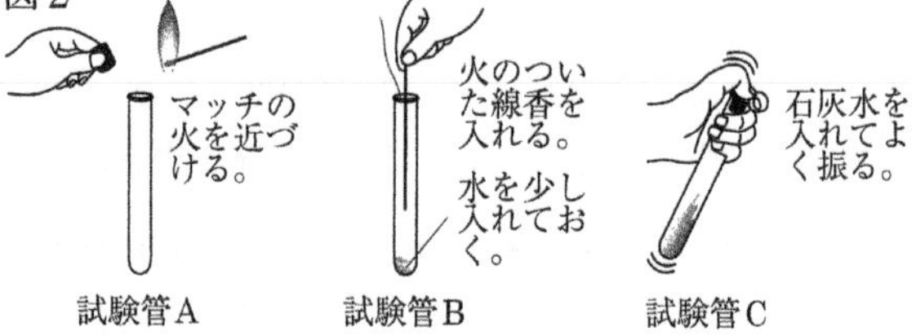

表

	炭酸水素ナトリウム	炭酸ナトリウム
水へのとけ方（物質0.5gに水5cm³を加えたとき）	とけ残った。	すべてとけた。
フェノールフタレイン溶液を加えたときのようす	うすい赤色になった。	濃い赤色になった。

⑥ 炭酸水素ナトリウムと加熱後の炭酸ナトリウムを0.5gずつ，それぞれ水5㎤にとかして，とけ方のちがいを見た後，フェノールフタレイン溶液を1，2滴加えた。表はその結果をまとめたものである。

⑴ 炭酸水素ナトリウムが，炭酸ナトリウムと二酸化炭素，水に変化したように，1種類の物質が2種類以上の物質に分かれる化学変化を何というか，書きなさい。

⑵ 下線部㋐について，ガラス管を水そうからぬいた後に火を消すのはなぜか，その理由を書きなさい。

⑶ 次の文は，実験④の結果をもとに，発生した気体について考察したものである。正しい文になるように，文中の①～③について，**ア**・**イ**のいずれかをそれぞれ選びなさい。

> 試験管Aでは，①[**ア**　気体が音を立てて燃え　　**イ**　変化がなく]，試験管Bでは，②[**ア**　線香が激しく燃え　　**イ**　線香の火が消え]，試験管Cでは，③［**ア**　石灰水が白くにごった　　**イ**　変化がなかった］ことから，この気体は二酸化炭素であると考えられる。

⑷ 炭酸水素ナトリウム4.0gについて 実験 ①と同様の操作を行ったが，気体の発生が終わ

る前に加熱をやめた。試験管に残った物質を十分に乾燥させたところ，質量は3.2 g であった。このとき，反応せずに残っている炭酸水素ナトリウムの質量は何 g か，小数第2位を四捨五入して，小数第1位まで求めなさい。

ひろきさん　炭酸水素ナトリウムを加えると，加熱したときに発生した二酸化炭素によってカルメ焼きがふくらむと教わりましたが，汚れを落とすときには，炭酸水素ナトリウムはどのようなはたらきをするのでしょうか。

なおみさん　炭酸水素ナトリウムで汚れを落とすことができるのは，炭酸水素ナトリウムの水溶液がアルカリ性を示すからです。アルカリ性の水溶液には，油やタンパク質の汚れを落とすはたらきがあります。アルカリ性が強いほど汚れが落ちるのですが，アルカリ性が強すぎると，肌や衣類をいためてしまいます。㋑実験結果から考えると　炭酸水素ナトリウムは，肌や衣類をいためる心配は少なそうですね。

ちなつさん　私の家では，汚れを落とすときに炭酸水素ナトリウムを粉のまま使っています。キッチンの汚れているところに炭酸水素ナトリウムの粉を多めに振りかけて，ぬれたスポンジでこすって，粉で汚れをけずり落としています。このような使い方は，実験結果と関係がありますか。

なおみさん　実験結果から炭酸水素ナトリウムが（　　　　　）ことがわかりましたね。この性質を利用しているのです。

(5)　汚れを落とすときの炭酸水素ナトリウムのはたらきについて，(a)・(b)に答えなさい。

(a)　下線部㋑について，炭酸水素ナトリウムが肌や衣類をいためる心配が少ないと考えた理由を，その根拠となる 実験 ⑥の結果を具体的に示して書きなさい。

(b)　（　）にあてはまる，炭酸水素ナトリウムの性質を書きなさい。

受検番号

解答用紙 理科

1

(1)	(a)	① ②
	(b)	
(2)	(a)	
	(b)	
(3)	(a)	
	(b)	
(4)	(a)	
	(b)	

2

(1)		
(2)		
(3)	①	
	②	
(4)	(a)	B C
	(b)	

3

(1)	
(2)	
(3)	Hz
(4)	
(5)	m/s

4

(1)	(a)	
	(b)	
(2)	あ	
	い	
(3)		
(4)		℃

5

(1)		
(2)		
(3)	① ② ③	
(4)		g
(5)	(a)	
	(b)	

※この解答用紙は167%に拡大していただきますと，実物大になります。

＜社会＞

時間　45分　　満点　100点

1　次の表は，とおるさんの班が，社会科の授業で，興味をもった政治に関するできごとについてまとめたものの一部である。(1)～(6)に答えなさい。

時代	で　き　ご　と
弥生	①卑弥呼は，中国(魏)に使者を送り，皇帝から称号や印を与えられた。
飛鳥	中大兄皇子と中臣鎌足らは，権力を独占していた蘇我氏を倒し，②政治改革を始めた。
平安	③藤原氏は，朝廷の主な役職を一族で独占し，道長と頼通のころに最も栄えた。
鎌倉	幕府は，後鳥羽上皇らを隠岐(島根県)などに追放し，京都に④六波羅探題をおいた。
⑤室町	幕府は，金融業を営んでいた土倉や酒屋などから税をとり，大きな収入を得ていた。
江戸	幕府は，⑥全国にキリスト教の信者が増えたことに対する政策を進めた。

(1)「魏志倭人伝」には，下線部①のころの倭のようすが示されており，資料のように，ある国の女王卑弥呼が倭の女王となったことも示されている。このある国は何と呼ばれていたか，書きなさい。

資料

倭では，もともと男性の王が治めていたが，国が乱れ，争いが何年も続いた。人々は，一人の女性を王とした。

（「魏志倭人伝」より作成）

(2) 次の文は，下線部②の7世紀中ごろの，東アジア諸国について述べた文の一部である。正しい文になるように，文中のⓐ・ⓑについて，**ア**・**イ**のいずれかをそれぞれ選びなさい。

ⓐ［**ア**　隋　　**イ**　唐］が国力を強め，ⓑ［**ア**　高句麗　　**イ**　新羅］を攻撃したため，東アジア諸国の緊張が高まった。

(3) 下線部③は，娘を天皇のきさきとし，その子を次の天皇にして，天皇が幼いころは代わりに政治を行ったり，成人後は補佐役として政治を行ったりした。このような政治を何というか，書きなさい。

(4) 幕府は，どのような目的で下線部④を京都においたのか，下線部④が京都におかれるきっかけとなった歴史的なできごとを明らかにして，「朝廷」という語句を用いて，書きなさい。

(5) 次の**ア**～**エ**のうち，村や都市のようすとして下線部⑤の時代にみられないものが1つある。それはどれか，**ア**～**エ**から**1つ**選びなさい。

ア　有力な農民などが中心となり，惣（惣村）をつくり，村を自主的に運営した。

イ　座とよばれる同業者の団体が，営業を独占する権利を確保した。

ウ　村の有力者は，名主（庄屋）や組頭・百姓代などの村役人となった。

エ　町衆とよばれる富裕な商工業者が中心となり，自治組織をつくった。

(6) 次の**ア**～**エ**は，下線部⑥に関するできごとである。起こった順に**ア**～**エ**を並べなさい。

ア　幕領（幕府領）にキリスト教の禁教令を出した。

イ　日本人の海外渡航と帰国を禁止した。

ウ　平戸のオランダ商館を長崎の出島に移した。

エ　天草四郎が中心となって起こした一揆に対して大軍を送った。

2　次の年表は，19世紀以降のできごとをまとめたものである。(1)～(6)に答えなさい。

年代	で き ご と
1833	①天保のききんにより一揆や打ちこわしが頻発する(～1839)
1860	水戸藩などの元藩士らが②桜田門外の変を起こす
1874	板垣退助らが③民撰議院設立建白書を政府に提出する
1925	加藤高明内閣のもとで④普通選挙法が成立する
1932	⑤海軍の青年将校らが首相官邸を襲う事件を起こす
1951	吉田茂内閣が⑥サンフランシスコ平和条約を結ぶ

(1)　下線部①に苦しむ人々を救おうとしない奉行所の対応にいきどおり，1837年に自分の弟子たちと共に兵を挙げた陽明学者で，元大阪町奉行所の役人であった人物は誰か，書きなさい。

(2)　下線部②のきっかけとなったできごとはどれか，**ア**～**エ**から**1つ**選びなさい。

ア　生麦事件　　**イ**　大政奉還

ウ　薩長同盟　　**エ**　安政の大獄

資料Ⅰ

(東京大学明治新聞雑誌文庫蔵)

(3)　資料Ⅰは，下線部③を契機として，各地で開かれた演説会の一場面を描いたものであり，次の文は資料Ⅰについて述べたものである。文中の(　)にあてはまる運動の名称を，書きなさい。

国民を政治に参加させるため，国会（議会）の早期開設を要求し，立憲政治の実現をめざす（　　　）の演説会のようすが描かれている。

(4)　下線部④に関して，資料Ⅱは，1890年から1928年までのわが国の全人口と有権者数の推移を表している。普通選挙法の成立後，初めて実施された1928年の選挙で，有権者数が1920年に比べて大幅に増えたのはなぜか「直接国税」という語句を用いて，書きなさい。

資料Ⅱ

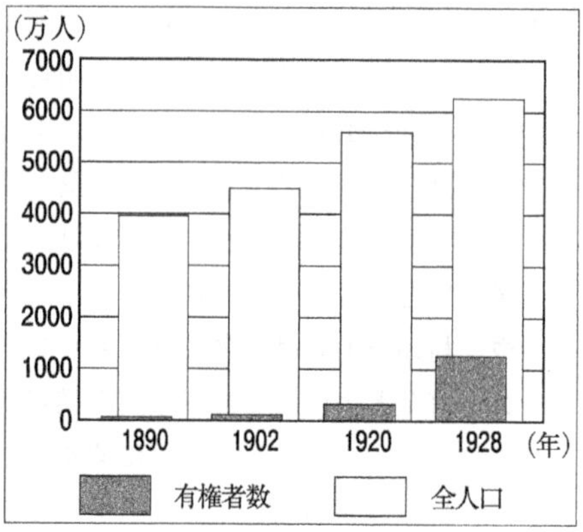

(総務省「日本長期統計総覧」ほかより作成)

(5) 資料Ⅲは，下線部⑤について報じた新聞記事の一部である。この事件によって，政党内閣の時代は終わりを告げた。この事件を何というか，書きなさい。

(6) 下線部⑥より後に起こったできごととして，誤っているものはどれか，**ア**～**エ**から**1つ**選びなさい。

ア　議会での審議などを経て，日本国憲法が公布された。

イ　日本の国際連合への加盟が認められ，国際社会に復帰した。

ウ　日中平和友好条約が結ばれ，中国との関係が深まった。

エ　アメリカ統治下におかれていた沖縄の日本復帰が実現した。

資料Ⅲ

未曾有の帝都大不穏事件
狙撃されて重傷の
犬養総理大臣遂に逝去
輸血も效なく昨夜十一時過
政界の巨星，兇弾に
各閣僚の暇乞ひ

(「大阪朝日新聞」より作成)

3　次の略地図や資料を見て，(1)～(5)に答えなさい。

(1) 次の文は，略地図中の**あ**～**え**のいずれかの県について説明したものである。どの県について説明したものか，**あ**～**え**から1つ選び，その記号と県名を書きなさい。

> 工場が集まる臨海部では，石油化学工業や製鉄業，自動車工業などの重化学工業が発達している。丘陵地では，夏にいっせいに出荷される白桃やマスカットなどの栽培がさかんに行われている。

略地図

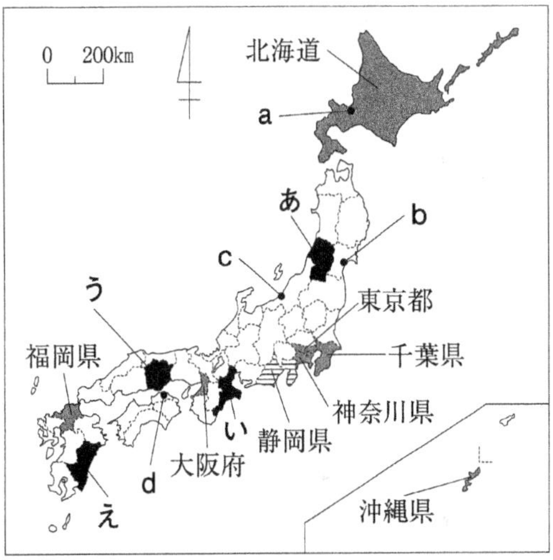

(「データで見る県勢」2020年版より作成)

(2) 資料Ⅰは，略地図中の**a**～**d**のいずれかの都市の気温と降水量を表している。どの都市のものか，**a**～**d**から**1つ**選びなさい。

(3) 略地図中の　　は，2017年の産業別人口にしめる第3次産業就業者の割合が75%以上の都道府県を示している。このうち，北海道と沖縄県に共通する第3次産業就業者の割合が高い理由として，最も適切なものを**ア**～**エ**から選びなさい。

ア　美しい自然を生かし，観光に関係した産業が発達している。

イ　よい漁場に恵まれているため，水産加工業が発達している。

ウ　新聞社や出版社が多く集まり，印刷関連業が発達している。

エ　他地域とは異なる自然環境を生かした農業が発達している。

資料Ⅰ

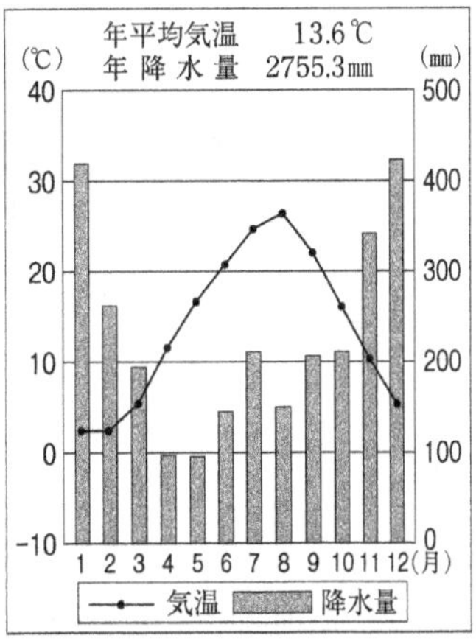

(「理科年表」令和2年版より作成)

(4) 資料Ⅱは，略地図中の静岡県の磐田市の一部を上空から撮った写真であり，次の文は資料Ⅱに見られる特徴的な地形や土地利用について説明したものである。正しい文になるように，文中のⓐ・ⓑについて，**ア**・**イ**のいずれかをそれぞれ選びなさい。

資料Ⅱ

川や海沿いの平地よりも一段高くなっている土地を，ⓐ[**ア**　台地　　**イ**　盆地]という。この地形の上は，水がⓑ[**ア**　得やすく　　**イ**　得にくく]，主に畑などに利用されたり，住宅地に開発されたりしている。

(5) 資料Ⅲは，日本の2017年の海上輸送貨物と航空輸送貨物について，輸出と輸入の主な品目をそれぞれ示したものである。資料Ⅲ中のA，Bには，海上輸送貨物，航空輸送貨物のいずれかが，X，Yには輸出品，輸入品のいずれかがそれぞれ入る。「海上輸送貨物」の「輸出品」にあたるものはどれか，資料Ⅲ中の**ア**～**エ**から１つ選びなさい。

資料Ⅲ

	X	Y
A	ア（半導体等電子部品 化学製品	ウ（化学製品 半導体等電子部品
B	イ（機械類 乗用車	エ（原油 液化ガス

（「日本国勢図会」2019/20年版ほかより作成）

4　次の略地図や資料を見て，(1)～(4)に答えなさい。

略地図

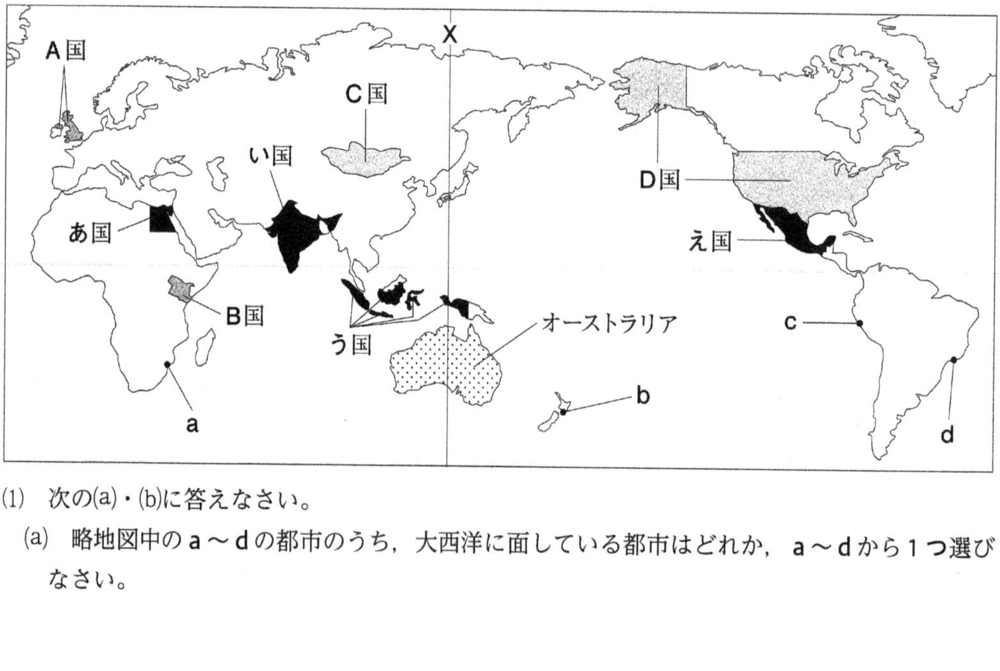

(1) 次の(a)・(b)に答えなさい。

(a) 略地図中の**a**～**d**の都市のうち，大西洋に面している都市はどれか，**a**～**d**から１つ選びなさい。

(b)　略地図中に示した経線Xは東経135度を示している。地球上でこの経線X上を北に進み，北極点を通過し，さらにまっすぐに進むと，何度の経線上を南に進むことになるか，東経か西経をつけて書きなさい。

(2)　資料Ⅰは，略地図中の**あ〜え**国のうち，いずれかの国の代表的な食材を使った調理のようすである。次の文は，その食材を使った料理を説明したものである。どの国の料理か，**あ〜え**国から１つ選びなさい。

資料Ⅰ

　とうもろこしの粉を練ってうすくのばし，鉄板で焼いたものをスペイン語でトルティーヤという。これに野菜やとり肉などさまざまな具材をはさんで食べるタコスは，1821年にスペインから独立したこの国を代表する料理である。

(3)　資料Ⅱは，略地図中のオーストラリアの鉱山の写真である。鉱山や炭鉱において，資料Ⅱに見られるように，大規模に地表をけずって掘り下げていく採掘方法を何というか，書きなさい。

資料Ⅱ

(4)　資料Ⅲは，略地図中の**Ａ〜Ｄ**国の2017年の人口，人口密度，穀物生産量，１人あたりの国民総所得を表したものである。**Ｂ**国にあてはまるものはどれか，資料Ⅲ中の**ア〜エ**から１つ選びなさい。

資料Ⅲ

国	人口（万人）	人口密度（人/km²）	穀物生産量（千ｔ）	１人あたりの国民総所得（ドル）
ア	6,618	273	23,000	39,120
イ	4,970	84	3,711	1,491
ウ	32,445	33	440,117	61,247
エ	307	2	238	3,097

（「世界国勢図会」2019/20年版ほかより作成）

5　次の(1)〜(6)に答えなさい。

(1)　1980年代以降，さまざまな規制を緩めて企業の自由な活動を広げ，経済を発展させていこうとする動きが世界的に高まった。その結果，企業の生産や販売活動を行う拠点，そして巨額な資金などが，世界各地を大きく移動するようになった。また，同時に，多くの人々が国境を越えて活動するようになった。こうした動きが地球規模で広がっていくことを何というか，書きなさい。

(2)　資料Ⅰは，市街地に立ち並ぶビルやマンション等の建物の写真であり，その建物には上階が斜めになっているものがある。上階が斜めになっているのは，何という権利に配慮しているからか，最も適切なものを**ア〜エ**から選びなさい。

ア　プライバシーの権利　　**イ**　肖像権
ウ　知る権利　　**エ**　環境権

資料Ⅰ

⑶ 資料Ⅱは，2012年度の一般会計予算案の衆議院，参議院それぞれの本会議における採決結果を表したものである。資料Ⅱのような採決結果を受け，両院協議会を開いても意見が一致しなかった。このような場合に，国会の議決はどのようになるか，理由を含めて，書きなさい。

資料Ⅱ

	衆議院	参議院
賛成投票数	298	110
反対投票数	178	129
投票総数	476	239

(注)この年度の衆議院の定数は480人，参議院の定数は242人である。

(「官報」ほかより作成)

⑷ 株式会社に関して述べた文として正しいものを，**ア〜エ**から**１つ**選びなさい。

ア 株式会社は，倒産しても，株式の価値はなくならない。

イ 株式会社は，資本金を小さな金額の株式に分けて，出資者を集める。

ウ 株式会社の経営は，一般的に株主総会で選ばれた専門の経営者ではなく，株主が行う。

エ 株式会社の利益は，持っている株式の数に応じて，株主にすべて分配される。

⑸ 資料Ⅲは，アメリカ，イギリス，ドイツ，日本における人口10万人に対する法曹《ほうそう》人口のうち，裁判官，検察官，弁護士の人数をそれぞれ表したものである。わが国では，司法制度改革の一つとして法科大学院を設置するなど法曹養成制度の充実を図ってきた。そのような改革が進められてきた理由を，資料Ⅲから読み取れることと関連づけて，「法曹人口」という語句を用いて，書きなさい。

資料Ⅲ

単位(人)

国	裁判官	検察官	弁護士
アメリカ	9.9	10.1	384.4
イギリス	5.1	3.9	262.0
ドイツ	25.1	6.7	201.0
日本	3.1	2.2	32.6

(「裁判所データブック2019」より作成)
※各国の調査年は異なっている。

⑹ 国際法に関して述べた文として誤っているものを，**ア〜エ**から**１つ**選びなさい。

ア 国際法は，国際社会での平和と秩序を守るための国家間のきまり，または合意である。

イ 国際法には，子どもの権利条約のように，個人の権利を守るものがある。

ウ 国際法には，南極条約のように二国間で合意される条約がある。

エ 国際法は，大きく国際慣習法と条約の二種類に分けられる。

6 たかこさんのクラスでは，社会科の授業で，近畿地方について，興味をもったことを班で調べることになった。次のページは，たかこさんの班が近畿地方の歴史につながる事柄についてまとめたものの一部である。⑴〜⑷に答えなさい。

聖徳太子とゆかりのある①五重塔は，耐震性に優れた建物といわれている。その理由の一つに，仏塔の中央部の「心柱」が大きな役割を果たしていると考えられている。「東京スカイツリー」にも同じように中央部に心柱が建てられている。古くから伝わる伝統的な技術と最新技術が出会い，現代に受け継がれている。

②京都市の市街地の景観は，794年に都がおかれた当時の影響が現在も残っている。また，京都には国宝を含む重要文化財や昔の民家の姿を残した町なみ，伝統料理等があり，それらを目あてに，③国内外から多くの人々が訪れている。

紀伊山地は「吉野すぎ」などの良質な樹木が育ち，古くから，④林業が行われてきた地域である。また，「吉野すぎ」は大阪城をはじめとする城郭の建築にも使用されたことがあり，この地域の林業を長い間支えてきた。

近畿地方の特色の一つに，奈良や京都を中心に，歴史的景観をはじめとして，歴史につながる事柄が多いことが挙げられる。私たちは，過去から大切に受け継がれてきたそれらをしっかりと保存・継承し，未来の世代へとつなげていかなければならないと感じた。

(1)　下線部①に関して，(a)・(b)に答えなさい。

(a)　下線部①がある寺院は，聖徳太子が建てたと伝えられており，現在の建物は，再建されたものであるが，現存する世界最古の木造建築物である。この建物がある寺院の名前を書きなさい。

(b)　聖徳太子が政治を行ったころの文化について述べた文として正しいものはどれか，**ア～エ**から**1つ**選びなさい。

ア　禅宗の影響を受け，公家の文化と武家の文化を合わせた文化がうまれた。

イ　唐風の文化を基礎にしながら，日本の風土や生活に合った独自の文化がうまれた。

ウ　朝鮮半島から伝わった仏教の影響を受け，飛鳥を中心とした文化がうまれた。

エ　大名や都市の大商人たちの経済力を反映して，豪華で壮大な文化がうまれた。

(2)　たかこさんは，下線部②について詳しく調べるために，次のページの地形図を準備した。(a)・(b)に答えなさい。

(a)　この地形図から読み取れることとして，誤っているものはどれか，**ア～エ**から**1つ**選びなさい。

ア　地形図上には，図書館と消防署が見られる。

イ　京都駅のＰ地点から七条通のＱ地点までの直線距離が地形図上で２㎝であるので，実際の直線距離は500ｍである。

ウ　京都駅のＰ地点から見て，西本願寺の方位は，八方位で表すと，北西の方位である。

エ　東本願寺付近のR地点と九条駅付近のS地点の標高差は，20m以上ある。

地形図

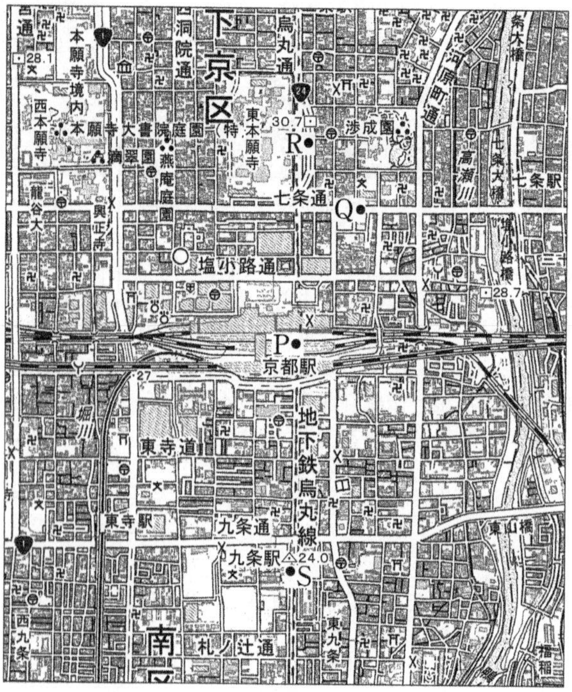

（平成28年国土地理院発行2万5千分の1地形図より作成）

(b)　下線部②の景観には，どのような特徴がみられるか，地形図からわかる街路のようすにふれて，書きなさい。

(3)　たかこさんは，下線部③に関して，ホテルの宿泊料金をインターネットで調べていると，資料Ⅰを見つけた。資料Ⅰは，あるホテルの6月の宿泊料金カレンダーであり，次の文は，たかこさんが資料Ⅰを見て，宿泊料金について考えたものである。（あ）～（う）にあてはまる語句として正しいものを，ア～エからそれぞれ1つずつ選びなさい。

資料Ⅰ

日	月	火	水	木	金	土
	1 6,250円	2 6,250円	3 6,250円	4 6,250円	5 7,850円	6 8,600円
7 6,250円	8 6,250円	9 6,250円	10 6,250円	11 6,250円	12 7,850円	13 8,600円
14 6,250円	15 6,250円	16 6,250円	17 6,250円	18 6,250円	19 7,850円	20 8,600円
21 6,250円	22 6,250円	23 6,250円	24 6,250円	25 6,250円	26 7,850円	27 8,600円
28 6,250円	29 6,250円	30 6,250円				

（注）1人あたりの1泊の宿泊料金を表す。

このホテルは，金曜日と土曜日の宿泊料金が他の曜日より（　あ　）設定されている。それは，金曜日や土曜日のホテルの客室数，つまり（　い　）量が一定であるのに対して，ホテルの宿泊希望者数，つまり（　う　）量が増加することが予想されるためである。

ア　低く　　イ　高く　　ウ　需要　　エ　供給

(4)　下線部④に関して，(a)・(b)に答えなさい。

(a)　森林の自然環境に対する効果を重視した「環境林」を保全する取り組みの一つに「企業の森づくり活動」がある。次の文は，「企業の森づくり活動」について説明したものの一部である。(　)にあてはまる略称は何か，**ア～エ**から１つ選びなさい。

> 企業の森づくり活動では，企業が森林を所有者から借り，森林の管理や整備を行いながら，農作業を体験したり，地元の人々との交流を深めたりしている。このように，企業は，自分の利益を求めるだけでなく，環境保全に対する意識の向上，地域づくりへの貢献等，社会が直面するさまざまな課題の解決に向けた（　　　）活動にも取り組んでいる。

ア　CSR　　**イ**　NGO　　**ウ**　ODA　　**エ**　NPO

(b)　たかこさんは，わが国の林業の課題を克服する制度として，2003年より「緑の雇用」という事業が始まったことを知った。「緑の雇用」では，林業の分野で新しく働く人たちに対して，必要な技能を学ぶことができる講習や研修を行っている。また，たかこさんは，「緑の雇用」の効果を示す資料として資料Ⅱと資料Ⅲを見つけた。資料Ⅱは，「緑の雇用」による林業従事者と「緑の雇用」を除いた林業従事者の平均年齢の推移，資料Ⅲは，林業従事者の総人数とその内訳を，それぞれ表したものである。

次の文は，たかこさんが資料Ⅱと資料Ⅲを見て，「緑の雇用」の効果とその理由について考えたものである。(　)にあてはまる言葉を，資料Ⅱと資料Ⅲから読み取れることをもとに，書きなさい。

資料Ⅱ

	2005年	2010年	2015年
「緑の雇用」による林業従事者の平均年齢（歳）	39.7	38.9	40.2
「緑の雇用」を除いた林業従事者の平均年齢（歳）	55.0	53.7	55.5

（全国森林組合連合会「緑の雇用」資料室資料より作成）

資料Ⅲ

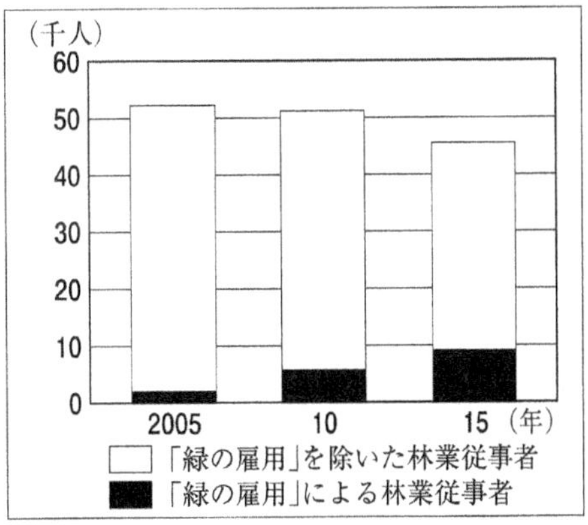

（全国森林組合連合会「緑の雇用」資料室資料より作成）

> 私は，「緑の雇用」は，林業における高齢化や後継者不足の改善に効果があると考える。なぜなら，「緑の雇用」を除いた林業従事者と比べ，「緑の雇用」による林業従事者は，（　　　）からである。

受検番号

解答用紙 社会

1

※

※	(1)		
※	(2)	ⓐ	ⓑ
※	(3)		
※	(4)		
※	(5)		
※	(6)	→ → →	

2

※

※	(1)	
※	(2)	
※	(3)	運動
※	(4)	
※	(5)	事件
※	(6)	

3

※

※	(1)	記号	県名 県
※	(2)		
※	(3)		
※	(4)	ⓐ	ⓑ
※	(5)		

4

※

※	(1)	(a)	
		(b)	度
※	(2)		国
※	(3)		
※	(4)		

5

※

※	(1)	
※	(2)	
※	(3)	
※	(4)	
※	(5)	
※	(6)	

6

※

※	(1)	(a)		
		(b)		
※	(2)	(a)		
		(b)		
※	(3)	あ	い	う
※	(4)	(a)		
		(b)		

※この解答用紙は164%に拡大していただきますと，実物大になります。

受検番号

解答用紙　国語

一

(1) (a)　(b)（らいだ）　(c)　(d)

(2) (a)（まぜる）　(b)（ねる）　(c)　(d)

(3)

(4)

二

(1) が続いている状況

(2)

(3) ⓐ　ⓑ

(4)

三

(1)

(2) あ　い　う

(3) (a)　(b) こと

四

(1)

(2)

(3) (a) 情景を見たから　(b)

(4)

五

(1)

(2)

※この解答用紙は175%に拡大していただきますと、実物大になります。

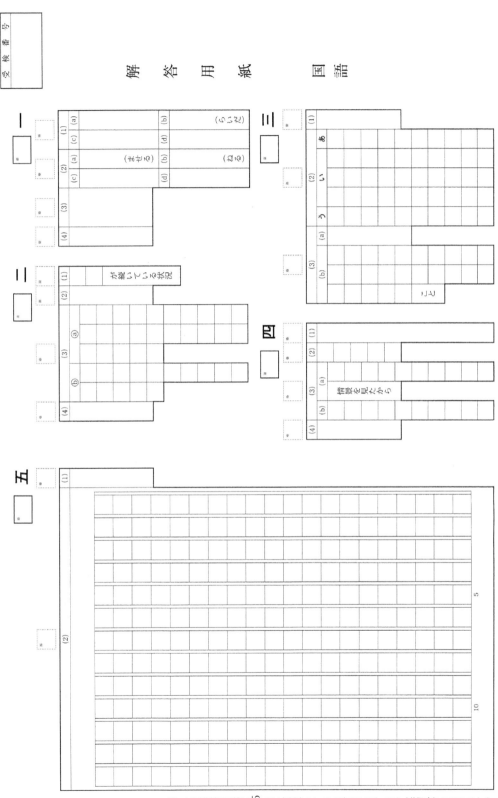

名ですか。

ひろとさん　はい、現在の岩手県盛岡市を表すそうです。実は「不来方」という地名には、二度と来ないという意味もあるそうです。

むつきさん　言葉に、地名と作者の思いとの二つの意味を重ねることもできそうですね。「空に吸はれし」はどう解釈しますか。

ひろとさん　「空に吸い込まれていくようであった」と解釈するようです。

むつきさん　表現の工夫がされていますね。作者のどういう気持ちが空に吸われていくように思えたのか知りたいですね。

ひろとさん　そうですね。他にも表現技法が使われていますよ。わかりますか。

むつきさん　「十五の心」の部分に、□という表現技法が使われていますね。

(1) 話し合いの一部の□にあてはまる表現技法について、最も適切なものを**ア**～**エ**から選びなさい。

ア　対句　**イ**　擬人法　**ウ**　反復　**エ**　体言止め

(2) ひろとさんの選んだ短歌についてあなたが感じたことを、話し合いの一部を参考にして次の〈条件〉(A)～(D)に従って書きなさい。

〈条件〉

(A)　題名などは書かないで、本文を一行目から書き始めること。

(B)　二段落構成とし、前の段落では、短歌の中からあなたの心に残った言葉とその理由を書くこと。後の段落では、前の段落を踏まえて、あなたの考えをあなた自身のことと結びつけて書くこと。

(C)　全体が筋の通った文章になるようにすること。

(D)　漢字を適切に使い、原稿用紙の正しい使い方に従って、十～十三行の範囲におさめること。

を、ここの言葉伝へたる人《日本の言葉を理解している》に、いひ知らせければ《説明して聞かせたところ》、心をや聞きえたりけむ《理解することができたのだろうか》、いと思ひの外《ほか》になむ賞《め》でける《感心したということだった》。唐土とこの国とは、言《言葉》異なるものなれど、月の影《光》は同じことなるべければ《であるはずだから》、人の心も同じことにやあらむ《なのだろう》。

（注）阿倍の仲麻呂＝奈良時代の遣唐留学生。

⑴　〰〰線部「思ほえたれども」を、現代仮名遣いに改めて、全てひらがなで書きなさい。

⑵　═══線部「わが国に」から始まる仲麻呂の発言の部分はどこまでか、その発言の部分を本文中から抜き出し、終わりにあたる**五字**を書きなさい。

⑶　本文中の和歌について、(a)・(b)に答えなさい。

(a)　阿倍の仲麻呂が和歌を詠《よ》んだのは、どのような情景を見たからか、答えの末尾が「情景を見たから」に続く形になるように**五字以上十字以内**で書きなさい。

(b)　次の文は、中国の人が和歌に感心した理由について、ある生徒が本文をもとにまとめたものである。（　）にあてはまる適切な言葉を**五字以上十字以内**で書きなさい。

> 中国と日本とでは使う言葉が違うけれども、「奈良の春日にある三笠山に出ていた月と同じ月だなあ」という和歌の内容から、阿倍の仲麻呂の（　　　　）気持ちに、中国の人が共感したから。

⑷　本文の内容と合うものとして、最も適切なものを**ア**～**エ**から選びなさい。

ア　阿倍の仲麻呂は、感謝の思いを込めて送別の会を催し、世話になった中国の人と月が出るときまで別れを惜しんだ。

イ　阿倍の仲麻呂は、自分を見送ろうとする中国の人に、和歌を詠むときの心のありさまや和歌の形式について教えた。

ウ　阿倍の仲麻呂は、伝わらないとは思いながらも、日本語を習得した中国の人に自分が詠んだ和歌の意味を説明した。

エ　阿倍の仲麻呂は、日本へ帰国しようとする別れのときに、中国の人が船の上で詠んでくれた漢詩の内容を賞賛した。

五　ひろとさんのクラスでは、短歌の鑑賞会を開くことになった。次は、ひろとさんの選んだ短歌と、その短歌についての話し合いの一部である。⑴・⑵に答えなさい。

短歌

> 不来方《こずかた》のお城の草に寝ころびて
> 空に吸はれし
> 十五の心
>
> 石川啄木《いしかわたくぼく》

話し合いの一部

ひろとさん　この短歌は、石川啄木が旧制盛岡中学校の生徒だった頃を回想して詠《よ》んだ一首だそうです。三行書きを用いています。

むつきさん　短歌の表し方としては、めずらしいですね。ところで、「不来方」は「こずかた」と読むのですね。地焼け。秋には川はもっと赤く染まります。そんな輝く瞬間を見たとき、この町を多くの人々に知ってもらいたいと思いました。

ひなたさん　見過ごしがちな町の一瞬の輝きに気づいたのですね。つばささん、私はこの町のよさは人の温かさにもあると思います。

ⓒつばささん　ああ、確かにそうです。「ふるさとマップ」を作っていたときも、町のみなさんが協力してくれました。「町の輝く瞬間」も、この時期のこの場所はすばらしいって教えてくれました。

ひなたさん　私はね、町の一瞬の輝きはそこに住む人々が守っているからこそあるように思うのですが、あなたはどう思いますか。

ⓓつばささん　一瞬の美しさを見せてくれるのは自然だけれど、その自然を壊すことなく守ってきた人々がいるということですか。

ひなたさん　そうです。温かい人たちがいて、ある時期のある瞬間に精一杯輝く自然がある。この町はそんな町だと思います。

ⓔつばささん　そのとおりですね。私もこの町の人々と共に町を守っていきたいです。

ひなたさん　つばささん、あなたの将来したいことが増えましたね。

ⓕつばささん　はい。今日、ひなたさんと対話をしたことで、将来したいことが深まったように思います。

(a)　本文に――線部②「対話によって自己の経験を可視化する作業」とあるが、対話の一部において、つばささんのこれまでの経験が具体的に可視化されている発言の組み合わせとして、最も適切なものを**ア～エ**から選びなさい。

ア　ⓐ、ⓑ、ⓒ　**イ**　ⓐ、ⓓ、ⓕ

ウ　ⓑ、ⓒ、ⓔ　**エ**　ⓓ、ⓔ、ⓕ

(b)　本文に――線部③「自分自身の興味・関心に基づいた、生きる目的」とあるが、対話の一部において、つばささんの生きる目的としての将来したいこととはどのようなものだといえるか。「自分の町」という言葉を用いて、答えの末尾が「こと」に続く形になるように**二十字以上二十五字以内**で書きなさい。

四

次の文章は「土佐日記」の一部である。(1)～(4)に答えなさい。

昔、阿倍《あべ》の仲麻呂《なかまろ》といひける人は、唐土《もろこし》（中国）に渡りて、帰り来《き》ける（日本に帰って来ようとする）時に、船に乗るべき所にて、かの（あちらの）国人《くにびと》、馬《むま》のはなむけし（送別の会をして）、別れ惜しみて、かしこの（あちらの）漢詩《からうた》作りなどしける。飽かずやありけむ（なごりがつきないように思ったのだろうか）、月出《い》づるまでぞありける。その月は、海よりぞ出でける。これを見てぞ、仲麻呂の主（仲麻呂さんは）、わが国に、かかる歌（こういう和歌）をなむ、かうやうに（このように）別れ惜しみ、喜びもあり、悲しびもある時にはよむとて、よめりける歌、

青海《あをうな》ばらふりさけ見れば（はるか遠くの空をながめると）春日《かすが》なる三笠《みかさ》の山に出でし月かも

とぞよめりける。かの国人聞き知るまじく（聞いてもわかるまい）、思ほえたれども、言《こと》の心（和歌の意味）

十字以内でそれぞれ本文中の言葉を用いて書き、（う）は十字で本文中から抜き出して書くこと。

インターアクション（相互作用）
＝相互的なやりとり

伝えたいことを自分の表現で発信する。
⇩
（　あ　）。
⇩
相手の発信を促す。

対話という活動の意味

共有化されたオリジナリティが相手に影響を及ぼす。

（　い　）。

対話での最終的な課題

語る内容について相手の賛同を得る。

〈理由〉
共通了解の実感により，人と人とが結びつくから。
また，この実感は喜びと共に現れ，（　う　）を生み出す。

(3)　本文の最後の段落では、人生において対話が有効であることの理由について書かれている。次は、中学生のつばささんと高校生のひなたさんとの対話の一部である。(a)・(b)に答えなさい。（ⓐ～ⓕは、つばささんの発言を示す。）

ひなたさん　私は、高校の生徒会活動で学校の広報誌に載せるために町の紹介記事を書いています。そういえば、つばささんもクラスで「ふるさとマップ」を作っていましたね。

ⓐつばささん　はい。町全体の大きな地図を描き、町の歴史や自然、特産物なども調べて、一枚の「ふるさとマップ」にまとめました。ひなたさん、私はあの活動を通して、将来したいことを見つけたように思います。私は、あのマップに「町の輝く瞬間」の写真をいくつか載せました。町には、人々にまだ知られていない美しい場所がたくさんあります。私はそんな美しい場所のあるこの町を、多くの人々に知ってもらいたいのです。

ひなたさん　あの「ふるさとマップ」のすてきな写真は、つばささんが撮ったものだったのですね。その経験から将来したいことを見つけたのですね。

ⓑつばささん　はい。学校の行き帰りに、町の何気ない風景が季節によって輝くような瞬間があることに気づきました。例えば、神社の大きな銀杏《いちょう》の木。銀杏の葉が黄色に色づく頃、太陽の光を浴びて金色に輝くような瞬間があります。それから、川に映る夕

て、その問題を見つめています。この「私」と問題とのかかわりが、異なる視点と出会い、対話を通して相互の「個」が理解に至ったとき、「わかった、わかってもらった」という実感が喜びをともなって立ち現れてくるのです。この実感がわたしたちに個人としての存在意義をもたらすものになるのでしょう。そこには、よりよく生きようとするわたしたちの意志とそのためのことばが重なるのです。

　対話は、わたしたち一人ひとりの経験の積み重ねを意味します。

　知らず知らずのうちにさまざまな人との対話を積み重ねてきた経験を一度振り返り、そのことによって、これからのよりよい生活や仕事、あるいは人生のためにもう一度、新しい経験を築いていこうとすること、これが対話について考えることだと、わたしは思います。

　一般に対話というと、「Aという意見とBという意見の対立からCという新たなものを生み出す」というような技術論としてとらえられがちですが、ここでは、対話というものを、もう少し大きく、あなた自身のこれからの生き方の課題として向き合ってみようと提案しています。その方法もそれほど限定せず、自由に考えていいと思います。

　そして、この対話をデザインするのは、あなた自身に他なりません。対話は、何かを順番に覚えたり記憶したりするものではありません。

　他者とのやりとりによって自分の考えをもう一度見直し、さらに自分の意見・主張にまとめていく。この過程で、自分と相手との関係を考え、それぞれの差異を知ることで相互理解が可能であることを知ります。

　さらに、自分と相手を結ぶ活動の仲間たちがともにいるという認識を持てば、個人と社会との関係を自覚せざるを得ません。そこから、「社会とは何か」という問いが生まれ、その問いは、市民としての社会参加という意識につながります。こうした活動によって、テーマのある対話が展開できるような、そういう社会が構築される可能性も生まれます。

　十年後、二十年後の自分の人生はどのようなものだろうか。この迷いの中で、自分にとっての過去・現在・未来を結ぶ、一つの軸を見出すことは、希望進路や職業選択につながっていくプロセスであるばかりでなく、現在の生活や仕事などで抱えている不満や不安、人生のさまざまな局面における危機を乗り越えるためにとても有効でしょう。

　さまざまな出会いと②対話によって自己の経験を可視化する作業は、③自分自身の興味・関心に基づいた、生きる目的としてのテーマの発見に必ずやつながるからです。

（細川《ほそかわ》　英雄《ひでお》「対話をデザインする―伝わるとはどういうことか」より。一部省略等がある。）

(1)　――線部①「対話という活動の課題」とは、どういうことか。最も適切なものを**ア**～**エ**から選びなさい。

ア　自分しか語れないことを自分のことばで語ることと、わかりやすく伝えることをどのように結びつけるかということ。

イ　自分しか語れないことを自分のことばで語ることと、すぐれたものを示すことをどのように結びつけるかということ。

ウ　自分しか語れないことを自分のことばで語ることと、自分の思考を整理することをどのように結びつけるかということ。

エ　自分しか語れないことを自分のことばで語ることと、オリジナリティを追求することをどのように結びつけるかということ。

(2)　次は、本文中の「インターアクション（相互作用）」、「対話という活動の意味」、「対話での最終的な課題」について、ある生徒がまとめたものである。**（あ）**～**（う）**にあてはまる適切な言葉を書きなさい。ただし、**（あ）**は**五字以上十字以内**、**（い）**は**二十五字以上三**

エ　周斗にどんなときも自信に満ちあふれた態度で接する、憧れの人物としての役割。

三　次の文章を読んで、(1)~(3)に答えなさい。

対話という行為は、一人ひとりの「私」を通して行われなければならない、つまり「あなたでなければ語れないこと」を話すのだ、ということになります。これが、対話の中で自分のオリジナリティを出すということです。

このことにより、自分のことばで語られた内容は、必ずや相手の心に届きます。これが、話の内容の意味を明確にする、すなわち、わかりやすく話すということにつながるのです。

相手にわかるように話すことと、自分のオリジナリティを追求することは、一見矛盾する反対のことのように感じる人もいるかもしれません。しかし、この二つは、それぞれバラバラに存在するものではないのです。

伝えたいことを相手にわかるように話すことが自分と他者の関係における課題であるのに対し、オリジナリティを出すということは、自己内の思考を整理・調整する課題であるといえます。この二つをどのようにして結ぶかということが、①対話という活動の課題でもあります。

どんなにすぐれたもののつもりでも相手に伝わらなければ、単なる独りよがりに過ぎません。また、「言っていることはわかるが、あなたの考えが見えない」というようなコメントが相手から返ってくるようでは、個人の顔の見えない、中身のないものになってしまいます。一人ひとりのオリジナリティを、どのようにして相手に伝えるか、ということが、ここでの課題となります。

ここで、自分の考えを相手にも受け止めてもらうという活動が必要になります。これをインターアクション（相互作用）と呼びます。インターアクションとは、さまざまな人との相互的なやりとりのことです。自分の内側にある「伝えたいこと」を相手に向けて自らの表現として発信し、その表現の意味を相手と共有し、そこから相手の発信を促すことだと言い換えることもできるでしょう。

テーマを自分の問題としてとらえることで徹底的に自己に即しつつ、これをもう一度相対化して自分をつきはなし、説得力のある意見を導き出すためには、さまざまな人とのインターアクションが不可欠であるといえます。このインターアクションによって、今まで見えなかった自らの中にあるものが次第に姿を現し、それが相手に伝わるものとして、自らに把握されるとき、自分のことばで表現されたあなたのオリジナリティが受け止められ、相手にとっても理解できるものとして把握されたとき、対話は次の段階にすすむと考えることができます。

相手に伝わるということは、それぞれのオリジナリティをさまざまな人との間で認め合える、ということであり、自分の意見が通るということとは、その共有化されたオリジナリティがまた相手に影響を及ぼしつつ、次の新しいオリジナリティとしてあなた自身の中でとらえなおされるということなのです。これこそが対話という活動の意味だということができるでしょう。

そして、あなたの語る内容に相手が賛同してくれるかどうかが、対話での最終的な課題となります。なぜなら、さまざまな人間関係の中で、わたしたちを結びつけているのは、「わかった、わかってもらった」という共通了解の実感だからです。

どんな社会的な問題でも、わたしたちはそれぞれの個をくぐらせ比呂の言っていることは、ポジティブなのか。ネガティブなのか。よく分からない。頭が混乱してきた。

「仕事だっていいことばっかりあるわけじゃない。キツイこともあるし、やめたくなったことだってある。けど、俺はまだ自分のてっぺんに行ってない。」

比呂はいったん言葉を切って、自分に言い聞かせるようにあごをぐっと引いた。

「こんな俺を支えてくれてる人に、納得するものをまだ与えられてないんだ。」

比呂は真剣な顔をして壁をにらんでいる。ただ話しているだけなのに、③その迫力に周斗は下手な相づちを打てずにいた。比呂はふいに周斗のことを思い出したみたいに横を向くと、照れくさそうに湯をすくって顔をごしごしこすった。

「いやぁ。なんか今日の俺、説教くさいな。あぁ長湯しすぎた。」

比呂は湯をはね散らかして、勢いよく風呂から上がった。

（佐藤《さとう》いつ子《こ》「キャプテンマークと銭湯と」より。一部省略等がある。）

（注）ポジティブ＝積極的なさま。
ヴェール＝物をおおうのに用いる薄い布。
ネガティブ＝消極的なさま。

(1) ――線部①「周斗が湯に体を沈めると、ちゃぷんと音がした。水面に波が静かに広がった」とあるが、この表現はどのような状況を表しているか。答えの末尾が「が続いている状況」に続く形になるように、適切な言葉を本文中から**二字**で抜き出して書きなさい。

(2) ――線部②「周斗は梯子をはずされた気がして、息巻いた」とあるが、このときの周斗の様子として、最も適切なものを**ア**～**エ**から選びなさい。

ア　前向きな考え方の比呂が期待外れの返答をしたので、あきれている様子。
イ　スケールの大きな話をする比呂に戸惑うだけでなく、落胆している様子。
ウ　当たりさわりのない言葉で励まそうとする比呂に、いらだっている様子。
エ　消極的とも思える比呂の発言に驚きと怒りを感じて、興奮している様子。

(3) ――線部③「その迫力に周斗は下手な相づちを打てずにいた」とあるが、次の文は、ある生徒が、この理由について考えたことをまとめたものである。（ⓐ）・（ⓑ）にあてはまる適切な言葉をそれぞれ本文中の言葉を用いて書きなさい。ただし、（ⓐ）は**二十字以上二十五字以内**、（ⓑ）は**十字以上十五字以内**で書くこと。

> 仕事において、（　ⓐ　）ことでたどりつける「自分のてっぺん」にまだ行くことができず、周りの人にも（　ⓑ　）と言う比呂に圧倒され、周斗は安易に話の流れに合わせることをためらったから。

(4) 本文における比呂の役割として、最も適切なものを**ア**～**エ**から選びなさい。

ア　周斗に自分の知識や成功体験を伝えることで成長を促す、よき先輩としての役割。
イ　周斗と同じように悩みを抱えながらも前進していく、身近な大人としての役割。
ウ　周斗の不安を受け止めて解決策を示していく、頼りになる助言者としての役割。

かうまくいかなくて……。」

　周斗はつま先に目を落とした。つま先は、湯の中でかげろうみたいに揺れている。

「サッカーのこと？」

　比呂が顔の湯をぬぐいながら、周斗の方を向いた。

「ん……。前はキャプテンだったんだけど、よそから移ってきたうまいやつに奪われた。チームの友だちにも信頼されてない……。なんか空回りばっかりでさ。」

　惨《みじ》めな気持ちになった出来事が次々と思い出された。楽々湯だけが癒やしの場所だったのに、その楽々湯もなくなってしまう。今は辛《つら》すぎて、そのことは口に出来ない。

　肩がずるずる落ちていった。耳たぶが湯につかるくらいまで、沈んだ。

「そっか。いろいろあったんだな。」

　比呂は同情するように、目を閉じた。

「別に俺がいなくても、チームはうまく回ってるし、いや、いない方がむしろ、うまく回ってるのかも知れない。俺なんかしょせん、お山の大将を気取ってただけで—。」

「お山の大将？　立派じゃん。」

　周斗の話を、比呂が遮った。

「え、なんで？」

　周斗が横を向くと、比呂は腕組みをしていた。盛り上がった肩の筋肉が、湯から隆々とはみ出ている。

「周斗は、周斗が考える山のなかの、その大将になってたんだろ。それはそれですごいよ。」

「でも、それは……。」

「なあ、周斗。富士山ってさ、日本では一番高い山だけど、世界で何番目か知ってる？」

　壁に描かれた富士山の銭湯絵を比呂が見上げた。話の展開に戸惑いながらも、周斗も目線を上げた。

「うーん。全然見当つかないけど、五十番目くらい？」

「カーン。正確には何番目かを特定することも出来ないらしいけど、五十番どころか五百番以下は確実らしいぞ。」

「ええ、そうなの。」

　日本一の富士山なのに、なんだか残念な感じがした。それを察したように比呂が続けた。

「富士山だって、世界に出ればそんなもん。例えばアスリートだって、いっしょだろ。サッカー日本代表の選手も、世界のトップには、なかなかなれないよな。世界のトップ選手だって、ずっとその位置をキープし続けることは出来ない。いつかはその座を誰かにゆずる。」

「………。」

「人間、ずっと勝ち続けることなんて出来ないんだ。」

「それってあきらめろってこと？　全然ポジティブじゃないじゃん。②そこそこで満足しろってことでしょ。ネガティブだよ。」

　周斗は梯子《はしご》をはずされた気がして、息巻いた。

「あきらめるなんて、とんでもない。自分の中のてっぺんを目指すんだよ。」

「自分の、てっぺん？」

「自分が出来ることの最高っていうのかな。そう、自己ベストだな。自分のてっぺんを目指し、そのてっぺんを可能な限り、もっともっと上げていくってことだ。」

　比呂はきっぱり言った。

＜国語＞

時間　五五分　　満点　一〇〇点

一　次の(1)～(4)に答えなさい。

(1)　次の(a)～(d)の各文の――線部の読み方を、ひらがなで書きなさい。

(a)　彼女はチームの要だ。
(b)　心地よい風に気分が和らいだ。
(c)　偉人の言葉に感銘を受ける。
(d)　紙飛行機の軌跡が弧を描く。

(2)　次の(a)～(d)の各文の――線部のカタカナを漢字になおし、楷書《かいしょ》で書きなさい。

(a)　予防接種をスませる。
(b)　代表者に判断をユダねる。
(c)　俳優がエンジュクの境地に至る。
(d)　シュクガ会を開催する。

(3)　行書の特徴の一つに、点画の省略がある。部首の部分にこの特徴を用いて、次の漢字を行書で書きなさい。

秋

(4)　次の文の――線部の文節どうしの関係と同じものを、**ア**～**エ**から**一つ**選びなさい。

バスが　ゆっくりと　出発する。

ア　帰りに　ケーキと　花を　買う。
イ　かごの　中で　ネコが　寝て　いる。
ウ　星が　きれいに　光る。
エ　にぎやかな　声が　聞こえる。

二　次の文章を読んで、(1)～(4)に答えなさい。

サッカーのクラブチームに所属する中学一年生の周斗《しゅうと》は、あるチームメートに「やめてしまえ。」と発言したのを機にサッカーから足が遠のいた。その頃、祖父と以前通った銭湯「楽々湯《らくらくゆ》」を訪れ、ポジティブ思考の社会人、比呂《ひろ》と出会う。ある日、利用客の減少で銭湯の経営が厳しいのではないかと周斗が比呂に言ったのを、銭湯の主人に聞かれてしまう。次は、主人の腰痛が原因で銭湯が閉店することを、周斗が比呂に教えてもらった場面である。

①周斗が湯に体を沈めると、ちゃぷんと音がした。水面に波が静かに広がった。

いつになく、比呂も黙りこんでいた。並んで湯につかっているふたりの間に、淡い湯気が立ち上る。重い沈黙をヴェールで包み込むような柔らかい湯気だ。

比呂が両手で湯をすくって、顔にかけた。周斗は静かにため息をついた。

「俺って、ほんと最低だな。おじさんいたのに、あんなこと言っちゃって……。もう取り返しがつかないよ。」

「周斗、最低って言うな。周斗が楽々湯を愛してるからこそだってことは、親父《おやじ》さん分かってくれるよ。」

比呂に慰められても、ちっとも楽になれない。

「比呂さん、それに俺さ、おじさんにだけじゃなくて、取り返しがつかないこと言っちゃったの、まだあるんだ。ここんとこずっと、なん

2020年度

解　答　と　解　説

《2020年度の配点は解答用紙集に掲載してあります。》

＜数学解答＞

1　(1)　-15　　(2)　$3a+2b$　　(3)　$x=-1$，4

(4)　辺CG，辺DH，辺EH，辺FG　　(5)　$(x,\ y)=(5,\ 2)$

(6)　$9.5 \leqq a < 10.5$　　(7)　8　　(8)　3(往復)　　(9)　$\frac{1}{12}$

(10)　右図(文章記述例は解説参照)

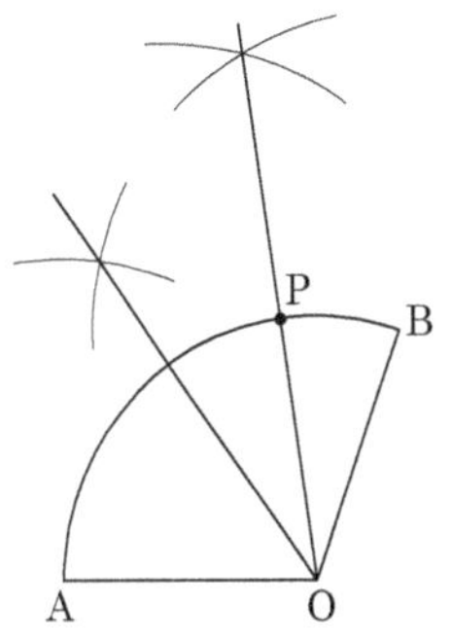

2　(1)　ア　25　　イ　24　　ウ　$4n+4$　　(2)　12(番目)

3　(1)　$50a+30b+500$(円)　　(2)　$\frac{25\sqrt{2}}{16}$(m^2)　　(3)　111π(cm^3)

4　(1)　-3　　(2)　$-12 \leqq y \leqq 0$　　(3)　$y=-5x+4$　　(4)　$\mathrm{P}\left(\frac{2}{3},\ 2\right)$

5　(1)　(a)　70(度)　　(b)　50π(cm^2)　　(2)　解説参照

(3)　$\frac{38}{3}\pi$(cm)

＜数学解説＞

1　(数・式の計算，二次方程式，空間内の2直線の位置関係，連立方程式，近似値，式の値，関数$y=ax^2$，確率，作図)

(1)　**異符号の2数の積の符号は負で，絶対値は2数の絶対値の積**だから，$3\times(-5)=-(3\times5)=-15$

(2)　**分配法則**を使って，$2(3a-2b)=2\times3a-2\times2b=6a-4b$，$3(a-2b)=3\times a-3\times2b=3a-6b$だから，$2(3a-2b)-3(a-2b)=(6a-4b)-(3a-6b)=6a-4b-3a+6b=6a-3a-4b+6b=3a+2b$

(3)　$x^2-3x-4=0$　たして-3，かけて-4になる2つの数は，$(+1)+(-4)=-3$，$(+1)\times(-4)=-4$より，$+1$と-4だから　$x^2-3x-4=\{x+(+1)\}\{x+(-4)\}=(x+1)(x-4)=0$　$x=-1$，$x=4$

(4)　空間内で，平行でなく，交わらない2つの直線は**ねじれの位置**にあるという。辺ABと平行な辺は，辺CD，辺GH，辺FEの3辺　辺ABと交わる辺は，辺AD，辺AE，辺BC，辺BFの4辺　辺ABとねじれの位置にある辺は，辺CG，辺DH，辺EH，辺FGの4辺

(5)　問題の方程式を，連立方程式$\begin{cases} x-y=3\cdots① \\ -x+4y=3\cdots② \end{cases}$と考える。④+③より，$3y=6$　$y=2$　これを①に代入して，$x-2=3$　$x=5$　よって，連立方程式の解は，$x=5$，$y=2$

(6)　小数第1位を四捨五入して10になる数は，9.5以上10.5未満の数だから，ある数aの小数第1位を四捨五入した近似値が10であるとき，aの範囲は　$9.5 \leqq a < 10.5$

(7)　$x=\sqrt{2}+1$，$y=\sqrt{2}-1$のとき，**乗法公式$(a+b)^2=a^2+2ab+b^2$**より，$x^2+2xy+y^2=(x+y)^2=\{(\sqrt{2}+1)+(\sqrt{2}-1)\}^2=(\sqrt{2}+1+\sqrt{2}-1)^2=(2\sqrt{2})^2=8$

(8)　長さ1mのふりこが1往復するのにかかる時間は，$1=\frac{1}{4}x^2$　より　$x^2=4$　$x>0$より$x=\sqrt{4}=2$

よって，1秒である。また，長さ9mのふりこが1往復するのにかかる時間は，$9=\frac{1}{4}x^2$ より $x^2=36$　$x>0$より$x=\sqrt{36}=6$　よって，6秒である。以上より，長さ1mのふりこは，長さ9mのふりこが1往復する間に$\frac{6}{2}=3$往復する。

(9)　さいころを2回投げるとき，全ての目の出方は　$6\times6=36$通り。ここで，最初に出た目の数をx，2回目に出た目の数をyとするとき，$2x-y-5=0$…①　が成り立つのは，①を変形して，$2x=y+5$　より，$y+5$が**偶数**になるときで，これはyが**奇数**のときだから，$(y,\ x)=(1,\ 3)$，$(3,\ 4)$，$(5,\ 5)$の3通り。よって，求める確率は　$\frac{3}{36}=\frac{1}{12}$

(10)　(作図の方法)　(例)①　2点A，Bを，それぞれ中心として，等しい半径の円をかき，その交点と点Oを通る直線を引き，$\overset{\frown}{AB}$との交点をCとする。　②　同様に，2点C，Bを，それぞれ中心として，等しい半径の円をかき，その交点と点Oを通る直線を引くと，$\overset{\frown}{AB}$との交点がPである。

2 (規則性，方程式の応用)

(1)　1番目の正方形は$3\times3=(1+2)\times(1+2)$の正方形で，そのうち，白のタイルは$1\times1=1$枚だから，黒いタイルは$(1+2)\times(1+2)-1\times1=9-1=8$枚。2番目の正方形は$4\times4=(2+2)\times(2+2)$の正方形で，そのうち，白のタイルは$2\times2=4$枚だから，黒いタイルは$(2+2)\times(2+2)-2\times2=16-4=12$枚。3番目の正方形は$5\times5=(3+2)\times(3+2)$の正方形で，そのうち，白のタイルは$3\times3=9$枚だから，黒いタイルは$(3+2)\times(3+2)-3\times3=25-9=16$枚。4番目の正方形は$6\times6=(4+2)\times(4+2)$の正方形で，そのうち，白のタイルは$4\times4=16$枚だから，黒いタイルは$(4+2)\times(4+2)-4\times4=36-16=20$枚。この規則性から，5番目の正方形は$7\times7=(5+2)\times(5+2)$の正方形で，そのうち，白のタイルは$5\times5=25$枚…ア　だから，黒いタイルは$(5+2)\times(5+2)-5\times5=49-25=24$枚…イ　n番目の正方形は$(n+2)\times(n+2)$の正方形で，そのうち，白のタイルは$n\times n=n^2$枚…エ　だから，黒いタイルは$(n+2)\times(n+2)-n^2=(n+2)^2-n^2=n^2+4n+4-n^2=4n+4$枚…ウ

(2)　白のタイルの枚数が，黒のタイルの枚数より92枚多くなるのは，前問(1)のウ，エより，$n^2-(4n+4)=92$　整理して，$n^2-4n-96=0$　$(n+8)(n-12)=0$　$n\geqq1$より$n=12$　よって，12番目の正方形である。

3 (文字を使った式，面積，回転体の体積)

(1)　8人用テントa張分の利用料金は，2000円×a張＝$2000a$円…①　4人用テントb張分の利用料金は，1200円×b張＝$1200b$円…②　寝袋40人分の利用料金は，500円×40張＝20000円…③　①，②，③より，利用料金の合計は，$(2000a+1200b+20000)$円　これを40人で均等に割って支払うとき，1人あたりの支払う金額は，$(2000a+1200b+20000)$円÷40人＝$\frac{2000a+1200b+20000}{40}=50a+30b+500$(円)

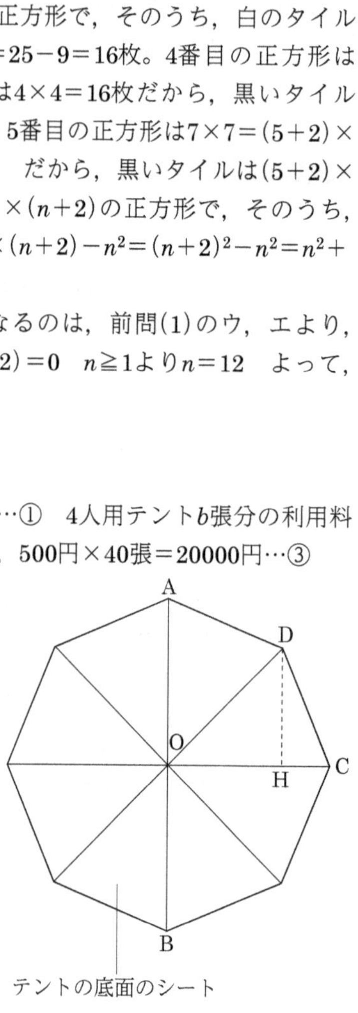

(2)　1人分の面積を右図の△OCDで考える。△OCDはOC＝OD$=\frac{AB}{2}=\frac{5}{2}$mの二等辺三角形。点Dから線分OCへ垂線DHを引く。∠DOC＝360°÷8＝45°より，△DOHは直角二等辺三角形で，3辺の比は$1:1:\sqrt{2}$だから，DH＝OD$\times\frac{1}{\sqrt{2}}=\frac{5}{2}\times\frac{1}{\sqrt{2}}=\frac{5}{2\sqrt{2}}=\frac{5\sqrt{2}}{4}$m　以上より，1人分の面積は　△OCD＝$\frac{1}{2}\times$OC$\times$DH$=\frac{1}{2}\times\frac{5}{2}\times\frac{5\sqrt{2}}{4}=\frac{25\sqrt{2}}{16}$m^2

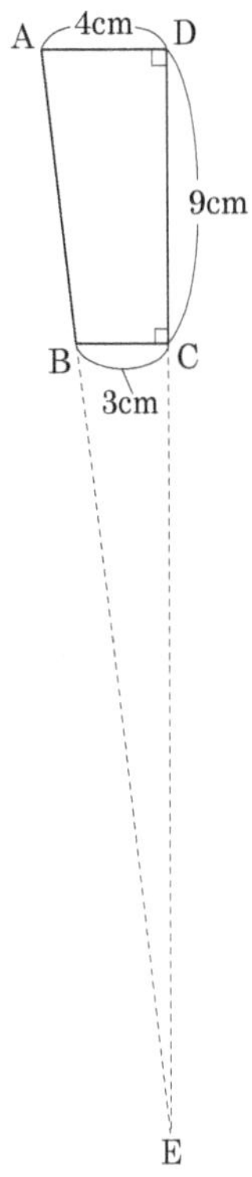

(3)　右図のように直線ABと直線CDの交点をEとする。CE＝$x$cmとすると，AD//BCだから，**平行線と線分の比についての定理**より，CE：DE＝BC：AD＝3：4　3DE＝4CE　つまり，$3(x+9)=4x$　これを解いて，$x=27$　以上より，台形ABCDを，辺CDを回転の軸として1回転させてできる立体は，底面の半径がAD，高さがDEの円錐から，底面の半径がBC，高さがCEの円錐を除いたものだから，その体積は$\frac{1}{3}\pi\times\mathrm{AD}^2\times\mathrm{DE}-\frac{1}{3}\pi\times\mathrm{BC}^2\times\mathrm{CE}=\frac{1}{3}\pi\times4^2\times(9+27)-\frac{1}{3}\pi\times3^2\times27=111\pi\,(\mathrm{cm}^3)$

4 （図形と関数・グラフ）

(1)　点Aは$y=\frac{3}{x}$上にあるから，そのy座標は　$y=\frac{3}{(-1)}=-3$　よって，A$(-1,\ -3)$

(2)　xの**変域**に0が含まれているから，yの**最大値**は0。$x=-2$のとき，$y=-3\times(-2)^2=-12$　$x=1$のとき，$y=-3\times1^2=-3$　よって，yの**最小値**は-12　yの変域は，$-12\leqq y\leqq0$

(3)　点Bのx座標をtとすると，点Bは$y=\frac{3}{x}$上にあるから，そのy座標は$y=\frac{3}{t}$　よって，$\mathrm{B}\left(t,\ \frac{3}{t}\right)$　直線OAの傾きは$\frac{-3-0}{-1-0}=3$　よって，直線OAの式は，$y=3x$　点Bは直線OA上の点だから，$\frac{3}{t}=3\times t=3t$　$t^2=1$　$t>0$より$t=\sqrt{1}=1$　よって，$\mathrm{B}\left(1,\ \frac{3}{1}\right)=\mathrm{B}(1,\ 3)$　点Pは線分OBの中点だから，点Pの座標は**中点公式「2点$(x_1,\ y_1)$，$(x_2,\ y_2)$の中点座標は$\left(\frac{x_1+x_2}{2},\ \frac{y_1+y_2}{2}\right)$」**を利用すると，$\mathrm{P}\left(\frac{0+1}{2},\ \frac{0+3}{2}\right)=\mathrm{P}\left(\frac{1}{2},\ \frac{3}{2}\right)$　2点C，Pを通る直線の切片は4で，傾きは$\left(\frac{3}{2}-4\right)\div\left(\frac{1}{2}-0\right)=-5$だから，直線CPの式は$y=-5x+4$

(4)　△OCPの**内角と外角の関係**から，∠BPC＝∠OCP＋∠COP　これを∠BPC＝2∠OCPに代入して，∠OCP＋∠COP＝2∠OCP　よって，∠COP＝∠OCP　△OCPはOP＝CPの二等辺三角形　点Pから線分OCへ垂線PHを引くと，**二等辺三角形の頂角からの垂線は底辺を2等分する**から，OH＝CH　よって，点Pのy座標は$y=\frac{4}{2}=2$　点Pは$y=3x$上にあるから，そのx座標は　$2=3x$より　$x=\frac{2}{3}$　よって，$\mathrm{P}\left(\frac{2}{3},\ 2\right)$

5 （平面図形，円の性質，角度，面積，合同の証明，弧の長さ）

(1)　(a)　∠CAD＝$\frac{1}{2}$∠BAD＝$\frac{1}{2}\times80^\circ=40^\circ$　△ACDはAC＝ADの二等辺三角形だから，∠ACD＝(180°－∠CAD)÷2＝(180°－40°)÷2＝70°　$\overset{\frown}{\mathrm{AD}}$に対する**円周角**なので，∠ABD＝∠ACD＝70°

(b)　∠BAC＝∠CAD＝40°　$\overset{\frown}{\mathrm{BC}}$に対する**中心角と円周角の関係**から，∠BOC＝2∠BAC＝2×40°＝80°　よって，点Aを含まないおうぎ形OBCの面積は　$\pi\times15^2\times\frac{80^\circ}{360^\circ}=50\pi\,\mathrm{cm}^2$

(2)　(証明)　(例)△ABCと△AEDで，仮定より，AC＝AD…①　弦ACは∠BADの二等分線だから，∠BAC＝∠EAD…②　$\overset{\frown}{\mathrm{AB}}$に対する円周角だから，∠ACB＝∠ADE…③　①，②，③から，1組の辺とその両端の角がそれぞれ等しいので，△ABC≡△AED

(3)　**中心角の大きさは弧の長さに比例する**から，$\frac{\angle\mathrm{AOB}}{360^\circ}=\frac{8\pi}{2\pi\times15}$より，∠AOB＝96°　$\overset{\frown}{\mathrm{AB}}$に対する中心角と円周角の関係から，∠ADB＝$\frac{1}{2}$∠AOB＝$\frac{1}{2}\times96^\circ=48^\circ$　ここで，∠ABD＝a°，∠BAC

$=\angle \mathrm{CAD}=b^\circ$とおく。$\triangle \mathrm{ABD}$の内角の和は$180^\circ$だから，$\angle \mathrm{BAD}+\angle \mathrm{ABD}+\angle \mathrm{ADB}=2b^\circ+a^\circ+48^\circ=180^\circ$　整理して，$a^\circ+2b^\circ=132^\circ$…①　$\triangle \mathrm{ABE}$と$\triangle \mathrm{ACD}$で，$\angle \mathrm{BAE}=\angle \mathrm{CAD}$…②　$\overset{\frown}{\mathrm{AD}}$に対する円周角だから，$\angle \mathrm{ABE}=\angle \mathrm{ACD}$…③　②，③から，2組の角がそれぞれ等しいので，$\triangle \mathrm{ABE} \backsim \triangle \mathrm{ACD}$　よって，$\triangle \mathrm{ABE}$も二等辺三角形であり，$\angle \mathrm{AEB}=\angle \mathrm{ABE}=a^\circ$　$\triangle \mathrm{ADE}$の内角と外角の関係から，$\angle \mathrm{DAE}+\angle \mathrm{ADE}=\angle \mathrm{AEB}$　つまり，$b^\circ+48^\circ=a^\circ$　整理して，$b^\circ=a^\circ-48^\circ$…④　④を①に代入して，$a^\circ+2(a^\circ-48^\circ)=132^\circ$　これを解いて，$a^\circ=76^\circ$　$\overset{\frown}{\mathrm{AD}}$に対する中心角と円周角の関係から，$\angle \mathrm{AOD}=2\angle \mathrm{ABD}=2a^\circ=2\times 76^\circ=152^\circ$　以上より，点Bを含まない$\overset{\frown}{\mathrm{AD}}$の長さは　$2\pi\times 15\times\frac{152^\circ}{360^\circ}=\frac{38}{3}\pi\,\mathrm{cm}$

<英語解答>

1　(1)　場面A　エ　　場面B　ア　　(2)　質問1　ウ　　質問2　イ　　(3)　ウ，イ，ア

2　エ

3　(例)I want a travel bag because my bag is old.

4　(1)　(a)　イ　　(b)　エ　　(2)　(a)　ウ　　(b)　ウ　　(c)　イ　　(3)　ウ→ア→エ→イ

5　(1)　①　What are they　　②　want to go　　(2)　イ　　(3)　zoo

6　(1)　ウ　　(2)　ⓐ　ウ　　ⓑ　ア　　(3)　(例1)This is a picture of our dog. Our family calls him Pochi. He is popular and cute. He always makes us happy, so my grandfather likes him very much.
(例2)This is miso soup. It is a traditional Japanese food. We often have it for breakfast. My grandfather has it every morning. He is eighty years old now. When he has miso soup, he feels good all day.

7　(1)　(a)　Yes, she did.　　(b)　He started when he was a child.　　(2)　エ
(3)　(例)Why don't you join our group ?　　(4)　(例)sad　　(5)　ⓐ　I agree
ⓑ　difficult　　(6)　ウ，エ

<英語解説>

1・2・3　(リスニング)

放送台本の和訳は，51ページに掲載。

4　(短文・会話文問題：語句の問題，語句補充・選択，文の挿入，語句の並べ換え，比較，接続詞，受け身，分詞の形容詞的用法，現在完了，助動詞，不定詞)

(1)　(a)　「合唱コンテストは1年で私にとって最も良いイ記憶である」文脈から「記憶」に相当するイ memory を入れる。**best「最も良い[良く]」good／wellの最上級**　他の選択肢は次の通り。ア「スポーツ」　ウ「言語」　エ「教科／主題」　(2)　「やさしくておもしろいので，ヒロキはみんなに好かれている」文脈と形から「好かれている」という意味になるように，エ loved を入れれば良い。**because「～だから」　受け身「～される／されている」<be動詞 + 過去分詞>　過去分詞(・過去形)← 規則動詞の場合は<原形 + -ed形>**　他の選択肢は次の通り。　ア　finish「終える」の過去(分詞)形　　イ　listened「聞く」の過去(分詞)形
ウ　change「変える」の過去(分詞)形

(2) (a) A:「すみませんが，このバスはサッカー競技場へ行きますか」／B:「ウいいえ，行きません。あの青いバスがサッカー競技場へ行きます」／A:「あっ，なるほど。どうもありがとうございました」空所に続くせりふから，このバスではなくて，他のバスがサッカー競技場行きであることが分る。Does it ～ ? で尋ねられているので，否定形の No, it doesn't. が正解。one「(同じ種類の)もの／ひとつ」<a[an]＋ 単数名詞の代用> 他の選択肢は次の通り。ア「はい，行きます」(×)／イ「**その通りです**」**That's right.**(×)／エ「**もちろん**」(×)**of course** いずれも当該のバスは目的地に向かわないということが文脈からわかるので，不自然。

(b) A:「非常にうまくバスケトボールをしているあの少年は誰ですか」／B:「彼はゴロウです。彼は5歳からバスケットボールをやっています」／A:「へえ，ウ彼のことを知っているのですか」／B:「はい，私たちは10年間友人同士なのです」空所に続く「友人同士だ」という発言を踏まえると，ウ「彼のことを知っているか」が補充文として適切である。that boy playing basketball ← **現在分詞の形容詞的用法** <**名詞 ＋ 現在分詞**[**doing**]＋ **他の語句**>「**～している名詞**」has played since「～以来ずっとしている」／ have been friends for「～間，互いに友人だ」← <**have**[**has**]＋ **過去分詞**> **現在完了**(**完了・経験・継続・結果**)他の選択肢は次の通り。ア「それが好きか」(×)／イ「彼の友人になりたいか」(×)／エ「放課後，練習をするか」(×) after school「放課後」いずれも後続の文に自然につながらない。

(C) A:「ベティー，あなたが外出中に，ケンタが電話をかけてきたわ」／B:「イ彼は私に折り返し電話をして欲しいのかしら」／A:ええ。すぐに彼に電話をかけてね」空所の質問に対して，Yes. と答えた後，ケンタに電話をかけ直して欲しい，と言っているので，同趣旨のイ「彼は私に折り返しの電話をかけて欲しいのか」が正解。call back「電話をかけ直す／折り返し電話をする」right now「ただちに」他の選択肢は次の通り。ア「彼は私に電話をかけ直すか」(×)後続の文につながらない。ウ「あなたは彼に電話をかけ直すことが可能か」(×)留守中に自分にかかってきた電話を代わりに受けてくれた相手に対する発言としてはおかしい。 エ「あなたは彼に私に電話をかけ直すように依頼したか」(×)後続の文につながらない。call back「電話をかけ直す／折り返し電話をする」<**will ＋ 原形**>「**だろう／するつもりだ**」(未来・意思を表す助動詞)<**want ＋ 人 ＋ 不定詞**[**to do**]>「**人に～して欲しい**」

(3) A:「どうやって休日を過ごすつもりですか」／B:「そうですね。もし天候がよければ，父と魚釣りに行こうと思います」if the weather is good **if**「**もし～ならば**」仮定・条件を示す接続詞。内容が未来でも，現在形で表す。<**be動詞 ＋ going ＋ 不定詞**[**to do**]>「**～するつもりだ／しそうだ**」Let's see.[Let me see.]「ええと／そうですね」とっさに答えが出ずに思い出そうとする際に用いる表現。

5 (会話文問題：語句補充・記述，条件英作文，内容真偽，メールを用いた問題，不定詞，受け身，接続詞，現在完了，関係代名詞)

(和訳) あきと(以下A)：来月，僕らは校外研修旅行があるよ。／ニナ(以下N)：本当に？ そのことを知らなかったわ。／A：僕らは神戸へバスで行き，そこに1日滞在するよ。／N；神戸は日本で有名な都市なのでしょう？／A：そうだね。午前中は，神戸の歴史を学ぶために博物館へ行くことになっている。そこからの景色を楽しむことも出来るよ。／N：それはすばらしいわ。午後はどうなのかしら。／A：チャイナタウンへ行き，そこで昼食を食べる。食事(をすること)やその周辺の散策を楽しむことになるね。その後は，2つのプランから選択することが可能さ。／N：2つのプランですって。①それって何かしら？／A：水族館，ないしは，動物園だよ。どちらでも生物を見ることができるね。／N：へえー，私は(それらの場所の)両方に興味があるわ。あきと，あなたはどこに②行きたいのかしら。／A：そうだね，それらについて詳しいわけではないので，まだ決めていないよ。／N：なるほど。自宅でインターネットを使い，それらについて調べてみるわ。

(1) ① 「2つの案がある」→ [①] →「水族館，あるいは，動物園」以上から，空所には2つの案が具体的に何であるかを尋ねる「それら[they]は何ですか」という意味の英文が当てはまることになる。 ② 「水族館と動物園の両方に興味がある。どこにあなたは[②]?」→「それらについて詳しくないので，まだ決めていない」以上の文脈から，「どこに行きたいのか」を尋ねる英文を完成させることになる。want to go「行きたい」**<be動詞 + interested in>「～に興味がある」 ～, so …「～，それで[だから]…」**

(2) ア 「先生が話してくれたので，ニナはその校外研修旅行について知っていた」(×) ニナの最初の発言を参照すること。**because「～なので」** イ 「あきとは昼食を食べて，チャイナタウンの周囲を歩き回ることになる」(○) あきとの第4番目の発言に一致。**<be動詞 + going + 不定詞[to do]>「～するつもりだ／しそうだ」** ウ 「午後，ニナとあきとは(その)博物館を楽しむことになる」(×) 博物館を訪れるのは午前中である。(あきとの第3番目の発言) エ 「ニナとあきとは動物園に関して多くの情報を有している」(×) ニナは神戸について詳しくないことは文脈から明らかで(ニナの第2番目のせりふ)，あきとも動物園に関して詳しいわけではない(あきとの最後の発言)ので，不一致。**a lot of「たくさんの」**

(3) (和訳)こんにちは，あきと。昨日，私たちの校外研修旅行について，私に教えてくれてありがとう。私はあなたと一緒に神戸について学ぶことにとても興味がわいています。待ちきれません。私は例の水族館と博物館の情報を見つけました。水族館では，イルカに触れることができます。動物園では，パンダを見学することができて，えさを与えることが出来る動物もいます。祖国では，イルカに触れたことはありますが，パンダを見たことがありません。私は今までにしたことがないことに挑戦したいと考えています。ですから，私は動物園を選ぶことにします。あなたはどうしますか？ ／パンダを見たことがない，そして，新しいことに挑戦したいという2点を踏まえて，ニナが選んだ行き先は zoo 動物園。I've never seen「～を今までに見たことがない」／something ▼I've never done「今までしたことがない何か」←**<have[has] + never[not] + 過去分詞>「今まで～したことがない」／<先行詞 +(目的格の関係代名詞 +) 主語 + 動詞> 目的格の関係代名詞は省略可。**<I'd[I would]like + 不定詞[to do]>「～したい」

6 (短文読解問題：文の挿入，条件英作文，不定詞)

(和訳) 水曜日になると，私の祖父は，我が町のコミュニティーホールへ向かいます。そこで彼は生徒として絵手紙の描き方を学んでいます。絵手紙とは，人々が自ら描いた絵と言葉が添えられている手紙のことです。彼は3年間絵手紙を書き続けて，その上達は著しいです。／彼の好みは，独特の事物(の絵)を描き，ちょっとした言葉を添えることです。周囲の事物の良い点を見出し，それらを巧みに描きます。彼はいつも次のような言葉を述べています。「周りを注意深く見ること。(ここには)宝物がたくさんあるからね」ある日，彼は展覧会で自分の絵手紙を展示する機会を得ました。多くの人々がその展覧会へやって来ました。なかには「あなたの絵手紙は素晴らしいですね。心が和みます」と言う人々もいました。ウ彼はそのことを聞いて，うれしそうでした。／彼は絵手紙を通じてみんなに自分の気持ちを伝えています。私は彼を尊敬しています。今，私は多くの大切なものに囲まれていることを実感しています。彼のように，みなさんと私の宝物を分かち合いたい，と私は願っているのです。

(1) 挿入文は「彼はそれを聞いてうれしそうだった」の意。空所ウの前で，人々が彼の絵手紙を称賛する内容が述べられているので，空所ウに挿入するのがふさわしい。look C「Cのように見える」<**感情を表す語句 ＋ 不定詞[to do]**>「**～して，ある感情がわきあがる**」

(2)　About *etegami*「絵手について」(第1段落)→　ウ「祖父の素晴らしい絵手紙」(第2段落)→ ア「美咲の夢」(第3段落)他の選択肢は次の通り。イ「絵手紙の歴史」　エ「祖父の夢」

(3)　(解答例1和訳)これは私たちの犬の絵だ。私たちの家族は彼をポチと呼んでいる。彼は好かれていて，可愛い。彼は常に私たちを幸せにしてくれるので，祖父は彼のことをとても気に入っている。　(解答例2和訳)これは味噌汁だ。伝統的日本の食べ物である。朝，私たちはそれをしばしば食する。私の祖父は毎朝それを食べる。彼は今80歳だ。彼は味噌汁を食べると，一日中体調が良い。

7 (長文読解問題・エッセイ・紹介文：英問英答・記述，語句補充・選択，文の挿入，内容真偽，接続詞，受け身，不定詞，比較)

(和訳)　私は2年前に家族と一緒に東京から徳島に引っ越してきました。今，私は小さな町に住んでいます。たくさんの緑の野原や山々があります。(そこから)美しい景色を楽しむことができるので，私は自分の町が好きです。(自分の町が好きな)理由は他にもあります。このことについて話したいと思います。／私の町では，収穫に対する感謝をささげるために，伝統的な祭りが開催されます。祭りでは獅子舞を(見て)楽しむことができます。英語ではライオンの舞踏と呼ばれます。獅子という語はライオンを，舞[まい]は踊りを意味します。この風習は，我が町では江戸時代に始まったそうです。民衆がずっと親しんできたもので，我が町にはこの踊りの保存活動に取り組んでいる集団があります。／去年，家族と一緒にこの踊りを観る機会に恵まれました。クラスメートのなおとが獅子として踊っていたので，私は驚きました。彼は獅子の頭を非常に巧みに操ります。彼の獅子は上下に動き，飛び跳ねたりしました。私は「なおとの踊りは素晴らしいわね。私も挑戦してみたいわ」と言いました。彼は次のように答えました。「①僕らのグループに参加しないかい？　はるか，これはおもしろいよ。僕らのグループには50人の参加者がいて，僕らの町に住んでいる小学生，中学生，その他の人々で構成されている」そこで，私は4月に彼ら(のグループ)に加わりました。太鼓や踊りをけいこする人々がそれぞれいました。なおとの父親が，私に踊り方を教えてくれたのです。彼は私に「幼い頃に，私の父親から踊り方を教わったのさ。今では，このグループで，あなたや我が子を教えることができて，たのしいね」と話してくれました。私は他のメンバーとけいこをしました。とても難しかったけれど，非常に興味深かったです。／なおとの母親が私たちに次のような話をしてくれました。「町の人々は15年前にこの踊りを止めてしまったの。私たちは②悲しかったので，5年前に私たちの踊りを保存するためにこのグループを結成したのよ。最初は，数名の子供たちのみが参加して，一緒に踊り始めたの。そして，彼らは自分の友達に参加することを促してくれたわ。今では，私たちのグループは，祭りで踊ることを楽しみにしているのよ。多くの人々が私たちの踊りを見学しに来てくれているわ」なおとは次のようなことも話してくれた。「小学校のような多くの場所を訪問して，ほかの催しに参加することもあるよ」私は彼らに「それは素晴らしいと思います。私たちの伝統舞踊を保存する必要があります。このグループで私は全力を尽くそうと思います」と応えました。／私はけいこをたくさんしようと企てたものの，上手く踊ることができませんでした。非常に緊張していたのです。そんな折に，私の町に住むある年配の男性が私に助言を与えてくれました。彼は私を励まして，一緒に踊ってくれたのです。「この踊りを子供たちが維持しようとしている。そんな姿をみると，とてもうれしくなるよ」と彼は語っていました。彼は私を見てほほ笑みました。私にはこの踊りに対する人々の気持ちが理解できるようになりました。私には上手く踊りたいという気持ちが芽生えて，さらにけいこを重ねました。私は踊りを録画して，何度も(映像を)見ました。／ついに10月になり，私は他のメンバーと祭で踊りを披露しました。私は以前よりも上手く踊ることができました。私たちの踊りが終わると，多くの人々が拍手をしてくれました。聴衆の楽しそうな笑みを目にし，彼らの興奮した声は私の耳まで届いたのです。気分は爽快でした。けいこは難しかったけれども，このグループの一員になれて，私はうれしく思っています。私たちの伝統舞踊を継承することができたことにも，非常に満足しています。私は町の人々とも親密になることができました。このような経験を通して，自らの地域社会について私は多くのことを学んだのです。今では，私はその構成員です。だから，私は自分の町が好きです。このことが(私が我が町を愛している)もう一つの理由なのです。

(1)　(a)「以前，はるかは家族と一緒に東京に住んでいたか」第1段落第1文に「2年前に家族と一緒に東京から徳島に引っ越してきた」と述べられているので，質問に対して肯定で答えること。　(b)「なおとの父は自分の父から踊り方を学び始めたのは，いつのことか」第3段落最後から第4文目に，I was taught how to dance by my father when I was a child. とあるのを参考にすること。(模範解)He started when he was a child.「子供の頃に始めた」**<接続詞when ＋主語＋動詞>「主語が動詞する時に」**was taught「教わった」**<be動詞＋過去分詞> 受け身**「～される」**<how ＋ 不定詞[to do]>**「～の仕方／～する方法」

(2)　「はるかは自分の町が好きだ。理由は，美しい景色を楽しむことができて，エ地域社会の一員であるから」最終段落の最後の4文を参考にすること。ちなみに other reason「別の理由」とあるが，第1段落で述べられている，景観の素晴らしさ以外の理由を指す。**because**「～だから」理由を表す接続詞。他の選択肢は次の通り。 ア「彼女は友達と一緒の(彼女の)学校生活が好きだ」 イ「彼女は自分の町の歴史を知っている」 ウ「彼女は子供たちに踊り方を教えている」

(3)　はるかの「その踊りをやってみたい」という発言を受けて，なおとは［ ① ］を発言した後に，踊りが面白いことやグループの説明をしているので，グループへの参加を誘う表現を当てはめれば良い。解答例の Why don't you join our group ? の <Why don't you[Why not]＋ 原形～ ?>は「～してはどうですか／しませんか」の勧誘表現。

(4)　「15年前に町の人々は踊りを止めてしまった。私たちは［ ② ］と感じたので，5年前に踊りを継承するためにこのグループを結成した」文脈から「悲しい」という意味を表す sad 等が当てはまることになる。**<stop ＋動名詞[doing]>**「～することを止めた」 **～, so …**「～なので**[だから／それで]**…」

(5)　(和訳)ジェフ：あなたのスピーチはとても良かったです。あなたの踊りを観てみたいですね。私たちは伝統的なものを保存するべきだと思います。／はるか：ⓐ私も同じ考えです。徳島には他にも多くの伝統的な舞踏があるそうです。おそらくそれらを維持するのはⓑ容易なことではないのでしょうが，私の町の(例の)ように，若い人たちにそれらを継続して欲しいと願っています。／ジェフ：私もそう思います。伝統的なものは，単に年月を経ているというだけではなくて，地域社会に関する多くの重要な点を私たちに示していますね。

ⓐ　ジェフが主張する伝統保持に対して，はるかがどう思うか，という視点から，空所に当てはまる2語を考えること。スピーチ内やジェフとの対話内でも，はるかは伝統擁護に賛成であることが明白なので，「賛成する」という意をあらわす I agree with ～ が答えとなる。　ⓑ「伝統舞踏を維持するのは［ ⓑ ］だが，若い人たちにそれらを継続して欲しい」逆接 **but**「**しかし，だが**」の意味に留意して，空所に当てはまる 1語を考えること。正解は「困難だ」の意を示す difficult 等。

(6)　ア 「はるかの町で獅子舞を保存する多くの集団がある」(×)　なおと達の集団以外で，獅子舞を保存する他のグループへの言及はナシ。**<There ＋ be動詞＋ S ＋場所>**「Sが～にある」

a lot of「多くの」　イ 「なおとと彼の父は，はるかと一緒に太鼓の演奏をけいこした」(×) はるとの父ははるかに踊りを教えた。(第3段落最後から第5文)<**how** +不定詞[**to do**]>「〜する方法／どのように〜するか」　ウ 「はるかにとって，グループの他の人たちと踊りを練習することは興味深かった」(○)　第3段落最終文に一致。<**It is** + 形容詞 + **for** +人+不定詞[**to do**]>「人にとって〜 [不定詞]することは…[形容詞]だ」　エ 「伝統的舞踏を保存するために，はるかは最善を尽くしたかった」(○)　第4段落最後の2文に一致。do one's best「全力を尽くす」　オ 「はるかの町の一人の老人は，なおとを励まして，彼を見てほほ笑んだ」(×)　老人がなおととの関連で語られることはナシ。　カ 「はるかが祭りで踊った時に，彼女は緊張し，非常に疲れた」はるかが祭りで踊った際の出来事は，「以前よりも上手く踊れた」，あるいは，「とても気持ち良かった」と語られているので，不適。(最終段落参照)<**be**動詞 + **able** + 不定詞[**to do**]>「できる」 **better**「より良い[良く]」 **good**／**well**の比較級

2020年度英語　リスニングテスト

〔放送台本〕

(1)　場面A

F:　Hi, Paul. Do you know about the new ice cream shop near our school?
M:　Yes, but I've never been there.
F:　The ice cream is great! Let's go!
M:　OK. I'll get chocolate ice cream and strawberry ice cream in a cup.
Question: What does Paul want to eat?

場面B

M:　Hana, I want to find something for my sister in Canada.
F:　OK, how about a Japanese doll?
M:　Good idea, where can I find a good one?
F:　At the department store near the post office. I'll show you.
Question: Where will they go later?

(2)　質問1

Good morning, Kevin. What are you doing?
ア　It's rainy.　　イ　I like T-shirts.
ウ　I'm reading a book.　　エ　Fine, thank you.

質問2

Alice, where did you go yesterday?
ア　Five o'clock.　　イ　My friend's house.
ウ　By bus.　　エ　American songs.

(3)　I'm going to talk about the place everyone visited the most during summer vacation. I think the pool is popular in summer. However, the place everyone visited the most was the library. You all read a lot of books to study. I think everyone wanted to visit the amusement park, but the amusement park was in last place. Thank you for listening.

〔英文の訳〕

(1)　場面A

女性：ねえ，ポール。私たちの学校の近くにある新しいアイスクリーム屋を知っているかしら。

男性：うん，でも，そこに行ったことはないよ。

女性：そこのアイスクリームは素晴らしいのよ。一緒に行きましょう。

男性：いいね。僕はカップにチョコレートアイスとイチゴアイスをもらうことにするよ。

質問：何をポールは食べたがっているか。

答え：エ)カップに2種類のアイスが入っている。

場面B

男性：ハナ，僕はカナダにいる妹[姉]に(あげるために)何かを見つけたいと思っている。

女性：わかったわ，日本人形はどうかしら。

男性：いい考えだね，どこで良いものを見つけることができるかな？

女性：郵便局の近くのデパートね。案内するわ。

質問：この後，彼らはどこへ行くのだろうか。

答え：ア)デパート。

(2)　質問1

ケヴィン，おはよう。何をあなたはしているのですか。

ア)　雨です。　イ)　私はTシャツが好きです。　㋒　私は本を読んでいるところです。

エ)　元気です，ありがとう。

質問2

アリス，あなたは昨日どこへ行きましたか。

ア)　5時です。　㋑　私の友人の家です。　ウ)　バスを利用して。　エ)　アメリカの歌です。

(3)　夏休みの間に，人々が最も多く訪れた場所について，私は話そうと思います。夏は，プールが人気だと思います。しかしながら，人々が最も多く訪れた場所は，図書館でした。勉強をするために，人々は多くの本を読んだのです。人々は遊園地へ行きたがっていた，と思ったのですが，遊園地は最後の[一番訪問者数が少ない]場所でした。ご清聴，ありがとうございます。／訪問者が多い順に，ウ)図書館 → イ)プール → ア)遊園地

〔放送台本〕

I'm practicing for a musical and a comedy show with other ALTs. Some ALTs are making costumes. Some are writing the story, and some are practicing acting and singing. About thirty ALTs are working together. The first show is the musical. It will be held at the Aono town hall on Saturday, March 21. The second show is the comedy. It will be held at Midori City Hall on Sunday, April 5. We'll use easy English. Please come and enjoy them. Thank you.

〔英文の訳〕

他のALT[補助語学教員]と一緒に，私はミュージカルとコメディー・ショーの練習をしている。衣装を作っているALTもいる。脚本を書いたり，演技や歌を練習したりしているALTもいる。約30名のALTが一緒に準備している。最初のショーは，ミュージカルだ。3月21日土曜日にアオノ・タウン・ホールで上演される。2番目のショーはコメディーだ。それは4月5日日曜日にミドリ・シティー・ホ

ールで行われる。私たちは簡単な英語を使う予定だ。どうか来て楽しんで下さい。どうもありがとう。

〔設問の会話文の訳〕

ななこ：ロビン，ALTのショーに行きましょうよ。

ロビン：そうだね，ななこ，もちろんだよ。僕はコメディー・ショーへ行きたいよ。

ななこ：もちろんよ，エそれは4月5日ミドリ・シティー・ホールで行われるわね。そこには多くの学生が行くと思うわ。

〔他の選択肢の訳〕

ア）　それは3月21日にアオノ・タウン・ホールで行われる。

イ）　それは4月5日にアオノ・タウン・ホールで行われる。

ウ）　それは3月21日にミドリ・シティー・ホールで行われる。

〔放送台本〕

Please think about your birthday. What do you want for your birthday? Why? Please tell me your answer and the reason.

〔英文の訳〕

あなたの誕生日について考えて下さい。あなたの誕生日に何が欲しいですか。その理由は何ですか。私にあなたの回答と理由を言って下さい。

〔解答例の訳〕

私のバッグは古いので，私は旅行バッグが欲しいです。

＜理科解答＞

1　(1)　(a)　①　ア　②　ア　(b)　胎生　(2)　(a)　P波　(b)　イ
(3)　(a)　炭素　(b)　A　(4)　(a)　エ　(b)　X線

2　(1)　食物連鎖　(2)　ウ　(3)　①　消費者　②　草食動物，肉食動物
(4)　(a)　B　イ　C　ア　(b)　肉食動物がいなくなり草食動物が増える。草食動物が増えたことで，植物が減っていき，いなくなる。植物がいなくなったことで，草食動物が減っていき，いなくなる。

3　(1)　音源　(2)　イ　(3)　400(Hz)　(4)　ア，エ　(5)　338(m/s)

4　(1)　(a)　イ　(b)　76　(2)　あ　100　い　露点　(3)　山頂の気圧よりもふもとの気圧が高いから。　(4)　25(℃)

5　(1)　分解　(2)　水そうの水が試験管に逆流しないようにするため。　(3)　①　イ　②　イ　③　ア　(4)　1.7(g)　(5)　(a)　炭酸水素ナトリウム水溶液にフェノールフタレイン溶液を加えたとき，うすい赤色になったため，アルカリ性が弱いことがわかったから。　(b)　水にとけにくい

＜理科解説＞

1　(小問集合―動物の分類，地震，物質の性質，放射線)

(1)　(a)　セキツイ動物のうち，魚類，両生類，は虫類は**変温動物**である。また，魚類はえら，両生類は子のときはえらと皮ふで成長すると肺と皮ふ，は虫類と鳥類と哺乳類は肺で呼吸する。
(b)　**胎生**は哺乳類のみの子の生まれ方。その他の魚類，両生類，は虫類，鳥類はみな**卵生**である。

(2)　(a)　**震源**で地震が発生すると，**初期微動**を起こすP波と**主要動**を起こすS波が同時に発生するが，P波のほうがS波よりも伝わる速さが速い。　(b)　P波とS波はそれぞれ一定の速さで伝わるので，**初期微動継続時間**は震源からの距離に比例する。

(3)　(a)　加熱すると黒くこげて炭になったり，燃えて二酸化炭素を発生する物質を**有機物**といい，それ以外の物質は**無機物**という。有機物は炭素を含む物質で，石油などを原料にしてつくったプラスチックは有機物である。　(b)　物体の**密度**が液体よりも小さいと物体は浮き，大きいと物体は沈む。したがって，密度が$1.00g/cm^3$よりも大きく，$1.19g/cm^3$よりも小さいプラスチックがあてはまる。

(4)　(a)　霧箱は，目に見えない**放射線**の通り道が，飛行機雲のように見える装置。放射線には共通して目に見えない，透過力がある，原子をイオンにする電離能があるという性質がある。自然放射線のおもな原因は，岩石などに微量に含まれるウランや，大気に微量に含まれるラドンなどである。　(b)　γ線やX線は透過力が強い。

2　(自然界のつり合い－食物連鎖，生態系の数量関係)

(1)　生態系の中での生物どうしの関連を，「食べる・食べられる」という関係でつないだ鎖のようなつながりを**食物連鎖**という。

(2)　クモとカエルは，図1の肉食動物にあたる。

(3)　生態系において，無機物から有機物をつくり出す植物などの生物を**生産者**という。また，生産者がつくり出した有機物を食べる動物などの生物を**消費者**という。

(4)　(a)　肉食動物が増加すると草食動物が減少し(A)，肉食動物が減少して植物が増加する(B)。さらに草食動物の数がもとにもどり(C)，植物の数ももとにもどる(D)。　(b)　生態系の中で食物連鎖のつながりを作っていた生産者または消費者がすべていなくなると，それぞれの数量が増減しながらもとのつり合いのとれた状態もどるということはなく，植物およびすべての動物がいなくなる。

3　(音－振幅と振動数，音の高低，音の伝わる速さ)

(1)　**音源**が激しく振動することによって音が生じ，その振動を伝える空気や水などが次々と振動することによって，音が伝わっていく。

(2)　図1のモノコードの弦の同じ位置をはじいたので，**振動数**は同じで，オシロスコープで0.005秒間の山または谷の数は図2と等しい。音の大小は**振幅**に表れるので，図2よりも山または谷が大きくなったものがあてはまる。

(3)　図2では，0.005秒間に2回振動している。$2 \div 0.005$(秒)$=400$(Hz)

(4)　同じモノコードを使って実験1よりも低い音を出すには，①弦の振動する部分を長くする，②弦を太いものにかえる，③弦の張りを弱くするという方法がある。

(5)　AとBの間の距離を音が伝わるのにかかった時間は$(23-15)$秒。したがって，$(4900-2200)$(m)$\div 8$(s)$=337.5$(m/s)

4　(気象－湿度，露点，気圧)

(1)　(a)　気温は，地上およそ1.5mの高さに乾湿計の感温部を置き，直射日光が当たらないようにして乾球ではかる。　(b)　図1で乾球と湿球の差は(26－23)℃。表で乾球の示度26℃を右へ見て，乾球の示度と湿球の示度の差が3.0℃になるときの数値が**湿度**にあたる。

(2)　霧は，地表付近で空気が冷やされて**露点**に達したとき，空気中に含まれていた水蒸気の一部が凝結し，細かい水滴になって浮かんだものである。したがって，霧に包まれているときの湿度は100％である。

(3)　大気の重さによる圧力が**大気圧**。山の頂上のような高いところに登ると，その高さに相当する分だけ大気の重さが減るので，気圧は低くなる。

(4)　図2より，28℃での**飽和水蒸気量**は27g/m^3。ふもとの空気1m^3中に含まれる水蒸気の量を求めると，27×0.85＝22.92(g/m^3)これが飽和水蒸気量にあたる温度をグラフから読みとる。

5 (化学変化－分解，気体の性質，化学変化と物質の質量)

(1)　炭酸水素ナトリウムのように，加熱したとき起こる分解を特に**熱分解**という。

(2)　水が逆流して加熱した試験管に入ると，急激に冷やされて試験管が割れるおそれがある。

(3)　発生した二酸化炭素は**燃焼**しない気体で，物質を燃やす性質もない。石灰水に通すと白くにごるので，二酸化炭素であることを確認できる。

(4)　炭酸水素ナトリウム2.0gから生じる水と二酸化炭素の質量の和は，(2.0－1.3)gなので，4.0gならば1.4gできる。4.0gから生じた水と二酸化炭素の和は(4.0－3.2)g。したがって，実験で分解した炭酸水素ナトリウムの質量は，$4.0\times\frac{0.8}{1.4}=2.3$(g)　反応せずに残った炭酸水素ナトリウムの質量は，4.0－2.3＝1.7(g)

(5)　(a)　フェノールフタレイン溶液はアルカリ性の水溶液に加えると赤色を示すが，アルカリ性が強いほど濃い赤色になる。表より，炭酸ナトリウムより炭酸水素ナトリウムのほうがアルカリ性が弱いことがわかる。　(b)　表で，水へのとけ方を見ると，炭酸水素ナトリウムはとけ残っている。

＜社会解答＞

1　(1)　邪馬台国　(2)　ⓐ　イ　ⓑ　ア　(3)　摂関政治　(4)　承久の乱で兵を挙げた上皇側の朝廷を監視するため。　(5)　ウ　(6)　ア→イ→エ→ウ

2　(1)　大塩平八郎　(2)　エ　(3)　自由民権(運動)　(4)　直接国税による制限が廃止され，満25歳以上のすべての男子に選挙権が与えられたから。　(5)　五・一五(事件)　(6)　ア

3　(1)　記号　う　県名　岡山(県)　(2)　c　(3)　ア　(4)　ⓐ　ア　ⓑ　イ　(5)　イ

4　(1)　(a)　d　(b)　西経45(度)　(2)　え(国)　(3)　露天掘り　(4)　イ

5　(1)　グローバル化　(2)　エ　(3)　衆議院の優越により衆議院の議決が国会の議決になる。　(4)　イ　(5)　諸外国に比べ，日本における人口10万人に対する法曹人口が少ないから。　(6)　ウ

6　(1)　(a)　法隆寺　(b)　ウ　(2)　(a)　エ　(b)　碁盤目状の街路が見られる。　(3)　あ　イ　い　エ　う　ウ　(4)　(a)　ア　(b)　平均年齢が低く，また，その従事者の人数も増えてきている

<社会解説>

1　(歴史的分野―日本史時代別－旧石器時代から弥生時代・古墳時代から平安時代・鎌倉時代から室町時代・安土桃山時代から江戸時代，―日本史テーマ別－政治史・社会史・外交史，―世界史－政治史)

(1)　2世紀から3世紀に，日本列島に存在したとされる国のひとつが**邪馬台国**である。邪馬台国は，女王**卑弥呼**が鬼道(呪術)によって支配する女王国であり，**倭国**連合の都があったと解されている。魏志倭人伝には，卑弥呼は239年に魏に朝貢し，**親魏倭王**の称号と**金印**を得たと記録されている。

(2)　ⓐ　618年に建国された**唐**は，7世紀中期には国力を強め，日本はその政治制度や文化を吸収しようとし，630年から**遣唐使**を派遣した。　ⓑ　3世紀に，満州から北朝鮮にかけて建国されたのが，**高句麗**である。4世紀末の広開土王の時代に最盛期となり，**広開土王の碑**が現在に残っている。高句麗は，668年に唐・**新羅**連合軍に攻撃され滅亡した。

(3)　藤原氏は，自分の娘を**天皇のきさき**とし，生まれた子供を天皇にして**外祖父**となり，天皇が幼い時には**摂政**として，成人してからは**関白**として政治を代行・補佐する，**摂関政治**を進めた。摂関政治は，11世紀前期の**藤原道長・頼通**父子の時代に全盛期を迎えた。

(4)　**鎌倉幕府**が成立して以後，将軍を任命するのは天皇であるのに，政治の実権は幕府にあったため，**後鳥羽上皇**は，政治の実権を**朝廷**に取り戻すために1221年に挙兵し，幕府を倒そうとした。これが**承久の乱**である。承久の乱に敗れた後鳥羽上皇は，**隠岐**に流され，上皇側の朝廷を監視するため，**六波羅探題**が設置された。それまで東日本中心だった幕府の支配が，新たに西日本にまで及ぶようになり，また，敗北した上皇方についた武士の領地も幕府のものになった。

(5)　ア・イ・エは，どれも室町時代の村や都市の様子を正しく説明している。ウが，別の時代のことである。**江戸時代**には，村の有力者は，**名主(庄屋)・組頭・百姓代**などの役人となった。名主・組頭・百姓代を合わせて，**村方三役**という。

(6)　ア　幕領(幕府領)にキリスト教を禁止する**禁教令**が出されたのは，1612年のことである。イ　それまで許されていた**奉書船制度**を廃止し，日本人の海外渡航と帰国を全面的に禁止したのは，1635年のことである。　ウ　平戸の**オランダ商館**を**長崎の出島**に移し，**鎖国**が完成したのは，1641年のことである。　エ　**天草四郎**が中心となって起こした**島原・天草一揆**に対して，**老中**を総大将として大軍を送り込み，ようやく鎮圧したのは，1637年のことである。したがって，年代の古い順に並べると，ア→イ→エ→ウとなる。

2　(歴史的分野―日本史時代別－安土桃山時代から江戸時代・明治時代から現代，―日本史テーマ別－政治史・外交史)

(1)　1830年代の**陽明学者**で，**大阪町奉行所**の**与力**であったのが，**大塩平八郎**である。引退後，家塾で知行合一を重んじる陽明学を教えた。**天保のききん**で苦しむ人々を救おうと，たびたび奉行所へ訴えたが取り上げられず，農民300人を集めて，「救民」の旗を立て反乱を起こした。これが**大塩(平八郎)の乱**である。反乱は1日で鎮圧された。

(2)　**大老井伊直弼**が，幕府に反対する大名・武士・公家などを処罰した**安政の大獄**は，1858年から1859年のできごとである。これに反発した元**水戸藩士**らによって，井伊直弼は江戸城の前で殺害された。これが，**桜田門外の変**である。

(3)　**板垣退助**らによる**民撰議院設立建白書**の提出に始まり，**藩閥政治**に反対して国民の自由と権利を要求した政治運動が，**自由民権運動**である。**国会**の開設を要求する運動として全国的に広がった。政府は，**集会条例**などの法令によってこれを厳しく弾圧した。

(4) 1889年の初の**衆議院議員選挙法**では，選挙権は，**直接国税**15円以上を納める**25歳以上の男子**と定められていた。1924年の法改正で，25歳以上の男子であれば，直接国税による制限がなくなったため，有権者は大幅に増加したのである。このような，納税額による制限のない選挙を，**普通選挙**という。

(5) 1932年5月15日に，**海軍の青年将校**らが**立憲政友会**の**犬養毅首相**を殺害したのが，**五・一五事件**である。これにより，大正末から続いてきた**政党内閣**に終止符が打たれた。

(6) ア **日本国憲法**は，1946年に公布され，1947年に施行された。 イ 1956年に**日ソ共同宣言**が成立し，日本は**国際連合**への加盟が実現した。 ウ 1972年に，**日中共同声明**を発表して，国交を正常化した日本と**中華人民共和国**は，1978年に**日中平和友好条約**を結んだ。 エ 敗戦以来，アメリカの**占領**下に置かれていた**沖縄**は，1972年に日本に**返還**された。しかし，沖縄に置かれた**米軍基地**は，アメリカの東アジア戦略上，そのまま残された。**サンフランシスコ平和条約**よりも後のできごととして誤っているのは，アである。

3 (地理的分野―日本地理－工業・気候・農林水産業・交通・地形・貿易)

(1) (記号) **瀬戸内工業地域**では，臨海部で機械・金属・化学などの重化学工業が発達している。倉敷の水島地区にある製鉄所・石油化学**コンビナート**が代表的なものである。記号のうで示される県である。 (県名) 水島コンビナートは，岡山県にある。

(2) 日本海側では，冬に大陸にある**シベリア気団**から吹く，冷たい北西の**季節風**の影響で**降雪量**が多く，**豪雪地帯**となっている。地図上のcの新潟県がこれに該当する。

(3) 北海道や沖縄では，**第3次産業**の従事者の割合が，75％を超えている。それは，本州と離れて，豊かで美しい自然を生かした**観光関連産業**が発達しているためである。宿泊業，飲食業，レンタカー業，土産物などの小売業等が，観光関連産業である。

(4) ⓐ 表面が比較的平坦で，周囲より一段と高い地形を**台地**という。ほぼ水平な地層からなる。九州南部に数多く分布する，**火山灰**等からなる**シラス台地**はその典型的な例である。シラスは，雨水がしみやすい酸性の強い土壌である。 ⓑ 台地の上では，雨水がしみこみやすく，水が得にくい。そのため，水田ではなく，畑や住宅地として利用されることが多い。

(5) 日本は，原油・化学製品等を輸入し，自動車・化学製品等を輸出している。重い自動車等は海上輸送され，軽い化学製品等は航空輸送される。正答は，イである。

4 (地理的分野―世界地理－地形・人々のくらし・資源・人口・産業)

(1) (a) 世界の**三大洋**とは，**太平洋・大西洋・インド洋**である。aはインド洋に，b・cは太平洋に面している。大西洋に面しているのはdの都市，リオデジャネイロである。 (b) 東経135度の反対側にあたるのは，180度―135度＝45度なので，西経45度である。ブラジルのリオデジャネイロが，ほぼ西経45度である。

(2) 地図上の，あ国はエジプト，い国はインド，う国はインドネシア，え国はメキシコである。エジプト・インドはイギリスの植民地，インドネシアはオランダの**植民地**であり，1821年までスペインの植民地だったのは，メキシコである。

(3) 坑道を掘らずに，地表から渦を巻くように地下めがけて掘っていく手法を，**露天掘り**という。オーストラリアは資源が豊かで，**鉄鉱石**・銅などの露天掘りが行われている。鉄鉱石の主な輸出先は，中国や日本などである。

(4) A国はイギリス，B国はケニア，C国はモンゴル，D国はアメリカである。4国のうち，人口密度の最も高いアは，イギリスである。4国のうち，**人口・穀物生産量**が最も多いのは，アメリカであり，ウがアメリカである。4国のうち，**人口密度**が最も低いのは，世界一人口密度の低いモンゴルであり，エがモンゴルである。したがって，残るイが，B国ケニアである。

5 (公民的分野―国際社会との関わり・基本的人権・国の政治の仕組み・経済一般・三権分立)

(1) 文化・経済・政治などの人間の諸活動およびコミュニケーションが，国や地域などの地理的境界・枠組みを越えて大規模に行なわれるようになり，地球規模で統合され，一体化される傾向のことを**グローバル化**という。

(2) 日照・清浄な大気・水・静穏など，良好な環境を享受しうる権利を，**環境権**という。**新しい人権**の一つである。

(3) 憲法により，予算案の議決・法律案の議決・条約の承認・内閣総理大臣の指名等について，**衆議院の優越**が定められているため，衆議院の議決である賛成多数が国会の議決となる。

(4) 企業が効率よく資金を集めるために考えられた方法の一つが，**株式**を発行して出資者を集め，**直接金融**によって資金を集める方法である。ア・ウ・エはどれも誤りであり，イが正しい。なお，株式を購入した個人や法人は，**株主**と呼ばれ，企業の利潤の一部を**配当金**として受け取る。

(5) 諸外国に比べ，日本においては人口10万人に対する**法曹人口**が極めて少ないため，法曹養成制度の充実を図ってきた。**法科大学院**はそうした取り組みである。また，全国のどこにおいても，法的トラブルを解決するための情報やサービスを受けられることを目指して，2006年に業務を開始した**日本司法支援センター**(法テラス)もその一例である。上記のことを簡潔に指摘するとよい。

(6) ウが誤りである。**南極条約**は，1959年に日・米・英・仏・ソ連(当時)等12か国により採択され，1961年に発効した。現在，締約国数は54か国である。ア・イ・エは正しい。

6 (歴史的分野―日本史時代別－古墳時代から平安時代・鎌倉時代から室町時代，―日本史テーマ別－文化史・社会史，地理的分野―日本地理－地形図の見方・農林水産業，―環境問題，公民的分野―経済一般)

(1) (a) 写真は，奈良県にある**法隆寺**の**五重塔**である。法隆寺は，7世紀初頭に**聖徳太子**が**斑鳩**の地に建立したと伝えられており，**日本書紀**に記述があるように，火災にあって7世紀後期に**再建**された。 (b) ア **禅宗**の影響を受け，**公家**の文化と**武家**の文化を合わせた文化が生まれたのは，室町前期の**北山文化**の時代である。 イ 唐風の文化を基礎にしながら，日本の風土や生活にあった独自の文化が生まれたのは，平安時代中期の**国風文化**の時代である。 エ 大名や都市の大商人たちの経済力を反映して，豪華で壮大な文化が生まれたのは，安土桃山時代のことである。ア・イ・エのどれも，別の時代の文化についての説明であり，ウが正しい。聖徳太子が**推古天皇**の**摂政**として政治を行った6世紀末から7世紀前期は，6世紀半ばに**百済**の**聖明王**によりもたらされた**仏教**の影響を受け，飛鳥地方を中心に寺院や**仏像**がつくられ始めた。法隆寺は，その時期の代表的な寺院である。

(2) (a) ア **地形図**上には，図書館「🕮」と消防署「Y」が見られる。 イ この地形図の**縮尺**は2万5000分の1なので，計算すれば2cm×25000＝50000cm＝500mとなる。 ウ 京都駅から見て，西本願寺は左上，つまり北西の方向になる。ア・イ・ウのどれも地形図を正しく読みとっている。誤っているのは，エである。R地点には**水準点**「⊡」があり，30.7mと示されている。S地点には**三角点**「△」があり，24.0mと示されている。標高差は10m以下である。 (b) 京都市の市街地の景観は，地形図に見られるように，碁盤目状となっている。これは，**平安京**時代の

条坊制の名残が顕著であるためである。

(3) あ　このホテルの宿泊料は，平日が6000円台であるのに対し，週末は7000円台から8000円台と高くなっている。　い　ホテルの客室数は，**供給量**である。　う　ホテルの宿泊希望者数は，**需要量**である。こうした需要と供給の関係でホテルの宿泊料金が設定されてくる。

(4) (a)　企業の森づくり活動は，**企業の社会的責任**の一つである地域への貢献である。企業の社会的責任は**CSR**(Corporate Social Responsibility)と表され，利益の追求だけでなく，従業員・消費者・地域社会・環境などに配慮した企業活動を行うべきとするものである。なお，イのNGOは，国際社会を中心としたさまざまな課題に取り組む非政府組織のことを指す。ウのODAは，政府開発援助のことを指す。エのNPOは，民間の非営利組織のことを指す。　(b)「**緑の雇用**」による林業従事者は，資料Ⅱに見られるように，平均年齢が低く，また，資料Ⅲから見られるように，その従事者の人数も増えてきていることを簡潔に指摘する。

＜国語解答＞

一 (1) (a) かなめ　(b) やわ　(c) かんめい　(d) きせき　(2) (a) 済
(b) 委　(c) 円熟　(d) 祝賀　(3) 秋　(4) ウ

二 (1) 沈黙　(2) エ　(3) a (例)自己ベストを目指し，それを可能な限り上げていく
b (例)納得するものを与えられていない　(4) イ

三 (1) ア　(2) あ (例)表現の意味を共有する　い (例)新しいオリジナリティとして自分自身の中でとらえなおされる　う 個人としての存在意義
(3) (a) ア　(b) (例)自分の町を守ると共に多くの人々に知ってもらう

四 (1) おもおえたれども　(2) 時にはよむ　(3) (a) (例)月が海から出ている
(b) (例)故郷をなつかしく思う　(4) ウ

五 (1) エ　(2) (例)「空に吸はれし」という言葉が心に残った。広がりのある言葉だと感じたからだ。城の草はらで寝転び空を見上げていたのは，当時十五歳の作者。未来への期待や不安でいっぱいだったことだろう。作者は，そのような複雑な思いを空が受け入れてくれているように感じ，この言葉を用いたように思われる。

　私も同じ年頃だ。将来のことを思うとき，期待と共に不安を感じることがある。しかし，夢や希望をもち，将来を考えることは楽しくもあり,喜びでもある。夢を実現させるために,「二度と来ない」かけがえのない日々を大切に,今をしっかりと生きていきたい。

＜国語解説＞

一 (漢字の読み書き,品詞・用法,筆順・画数・部首,書写)

(1) a 大切なところ。　b 心の騒ぎや乱れがおさまって，平静になること。　c 忘れることのできない，深い感動を受けること。　d それまでに経過してきた推移の跡。

(2) a 「済」は，さんずい。　b 「委」は，下の部分が「女」。「子」にしない。　c 「円熟」は，十分に上達し，内容が豊かになって，欠点などが見られなくなること。　d 「祝」は，しめすへん。

(3) 行書の場合，のぎへんに注意したい。三画目ははねるし，四画目と五画目を続けて書く。

(4) 示された文の傍線部「ゆっくりと」と「出発する」は，修飾・被修飾の関係である。アは並

立(対等)の関係，イは補助・被補助の関係，ウは修飾・被修飾の関係，エは主語・述語の関係。

二 **(小説—情景・心情，内容吟味，文脈把握，脱文・脱語補充)**

(1) 傍線①の状況を，他からも把握すると，直後に「いつになく，比呂も黙りこんでいた」「重い沈黙のヴェールで包み込む」といった表現が見つかる。二字熟語で抜き出すので「沈黙」を入れる。

(2) まず，周斗は比呂の発言を「ネガティブ」と解釈している。**「ネガティブ」とは消極的・否定的**の意である。そして息巻いた。**「息巻く」とは，怒って大変な勢いを示すこと**だ。つまり，周斗は，比呂の消極的とも取れる発言に怒りを感じているのだ。これをふまえて選択肢を選ぶ。

(3) (a)には，「自分のてっぺん」に行くための方法を補えばよい。「自分のてっぺん」は比呂の言葉によると**「自分ができることの最高」「自己ベスト」**であり，**「そのてっぺんを可能な限り，もっともっと上げていく」ことのできるもの**である。この要素を含めて，指定字数でまとめる。また(b)を考える際は，「周りの人」とはだれかをおさえると，答えやすい。比呂は「こんな俺を支えてくれる人に，納得するものをまだ与えられてないんだ」と言っており，比呂を支えてくれる人たちが「周りの人」だと判れば，(b)には，「納得するものを与えられていない」ということが補える。

(4) 周斗は，比呂に対して**親愛の情**を持っていて，関係性は上下関係と言うよりもっと**身近**である。比呂自身も，悩みながら社会人として生きているので，**全面的に頼れる存在でも完璧な存在でもない**。これらをふまえて選択肢を選ぶ。

三 **(論説文，会話・議論・発表—大意・要旨，内容吟味，文脈把握，脱文・脱語補充)**

(1) 選択肢にはいずれも「自分しか語れないことを自分のことばで語ること」という内容がある。これは，本文で言うと**「対話の中で自分のオリジナリティを出すということ」**である。活動の課題はこれともう一つあるので，もう一つを適切におさえればよい。二つ目の課題は**「伝えたいことを相手にわかるように話すこと」**である。これをふまえるとアが適切だ。ウもエも同内容を言い換えしたものを並べているに過ぎない。

(2) 「インターアクション」については「ここで……」で始まる段落に述べられている。ここに「その表現の意味を相手と共有し」という記述があり，(あ)は，これを用いて指定字数でまとめる。「対話という活動の意味」については，「相手に伝わる……」で始まる段落に述べられている。ここに「次の新しいオリジナリティとしてあなた自身の中でとらえなおされるということ」という記述があり，(い)は，これを用いて指定字数でまとめる。最後に「対話での最終的な課題」としてまとめられた内容については，「そして，あなたの語る……」で始まる段落以降に述べられている。「共通了承の実感」が生み出すものを(う)に補充すればよい。すると「この実感がわたしたちに個人としての存在意義をもたらす」とある。**「もたらす」とは「生じる」意であり，「個人としての存在意義」こそ，「共通了承の実感」が生み出すものとして当てはまる**ことになる。

(3) (a) 「自己の経験の可視化」とは，自分のやったことを，言葉で見えるように説明することだと言い換えられる。つばささんはaで「一枚の『ふるさとマップ』にまとめました」と自分の経験を可視化している。またbでも「季節によって輝くような瞬間」に気づいた経験を言葉で説明して可視化している。そしてcでは「町のみなさんの協力」を得たという経験を言葉で報告することで可視化している。d～fにおいては，経験が述べられていない。 (b) つばささんの発言を確認すると，aとbでは“この町を多くの人に知ってもらいたい”とあり，eでは“この町を守っていきたい”とある。これらが，つばささんの将来したいことだ。「自分の町」というキーワードを用いて，指定字数でこの二つの内容を含めてまとめる。

四 (古文―情景・心情文脈把握，脱文・脱語補充，仮名遣い)

【現代語訳】 昔，阿倍仲麻呂という人が，中国に渡って，日本に帰って来ようとするときに，船に乗るはずのところで，あちらの国の人が，送別の会をして，別れを惜しんで，あちらの漢詩を作るなどをした。名残りがつきないように思ったのだろうか，月が出るまで続いた。その月は，海からのぼってきた。これを見て，仲麻呂さんは，私の国に，こういう和歌というものがあって，このように別れを惜しんだり，喜んだり，悲しんだりするときには詠むのだと説明して，詠んだ歌は，

青い海原のはるか遠くの空をながめると，故郷の春日地方にある三笠山に出ていた月と同じ月が出ているなあ。

と詠んだ。中国の人には聞いてもわかるまいと，思ったけれど，和歌の意味を，日本の言葉を理解している人に説明して聞かせたところ，その心を理解することができたのだろうか，とても思った以上に感心したということだった。中国と日本とは，言葉が違うけれども，月の光は同じであるはずだから，人の心も同じことなのだろう。

(1) 語中・語尾の「は・ひ・ふ・へ・ほ」は，現代仮名遣いでは「ワ・イ・ウ・エ・オ」に直す。

(2) こうした場合は，引用の助詞を見つける。「と」・「とて」の直前までが，発言や心中表現である。

(3) (a) 「これを見てぞ，仲麻呂の主――」とあるので，仲麻呂が見た「これ」の内容を確認すると，「その月は，海よりぞ出でける」という情景が該当するので，ここを用いてまとめる。

(b) 和歌の内容を確認すると，奈良という日本の故郷を懐かしむ心情が読み取れる。この**望郷の念というポイント**をおさえて，仲麻呂の気持ちを解答する。

(4) 本文に「かの国人聞き知るまじく……いひ知らせければ」とあるので，ここを解釈すると解答が選べよう。なお，送別の会は「かの国人」が催しているのでアは誤答，仲麻呂は和歌についての教授をしていないのでイは誤答，中国の人が仲麻呂の和歌を賞賛したのでエは誤答である。

五 (短歌―作文，表現技法)

(1) 「心」という体言で歌を詠み終えているので，体言止めという表現技法が用いられている。

(2) 心に残った言葉というのは，文節でも構わない。印象的な表現を選ぼう。そして，心に残った理由を簡潔にまとめる。**第一段落は長くても全体の半分以下に収めたい**。書く内容の配分は大切だ。第二段落では，第一段落の内容をふまえて，**より自分自身にテーマを引き寄せて**，考えを述べるようにしよう。

MEMO

大切なことはメモしておこうネ！

解答用紙集

○月×日　△曜日　天気（合格日和）

◆ご利用のみなさまへ

＊解答用紙の公表を行っていない学校につきましては、弊社の責任において、解答用紙を制作いたしました。

＊編集上の理由により一部縮小掲載した解答用紙がございます。

＊編集上の理由により一部実物と異なる形式の解答用紙がございます。

人間の最も偉大な力とは、その一番の弱点を克服したところから生まれてくるものである。 ――カール・ヒルティ――

東京学参株式会社

※ 154％に拡大していただくと，解答欄は実物大になります。

受検番号

解　答　用　紙　　数学

1

(1)	
(2)	
(3)	
(4)	本
(5)	
(6)	
(7)	
(8)	通り
(9)	$x =$
(10)	

2

(1)	m
(2)	秒速　m
(3)	秒後
(4)	

3

(1)	(a)	ア	イ
	(b)	段	
(2)	(a)	ウ	エ
	(b)	枚	

4

(1)	E（　　，　　）
(2)	
(3)	
(4)	P（　　，　　）

5

(1)		度
(2)	(a)	
	(b)	（証明）
(3)		cm^2
(4)		AC：CB＝　：

※ 167％に拡大していただくと，解答欄は実物大になります。

受 検 番 号

解　答　用　紙　　　英　語

1 ※

※ (1) (a)　　(b)

※ (2) (a)　　(b)

※ (3)

2 ※

3 ※

4 ※

※ (1) (a)　　(b)

※ (2) (a)　　(b)　　(c)

※ (3) 　→　→　→

5 ※

※ (1) ①　　②

※ (2)

※ (3)

6 ※

※ (1)

※ (2)

※ (3)

7 ※

※ (1) (a)

(b)

※ (2)

※ (3)

※ (4)

※ (5) ⓐ　　ⓑ

※ (6)

※ 154%に拡大していただくと，解答欄は実物大になります。

受検番号

解答用紙　理科

1 ※

※	(1)	(a)	
		(b)	→ → →
※	(2)	(a)	
		(b)	① ②
※	(3)	(a)	
		(b)	
※	(4)	(a)	
		(b)	

2 ※

※	(1)	
※	(2)	
※	(3)	ⓐ ⓑ ⓒ
※	(4)	
※	(5)	cm^3

3 ※

※	(1)	
※	(2)	
※	(3)	ⓐ ⓑ
※	(4)	
※	(5)	

4 ※

※	(1)		
※	(2)	銅板	電子が移動する向き
※	(3)		
※	(4)		
※	(5)		

5 ※

※	(1)	
※	(2)	
※	(3)	
※	(4)	Ω
※	(5)	
※	(6)	ⓐ ⓑ ⓒ

※ 161％に拡大していただくと，解答欄は実物大になります。

受検番号

解　答　用　紙　　社 会

1

(1)	
(2)	
(3)	
(4)	
(5)	
(6)	→ →

2

(1)	条約
(2)	
(3)	
(4)	
(5)	法
(6)	→ → →

3

(1)	①	②
(2)		
(3)		
(4)		
(5)		

4

(1)	大陸
(2)	
(3)	①
	②
(4)	
(5)	

5

(1)		
(2)		
(3)		
(4)	(a)	
	(b)	
(5)	①	
	②	

6

(1)		
(2)	①	②
(3)	①	②
(4)		
(5)	法	
(6)	(a)	
	(b)	

徳島県公立高校　２０２４年度

※１５９％に拡大していただくと、解答欄は実物大になります。

解答用紙　国語

一

(1) (a)（む） (b)（す） (c) (d)

(2) (a)（つ） (b)（せる） (c) (d)

(3)

(4)

二

(1) こと

(2)

(3) ⓐ ⓑ

(4)

三

(1)

(2)

(3) A B

(4)

(5) ⓐ ⓑ

四

(1)

(2) (a) (b) (c)

(3)

五

記号

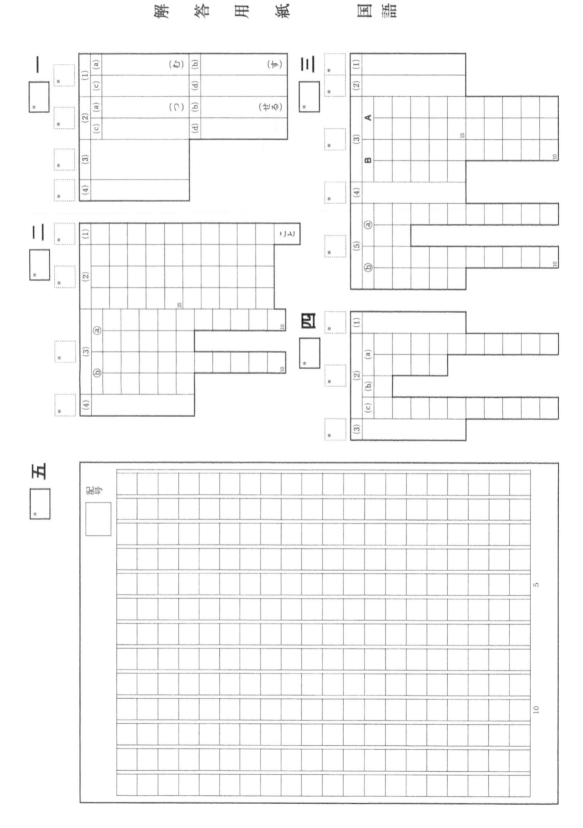

2024年度入試配点表（徳島県）

数学	1	2	3	4	5	計
	（1）・（2）　各3点×2 （9）・（10）　各5点×2 他　各4点×6（（9）完答）	（1）・（2）　各3点×2 他　各4点×2	（1）（a），（2）（a） 各2点×4 他　各3点×2	（4）　5点 他　各3点×3	（2）（b）　4点 （4）　5点 他　3点×3	100点

英語	1	2	3	4	5	6	7	計
	（1） 各3点×2 他　各4点×3	4点	4点	各3点×6 （（3）完答）	（3）　4点 他　各3点×3	（3）　9点 他　各3点×2	（3）　4点 他　各3点×8	100点

理科	1	2	3	4	5	計
	各3点×8 （（2）（b）完答）	（1）・（2）　各3点×2 （3）　各2点×2 他　各4点×2 （（3）ⓐ・ⓑ完答）	（1）・（2）　各3点×2 他　各4点×3 （（3）完答）	（1）・（2）　各3点×2 他　各4点×3 （（2）完答）	（1）・（3）　各3点×2 他　各4点×4 （（6）完答）	100点

社会	1	2	3	4	5	6	計
	各3点×6	各3点×6	各3点×5 （（1）完答）	（2）　2点 他　各3点×4 （（3）完答）	（1）・（4）（a） 各2点×2 他　各3点×4 （（5）完答）	（1）・（5） 各2点×2 他　各3点×5 （（2），（3）各完答）	100点

国語	一	二	三	四	五	計
	（3）・（4）　各3点×2 他　各2点×8	（1）　3点 （2）　5点 他　各4点×3	（1）・（2）・（4） 各3点×3 他　各4点×4	（2）　各4点×3 他　各3点×2	15点	100点

※ 161％に拡大していただくと，解答欄は実物大になります。

受検番号

解　答　用　紙　　数学

1

(1)	
(2)	
(3)	$x =$
(4)	
(5)	
(6)	
(7)	
(8)	度
(9)	
(10)	cm^3

2

(1)	
(2)	
(3)	
(4)	$a =$

3

(1)	①	②
(2)	(a)	
	(b)	

4

(1)	(a)	学級の出し物の時間　　分
		入れ替えの時間　　分
	(b)	分
(2)	(a)	
	(b)	グループ

5

(1)	
(2)	（証明）
(3)	cm
(4)	cm

※ 169%に拡大していただくと，解答欄は実物大になります。

受検番号

解答用紙　　英語

1

(1)	場面A	場面B
(2)	質問1	質問2
(3)	→ →	

2

3

4

(1)	(a)		(b)			
(2)	(a)		(b)		(c)	
(3)	→ → →					

5

(1)	①	②
(2)		
(3)		

6

(1)	
(2)	
(3)	

7

(1)	(a)	
	(b)	
(2)		
(3)		
(4)		
(5)	ⓐ	ⓑ
(6)		

※ 161％に拡大していただくと，解答欄は実物大になります。

受検番号

解　答　用　紙　　　理 科

1

(1)	(a)	
	(b)	植物
(2)	(a)	
	(b)	
(3)	(a)	
	(b)	
(4)	(a)	① ②
	(b)	

2

(1)	
(2)	
(3)	
(4)	沸点　℃
	理由
(5)	ⓐ ⓑ

3

(1)	g
(2)	N
(3)	
(4)	
(5)	

4

(1)	
(2)	ⓐ ⓑ
(3)	
(4)	
(5)	度

5

(1)	
(2)	あ
	い
(3)	① ②
(4)	
(5)	あ
	い
(6)	丸い種子：しわのある種子 ＝ ：

※ 161％に拡大していただくと，解答欄は実物大になります。

受検番号

解　答　用　紙　　社会

1

※

(1)	ⓐ	ⓑ
(2)	→　→	
(3)		
(4)		
(5)	(a)	
	(b)	記号　名称

2

※

(1)	①	②
(2)	(a)	
	(b)	
(3)	(a)	
	(b)	
	(c)	

3

※

(1)	(a)	①　②
	(b)	
(2)		
(3)		
(4)		

4

※

(1)		
(2)	ⓐ	ⓑ
(3)		
(4)		
(5)		燃料

5

※

(1)		
(2)	①	②
(3)		
(4)	(a)	
	(b)	
(5)		

6

※

(1)	ⓐ	ⓑ
(2)		
(3)		
(4)		
(5)	(a)	
	(b)	①
		②
(6)		

徳島県公立高校　２０２３年度

※１６１％に拡大していただくと，解答欄は実物大になります。

受検番号

解答用紙　国語

一

(1) (a)（く） (b)（り） (c) (d)

(2) (a)（べる） (b)（る） (c) (d)

(3)

(4)

二

(1)

(2)

(3) ⓐ ⓑ

(4)

三

(1) A B

(2)

(3) ⓐ ⓑ

(4)

四

(1)

(2)

(3) (a) (b) (c)

五

2023年度入試配点表（徳島県）

数学	1	2	3	4	5	計
	(1)・(2)　各3点×2 (9)・(10)　各5点×2 他　各4点×6	(1)　3点 (4)　5点 他　各4点×2	(1)　各2点×2 (2)(a)　4点(完答) (2)(b)　5点	各3点×5	(1)　3点 (4)　5点 他　4点×2	100点

英語	1	2	3	4	5	6	7	計
	(1) 各3点×2 他　各4点×3	4点	4点	各3点×6	(3)　4点 他　各3点×3	(3)　9点 他　各3点×2	(2)　4点 他　各3点×8	100点

理科	1	2	3	4	5	計
	各3点×8 ((4)(a)完答)	(1)・(2)　各3点×2 他　各4点×3 ((4)・(5)各完答)	(1)・(2)　各3点×2 他　各4点×3	(1)・(2)　各3点×2 他　各4点×3 ((2)完答)	(1)・(2)　各3点×2 他　各4点×4 ((2)～(5)各完答)	100点

社会	1	2	3	4	5	6	計
	各3点×6	各3点×6	各3点×5	(3)　2点 他　各3点×4	(4)(a)　2点 他　各3点×5	(3)～(5)(a) 各2点×3 他　各3点×4	100点

国語	一	二	三	四	五	計
	(3)・(4)　各3点×2 他　各2点×8	(1)　3点 (2)　5点 他　各4点×3	(3)b　5点 他　各4点×5	(1)・(2)　各3点×2 他　各4点×3	15点	100点

※ 161％に拡大していただくと，解答欄は実物大になります。

受検番号

解　答　用　紙　　数学

1

(1)		
(2)		
(3)		
(4)	$x =$	
(5)		
(6)		
(7)	$a =$	
	$b =$	
(8)	$x =$	
(9)		
(10)	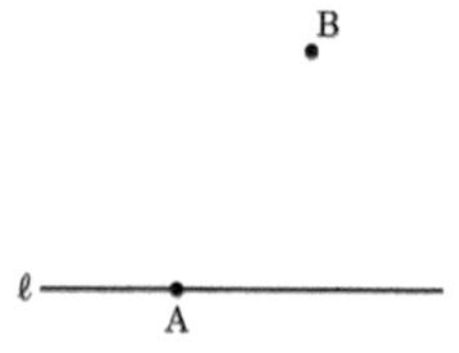	

2

(1)			通り
(2)	(a)		cm
			cm
	(b)	(　　　)	cm
	(c)	$x =$	

3

(1)	ア		
	イ		
	ウ		
(2)	(a)		円
	(b)	エ	オ
		カ	キ

4

(1)		(　　　 , 　　　)
(2)		
(3)	(a)	
	(b)	

5

(1)	(a)	度
	(b)	cm
(2)	(a)	(証明)
	(b)	倍

※ 169％に拡大していただくと，解答欄は実物大になります。

受検番号

解　答　用　紙　　英　語

1 ＊

(1)	場面A	場面B	(2)	質問１ / 質問２
(3)	→ →			

2 ＊

3 ＊

4 ＊

＊	(1)	(a)	(b)			
＊	(2)	(a)	(b)	(c)		
＊	(3)	→ → →				

5 ＊

＊	(1)	①	②
＊	(2)		
＊	(3)		

6 ＊

＊	(1)	
＊	(2)	
＊	(3)	5 10 15 20 25 30

7 ＊

＊	(1)	(a)		
		(b)		
＊	(2)			
＊	(3)			
＊	(4)			
＊	(5)	ⓐ	ⓑ	
＊	(6)			

※ 164%に拡大していただくと，解答欄は実物大になります。

受検番号

解　答　用　紙　　　理科

1

(1)	(a)	者
	(b)	
(2)	(a)	①　　②
	(b)	
(3)	(a)	
	(b)	
(4)	(a)	
	(b)	

2

(1)	
(2)	秒
(3)	
(4)	
(5)	あ い

3

(1)	
(2)	気体A 固体B
(3)	
(4)	
(5)	%

4

(1)	
(2)	
(3)	
(4)	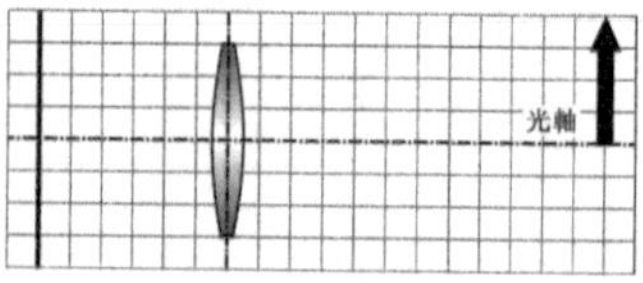
(5)	①　　②

5

(1)	
(2)	
(3)	
(4)	
(5)	い う
(6)	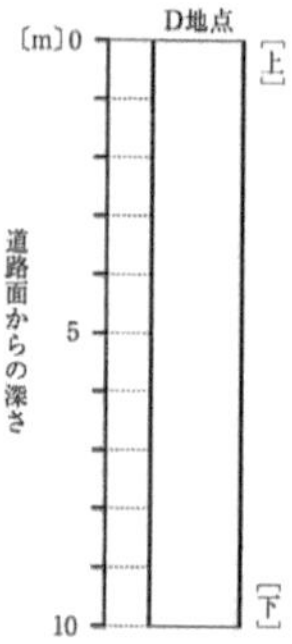

※ 164%に拡大していただくと，解答欄は実物大になります。

受 検 番 号

解　答　用　紙　　　社会

1　※

※	(1)	
※	(2)	法
※	(3)	
※	(4)	
※	(5)	
※	(6)	
※	(7)	貿易

2　※

※	(1)	ア	イ	ウ
※	(2)			
※	(3)			
※	(4)			
※	(5)			

3　※

※	(1)	①	②　　現象
※	(2)		
※	(3)		
※	(4)	発電	
※	(5)	記号	
		理由	

4　※

※	(1)	月　日　時	
※	(2)	①	②
※	(3)		
※	(4)		
※	(5)		

5　※

※	(1)			
※	(2)			
※	(3)			
※	(4)	(a)	①	②
		(b)		
※	(5)			

6　※

※	(1)			
※	(2)	ⓐ	ⓑ	
※	(3)			
※	(4)	(a)		
		(b)	考え方：①	
			具体例：②	
※	(5)	(a)	法	
		(b)		

徳島県公立高校　2022年度
※175%に拡大していただくと、解答欄は実物大になります。

解答用紙　国語

受検番号

一

(1) (a)　(ぎ)　(b)　(c)　(d)

(2) (a)　(b)　(り)　(c)　(d)

(3)

(4)

二

(1) ような存在

(2) 様子

(3) ⓐ　ⓑ

(4)

三

(1) A　B

(2)

(3)

(4) ⓐ　ⓑ　ⓒ

四

(1)

(2)

(3) (a)　(b)　(c)　(d)

五

タイトル

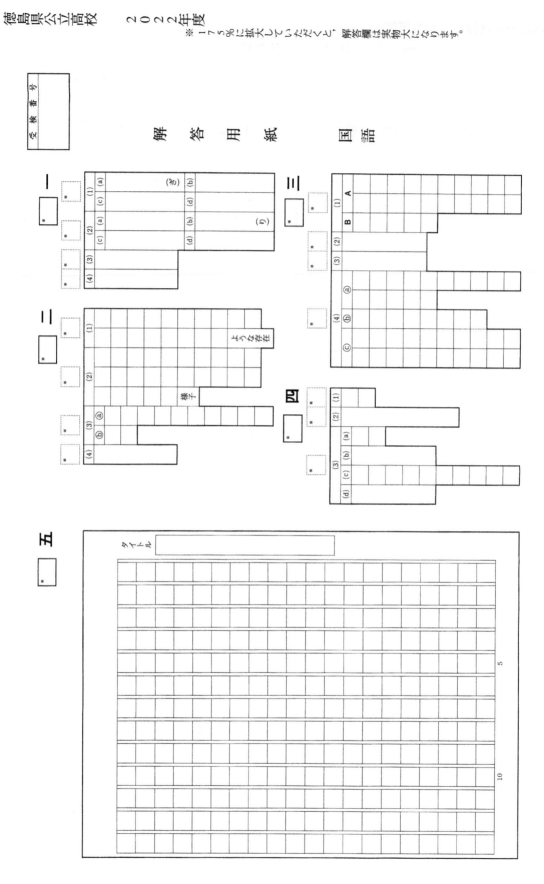

2022年度入試配点表（徳島県）

数学	1	2	3	4	5	計
	(1)・(2)　各3点×2 (9)・(10)　各5点×2 他　各4点×6((7)完答)	(2)(c)　4点 他　各3点×3 ((2)(a)完答)	各2点×8	(3)(a)　4点 (b)　5点 他　各3点×2	(1)　各3点×2 (2)　各5点×2	100点

英語	1	2	3	4	5	6	7	計
	(2) 各3点×2 他　各4点×3	4点	4点	各3点×6	(3)　4点 他　各3点×3	(3)　9点 他　各3点×2	(2)　4点 他　各3点×8	100点

理科	1	2	3	4	5	計
	各3点×8 ((2)(a)完答)	(1)・(2)　各3点×2 他　各4点×3 ((5)完答)	(1)・(2)　各2点×3 他　各4点×3	(1)・(2)　各3点×2 他　各4点×3	(1)・(2)　各3点×2 他　各4点×4 ((5)完答)	100点

社会	1	2	3	4	5	6	計
	(1)・(3) 各2点×2 他　各3点×5	各3点×5	各3点×5	各3点×5	(1)　2点 他　各3点×5	(4)(a)・(5)(b) 各2点×2 他　各3点×5	100点

国語	一	二	三	四	五	計
	(3)・(4)　各3点×2 他　各2点×8	(1)・(2)　各5点×2 他　各4点×3	(1)A・(4)ⓒ 各5点×2 他　各3点×5	(1)・(2)　各2点×2 他　各3点×4	15点	100点

※ 154%に拡大していただくと，解答欄は実物大になります。

受検番号

解答用紙　数学

1

(1)	
(2)	
(3)	
(4)	$x =$
(5)	
(6)	
(7)	度
(8)	(,)
(9)	cm^3
(10)	

2

(1)	ア	
	イ	
	ウ	
	エ	
(2)	玉ねぎ	個
	じゃがいも	個

3

(1)			通り
(2)	(a)		cm
	(b)	EF	cm
		FG	cm

4

(1)	(a)	
	(b)	
(2)	(a)	
	(b)	

5

(1)	( ) 度
(2)	(証明)
(3)	cm
(4)	cm^2

※ 167%に拡大していただくと，解答欄は実物大になります。

受検番号

解　答　用　紙　　　英語

1 ※

(1)	場面A	場面B	(2)	質問1	質問2
(3)					

2 ※

3 ※

4 ※

※ (1)	(a)		(b)			
※ (2)	(a)		(b)		(c)	
※ (3)	→	→	→			

5 ※

※ (1)	①	②
※ (2)		
※ (3)		

6 ※

※ (1)	
※ (2)	
※ (3)	……… ……… ……… ……… ……… 5 ……… ……… ……… ……… ……… 10 ……… ……… ……… ……… ……… 15 ……… ……… ……… ……… ……… 20 ……… ……… ……… ……… ……… 25

7 ※

※ (1)	(a)	
	(b)	
※ (2)		
※ (3)		
※ (4)		
※ (5)	ⓐ	ⓑ
※ (6)		

※ 159％に拡大していただくと，解答欄は実物大になります。

受検番号

解　答　用　紙　　理科

1

(1)	(a)	
	(b)	器官
(2)	(a)	
	(b)	
(3)	(a)	①　②
	(b)	
(4)	(a)	
	(b)	

2

(1)	
(2)	
(3)	
(4)	ⓐ　ⓑ　ⓒ　ⓓ
(5)	違う結果となった部分
	結果

3

(1)		
(2)		
(3)		
(4)	(a)	①　②
	(b)	分

4

(1)	
(2)	
(3)	A
	B
	結果からいえること
(4)	ⓐ　ⓑ　ⓒ
(5)	

5

(1)		
(2)	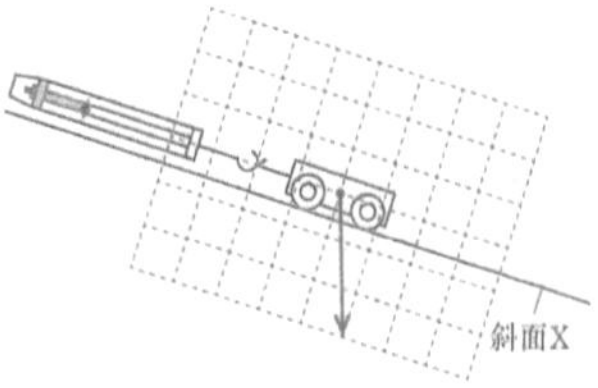	
(3)	(a)	
	(b)	cm/s
(4)	あ	
	い	
(5)		本

※ 167％に拡大していただくと，解答欄は実物大になります。

受 検 番 号

解 答 用 紙　　社 会

1

※

(1)	
(2)	
(3)	ⓐ　　ⓑ
(4)	
(5)	
(6)	

2

※

(1)	
(2)	
(3)	
(4)	
(5)	
(6)	→　→　→

3

※

(1)	①　　②
(2)	
(3)	
(4)	茨城県　　埼玉県　　東京都
(5)	

4

※

(1)	(a)	
	(b)	
(2)		国
(3)		
(4)		

5

※

(1)	あ　　い
(2)	
(3)	
(4)	
(5)	
(6)	

6

※

(1)		
(2)	面積の関係	
	国土の特徴	
(3)	(a)	ⓐ　　ⓑ
	(b)	
(4)	(a)	
	(b)	
(5)	①	
	②	

※１７２%に拡大していただくと，解答欄は実物大になります。

受検番号

解答用紙　国語

一　※

(1) (a) (b) (ねる) (c) (d)
(2) (a) (b) (れる) (c) (d)
(3)
(4)

二　※

(1)
(2) (a) ⓐ ⓑ (b) ⓒ
(3)

三　※

(1) A B
(2) 状態
(3)
(4) ⓐ ⓑ ⓒ

四　※

(1)
(2) (a) (b) (c)
(3)

五　※

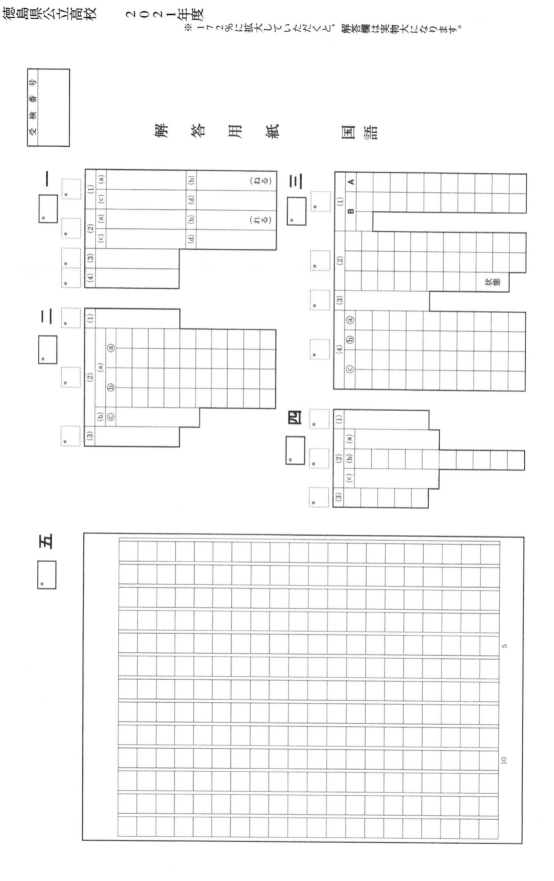

2021年度入試配点表（徳島県）

数学	1	2	3	4	5	計
	(1)・(2)　各3点×2 (9)・(10)　各5点×2 他　各4点×6	(1)　各2点×4 (2)　5点(完答)	(1)　4点 他　各3点×3	(1)(a)　3点 (b)　4点 (2)　各5点×2	(1)　3点 (2)　4点 他　各5点×2	100点

英語	1	2	3	4	5	6	7	計
	(2) 各3点×2 他　各4点×3	4点	4点	各3点×6	(3)　4点 他　各3点×3	(3)　9点 他　各3点×2	(3)　4点 他　各3点×8	100点

理科	1	2	3	4	5	計
	各3点×8 ((3)(a)完答)	(3)　2点 (5)　4点(完答) 他　各3点×4	(1)・(2)　各3点×2 他　各4点×3 ((4)(a)完答)	(1)　2点 (5)　4点 他　各3点×4 ((3)A・B,(4)各完答)	(1)・(2)　各3点×2 他　各4点×4 ((4)完答)	100点

社会	1	2	3	4	5	6	計
	(1)　2点 他　各3点×5	各3点×6	(1)　2点 他　各3点×4	各3点×5	(1)　2点 他　各3点×5	(3)　各2点×2 他　各3点×5 ((2),(3)(a),(4)(b),(5)各完答)	100点

国語	一	二	三	四	五	計
	(3)・(4)　各3点×2 他　各2点×8	(1)　3点 (2)ⓐ　5点 他　各4点×3	(2)・(4)ⓒ 各5点×2 (3)・(4)ⓐ 各4点×2 他　各3点×3	(3)　4点 他　各3点×4	15点	100点

2020年度　徳島県

受検番号

解　答　用　紙　　　数学

1

※	(1)	
※	(2)	
※	(3)	x =
※	(4)	
※	(5)	(x, y) = (　　, 　　)
※	(6)	
※	(7)	
※	(8)	往復
※	(9)	
※	(10)	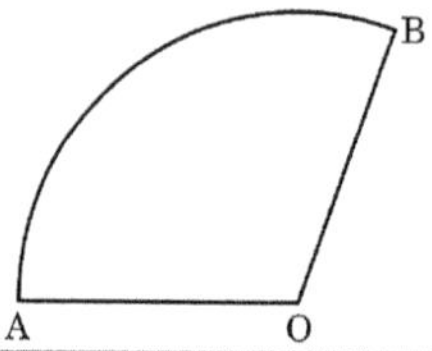

2

※	(1)	ア	
		イ	
		ウ	
※	(2)		番目

3

※	(1)	(　　) 円
※	(2)	m^2
※	(3)	cm^3

4

※	(1)	
※	(2)	
※	(3)	
※	(4)	P (　　, 　　)

5

※	(1)	(a)	度
		(b)	cm^2
※	(2)	(証明)	
※	(3)		cm

※この解答用紙は156%に拡大していただきますと，実物大になります。

2020年度　徳島県

受検番号

解答用紙　英語

1 ※

(1)	場面A	場面B	(2)	質問1	質問2
(3)					

2 ※

3 ※

4 ※

※ (1)	(a)		(b)			
※ (2)	(a)		(b)		(c)	
※ (3)	→	→	→			

5 ※

※ (1)	①	②
※ (2)		
※ (3)		

6 ※

※ (1)		
※ (2)	ⓐ	ⓑ
※ (3)		

7 ※

※ (1)	(a)		
	(b)		
※ (2)			
※ (3)			
※ (4)			
※ (5)	ⓐ		ⓑ
※ (6)			

※この解答用紙は179%に拡大していただきますと，実物大になります。

2020年度　徳島県

受検番号

解答用紙　理科

1

(1)	(a)	①	②
	(b)		
(2)	(a)		
	(b)		
(3)	(a)		
	(b)		
(4)	(a)		
	(b)		

2

(1)			
(2)			
(3)	①		
	②		
(4)	(a)	B	C
	(b)		

3

(1)	
(2)	
(3)	Hz
(4)	
(5)	m/s

4

(1)	(a)	
	(b)	
(2)	あ	
	い	
(3)		
(4)		℃

5

(1)			
(2)			
(3)	①	②	③
(4)	g		
(5)	(a)		
	(b)		

※この解答用紙は167%に拡大していただきますと，実物大になります。

2020年度　徳島県

受検番号

解答用紙　社会

1

(1)	
(2)	ⓐ　　ⓑ
(3)	
(4)	
(5)	
(6)	→　→　→

2

(1)	
(2)	
(3)	運動
(4)	
(5)	事件
(6)	

3

(1)	記号　　県名　県
(2)	
(3)	
(4)	ⓐ　　ⓑ
(5)	

4

(1)	(a)	
	(b)	度
(2)		国
(3)		
(4)		

5

(1)	
(2)	
(3)	
(4)	
(5)	
(6)	

6

(1)	(a)	
	(b)	
(2)	(a)	
	(b)	
(3)	あ　　い　　う	
(4)	(a)	
	(b)	

※この解答用紙は164%に拡大していただきますと，実物大になります。

受検番号

解答用紙　国語

一

(1) (a)　(b)（らいだ）　(c)　(d)

(2) (a)（ませる）　(b)（ねる）　(c)　(d)

(3)

(4)

二

(1) が続いている状況

(2)

(3) ⓐ　ⓑ

(4)

三

(1)

(2) あ　い　う

(3) (a)　(b) こと

四

(1)

(2)

(3) (a) 情景を見たから　(b)

(4)

五

(1)

(2)

※この解答用紙は175%に拡大していただきますと、実物大になります。

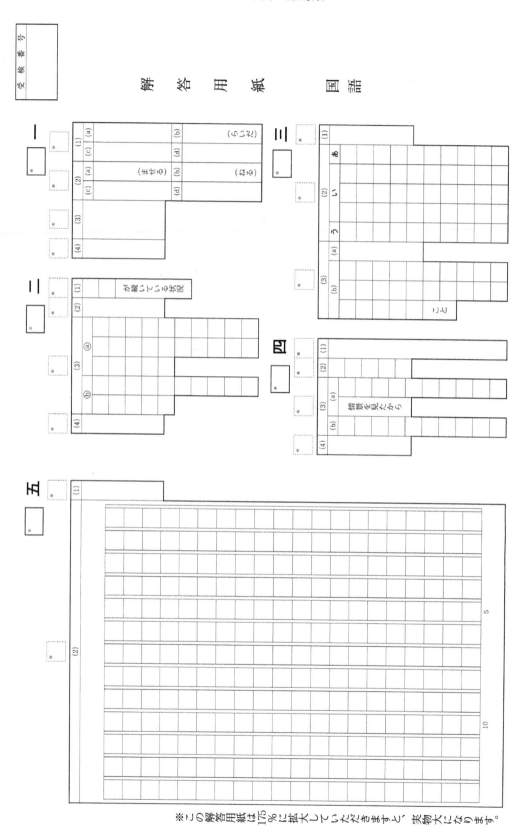

2020年度入試配点表 (徳島県)

数学	1	2	3	4	5	計
	(1)・(2) 各3点×2 (9)・(10) 各5点×2 他 各4点×6((4)完答)	(1)ウ 4点 (2) 5点 他 各2点×2	(3) 5点 他 各4点×2	(1) 3点 (2) 4点 他 各5点×2	(1)(a) 3点 (b) 4点 他 各5点×2	100点

英語	1	2	3	4	5	6	7	計
	(1)場面B,(2)質問2,(3) 各4点×3 他 各3点×2	4点	4点	各3点×6	各3点×4	(1) 3点 (2) 4点 (3) 9点	(3) 4点 他 各3点×8	100点

理科	1	2	3	4	5	計
	各3点×8 ((1)(a)完答)	(1)・(2) 各3点×2 (3) 各2点×2 他 各4点×2 ((4)(a)完答)	(1)・(2) 各3点×2 各4点×3 ((4)完答)	(1) 各3点×2 (2) 各2点×2 他 各4点×2	(1)・(2) 各3点×2 他 各4点×4 ((3)完答)	100点

社会	1	2	3	4	5	6	計
	(5) 2点 他 各3点×5	各3点×6	(2) 2点 他 各3点×4	各3点×5	(2) 2点 他 各3点×5	(1)(b)・(2)(a) 各2点×2 他 各3点×5	100点

国語	一	二	三	四	五	計
	(3)・(4) 各3点×2 他 各2点×8	(1) 3点 (3)a 5点 他 各4点×3	(1)・(2)あ 各3点×2 (2)い・(3)b 各5点×2 他 各4点×2	(3)b 4点 他 各3点×4	(1) 3点 (2) 15点	100点

～公立高校志望の皆様に愛されるロングセラーシリーズ～

公立高校入試シリーズ

・全国の都道府県公立高校入試問題から良問を厳選
※実力錬成編には独自問題も！
・見やすい紙面、わかりやすい解説

数学

合格のために必要な点数をゲット

目標得点別・公立入試の数学 基礎編

- 効率的に対策できる！　30・50・70点の目標得点別の章立て
- web解説には豊富な例題167問！
- 実力確認用の総まとめテストつき

定価：1,210 円（本体 1,100 円 + 税 10%）／ ISBN：978-4-8141-2558-6

応用問題の頻出パターンをつかんで80点の壁を破る！

実戦問題演習・公立入試の数学 実力錬成編

- 応用問題の頻出パターンを網羅
- 難問にはweb解説で追加解説を掲載
- 実力確認用の総まとめテストつき

定価：1,540 円（本体 1,400 円 + 税 10%）／ ISBN：978-4-8141-2560-9

英語

「なんとなく」ではなく確実に長文読解・英作文が解ける

実戦問題演習・公立入試の英語 基礎編

- 解き方がわかる！　問題内にヒント入り
- ステップアップ式で確かな実力がつく

定価：1,100 円（本体 1,000 円 + 税 10%）／ ISBN：978-4-8141-2123-6

公立難関・上位校合格のためのゆるがぬ実戦力を身につける

実戦問題演習・公立入試の英語 実力錬成編

- 総合読解・英作文問題へのアプローチ手法がつかめる
- 文法、構文、表現を一つひとつ詳しく解説

定価：1,320 円（本体 1,200 円 + 税 10%）／ ISBN：978-4-8141-2169-4

理科

短期間で弱点補強・総仕上げ

実戦問題演習・公立入試の理科

- 解き方のコツがつかめる!　豊富なヒント入り
- 基礎～思考・表現を問う問題まで
  重要項目を網羅

定価：1,045 円（本体 950 円 + 税 10%）
ISBN：978-4-8141-0454-3

社会

弱点補強・総合力で社会が武器になる

実戦問題演習・公立入試の社会

- 基礎から学び弱点を克服!　豊富なヒント入り
- 分野別総合・分野複合の融合など
  あらゆる問題形式を網羅
  ※時事用語集を弊社HPで無料配信

定価：1,045 円（本体 950 円 + 税 10%）
ISBN：978-4-8141-0455-0

国語

最後まで解ききれる力をつける

形式別演習・公立入試の国語

- 解き方がわかる!　問題内にヒント入り
- 基礎～標準レベルの問題で
  確かな基礎力を築く
- 実力確認用の総合テストつき

定価：1,045 円（本体 950 円 + 税 10%）
ISBN：978-4-8141-0453-6

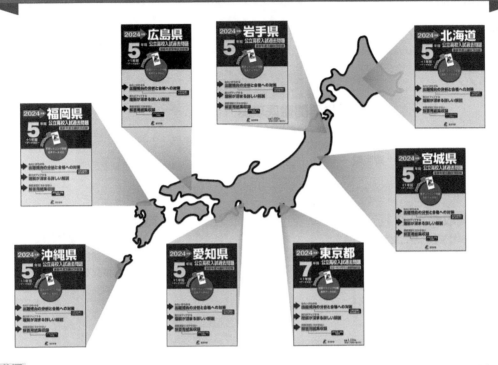

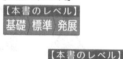

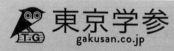

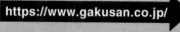

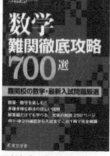

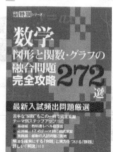

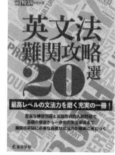

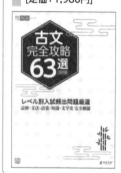

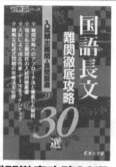

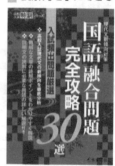

東京学参の
中学校別入試過去問題シリーズ

＊出版校は一部変更することがあります。一覧にない学校はお問い合わせください。

東京ラインナップ

あ　青山学院中等部(L04)
麻布中学(K01)
桜蔭中学(K02)
お茶の水女子大附属中学(K07)
か　海城中学(K09)
開成中学(M01)
学習院中等科(M03)
慶應義塾中等部(K04)
啓明学園中学(N29)
晃華学園中学(N13)
攻玉社中学(L11)
国学院大久我山中学
（一般・CC）(N22)
（ＳＴ）(N23)
駒場東邦中学(L01)
さ　芝中学(K16)
芝浦工業大附属中学(M06)
城北中学(M05)
女子学院中学(K03)
巣鴨中学(M02)
成蹊中学(N06)
成城中学(K28)
成城学園中学(L05)
青稜中学(K23)
創価中学(N14)★
た　玉川学園中学部(N17)
中央大附属中学(N08)
筑波大附属中学(K06)
筑波大附属駒場中学(L02)
帝京大中学(N16)
東海大菅生高中等部(N27)
東京学芸大附属竹早中学(K08)
東京都市大付属中学(L13)
桐朋中学(N03)
東洋英和女学院中学部(K15)
豊島岡女子学園中学(M12)
な　日本大第一中学(M14)
日本大第三中学(N19)
日本大第二中学(N10)
は　雙葉中学(K05)
法政大学中学(N11)
本郷中学(M08)
ま　武蔵中学(N01)
明治大付属中野中学(N05)
明治大付属八王子中学(N07)
明治大付属明治中学(K13)
ら　立教池袋中学(M04)
わ　和光中学(N21)
早稲田中学(K10)
早稲田実業学校中等部(K11)
早稲田大高等学院中学部(N12)

神奈川ラインナップ

あ　浅野中学(O04)
栄光学園中学(O06)
か　神奈川大附属中学(O08)
鎌倉女学院中学(O27)
関東学院六浦中学(O31)
慶應義塾湘南藤沢中等部(O07)
慶應義塾普通部(O01)
さ　相模女子大中学部(O32)
サレジオ学院中学(O17)
逗子開成中学(O22)
聖光学院中学(O11)
清泉女学院中学(O20)
洗足学園中学(O18)
捜真女学校中学部(O29)
た　桐蔭学園中等教育学校(O02)
東海大付属相模高中等部(O24)
桐光学園中学(O16)
な　日本大中学(O09)
は　フェリス女学院中学(O03)
法政大第二中学(O19)
や　山手学院中学(O15)
横浜隼人中学(O26)

千・埼・茨・他ラインナップ

あ　市川中学(P01)
浦和明の星女子中学(Q06)
か　海陽中等教育学校
（入試Ⅰ・Ⅱ）(T01)
（特別給費生選抜）(T02)
久留米大附設中学(Y04)
さ　栄東中学（東大・難関大）(Q09)
栄東中学（東大特待）(Q10)
狭山ヶ丘高校付属中学(Q01)
芝浦工業大柏中学(P14)
渋谷教育学園幕張中学(P09)
城北埼玉中学(Q07)
昭和学院秀英中学(P05)
清真学園中学(S01)
西南学院中学(Y02)
西武学園文理中学(Q03)
西武台新座中学(Q02)
専修大松戸中学(P13)
た　筑紫女学園中学(Y03)
千葉日本大第一中学(P07)
千葉明徳中学(P12)
東海大付属浦安高中等部(P06)
東邦大付属東邦中学(P08)
東洋大附属牛久中学(S02)
獨協埼玉中学(Q08)
な　長崎日本大中学(Y01)
成田高校付属中学(P15)
は　函館ラ・サール中学(X01)
日出学園中学(P03)
福岡大附属大濠中学(Y05)
北嶺中学(X03)
細田学園中学(Q04)
や　八千代松陰中学(P10)
ら　ラ・サール中学(Y07)
立命館慶祥中学(X02)
立教新座中学(Q05)
わ　早稲田佐賀中学(Y06)

公立中高一貫校ラインナップ

北海道　市立札幌開成中等教育学校(J22)
宮　城　宮城県仙台二華・古川黎明中学校(J17)
市立仙台青陵中等教育学校(J33)
山　形　県立東桜学館・致道館中学校(J27)
茨　城　茨城県立中学・中等教育学校(J09)
栃　木　県立宇都宮東・佐野・矢板東高校附属中学校(J11)
群　馬　県立中央・市立四ツ葉学園中等教育学校・
市立太田中学校(J10)
埼　玉　市立浦和中学校(J06)
県立伊奈学園中学校(J31)
さいたま市立大宮国際中等教育学校(J32)
川口市立高等学校附属中学校(J35)
千　葉　県立千葉・東葛飾中学校(J07)
市立稲毛国際中等教育学校(J25)
東　京　区立九段中等教育学校(J21)
都立大泉高等学校附属中学校(J28)
都立両国高等学校附属中学校(J01)
都立白鷗高等学校附属中学校(J02)
都立富士高等学校附属中学校(J03)
都立三鷹中等教育学校(J29)
都立南多摩中等教育学校(J30)
都立武蔵高等学校附属中学校(J04)
都立立川国際中等教育学校(J05)
都立小石川中等教育学校(J23)
都立桜修館中等教育学校(J24)
神奈川　川崎市立川崎高等学校附属中学校(J26)
県立平塚・相模原中等教育学校(J08)
横浜市立南高等学校附属中学校(J20)
横浜サイエンスフロンティア高校附属中学校(J34)
広　島　県立広島中学校(J16)
県立三次中学校(J37)
徳　島　県立城ノ内中等教育学校・富岡東・川島中学校(J18)
愛　媛　県立今治東・松山西中等教育学校(J19)
福　岡　福岡県立中学校・中等教育学校(J12)
佐　賀　県立香楠・致遠館・唐津東・武雄青陵中学校(J13)
宮　崎　県立五ヶ瀬中等教育学校・宮崎西・都城泉ヶ丘高校附属中学校(J15)
長　崎　県立長崎東・佐世保北・諫早高校附属中学校(J14)

公立中高一貫校「適性検査対策」問題集シリーズ

総合編　作文問題編　資料問題編　数と図形編　生活と科学編　実力確認テスト編

私立中・高スクールガイド
THE《ザ》 私立
私立中学＆高校の学校生活がわかる！

〈ダウンロードコンテンツについて〉

本問題集のダウンロードコンテンツ、弊社ホームページで配信しております。現在ご利用いただけるのは「2025年度受験用」に対応したもので、**2025年3月末日**までダウンロード可能です。弊社ホームページにアクセスの上、ご利用ください。

※配信期間が終了いたしますと、ご利用いただけませんのでご了承ください。

徳島県公立高校　2025年度

ISBN978-4-8141-3286-7

[発行所] 東京学参株式会社

〒153-0043　東京都目黒区東山2-6-4

書籍の内容についてのお問い合わせは右のQRコードから　⇒

※書籍の内容についてのお電話でのお問い合わせ、本書の内容を超えたご質問には対応できませんのでご了承ください。

2024年7月26日　初版